Rudolf Meer
Der transzendentale Grundsatz der Vernunft

Kantstudien-Ergänzungshefte

Im Auftrag der Kant-Gesellschaft
herausgegeben von
Manfred Baum, Bernd Dörflinger
und Heiner F. Klemme

Band 207

Rudolf Meer

Der transzendentale Grundsatz der Vernunft

Funktion und Struktur des Anhangs zur Transzendentalen Dialektik der Kritik der reinen Vernunft

DE GRUYTER

Gedruckt mit freundlicher Unterstützung durch das Land Steiermark.

Das Land Steiermark
→ Wissenschaft und Forschung

ISBN 978-3-11-071027-4
e-ISBN (PDF) 978-3-11-062361-1
e-ISBN (EPUB) 978-3-11-062328-4
ISSN 0340-6059

Library of Congress Control Number: 2018958033

Bibliografische Information der Deutschen Nationalbibliothek
Die Deutsche Nationalbibliothek verzeichnet diese Publikation in der Deutschen Nationalbibliografie; detaillierte bibliografische Daten sind im Internet über http://dnb.dnb.de abrufbar.

© 2020 Walter de Gruyter GmbH, Berlin/Boston
Dieser Band ist text- und seitenidentisch mit der 2019 erschienenen gebundenen Ausgabe.
Druck und Bindung: CPI books GmbH, Leck

www.degruyter.com

für Julia

Vorwort

Die vorliegende Arbeit ist eine leicht geänderte und geringfügig erweiterte Fassung meiner Dissertation, die im Wintersemester 2017/18 vom Institut für Philosophie der Karl-Franzens-Universität Graz angenommen wurde.

Mein Dank gilt zunächst den Betreuern der Dissertation, Udo Thiel und Kurt Walter Zeidler, die beide auf vielfältige Weise die Arbeit gefördert haben.

Besonders wichtig für den Entstehungsprozess waren die zahlreichen Diskussionen mit Giuseppe Motta, der die Arbeit seit ihren Anfängen unterstützt hat. Wichtige Anregungen habe ich zudem aus den Gesprächen mit Mischa von Perger, Thomas Strini und Radka Tomečková gezogen. Wertvolle Perspektiven auf die kantische Philosophie konnte ich im Rahmen der vielen Sitzungen im Grazer Kant-Lesekreis von 2013 – 2017 gewinnen. Zudem sei den Teilnehmerinnen und Teilnehmern des Privatissimums des Arbeitsbereichs Geschichte der Philosophie des Instituts für Philosophie der Karl-Franzens-Universität Graz gedankt, die verschiedene Stadien der Ausarbeitung begleitet haben – insbesondere Johannes Friedl, Ulf Höfer, Werner Sauer und Michael Wallner.

Für wichtige Hinweise und (kritische) Denkanstöße zu unterschiedlichen Teilen der Arbeit habe ich außerdem zu danken: Simone de Angelis, Manfred Baum, Reinhardt Brandt, Martin Carrier, Bernd Dörflinger, Rainer Enskat, Gerhard Gotz, Dietmar Heidemann, Zdravko Kobe, Dieter Hüning, Marliese Raffler, Nikolaus Reisinger, Camilla Serck-Hanssen, Werner Stark und Thomas Sturm.

Für ihr Interesse an meiner Arbeit, ihre Ermutigungen und Unterstützung danke ich besonders meiner Familie, Maria, Tobias und Otto Mösenbacher, Sara Knogler, Emelie Krendl und Gerlinde Garstenauer sowie meinen Freunden.

Die inspirierende Kraft hinter der Arbeit ist Julia Meer – ihr sei für die begleitende Lektüre sowie die theoretische und freundschaftliche Partizipation an der Genese besonderer Dank ausgedrückt.

Die Arbeit wurde publiziert mit Unterstützung der Karl-Franzens-Universität Graz und dem Land Steiermark.

Inhalt

1	**Präliminarien** —— **1**	
1.1	Forschungsstand —— **3**	
1.2	Fragestellung und Methodik —— **8**	
1.3	Zitation —— **13**	

Erster Teil: Problemfeld

2	**Im Hinterzimmer der Kritik der reinen Vernunft – der Grundsatz der Vernunft** —— **17**	
2.1	Struktur des Anhangs zur Transzendentalen Dialektik (I) —— **18**	
2.1.1	Lokalisierung in der Transzendentalen Dialektik —— **18**	
2.1.2	Binnendifferenzierung des Anhangs zur Transzendentalen Dialektik —— **21**	
2.1.3	Zwischenergebnis —— **25**	
2.2	Das Tribunal der Vernunft —— **25**	
2.2.1	Der kritische Weg ist allein noch offen —— **28**	
2.2.2	Der Keim der Anfechtungen —— **41**	
2.2.3	Regulativer Vernunftgebrauch —— **49**	
2.2.4	Struktur der Transzendentalen Dialektik —— **52**	
2.2.5	Zwischenergebnis —— **57**	
2.3	Struktur des Anhangs zur Transzendentalen Dialektik (II) —— **57**	
2.3.1	Gliederung des ersten Teils des Anhangs zur Transzendentalen Dialektik —— **59**	
2.3.2	Gliederung des zweiten Teils des Anhangs zur Transzendentalen Dialektik —— **61**	
2.3.3	Zwischenergebnis —— **63**	
2.4	Ergebnisse —— **63**	

Zweiter Teil: Analysen

3		Ursprung und bestimmte Zahl der Vernunftbegriffe – die metaphysische Deduktion —— 69
3.1		Funktion und Rolle der Ideen in der *Kritik der reinen Vernunft* —— 69
3.1.1		Systematische Stellung im Kontext der Vorstellungen überhaupt —— 71
3.1.2		Philosophiehistorische Verortung —— 73
3.1.3		Zwischenergebnis —— 77
3.2		Herleitung der Vernunftbegriffe —— 78
3.2.1		Möglichkeit und Struktur einer metaphysischen Deduktion der Vernunftbegriffe —— 78
3.2.2		Herleitung der Vernunftideen Gott, Welt und Seele —— 84
3.2.3		Herleitung der Vernunftprinzipien Homogenität, Spezifikation und Kontinuität —— 91
3.2.4		Zwischenergebnis —— 101
3.3		Binnendifferenzierung der Vernunftbegriffe —— 102
3.3.1		Gott, Welt und Seele —— 103
3.3.2		Homogenität, Spezifikation und Kontinuität —— 111
3.3.3		Zwischenergebnis —— 122
3.4		Ergebnisse —— 124
4		Schule und Grundlage des Gebrauchs der Menschenvernunft – das Systematische der Erkenntnis —— 127
4.1		Schein und Zweck —— 128
4.1.1		Die Ambiguität der Vernunft —— 129
4.1.2		Vom Nutzen des Scheins —— 134
4.1.3		Status des Zweckbegriffs —— 142
4.1.4		Zwischenergebnis —— 146
4.2		Zweck und System —— 147
4.2.1		Der Systembegriff —— 148
4.2.2		Die reziproke Beziehung —— 156
4.2.3		Status des Systembegriffs —— 169
4.2.4		Zwischenergebnis —— 171
4.3		Ergebnisse —— 172

5	Einige objektive Gültigkeit – eine transzendentale Deduktion der Vernunftbegriffe —— 174	
5.1	Die Rolle einer transzendentalen Deduktion der Vernunftbegriffe —— 174	
5.2	Möglichkeit und Notwendigkeit einer transzendentalen Deduktion der Vernunftbegriffe —— 177	
5.2.1	Explikation in Absatz 1.28. und Absatz 2.2. —— 178	
5.2.2	Auf der Suche nach dem Beweisgrund —— 181	
5.2.3	Wiederaufnahme der Problemstellung aus den Absätzen 1.28. und 2.2. —— 191	
5.2.4	Zwischenergebnis —— 192	
5.3	Die Deduktionsstrategien —— 193	
5.3.1	Janusköpfige Lehre der Deduktion —— 194	
5.3.2	Der (schluss-)logische Zusammenhang zwischen den Vernunftbegriffen —— 205	
5.3.3	Zwischenergebnis —— 209	
5.4	Ergebnisse —— 210	

Dritter Teil: Dimension und Reichweite

6	Aussichten auf das Feld möglicher Erfahrung – der transzendentale Grundsatz der Vernunft —— 215	
6.1	Transzendentaler Grundsatz der Vernunft —— 216	
6.2	Der transzendentale Grundsatz der Vernunft und die Naturwissenschaft —— 221	
6.2.1	Reine Erde, reines Wasser, reine Luft etc. – das Chemiebeispiel —— 224	
6.2.2	Stufenleiter der Geschöpfe – das Anthropologiebeispiel —— 236	
6.2.3	Kreis, Ellipse, Parabel und Hyperbel – das Astronomiebeispiel —— 245	
6.2.4	Zwischenergebnis —— 260	
6.3	Der regulative Grundsatz der Vernunft und die Theologie —— 261	
6.3.1	Kants Bezugnahme auf die Theologie —— 261	
6.3.2	Ohne Zweifel – Topik einer regulativen transzendentalen Theologie —— 266	
6.3.3	Zwischenergebnis —— 272	
6.4	Ergebnisse —— 273	

Resümee —— 276

Bibliografie —— 279
        Siglenverzeichnis —— **279**
        Literaturverzeichnis —— **280**
        Verzeichnis der Schriften Kants —— **280**
        Verzeichnis weiterführender Literatur —— **282**
        Onlinequellen —— **302**
        Abbildverzeichnis —— **302**

Personenregister —— 304

Sachregister —— 308

1 Präliminarien

Immanuel Kant beginnt die *Kritik der reinen Vernunft* in der ersten Auflage von 1781 mit folgender Feststellung: „Die menschliche Vernunft hat das besondere Schicksal in einer Gattung ihrer Erkenntnisse: daß sie durch Fragen belästigt wird, die sie nicht abweisen kann; denn sie sind ihr durch die Natur der Vernunft selbst aufgegeben, die sie aber auch nicht beantworten kann, denn sie übersteigen alles Vermögen der menschlichen Vernunft." (A VII) Sie gehe demnach, „unaufhaltsam" (B 21) und „durch eigenes Bedürfniß getrieben, bis zu solchen Fragen fort, die durch keinen Erfahrungsgebrauch der Vernunft und daher entlehnte Principien beantwortet werden können" (B 21). Das leitende Prinzip einer solchen metaphysica naturalis ist der Grundsatz der Vernunft, der stets fordere, „zu dem bedingten Erkenntnisse des Verstandes das Unbedingte zu finden, womit die Einheit desselben vollendet wird" (A 307/B 364). Der logischen Struktur der Vernunft gemäß zerfällt die „Gattung ihrer Erkenntnis" (A VII) dreifach, und zwar in die „absolute (unbedingte) Einheit des denkenden Subjects" (A 334/B 391), die „absolute Einheit der Reihe der Bedingungen der Erscheinung" (A 334/B 391) und „die absolute Einheit der Bedingung aller Gegenstände des Denkens überhaupt" (A 334/B 391).

Bemerkenswert ist, dass sich die konstatierte Verlegenheit der menschlichen Vernunft nicht am Ende des Buches als Ergebnis einer kritischen Untersuchung findet, sondern als Ausgangspunkt dient. Das „Bewußtsein meiner Unwissenheit" (A 758/B 786), formuliert Kant in der *Transzendentalen Methodenlehre* diesen Aspekt erläuternd, ist, „statt daß es meine Untersuchungen endigen sollte, [...] vielmehr die eigentliche Ursache, sie zu erwecken." (A 758/B 786) Die Feststellung am Anfang der *Kritik der reinen Vernunft* weist damit dem „natürlichen Hang" (A 642/B 670=1.1.) der Vernunft, über das Feld möglicher Erfahrung hinauszugehen, und dem dadurch entstehenden transzendentalen Schein eine immanente Funktion im System der *Kritik der reinen Vernunft* zu. Dabei ist es für Kant eine denknotwendige Voraussetzung, alles, was in der Natur unserer Kräfte gründet – und damit auch den durch die unbeantwortbaren Fragen hervorgerufenen Schein –, als zweckmäßig (vgl. A 642/B 670=1.2.) aufzufassen. Die Ideen der reinen Vernunft können „nimmermehr an sich selbst dialektisch sein" (A 669/B 697=2.1.), da sie „uns durch die Natur unserer Vernunft aufgegeben [sind], und dieser oberste Gerichtshof aller Rechte und Ansprüche unserer Speculation kann unmöglich selbst ursprüngliche Täuschungen und Blendwerke enthalten." (A 669/B 697=2.1.) Aus diesem Grund haben auch die Vernunftbegriffe „ihre gute und zweckmäßige Bestimmung in der Naturanlage unserer Vernunft" (A 669/B 697=2.1.).

Der zentrale Ort für die Entwicklung dieses Spannungsverhältnisses von transzendentalem Schein und Zweckmäßigkeit ist die *Transzendentale Dialektik*. Sie sei erstens „eine Kritik des Verstandes und der Vernunft in Ansehung ihres hyperphysischen Gebrauchs" (A 63/B 88). Kant beabsichtigt darin allerdings nicht, die Vernunftbegriffe abzuschaffen, sondern weist vielmehr anhand der skeptischen Methode (vgl. A 507/B 535) auf, wie der hyperphysische und transzendente Gebrauch in der Funktion der menschlichen Vernunft begründet ist. Dabei erweise sich der transzendentalen Schein als „natürliche[] und unvermeidliche[] Illusion" (A 298/B 354), die in der menschlichen Vernunft begründet sei und niemals verschwinde (vgl. A 298/B 354). Die *Kritik der reinen Vernunft* könne zwar den „Irrtum verhüten, den Schein aber" (A 339/B 397), der die Vernunft „unaufhörlich zwackt und äfft, niemals los werden" (A 339/B 397). Zweitens sei in der *Transzendentalen Dialektik* die Kritik an der rationalen Psychologie, der rationalen Kosmologie und der rationalen Theologie sowie die daraus gewonnene Unvermeidbarkeit des transzendentalen Scheins gekoppelt mit der Frage nach dem „transcendentale[n] Gebrauch der reinen Vernunft, ihrer Principien und Ideen [...], um den Einfluß der reinen Vernunft und den Werth derselben gehörig bestimmen und schätzen zu können" (A 319/B 376). Neben einer Kritik an den „conceptus ratiocinantes (vernünftelnde Begriffe)" (A 311/B 368) findet sich demnach immer auch eine Analyse der „conceptus ratiocinati (richtig geschlossene Begriffe)" (A 311/B 368).

Dieser doppelte Anspruch im Aufweis der unbeantwortbaren Fragen und der zweckmäßigen Funktion des dadurch entstehenden Scheins erlaubt es Kant, die Vernunft von ihren dogmatischen Ansprüchen der metaphysica specialis zu befreien und gleichzeitig einen regulativen Vernunftgebrauch zu etablieren, durch den die Vernunft als focus imaginarius zum letzten Prüfstein erhoben wird. Der Anhang zur *Transzendentalen Dialektik* bildet dabei den locus classicus in der Frage nach der Möglichkeit und Funktion richtig geschlossener Vernunftbegriffe. An dieser Stelle der *Kritik der reinen Vernunft* finden jene Fragen, welche die menschliche Vernunft beschäftigen, auf die sie aber keine Antwort hat, gerade in ihrer dogmatischen Unbeantwortbarkeit einen spezifischen Platz im Rahmen des Systems.

Mit diesem an subversiver Kraft kaum zu unterschätzenden Spannungsverhältnis zwischen den durch die Natur der Vernunft aufgegebenen, aber unbeantwortbaren Fragen ersetzt Kant jede externe Autorität wie jene von Thron und Altar durch einen kontinuierlichen und reflexiven Prüfungsprozess.

1.1 Forschungsstand

Im Jahre 1958 konstatiert R. Zocher, dass es sich bei der Textpassage des Anhangs zur *Transzendentalen Dialektik* um eine *wenig beachtete Deduktion der Ideen* (vgl. Zocher 1958, S. 43) handelt. M. Caimi veröffentlicht im Jahr 2009 in den Kant-Studien unter Anspielung auf Zocher einen Beitrag, der im Titel genau diese Einschätzung bezüglich des Forschungsstandes anführt (vgl. Caimi 1995, S. 308–320). In den gut 50 Jahren, die zwischen den Ergebnissen Zochers und Caimis liegen, aber insbesondere in den Jahren nach Caimis Beitrag, ist das Forschungsinteresse an der Textpassage zwar zunehmend gewachsen, damit aber auch die Mehrdeutigkeiten in der Interpretation.

Interpretationsschwierigkeiten bereitet dabei erstens, dass der regulative Vernunftgebrauch im Anhang zur *Transzendentalen Dialektik* in vielen Aspekten nicht kompatibel mit Grundpositionen der drei Hauptstücke des Zweiten Buchs der *Transzendentalen Dialektik* zu sein scheint und außerdem zentralen Positionen der *Transzendentalen Analytik* widerspricht. Außerdem steht das Erste Buch der *Transzendentalen Dialektik*, das in besonderer Beziehung zum Anhang zu sehen ist, im Vergleich zum Zweiten Buch ebenfalls am Rande des Forschungsinteresses. Zweitens scheinen die einzelnen Abschnitte des Anhangs zur *Transszendentalen Dialektik* ein bloßes Konglomerat zu bilden, dessen Teile in einem inneren Widerspruch stehen, weshalb es nur schwer möglich ist, eine einheitliche Konzeption herauszustellen. Aus diesem Grund wird die Textpassage mehr als *Steinbruch* verschiedenster Theorien, denn als einheitliches Lehrstück angesehen. Drittens umfasst der Anhang zur *Transzendentalen Dialektik* viele, wenngleich rudimentär entwickelte Konzepte, die erst im Zuge der nachfolgenden Arbeiten von Kant konkretisiert und ausgearbeitet werden. Dies führt dazu, dass der Anhang zur *Transzendentalen Dialektik* zum Teil bloß als erster Entwurf einer späteren Konzeption betrachtet wird.

Diese Interpretationsschwierigkeiten ziehen als Konsequenz nach sich, dass in systematischen Darstellungen zur *Kritik der reinen Vernunft* bzw. zur *Transzendentalen Dialektik* die Textpassage des Anhangs trotz ihres 60-seitigen Umfangs nur marginal thematisiert wird. In diesem Sinne wird der Anhang zur *Transzendentalen Dialektik* im Rahmen der systematischen Kommentare zur *Kritik der reinen Vernunft* von H. Allison (2004, S. 423–448), N. Kemp Smith (1965, S. 553f.), H. M. Baumgartner (1991a, S. 118f.), P. F. Strawson (1966, S. 226–231), O. Höffe (2003, S. 268–276), P. Guyer (1997a, S. 39–53), R. Zocher (1959, S. 86), W. Bröcker (1970, S. 133–136), H. Tetens (2006, S. 285–294), M. Wundt (1924, S. 243–264) und P. Natterer (2003, S. 609–621) zwar erwähnt, aber nur wenig analysiert und interpretiert. Ganz unerwähnt bleibt die Textpassage u. a. bei H. J. de Vleeschauwer (1934–1937). Im Rahmen eines Kommentars zur *Transzenden-*

talen Dialektik sind mit Blick auf den Anhang die größer angelegten Studien von H. Heimsoeth (1969, S. 546–643), J. Bennett (1974, S. 270–280) und W. Lütterfelds (1977, S. 413 ff.) hervorzuheben – unerwähnt bleibt die Textpassage u. a. bei J. Sallis (1983).

Trotz dieser Marginalisierung des Anhangs zur *Transzendentalen Dialektik* im Kontext größerer Darstellungen wird die Textpassage in den letzten Jahrzehnten zunehmend ausführlicher thematisiert. Dabei zeigt sich aber aufgrund der obig dargestellten Interpretationsschwierigkeiten eine sehr heterogene Forschungssituation, in welcher der Anhang zur *Transzendentalen Dialektik* vor allem als Bezugspunkt für andere systematische Problemstellungen herangezogen wird. Dies wiederum führt dazu, dass es zum einen wenig Austausch und zum anderen wenig Transparenz über die schon geleisteten Forschungsergebnisse zur Textpassage gibt. Um dem entgegenzuwirken, wird in der Folge ein systematischer Überblick zum aktuellen Stand der Forschung gegeben. Dabei werden einerseits die Spezialstudien zum Anhang zur *Transzendentalen Dialektik* anhand von Themenschwerpunkten – wie Deduktion und Schematismus der Vernunftbegriffe, Gegenstands- und Systembegriff sowie der Begriff des Transzendentalen – differenziert, andererseits wird die Forschungsliteratur anhand von vier thematischen Zugängen zur Textpassage – ausgehend von der *Kritik der reinen Vernunft* selbst, der *Kritik der Urteilskraft*, der *Kritik der praktischen Vernunft* und den *Metaphysischen Anfangsgründen der Naturwissenschaft* – dargestellt:

Der Anhang zur *Transzendentalen Dialektik* bildet erstens einen Bezugspunkt für verschiedenste Forschungsschwerpunkte der *Kritik der reinen Vernunft*. Ein besonderes Interesse zieht die Textpassage dabei im Kontext der Untersuchungen zur *Transzendentalen Dialektik* (I.) auf sich: Im Zentrum steht (I.a) das Verhältnis des Zweiten Buches zum Anhang zur *Transzendentalen Dialektik*. Dabei wird zumeist die Kompatibilität der *Paralogismen der reinen Vernunft*, der *Antinomie der reinen Vernunft* und des *Ideals der reinen Vernunft* zum Anhang zur *Transzendentalen Dialektik*, insbesondere zum zweiten Teil, geprüft. Explizite Bezüge zwischen dem ersten Hauptstück und dem Anhang zur *Transzendentalen Dialektik* werden dabei von A. Goldman (2012, S. 124–157), P. Kitcher (1990, S. 218 f., 221, 229), C. Serck-Hanssen (2011, S. 59–70) und C. Piché (2011, S. 47–58) hergestellt. P. Krausser (1988, S. 375–401), W. Malzkorn (1999, S. 30–77), P. Baumanns (1988, S. 196–200), B. Dörflinger (2011, S. 103–116), K. Engelhard (2005, S. 385–413), B. Falkenburg (2000, S. 376–385), Ch. Iber (2011, S. 71–84), L. Schäfer (1971, S. 96–120) und J. Schmucker (1990, S. 260–273) haben das Verhältnis zwischen dem zweiten Hauptstück und dem Anhang zur *Transzendentalen Dialektik* explizit thematisiert. Das Verhältnis zwischen dem dritten Hauptstück und dem Anhang zur *Transzendentalen Dialektik* wird wiederum von V. Bazil (1995), C. Piché (1984, S. 91–120), P. Bahr (2004, S. 244–254), R. Theis

(2004, S. 77–110), B. Longuenesse (1995, S. 521–537), S. Maly (2012, S. 265–277), R. Schneider (2011, S. 138–166), S. Andersen (1983, S. 157–184), M. Albrecht (1981, S. 475–484) und G. Gava (im Ersch.) untersucht. Wesentlich weniger Forschungsinteresse (I.b) zieht der Anhang zur *Transzendentalen Dialektik* ausgehend von den Untersuchungen des Ersten Buches zur *Transzendentalen Dialektik* auf sich. Hervorzuheben sind dabei die Arbeiten von T. M. Seebohm (2001, S. 219–230), N. F. Klimmek (2005, S. 57–116), K. W. Zeidler (2011, S. 297–320), U. Santozki (2006, S. 68–71, 120–127), R. Theis (2010, S. 211–214) und A. Renaut (1998, S. 353–367). Neben diesen inhaltlichen Fokussierungen auf die metaphysischen Gegenstände Seele, Welt und Gott und ihre regulative Funktion steht der Anhang zur *Transzendentalen Dialektik* auch im Fokus von Untersuchungen zur logischen Struktur und zum systematischen Aufbau der *Transzendentalen Dialektik* (I.c). Insbesondere J. Pissis (2012, S. 189–216; 2011, S. 209–219), M. Grier (2001, S. 263–306), K. M. Thiel (2008, S. 170–186), N. F. Klimmek (2005, S. 17–51), A. Hutter (2003), W. Vossenkuhl (2001, S. 232–244), R. Bittner (1970) und D. Henrich (1982, S. 45–55) haben dazu in den letzten Jahrzehnten zentrale Beiträge veröffentlicht. Zudem seien die Studien von T. M. Seebohm (2001, S. 204–231), M. Reisinger (1988), N. F. Klimmek (2005, S. 17–39), K. W. Zeidler (1992, S. 121–164) und W. Marx (1981, S. 211–235) erwähnt, die die schlusslogische Struktur der *Transzendentalen Dialektik* und ihre Rolle für den regulativen Vernunftgebrauch im Anhang zur *Transzendentalen Dialektik* untersuchen. Auch ausgehend von der *Transzendentalen Analytik* (II.) werden immer wieder Aspekte des Anhangs zur *Transzendentalen Dialektik* beleuchtet. Insbesondere N. F. Klimmek (2005, S. 40–51), aber auch M. L. Miles (1978, S. 288), V. Bazil (1995, S. 39–74) und G. Lehmann (1971, S. 12) sind in diesem Sinne zu erwähnen.

Ein reges Forschungsinteresse am Anhang zur *Transzendentalen Dialektik* besteht zweitens ausgehend von der *Kritik der Urteilskraft*. Dabei wird der Anhang zur *Transzendentalen Dialektik* (I.) als eine bestimmte Entwicklungsstufe der Konzeption der reflektierenden Urteilskraft, insbesondere in der teleologischen Urteilskraft, angesehen. Im Zentrum steht dabei zumeist der erste Teil des Anhangs zur *Transzendentalen Dialektik*. Hervorzuheben sind die Studien von H. Ginsborg (1990, S. 174–192), C. La Rocca (2012, S. 13–31), G. Zöller (2012, S. 31–49), W. Bartuschat (1972, S. 7–54), K. W. Zeidler (2006, S. 41–57; 1994, S. 25–40), M. Liedtke (1964, S. 108–157), J. Peter (1992, S. 17–51), K. Düsing (1968, S. 24–51), A. Stadler (1874, S. 18–43), A. Model (1987), K. Kuypers (1972), I. Bauer-Drevermann (1956, S. 497–504), G. Schiemann (1992, S. 294–303), H. Hoppe (1969, S. 16–19), A. Seide (2013, S. 84–89), G. Krämling (1985, S. 103–120), G. Lehmann (1971, S. 7–17), B. Dörflinger (2000, S. 7–26) und Ch. Wohlers (2000, S. 199–243). Zudem wird (II.) der Zweckbegriff, wie er im Anhang zur *Transzendentalen Dialektik* anhand des regulativen Vernunftgebrauchs entwickelt wird, mit dem Konzept der Zweckmäßigkeit in der *Kritik der Urteilskraft* u. a. von S. Klingner (2012, S. 94–98), R.-P. Horstmann (1997b, S. 165–180), W. Ernst (1909, S. 43–66), A. Pfannkuche (1901, S. 51–71) und R. Hiltscher (1998, S. 25–130) thematisiert.

Drittens ist der Anhang zur *Transzendentalen Dialektik* auch Untersuchungsgegenstand im Hinblick auf Kants praktische Philosophie. Dabei wird insbesondere die Rolle regulativer Ideen an der Schnittstelle von theoretischer und praktischer Philosophie u. a. von O. O'Neill (2015, S. 13–38; 1989, S. 13–37; 1996, S. 206–226), R. Langthaler (2012, S. 49–73), G. Kruck (2012, S. 111–125), R. Zocher (1959, S. 77–80), M. Willaschek (1991, S. 21–33) und L. Ypi (2017, S. 163–185) diskutiert.

Ein zunehmendes Interesse wird viertens in den letzten Jahrzehnten von Seiten der Wissenschaftsgeschichte bzw. Wissenschaftstheorie für den Anhang zur *Transzendentalen Dialektik* aufgebracht. Dabei wird (I.) der regulative Vernunftgebrauch als eine systemtheoretische Konzeption des Übergangs vom Gegenstand überhaupt zu den Erfahrungswissenschaften interpretiert. In diesem Sinne steht der Anhang zur *Transzendentalen Dialektik* in einem Verhältnis zu den *Metaphysischen Anfangsgründen der Naturwissenschaft* und dem *Opus postumum*. Zentrale Untersuchungen liegen dabei von Ph. Kitcher (1986, S. 201–235; 1994, S. 253–272), P. Krausser (1987, S. 164–196), G. Buchdahl (1969, S. 495–530; 1984a, S. 97–141; 1992, S. 167–242), S. Marcucci (1988, S. 43–69), R. Walker (1990, S. 243–258), E. Watkins (2010, S. 151–167), Th. E. Wartenberg (1979, S. 409–424; 1992, S. 228–248), V. Mudroch (1987, S. 30–50), S. Schulze (1994, S. 33–72), O. Wiegand (1995, S. 1347–1354) und B. Tuschling (2011, S. 134 ff.) vor. Zudem wird (II.) ausgehend vom regulativen Vernunftgebrauch – über die Kantforschung hinausgehend – die Rolle und Notwendigkeit regulativer Prinzipien in den Naturwissenschaften bzw. in der Epistemologie überhaupt diskutiert. Zu erwähnen sind dazu die Arbeiten von J. Briesen (2012, S. 1–36; 2013, S. 1–32), U. Majer (1993, S. 51–77), A. Nuzzo (1995, S. 88–102), E. W. Orth (2011, S. 157–164), A. Seide (im Ersch.), G. Deleuze (2007, S. 217–220, 348 ff.) und H. Schmitz (1989, S. 242–249). Zusätzlich zu diesen systematischen Schwerpunkten im Hinblick auf die Frage nach der Möglichkeit von (Natur-)Wissenschaft und empirischen Gesetzen werden (III.) die konkreten wissenschaftshistorischen Beispiele, die Kant im Rahmen des Anhangs zur *Transzendentalen Dialektik* vorbringt, in den jeweiligen Spezialstudien – Kant und die Chemie[1], Kant und die physiologische Anthropologie[2] sowie Kant und die Philosophie der Geschichte[3] – miteinbezogen.

---

[1] Vgl. dazu Carrier 1986, S. 329; Carrier 2001, S. 205–230; Friedman 1992a, S. 282–288; Pollok 2001, S. 88–89; Stark 2013, S. 246; Durner 1996, S. 308; Heimsoeth 1956, S. 10–85.

Neben diesen vier externen Zugängen zum Anhang zur *Transzendentalen Dialektik* finden sich auch spezifische Studien zur Textpassage: Eine überblicksartige Darstellung der Struktur und Probleme findet sich dabei bei F. Rauscher (2010, S. 292–301), R. Malter (1981, S. 169–210), C. Bickmann (2002, S. 43–80), N. Fischer (1999, S. 168–190; 2010, S. 323–342), O. Wiegand (1995, S. 1347–1354), W. Röd (1986, S. 59–63), G. Zöller (2000, S. 200–218; 2003, S. 295–312; 2004, S. 231–243; 2011, S. 27), E. Adickes (1989, S. 509–552) und P. Guyer (1997a, S. 39). Zumeist werden in den Analysen allerdings einzelne Themenbereiche in den Mittelpunkt gerückt: Im Fokus steht dabei die Frage nach der Möglichkeit bzw. der Durchführung einer transzendentalen Deduktion bzw. eines Schematismus der Vernunftbegriffe. Zentrale Beiträge dazu publizierten J. Karásek (2010, S. 59–74), R. Zocher (1958, S. 43–58; 1966, S. 222–226), M. Caimi (1995, S. 308–320), M. Bondeli (1996, S. 166–183; 2010, S. 37–58), B. Burkhardt (1989, S. 24 ff.), I. Camartin (1971, S. 121–151), B. Freydberg (2001, S. 283–288) und G. Krämling (1985, S. 120–135). Besonderes Interesse gilt außerdem dem spezifischen Gegenstandsbegriff, dem Systembegriff und dem sich im Rahmen des Anhangs zur *Transzendentalen Dialektik* transformierenden Begriff des Transzendentalen. Zum Gegenstandsbegriff haben C. La Rocca (2011, S. 29–47), V. Gerhardt (2007, S. 252 ff.), N. Rescher (2000, S. 283–328), G. Zöller (1984, S. 257–271), P. König (2001, S. 775–782), H. Pilot (1995, S. 155–192), S. Blackburn (1980, S. 353–371) und G. Reibenschuh (1997, S. 111–129) Arbeiten vorgelegt. Zum Systembegriff im Anhang zur *Transzendentalen Dialektik* seien die Arbeiten von P. König (2001, S. 41–53), G. Zöller (2001, S. 53–72), H. Krings (1996, S. 91–103), H. Vaihinger (1925, S. 627) und E. Adickes (1927, S. 76–141) hervorgehoben. Der Status des Transzendentalen im Anhang zur *Transzendentalen Dialektik* wurde untersucht von B. Thöle (2000, S. 113–134), R.-P. Horstmann (1997a, S. 109–130; 1998, S. 525–546), A. Gideon (1903, S. 97–141), J. D. McFarland (1970, S. 14 ff.), H. Ginsborg (1990, S. 180 ff.) und Ph. Kitcher (1986, S. 213–216).

Die steigende Publikationstätigkeit ist außerdem geprägt durch zunehmende, offen ausgetragene Kontroversen über zentrale Frage- und Problemstellungen zum Anhang zur *Transzendentalen Dialektik*. Insbesondere ist dabei zu verweisen auf die Kontroversen zwischen M. Grier (2001, S. 283) und H. E. Allison (2004, S. 52 ff.), R.-P. Horstmann (1997a, S. 109–130) und B. Thöle (2000, S. 113–148), M. Caimi (1995, S. 308–320) und G. Schiemann (1992, S. 294–303) sowie H. Krings

---

2 Vgl. dazu Brandt 1999, S. 7–19; Sturm 2009, S. 265; Zammito 2001, S. 221–307; Heimsoeth 1956, S. 58–66.
3 Vgl. dazu Kleingeld 1995, S. 19–21, 29; Brandt 2003, S. 125 ff.; Brandt 2007, S. 190; Sturm 2009, S. 361; Büchel 1987, S. 110–117; Wood 1999, S. 207–225; Städtler 2012, S. 91–111; Heimsoeth 1956, S. 10–41.

(1996, S. 91–103), G. Buchdahl (1984b, S. 104–114) und P. Guyer (1984, S. 115–122). Nicht zu vergessen ist zudem die schon ältere Auseinandersetzung bezüglich des Status der regulativen Vernunftprinzipien und der dadurch begründeten Zweckmäßigkeit zwischen E. Adickes (1927) und H. Vaihinger (1925) sowie die Diskussion um Funktion und Rolle des Kontinuitätsprinzips zwischen B. Bauch (1911, S. 31, S. 53 ff.) und H. Cohen (1902, S. 75 ff.).

Das in den letzten Jahrzehnten steigende Interesse am Anhang zur *Transzendentalen Dialektik* zeigt sich auch an der zunehmenden Anzahl von Tagungen und Symposien zum Themenbereich. Besonders hervorzuheben ist die von der Kant-Gesellschaft durchgeführte Tagung *Über den Nutzen von Illusionen. Die regulativen Ideen in Kants theoretischer Philosophie*, die von 20. bis 21. Juni 2008 stattgefunden hat. Die dort vorgetragenen Beiträge und entstandenen Diskussionen sind 2011 als Sammelband erschienen.[4]

1.2 Fragestellung und Methodik

Der Forschungsstand zum Anhang zur *Transzendentalen Dialektik* weist trotz eines gesteigerten Interesses an der Textpassage eine große Heterogenität auf. Dabei werden zumeist nur Teilaspekte wie die Begriffe des Gegenstandes in der Idee, des Systems, des Transzendentalen, der Deduktion und des Schematismus im Rahmen des regulativen Vernunftgebrauchs thematisiert. Diese Auseinandersetzungen sind zudem durch den jeweiligen Zugang zur Textpassage geprägt, so wird der Anhang häufig ausgehend von anderen Lehrstücken wie der *Transzendentalen Dialektik*, der *Kritik der Urteilskraft*, der *Kritik der praktischen Vernunft* oder den *Metaphysischen Anfangsgründen der Naturwissenschaft* interpretiert und analysiert. Dies führt dazu, dass die Textpassage nur als Ergänzung zu anderen Problemstellungen herangezogen wird, wodurch ihre eigene spezifische Funktion wenig Berücksichtigung findet oder gar unberücksichtigt bleibt.

In der folgenden Analyse wird diese Schwerpunktsetzung verlagert und der Anhang zur *Transzendentalen Dialektik* in das Zentrum der Aufmerksamkeit gerückt. Dabei werden zum einen die im Anhang aufgeworfenen Probleme textimmanent entwickelt. Zum anderen wird der Anhang nicht isoliert betrachtet, sondern ausgehend von der Textpassage Beziehungen und Verknüpfungen zu anderen Abschnitten hergestellt. Ziel ist es, inkompatible Aspekte sowie ver-

---

4 Vgl. dazu Dörflinger/Kruck (Hrsg.) 2011. Im Anschluss an diese Tagung fand zudem ein Kongress mit dem Titel *Worauf Vernunft hinaussieht* statt, der sich mit dem Themenbereich der Idee im Rahmen der *Kritik der Urteilskraft* und der praktischen Philosophie auseinandersetzte und aus dem im Jahr 2012 ebenfalls ein Sammelband (Dörflinger/Kruck (Hrsg.) 2012) hervorging.

deckte Prämissen und Argumente aus dem Text zu isolieren, um sie zu problematisieren und daraufhin im Gesamtkontext der *Transzendentalen Dialektik* erneut zu thematisieren. Dieser Perspektivenwechsel erlaubt es, die wichtigsten obig bereits genannten Forschungsbeiträge in Form einer umfassenden Analyse zu integrieren und ermöglicht dadurch einen spezifischen Blick auf das Projekt der *Transzendentalen Dialektik* und der *Kritik der reinen Vernunft*.

Eine solche Analyse leugnet dabei allerdings nicht, dass der Anhang zur *Transzendentalen Dialektik* ein entwicklungsgeschichtliches Stadium des kantischen Denkens in Bezug auf die reflektierende Urteilskraft und zudem einen Nachtrag zu den drei Hauptstücken des Zweiten Buches bildet. Sie rückt aber den Text ins Zentrum der Aufmerksamkeit, indem sie den Anhang auf seine systematische Funktion und Struktur hin untersucht und vermeidet dadurch, dass die Passage als bloßer Steinbruch von Konzepten oder als erster Entwurf später ausgearbeiteter Theorien interpretiert wird.[5]

Die Leitfrage (LF) der Arbeit lautet wie folgt:

LF: Wie kann im Rahmen der methodischen Vorgaben der *Kritik der reinen Vernunft* ein regulatives Apriori gedacht werden? D. h., wie kann der regulative Vernunftgebrauch, den Kant im Anhang zur *Transzendentalen Dialektik* entwickelt, eine transzendentale Funktion im Rahmen der ersten Kritik erlangen?

Bei dieser Leitfrage handelt es sich nicht um eine von außen an den Text herangetragene Fragestellung, sondern um eine textimmanente, die Kant selbst in der *Transzendentalen Dialektik* in dreifacher Weise aufwirft und thematisiert. Dabei stellt er zwei aufeinander aufbauende Ob-Fragen, um auf der Basis dieser im Anhang zur *Transzendentalen Dialektik* die obig entwickelte Leitfrage zu explizieren: Bereits in der Einleitung zur *Transzendentalen Dialektik* der *Kritik der reinen Vernunft* formuliert Kant erstens folgende Frage: „Mit einem Wort, die Frage ist: ob die Vernunft an sich selbst, d. i. die reine Vernunft a priori synthetische Grundsätze und Regeln enthalte, und worin diese Prinzipien bestehen mögen?" (A 306/B 363) Kant beantwortet diese Ob-Frage mit einem Ja, unterscheidet aber die Grundsätze, die aus dem „obersten Princip der reinen Vernunft" (A 308/B 365) entspringen und „in Ansehung aller Erscheinungen transcendent" (A 308/B 365) sind, von den „Grundsätzen des Verstandes (deren Gebrauch völlig immanent ist, indem sie nur die Möglichkeit der Erfahrung zu ihrem Thema haben)" (A 308/

---

[5] Weitgehend unberücksichtigt bleiben dabei die Zusammenhänge der regulativen Vernunftbegriffe mit der praktischen Philosophie.

B 365). Daran anschließend stellt er zweitens die Frage, ob „jener Grundsatz [der Vernunft], daß sich die Reihe der Bedingungen (in der Synthesis der Erscheinungen, oder auch des Denkens der Dinge überhaupt) bis zum Unbedingten erstrecke, seine objective Richtigkeit habe oder nicht" (A 308/B 365). Dies impliziert die Frage, ob es sich beim Grundsatz der Vernunft um eine „logische Vorschrift" (A 309/B 365) oder einen „objectivgültigen Vernunftsatz" (A 309/B 365) handelt (vgl. A 648/B 676=1.9.). Die Frage lautet demnach, ob das „Bedürfniß der Vernunft" (A 309/B 365), das sich im Grundsatz der Vernunft ausdrückt, bloß durch „einen Mißverstand für einen transscendentalen Grundsatz der reinen Vernunft gehalten" (A 309/B 365 f.) werde oder eine entsprechende Legitimität habe. Das Erste und Zweite Buch der *Transzendentalen Dialektik* zeigen, dass der Grundsatz der Vernunft mehr als ein bloß logischer, aber aufgrund der Differenzierung zum Grundsatz des Verstandes auch nicht als objektiv gültig zu fassen ist. Aus diesem Grund komplementiert Kant im Anhang zur *Transzendentalen Dialektik* die Fragen danach, ob es transzendentale Grundsätze der Vernunft gibt und welchen Status sie haben, mit der Frage nach dem Wie solcher Vernunftgrundsätze und gibt damit die Leitfrage der vorliegenden Untersuchung vor. Die Fragestellung richtet sich darauf, wie ausgehend vom Grundsatz der Vernunft die Vernunftprinzipien bzw. -ideen „objektive, aber unbestimmte Gültigkeit" (A 637/B 691) erlangen können bzw. wie „das Prinzip einer solchen systematischen Einheit auf unbestimmte Art (principium vagum) [...] auch objektiv" (A 680/B 708) sein kann. Diese zentrale Frage wiederholt er zudem retrospektiv in den *Prolegomena*, wenn er in § 60 mit Blick auf den ersten Teil des Anhangs zur *Transzendentalen Dialektik* formuliert: Wie ist es zu verstehen, dass „auch Erfahrung mittelbar unter der Gesetzgebung der Vernunft stehe" (Prol AA IV, S. 364)?

Kant hat folglich die Fragen nach dem Wie eines regulativen Vernunftgebrauchs im Rahmen der *Kritik der reinen Vernunft* dezidiert als „wichtig vorgestellt" (Prol AA IV, S. 364), er gibt aber dennoch keine explizite und eindeutige Antwort darauf. Die Lehre ist vielmehr über die gesamte *Transzendentale Dialektik* verstreut und findet zudem ihren locus classicus erst in Form eines Anhangs. Aus beiden Gründen, aber insbesondere aufgrund der Zuordnung als *Nachtrag*, steht das Lehrstück des regulativen Vernunftgebrauchs stets in einem Spannungsverhältnis zu anderen Textabschnitten der *Transzendentalen Dialektik*. Die Erweiterungen und Modifikationen des Anhangs zur *Transzendentalen Dialektik* konstituieren demnach nicht „da sole, un vero e proprio trattato" (Scaravelli 1954, S. 387)[6], sondern sind stets in Beziehung zur *Transzendentalen Dialektik* zu lesen.

---

6 Vgl. dazu auch Marcucci, der mit Verweis auf Scaravelli formuliert: „Una Appendice che non è appendice." (Marcucci 1988, S. 43)

Der Grundsatz der Vernunft bildet dabei das verbindende Glied zwischen der alten, von Kant im zweiten Buch der *Transzendentalen Dialektik* kritisierten Metaphysik und seinem eigenen regulativ interpretierten Vernunftgebrauch. Aus diesem Grund ist die Leitfrage der Arbeit auf der Basis des Anhangs zur *Transzendentalen Dialektik* zu entwickeln, aber stets im Kontext der *Transzendentalen Dialektik* und den dort thematisierten differenten Interpretationsweisen des Grundsatzes der Vernunft zu sehen. Dabei dienen folgende Unterfragen (UF) als Leitfaden der Untersuchung:

UF 1: Welchen legitimen Ursprung haben die Vernunftbegriffe in der Stufenleiter der Vorstellungen und welche konkrete Anzahl und Binnenstruktur weisen sie auf?

UF 2: Welcher Zusammenhang besteht zwischen den Vernunftbegriffen und der systematischen Einheit der Erkenntnis und wie wird im Zuge dessen der Zweck- und Systembegriff der *Kritik der reinen Vernunft* entfaltet?

UF 3: Welche transzendentale Rechtfertigung haben die regulativen Vernunftbegriffe im Rahmen der *Transzendentalen Dialektik*?

Die Beantwortung dieser drei Fragen wird in der vorliegenden Arbeit im zweiten Teil *Analysen*, d. i. Kapitel 3–5, vorgenommen. Dabei wird in Kapitel 3 *Ursprung und bestimmte Zahl der Vernunftbegriffe – die metaphysische Deduktion*, die Herleitung der Vernunftbegriffe thematisiert: Ausgehend von der bedingten Erkenntnis des Verstandes ist anhand des logischen *Grundsatzes der Vernunft* auf ein Unbedingtes zu schließen. Die Vernunftideen Gott, Welt und Seele bilden dabei transzendentale Formen des Unbedingten und die Vernunftprinzipien Homogenität, Spezifikation und Kontinuität transzendentale Funktionen des Schließens auf ein Unbedingtes. In Kapitel 4 *Schule und Grundlage des Gebrauchs der Menschenvernunft – das Systematische der Erkenntnis* ist ausgehend von den Vernunftbegriffen das Problemfeld des System- und Zweckbegriffs sowie deren Verknüpfung zu entwickeln. Dabei erweist sich, dass die Zweckmäßigkeit, durch welche die Systematizität der Erkenntnis geleistet wird, aufgrund eines reziproken Spannungsverhältnisses von Bedingtem im Feld möglicher Erfahrung und Unbedingtem zu denken ist. In Kapitel 5 *Einige objektive Gültigkeit – eine transzendentale Deduktion der Vernunftbegriffe* wiederum wird die Frage nach der transzendentalen Legitimität der Vernunftbegriffe gestellt. Zu rechtfertigen ist demnach der absteigende Gebrauch vom Unbedingten auf das Feld möglicher Erfahrung im Rahmen des Systembegriffs der *Kritik der reinen Vernunft*.

Der zweite Teil der Arbeit entwickelt demnach eine systemimmanente Analyse des regulativen Vernunftgebrauchs. Um die obig gestellten Fragen textimmanent zu beantworten, d. h. ohne dabei auf externe Kriterien angewiesen zu sein, wird methodisch in Form einer Kontextualisierung argumentiert: Dabei sind immanente Kriterien aufzuweisen, durch die das Lehrstück des Anhangs zur *Transzendentalen Dialektik* entwickelt sowie geprüft werden kann. Der zweite Teil der Arbeit wird daher durch einen ersten Teil *Problemfeld* und einen dritten Teil *Dimension und Reichweite* komplementiert. Im ersten wird das *Problemfeld* des regulativen Vernunftgebrauchs aufgewiesen. Die systematischen Kriterien einer solchen Analyse werden dabei in Kapitel 2 *Im Hinterzimmer der Kritik der reinen Vernunft – der Grundsatz der Vernunft* in Form einer Analyse der *Antinomie der reinen Vernunft* sowie der Struktur des Anhang zur *Transzendentalen Dialektik* gewonnen. Im Rahmen einer Antithetik entwickelt Kant auf der Basis des Grundsatzes der Vernunft verfehlte metaphysische Ansprüche der Vernunft und weist sie anhand der skeptischen Methode – nach der die Vernunft ihre inneren Widersprüche ohne Partei zu ergreifen aufweist – zurück. Darauf aufbauend lassen sich die Grenzziehungen der *Transzendentalen Dialektik* einsehen und als Richtmaß für Kants eigene regulative Interpretation des Grundsatzes der Vernunft fruchtbar machen. Durch diese immanenten Kriterien wird der Text des Anhangs zur *Transzendentalen Dialektik* hinterfragt und anhand der dadurch entstehenden Paradoxien ein *Problemfeld* eröffnet. Im dritten Teil wird die *Reichweite und Dimension* des regulativen Vernunftgebrauchs thematisiert. Diese sind in Kapitel 6 *Aussichten auf das Feld möglicher Erfahrung – der transzendentale Grundsatz der Vernunft* anhand der konkreten Fallbeispiele, die Kant im Rahmen des Anhangs zur *Transzendentalen Dialektik* entwickelt, darzustellen. Dabei sollen die begrifflich-abstrakten Gedankengänge von Teil zwei konkretisiert werden, um damit Kants Anspruch mit dem regulativen Vernunftgebrauch zu verdeutlichen. Im Zentrum stehen das Chemiebeispiel, das Beispiel aus der physiologischen Anthropologie, das Beispiel aus der Astronomie und Bewegungslehre sowie die von Kant entwickelte transzendentale Theologie. Indem die Beispiele aus dem jeweiligen historischen Kontext, aus dem Kant sie entnimmt, rekonstruiert und mit dem Konzept des regulativen Vernunftgebrauchs thematisiert werden, bieten sie immanente Kriterien dafür, die *Dimension und Reichweite* des Lehrstücks einzusehen.

Methodisch basiert die Arbeit einerseits auf einem rationalen bzw. systematischen, andererseits auf einem historischen Interesse (vgl. A 836/B 864) an der kantischen Konzeption des regulativen Vernunftgebrauchs in der *Kritik der reinen Vernunft*. Dabei wird versucht, nicht den „Lehrlingen" (A 837/B 865) gleich die Gedanken bloß zu rezipieren, sondern kritisch aufzugreifen und zu prüfen. Der methodische Anspruch besteht demnach darin, nicht bloß alle „Grundsätze, Erklärungen und Beweise, zusamt der Einteilung des ganzen Lehrgebäudes [...] ab[zu]zählen" (A 836/B 864) und damit nachbildend das Gegebene zu reproduzieren – denn eine bloß gelernte Philosophie, wenn sie auch gut gefasst sei, „ist ein Gipsabdruck von einem lebendigen Menschen" (A 836/B 864) und nicht dieser selbst. Ein solches kritisches Lesen der Textpassage, mit dem nach der Intention des Autors gefragt wird, ist insbesondere im Rahmen des Anhangs zur *Transzendentalen Dialektik* notwendig, da Kant darin kein abgeschlossenes und fertiges Lehrstück präsentiert, das lediglich zu präzisieren wäre. Gleichzeitig tritt dieses kritische Lesen des Textabschnitts aber mit dem Anspruch auf, in der Analyse den Wahrheits- und Geltungswert der zu interpretierenden Passage auszuweisen. Aus diesem Grund ist der Anhang zur *Transzendentalen Dialektik* in Form eines close-readings zu rekonstruieren. Dabei steht der Text als Gegenstand der Untersuchung im Mittelpunkt und wird auf seine Bedeutungsnuancen hin geprüft. Ein solcher textexegetischer Zugang ist notwendig, um damit der Gefahr der Willkürlichkeit in der Interpretation zu entgehen.[7] Diese ist wiederum in der Interpretation des Anhangs zur *Transzendentalen Dialektik* in besonderer Weise evident, da Kant darin Grundfragen des kritischen Systems thematisiert, die noch weit über die *Kritik der reinen Vernunft* hinaus für ihn problematisch bleiben.

In der Entwicklung der beiden in der Arbeit intendierten Ansprüche – d. i. das rationale bzw. systematische und das historische Interesse – wird die Korrektur von schon vorgeschlagenen Interpretationsversuchen bzw. das Hervorheben von bereits erzielten brauchbaren Ergebnissen stets als Regulativ verwendet.

Alle drei Teile der Arbeit heben damit den Anhang zur *Transzendentalen Dialektik* als zentrales Lehrstück der *Kritik der reinen Vernunft* hervor. Die fünf darin entwickelten Kapitel beanspruchen dabei, jeweils isoliert voneinander gelesen werden zu können und eine abgeschlossene Analyse eines Teilaspekts des regulativen Vernunftgebrauchs zu bilden, sind aber gleichzeitig als einheitliche und in sich kohärente Abhandlung zu verstehen.

1.3 Zitation

Kants gesammelte Werke sind nach der Akademieausgabe (AA), herausgegeben von der Königlichen Preußischen Akademie der Wissenschaften, Berlin 1900 ff., zitiert: Dabei verweisen die Kürzeln auf den Text[8], die römischen Ziffern auf den jeweiligen Band und die arabischen Ziffern auf die Seiten. Die *Kritik der reinen Vernunft* wird nach der üblichen Paginierung der ersten (A: 1781) und der zweiten

---

[7] Vgl. dazu Henrich 2000, S. 7; Marquard 1982, S. 53; Brandt 2007, S. 533–535.; Hutter 2003, S. 2–3.
[8] Vgl. dazu das Siglen- und Literaturverzeichnis in der Bibliografie.

(B: 1787) Auflage zitiert, allerdings ebenfalls nach dem Wortlaut der Akademieausgabe.

Zudem wird der Anhang zur *Transzendentalen Dialektik* jeweils nach dem ersten bzw. zweiten Teil und den jeweiligen Absätzen nummerisch aufsteigend angegeben. Der Textabschnitt *Von dem regulativen Gebrauch der Ideen der reinen Vernunft* wird demnach jeweils mit der Zahl eins und der Textabschnitt *Von der Endabsicht der natürlichen Dialektik der menschlichen Vernunft* mit der Zahl zwei angeführt. In diesem Sinne wird, wenn z. B. auf Absatz 15 aus dem Textabschnitt *Von dem regulativen Gebrauch der Ideen der reinen Vernunft* rekurriert wird, dieser mit 1.15. angegeben. Dies soll eine Orientierung im Text erleichtern, insbesondere im Rahmen der textimmanenten Analyse des zweiten Teils der Arbeit.

Erster Teil:
Problemfeld

Wenn ich den Inbegriff aller Erkenntniß der reinen und speculativen Vernunft wie ein Gebäude ansehe, dazu wir wenigstens die Idee in uns haben, so kann ich sagen: wir haben in der transscendentalen Elementarlehre den Bauzeug überschlagen und bestimmt, zu welchem Gebäude, von welcher Höhe und Festigkeit er zulange.
(A 707/B 735)

2 Im Hinterzimmer der Kritik der reinen Vernunft – der Grundsatz der Vernunft

Wird die *Kritik der reinen Vernunft* als der „Inbegriff aller Erkenntniß der reinen und speculativen Vernunft wie ein Gebäude" (A 707/B 735) angesehen, wie Kant dies an mehreren Stellen selbst vorschlägt (vgl. u. a. Prol AA IV, S. 315f.), dann könnte der regulative Vernunftgebrauch der Ideen im Rahmen der *Transzendentalen Dialektik*, insbesondere im Anhang zur *Transzendentalen Dialektik*, als ein Hinterzimmer der *Kritik der reinen Vernunft* bezeichnet werden. Ein Hinter- oder Nebenzimmer befindet sich zumeist im Anschluss an unmittelbar zugängliche Räumlichkeiten eines Gebäudes, es ist nur einem begrenzten Personenkreis zugänglich und wenig repräsentativ. In diesem Begriff, und insbesondere in der englischen Übersetzung von Hinterzimmer als *backroom*, findet sich zudem die Konnotation für einen Ort, an dem Handlungen unter Ausschluss der Öffentlichkeit stattfinden – klandestine Absprachen getroffen werden. Mit der Lokalisierung in einem Anhang weist Kant den Ausführungen zum *Regulativen Gebrauch der Ideen* und der *Endabsicht der natürlichen Dialektik* keinen eindeutigen Platz im System zu. Als Anhang bleibt diese Textpassage stets ein Zusatz zu anderen Abschnitten und ist nicht unmittelbar zugänglich. Gleichzeitig werden in diesem Lehrstück Überlegungen präsentiert, die, wenn sie auch mit der konzeptuellen Grundausrichtung der *Kritik der reinen Vernunft* in Einklang gebracht werden können, doch das Potential in sich bergen, diese zu öffnen und zu erweitern. Aufgrund seines rudimentären Charakters fehlen dem Anhang zur *Transzendentalen Dialektik* scheinbar jedoch jegliche repräsentativen Eigenschaften – weshalb seine Rolle im Rahmen der *Kritik der reinen Vernunft* zu oft unterbelichtet bleibt.

Aus diesem Grund ist im Folgenden in einem ersten Schritt das Verhältnis und die Stellung des Anhangs zur *Transzendentalen Dialektik* zu den anderen Systemteilen sowie seine innere Strukturierung zu problematisieren und auf seine Vieldeutigkeit zu verweisen. Daran anschließend gilt es in einem zweiten Schritt, die inhaltlichen Mehrdeutigkeiten herauszustellen. Ziel ist es demnach, sowohl der Form als auch dem Inhalt nach die immanente Problemlage des Anhangs zu erarbeiten, um daran anschließend drittens einen Leitfaden für die Interpretation zu gewinnen.

2.1 Struktur des Anhangs zur Transzendentalen Dialektik (I)

2.1.1 Lokalisierung in der Transzendentalen Dialektik

Der im Anhang zur *Transzendentalen Dialektik* von Kant entwickelte regulative Vernunftgebrauch wird parallel dazu im Rahmen der *Kritik der reinen Vernunft* auch in folgenden Textpassagen ausgeführt oder steht zumindest in einem direkten Zusammenhang mit diesen:

Transzendentale Dialektik. Einleitung: A 293/B 349 bis A 310/B 366

Transzendentale Dialektik. Erstes Buch (Von den Begriffen der Vernunft): A 310/B 366 bis A 341/B 399

Transzendentale Dialektik. Zweites Buch. Zweites Hauptstück (Die Antinomie der reinen Vernunft)
- Achter Abschnitt (Regulatives Prinzip der reinen Vernunft in Ansehung der kosmologischen Ideen): A 508/B 536 bis A 515/B 543
- Neunter Abschnitt (Von dem empirischen Gebrauche des regulativen Prinzips der Vernunft, in Ansehung aller kosmologischen Ideen): A 515/B 543 bis A 566/B 593

Transzendentale Dialektik. Zweites Buch. Drittes Hauptstück (Das Ideal der reinen Vernunft)
- Erster Abschnitt (Von dem Ideal überhaupt): A 567/B 595 bis A 571/B 599
- Zweiter Abschnitt (Von dem transzendentalen Ideal (Prototypon transscendentale): A 571/B 599 bis A 583/B 611

Transzendentale Methodenlehre. Erstes Hauptstück (Disziplin der reinen Vernunft). Dritter Abschnitt (Disziplin der reinen Vernunft in Ansehung der Hypothesen): A 771 f./B 799 f.

Der regulative Vernunftgebrauch der Ideen in der *Kritik der reinen Vernunft* bildet daher kein abgeschlossenes Textstück wie die Kategorienlehre oder die Lehre von Raum und Zeit, sondern findet sich über die mehr als 300 Seiten der *Transzendentalen Dialektik* und in Anmerkungen in der *Transzendentalen Methodenlehre* verstreut, auch wenn der Anhang zur *Transzendentalen Dialektik* den locus classicus dafür bildet.

Aufgrund dieses höchst komplexen und vielschichtigen Aufbaus des regulativen Vernunftgebrauchs ist es für eine Verortung des Anhangs zur *Transzen-*

dentalen Dialektik in der *Kritik der reinen Vernunft* nötig, ein differenziertes Bild der Vernunftbegriffe in der *Transzendentalen Dialektik* zu gewinnen.

Kant führt in der Einleitung und im Ersten Buch der *Transzendentalen Dialektik* (vgl. A 300/B 357-A 338/B 396) – parallel zur metaphysischen Deduktion der Kategorien im Leitfadenkapitel der *Transzendentalen Analytik* – eine prosyllogistische Herleitung der Vernunftideen (vgl. A 321/B 377 f.) durch. Ohne die Herleitung der Vernunftideen als metaphysische Deduktion zu deklarieren, spricht er lediglich von der Möglichkeit einer „subjektiven Ableitung [...] aus der Natur unserer Vernunft" (A 336/B 393). Im zweiten Teil des Anhangs zur *Transzendentalen Dialektik*, der mit dem Titel *Von der Endabsicht der natürlichen Dialektik* überschrieben ist, findet sich darauf aufbauend eine „transzendentale Deduktion" (A 669/B 697) der Vernunftideen sowie ein Schematismus der Vernunft.

Zwischen der prosyllogistischen Herleitung der Vernunftideen und ihrer transzendentalen Deduktion bzw. Schematistik befindet sich demnach, auf mehr als 300 Seiten ausgebreitet, die Widerlegung der rationalen Psychologie (*Von den Paralogismen der reinen Vernunft*), der rationalen Kosmologie (*Antinomie der reinen Vernunft*) und der rationalen Theologie (*Das Ideal der reinen Vernunft*). Außerdem findet sich im ersten Teil des Anhangs zur *Transzendentalen Dialektik*, der mit dem Titel *Vom regulativen Gebrauch der Ideen* überschrieben ist, eine weitgehend unabhängig konzipierte Lehre der transzendentalen Vernunftprinzipien Homogenität, Spezifikation und Kontinuität. Dieser doppelte Entwurf der Vernunftbegriffe im Anhang zur *Transzendentalen Dialektik* wird außerdem durch die drei Hauptstücke des zweiten Buches der *Transzendentalen Dialektik* komplementiert, in denen jeweils der spezifisch regulative Gebrauch der Vernunftideen thematisiert ist. Insbesondere im Rahmen der Auflösung der kosmologischen Antinomien handelt Kant bereits explizit von dem *Regulativen Prinzip der reinen Vernunft* (vgl. A 508/B 536-A 515/B 543) und *Von dem empirischen Gebrauche des regulativen Prinzips der Vernunft* (vgl. A 515/B 543-A 565/B 593). Neben den transzendentalen und dialektischen Vernunftschlüssen wird aber in allen drei Hauptstücken immer auch schon von den transzendentalen Begriffen gehandelt oder, anders formuliert, wird in der Abgrenzung zum „conceptus ratiocinantes (vernünftelnde Begriffe)" (A 311/B 368) immer auch das „conceptus ratiocinati (richtig geschlossene Begriffe)" (A 311/B 368) thematisiert.

Ausgehend von der architektonischen Zerstreuung der Ideenkonzeption in der *Kritik der reinen Vernunft* stellt sich zudem die Frage, wovon der Anhang zur *Transzendentalen Dialektik* tatsächlich Anhang ist:

Inhaltlich betrachtet ist es durchaus denk- bzw. belegbar, dass Kant den Anhang als Appendix zum *Ideal der reinen Vernunft* verfasst hat (vgl. Peter 1992, S. 31; Bartuschat 1972, S. 44; Zöller 1984, S. 257). Dies würde insbesondere die privilegierte Rolle des Ideals im Rahmen des zweiten Teils des Anhangs zur

Transzendentalen Dialektik nahelegen. Zudem spricht für eine solche Interpretation, dass für die kosmologischen Ideen im Rahmen des achten und neunten Abschnittes der *Antinomie der reinen Vernunft* bereits ihr regulativer Gebrauch thematisiert wurde. In diesem Sinne fasst etwa die Ausgabe der *Kritik der reinen Vernunft* von R. Schmidt den Anhang zur *Transzendentalen Dialektik* unter dem Siebten Abschnitt des *Ideals der reinen Vernunft*. Hingegen verortet die Akademieausgabe wie auch die neu edierte Ausgabe von J. Timmermann den Anhang separiert vom Dritten Hauptstück des Zweiten Buches.

Der Anhang könnte aber auch als Appendix zum gesamten Zweiten Buch der *Transzendentalen Dialektik* aufgefasst werden und damit als Anhang der drei Hauptstücke gelten, was wiederum durch den thematischen Schwerpunkt auf die drei Ideen Seele, Welt und Gott nachvollziehbar ist und bereits durch den Titel des ersten Teils hervorgeht, in dem Kant von Ideen im Plural spricht. Aber eine solcherart durchgeführte Lokalisierung des Appendix könnte sich nur auf den zweiten Teil des Anhangs berufen und müsste damit den ersten Teil unberücksichtigt lassen, in dem Kant nicht von den Ideen Seele, Welt und Gott, sondern von den Vernunftprinzipien Homogenität, Spezifikation und Kontinuität spricht. Außerdem suggeriert bereits der Titel Anhang zur *Transzendentalen Dialektik*, dass er einen abschließenden Appendix zur gesamten *Transzendentalen Dialektik* bildet.

Gleichzeitig deutet aber die abschließende, durch drei Sterne vom zweiten Teil des Anhangs noch einmal zusätzlich abgetrennte Bemerkung (vgl. A 702f./B 730f.=2.29.) inhaltlich darauf hin, dass es sich um einen Appendix zur gesamten *Transzendentalen Elementarlehre* handelt. Dort heißt es: „So fängt denn alle menschliche Erkenntniß mit Anschauungen an, geht von da zu Begriffen und endigt mit Ideen." (A 702/B 730=2.29.). Dies würde wiederum die *Transzendentale Analytik* miteinschließen.

Der Anhang zur *Transzendentalen Dialektik* könnte demnach, architektonisch betrachtet, ein Anhang zum *Ideal der reinen Vernunft*, zum Zweiten Buch der *Transzendentalen Dialektik*, zur gesamten *Transzendentalen Dialektik* wie auch zur *Transzendentalen Elementarlehre* sein.

Hervorgehoben sei außerdem, dass die Explikation des regulativen Vernunftgebrauchs im Rahmen eines Anhangs nicht von vornherein bedeutet, dass diese Position von Kant gewählt wurde, weil darin ein thematischer Corpus behandelt ist, der nicht im engeren Sinn Teil der *Kritik der reinen Vernunft* wäre (vgl. Serck-Hanssen 2011, S. 67; Heimsoeth 1969, S. 546). Vielmehr stellt ein derartiges Auslagern eines ganzen Themenkomplexes für Kant keine Ungewöhnlichkeit dar.

So findet sich bereits in der *Transzendentalen Analytik* ein Anhang[1] mit dem Titel *Amphibolie der Reflexionsbegriffe*, im Zuge dessen Kant nichts Geringeres als die Reflexionsbegriffe einführt.[2] Aber auch im Rahmen der teleologischen Urteilskraft der *Kritik der Urteilskraft* findet sich ein sehr ausführlicher Anhang, in dem Kant eine neu formulierte Begründung seiner Gottes- und Seelenlehre darstellt – diese Textpassage bildet trotz ihrer Titulierung als Anhang nicht zu Unrecht den *Haupt- und Zielpunkt* (vgl. Cunico 2008, S. 309) der Konzeption der reflektierenden Urteilskraft. Der fehlende architektonische Ort der regulativen Vernunftbegriffe im System der Vernunft hat allerdings zur Folge, dass der Anhang zur *Transzendentalen Dialektik* und der darin verhandelte regulative Vernunftgebrauch nicht in gleicher Weise problematisiert werden können wie andere Textpassagen, die sich in einem stärkeren systematischen Kontext eingebunden finden.

2.1.2 Binnendifferenzierung des Anhangs zur Transzendentalen Dialektik

Wird der Textabschnitt des Anhangs zur *Transzendentalen Dialektik* selbst nach einer internen Gliederung und Architektur befragt, ergeben sich drei augenscheinliche Anhaltspunkte, die für sich betrachtet allerdings schwerwiegende Hypotheken für eine textimmanente Interpretation mit sich bringen. Aus diesem Grund gilt es im Folgenden, alle drei auf ihre Voraussetzungen hin zu problematisieren und davon ausgehend in Kapitel 2.3 eine Strukturierung vorzuschlagen, die sich die jeweiligen Vorteile zunutze machen kann, ohne deren Nachteile in Kauf zu nehmen.

Das auffälligste Strukturmerkmal des Anhangs zur *Transzendentalen Dialektik* bildet – erstens – seine Zweiteilung. Der erste Teil ist mit dem Titel *Von dem regulativen Gebrauch der Ideen der reinen Vernunft* überschrieben und der zweite Teil mit dem Titel *Von der Endabsicht der natürlichen Dialektik der menschlichen Vernunft*. In den beiden Teilen werden zudem zwei verschiedene Ideen bzw. Vernunftprinzipien thematisiert. Im ersten Teil entwickelt Kant seine Theorie der Vernunftprinzipien der Homogenität, Spezifikation und Kontinuität. Im zweiten

---

[1] Auch in der *Transzendentalen Analytik* ist es eine aus dem Aufbau der Textpassage alleine nicht entscheidbare Frage, zu welchem spezifischen Teil der Anhang gehört (vgl. Willaschek 1998, S. 325f.).

[2] G. Lehmann sieht zudem einen inhaltlichen Zusammenhang zwischen den Anhängen zur *Transzendentalen Analytik* und der *Transzendentalen Dialektik* in der Auseinandersetzung mit der Philosophie Leibnizens, wie insbesondere die Stellen A 668 und A 267 nachweisen sollen (vgl. Lehmann 1971, S. 7f.).

Teil wiederum findet sich seine Konzeption der regulativen Vernunftideen Gott, Welt und Seele.

Kant stellt keinen explizit formulierten Zusammenhang zwischen den beiden Teilen her. Neben dem gemeinschaftlichen Titel eines Anhangs zur *Transzendentalen Dialektik* zeigen sich auch starke Überschneidungen bezüglich zentraler Termini und Themenkomplexe – wenn auch in unterschiedlicher Intensität ausgearbeitet: So findet sich in beiden Teilen
- die Vernunft als oberste Instanz thematisiert, über die keine weitere gedacht werden kann (1.5./2.1.),
- der Begriff des Zwecks (1.2./2.1./2.17./2.19./2.22.), der zudem mit dem Systembegriff in Verbindung gesetzt wird (1.5./2.23.),
- die systematische Einheit der Erkenntnis als durch den regulativen Ideengebrauch begründetes Ziel vorgestellt (1.5./2.3./2.6./2.11/2.17.),
- die Differenzierung zwischen schwärmenden und vernünftelnden Begriffen (1.1./2.5./2.17.),
- eine Kritik an der schwärmenden Vernunft (1.1./2.5./2.17.) und abschätzige Bemerkungen gegenüber den *Vernünftlern*, die regulative Begriffe fälschlicherweise konstitutiv gebrauchen (1.33./2.1./2.17.),
- die Idee einer natürlichen Dialektik bzw. die Idee, dass der Fehler der Subreption ein bloßer Mangel der Urteilskraft sei und nicht der Vernunft (1.1./1.2./2.1./2.2.),
- die Unterscheidung zwischen einem richtigen und einem falschen Gebrauch der Vernunftbegriffe (1.2./2.9./2.18./2.19.),
- die Unterscheidung zwischen regulativem und konstitutivem Vernunftgebrauch (1.4./1.29./2.3./2.17./2.19./2.20.),
- die Charakterisierung der Vernunftbegriffe als heuristische Prinzipien (1.28./1.7./2.3./2.20.),
- die terminologische Bestimmung der transzendentalen Prinzipien, transzendentalen Ideen oder transzendentalen Grundsätzen als Maximen der Vernunft (1.33./2.3./2.11.),
- eine explizite Betonung des Nutzens der Ideen, aber gleichzeitig auch die Mahnung zur Achtsamkeit vor ihrem falschen Gebrauch (1.2./2.2./2.12./2.19./2.27.),
- eine Parallelität von Verstand/Sinnlichkeit und Vernunft/Verstand (1.3./1.30./2.3.),
- Überlegungen zur Konzeption eines Gegenstandes in der Idee (1.30./2.3./2.6.) und
- eine Entwicklung des Begriffs Schema (1.30./2.3./2.5./2.9./2.13./2.14.).

Neben diesen inhaltlichen und begrifflichen Überschneidungen ist allerdings die jeweilige Eigenständigkeit und Geschlossenheit beider Teile nicht zu übersehen. Es finden sich zahlreiche Unterschiede bezüglich zentraler Termini und Themenkomplexe:

- Insbesondere werden im ersten Teil des Anhangs zur *Transzendentalen Dialektik* die Vernunftbegriffe Homogenität, Spezifikation und Kontinuität (1.14.–1.21.) entwickelt, im zweiten hingegen die Vernunftbegriffe Gott, Welt und Seele (2.14./2.15./2.16.).
- Die explizite Bestimmung der Ideen als Als-ob-Gedanken findet sich nur im zweiten Teil. Der erste Teil entwickelt hingegen die Vernunftbegriffe in Form des hypothetischen Vernunftgebrauchs.[3]
- Im zweiten Teil des Anhangs zur *Transzendentalen Dialektik* (2.2.) wird im Gegensatz zum ersten Teil (1.28.) explizit von der Notwendigkeit einer Deduktion der Vernunftprinzipien gesprochen.
- Der Begriff des Deismus findet als terminus technicus nur im zweiten Teil Verwendung (2.7.). Kants Fokus liegt im zweiten Teil (2.24.–28.) auf der Frage nach der Möglichkeit einer transzendentalen Theologie, in diesem Sinne entwickelt er den Deismus als regulative Idee. Im Gegensatz dazu greift der erste Teil Fragen der Naturforschung, d. i. der Chemie, der physischen Anthropologie, der Astronomie und Bewegungslehre, auf.

Bereits diese Überschneidungen, aber auch die Differenzierungen erweisen, dass eine zu starke Betonung der Kapitelgrenzen des Anhangs zur *Transzendentalen Dialektik* dazu führt, dass die eminent wichtige Frage nach dem Zusammenhang beider Teile nicht voraussetzungslos entwickelt werden kann.

Ein zweites Strukturmerkmal des Anhangs zur *Transzendentalen Dialektik* liegt in zentralen Termini wie der Deduktion, dem Schematismus und dem Grundsatz der Vernunft. Anhand dieser drei Deskriptionen ließe sich eine interne und thematische Gliederung des Anhangs zur *Transzendentalen Dialektik* in größere Sinneinheiten konstruieren: Kant spricht im Übergang vom ersten Teil zum zweiten Teil des Anhangs zur *Transzendentalen Dialektik* in den Absätzen 1.30.–1.34. explizit vom Schematismus und den Grundsätzen der Vernunft. Zudem findet der Schemabegriff auch im zweiten Teil (vgl. 2.5., 2.9., 2.13.) eine spezifische Ausformung. Im Teil des Anhangs zur *Transzendentalen Dialektik* spricht Kant in den Absätzen 2.2.–2.4. explizit von der Notwendigkeit einer transzen-

---

[3] Kant verwendet die Als-ob-Formulierung einmal im Rahmen der Spiegelmetapher des Absatzes 1.4., jedoch nicht in der terminologischen Fixierung des zweiten Teils des Anhangs zur *Transzendentalen Dialektik*.

dentalen Deduktion und klärt dabei das Problemfeld einer solchen Rechtfertigung, um sie in den Absätzen 2.4.–2.10. durchzuführen und in den Absätzen 2.11.–2.12. expressis verbis ihre Ergebnisse darzustellen. Außerdem reflektiert Kant in Absatz 1.28. auf die Möglichkeit einer transzendentalen Deduktion der Vernunftbegriffe.

Alle drei Begriffe und Argumentationsschritte bilden allerdings keine präzisen terminologischen Bestimmungen und sind daher vielmehr aus dem Kontext des Textes zu entwickeln: In diesem Sinne stellt Kant die Deduktion in Absatz 2.2. als notwendig dar, lehnt sie aber gleichzeitig in Absatz 1.28. ab. Zudem wird der Schematismus zwar in Absatz 1.30. eingeführt und theoretisch entwickelt, allerdings im zweiten Teil different dazu verwendet. Schon aufgrund dieser Unsicherheiten in den jeweiligen Argumentationsschritten der Deduktion und des Schematismus ist es auch eine offene Frage, welche Rolle die Grundsätze der Vernunft tatsächlich spielen.

Eine Analyse ausgehend von diesen drei Strukturbegriffen würde erhebliche interpretatorische Schwierigkeiten mit sich bringen, denn Kant verwendet zwar die Begriffe zur Abgrenzung der einzelnen Argumentationsschritte, es findet sich aber keine definitorische Klärung, was unter den jeweiligen Argumentationsteilen – Deduktion, Schematismus und Grundsätze der Vernunft – tatsächlich zu verstehen ist und wie sie durchgeführt werden. Eine Interpretation ausgehend von diesen Schlagwörtern wäre damit stets auf den Strukturaufbau der *Transzendentalen Analytik* verwiesen, von dem Kant allerdings die Deduktion, den Schematismus und die Grundsätze der Vernunft dezidiert abhebt und deren Struktur nicht weniger Interpretationsbedarf aufweist. Aus diesem Grund eignen sich die Termini Deduktion, Schematismus und Grundsatz der Vernunft isoliert betrachtet nicht, um Sinneinheiten zu bilden, von denen ausgehend eine inhaltliche Auseinandersetzung mit den Frage- und Problemstellungen des Textes unternommen werden könnte.

Ein drittes Strukturmerkmal des Anhangs zur *Transzendentalen Dialektik* bildet die Gliederung des Textes durch die Absätze. Eine solche Gliederung umfasst 34 Absätze im ersten Teil des Anhangs zur *Transzendentalen Dialektik* und 27 Absätze im zweiten Teil, das sind insgesamt 61 Absätze.

Im Vorteil einer solchen Gliederung liegt gleichzeitig auch ihr Nachteil: Eine Strukturierung in 61 Abschnitte hat den Vorteil, dass dadurch eine Feinstrukturierung gewonnen wird, mit der nicht nur auf alle einzelnen Argumente des Textes eingegangen, sondern auch der von Kant vorgenommene Aufbau Schritt für Schritt entwickelt werden kann. Gleichzeitig ist mit einer solch differenzierten Gliederung nur ein geringer Rahmen vorgegeben, was wiederum die Gefahr in sich birgt, dass der Anhang zur *Transzendentalen Dialektik* in einer zu großen Diversität erscheint.

2.1.3 Zwischenergebnis

Ausgehend von den Überlegungen zum Aufbau und zur Stellung des Anhangs zur *Transzendentalen Dialektik* sowie zu dessen interner Strukturierung lässt sich kein eindeutiger Leitfaden zur Interpretation des regulativen Vernunftgebrauchs gewinnen. Vielmehr weist bereits die Architektur der *Transzendentalen Dialektik* offene Fragen auf, die sich mit Bezug auf die Gliederung des Textes nicht entscheiden lassen. Aus diesem Grund ist in einem zweiten Schritt, über die Architektur der *Transzendentalen Dialektik* hinausgehend, nach dem systematisch-inhaltlichen Aufbau der Zweiten Abteilung der *Transzendentalen Logik* und der spezifischen Funktion des regulativen Vernunftgebrauchs zu fragen. Das verbindende Glied zwischen den beiden Büchern der *Transzendentalen Dialektik* und ihrem Anhang bildet dabei der Grundsatz der Vernunft. Ausgehend von dieser Analyse können in einem dritten Unterkapitel (2.3) die offenen Fragen des Aufbaus des Anhangs zur *Transzendentalen Dialektik* wieder aufgegriffen werden.

2.2 Das Tribunal der Vernunft

Im Zuge einer systematisch-inhaltlichen Auseinandersetzung mit dem regulativen Vernunftgebrauch rückt Kants Integration des Skeptizismus ins System der *Kritik der reinen Vernunft* in den Fokus. Jedes philosophische Konzept, das mit dem Anspruch auf rationale Begründbarkeit von Erfahrung auftritt, hat es, historisch wie systematisch betrachtet, mit der Herausforderung des Skeptizismus aufzunehmen. Kants Auseinandersetzung mit dem Skeptizismus ist dabei grundlegend von jener seiner Vorgänger unterschieden, da die *Kritik der reinen Vernunft* nicht in der Dichotomie zwischen Skeptizismus und Dogmatismus aufgeht, sondern sich vielmehr als eine „neue Art des einen wie des anderen" (Tonelli 1967, S. 111) versteht.

Diese Integration von Skeptizismus und Dogmatismus lässt sich anhand einer Analogie – jener des focus imaginarius im Rahmen der sogenannten Spiegelmetapher – aus dem ersten Teil des Anhangs zur *Transzendentalen Dialektik* entwickeln. Darin verdeutlicht Kant seine skeptische Abgrenzung gegenüber jeglichem Dogmatismus, aber auch seine eigene neubegründete Vernunftkonzeption.

Newton, von dem Kant den Terminus focus imaginarius entlehnt, bestimmt mit dem Begriff einen *scheinbaren* Ort eines Gegenstandes auf der Sehachse eines vor einem Spiegel stehenden Wahrnehmungssubjekts, obwohl sich der Gegenstand hinter oder seitlich neben dem Subjekt befindet (vgl. Newton 1730, S. 14). Dies lässt sich anhand folgender Abbildung aus Newtons *Opticks* verdeutlichen:

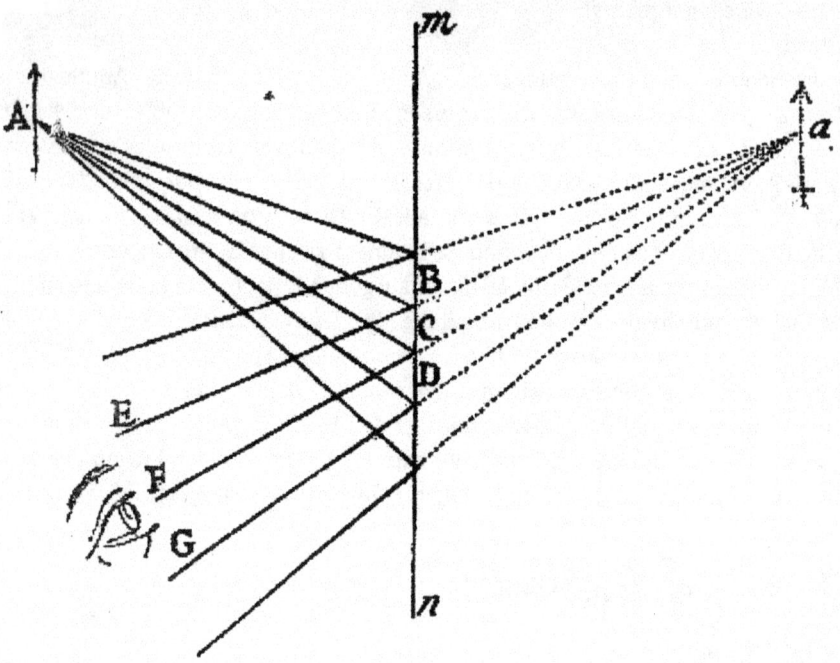

Abbildung 1

In dieser Skizze wird der Gegenstand (A), der im Rücken der Beobachterin bzw. des Beobachters (E, F, G) liegt, durch eine Reflexion (B, C, D) in einem Spiegel (m, n) erblickt. Der Gegenstand erscheint dem Auge aber nicht an seinem eigentlichen Ort (A), sondern hinter dem Spiegel auf der Position (a) liegend. Die Strahlen AB, AC, AD, die in der Spiegelfläche gebrochen werden und weiter zu E, F, G gehen, wo sie in das Auge treffen, erzeugen nämlich im Auge den Schein, als seien sie von einem an (a) sich befindenden Objekt hergekommen (vgl. Newton 1730, S. 14). Das heißt, die Gegenstände im Spiegelbild scheinen der Betrachterin bzw. dem Betrachter, als ob sie von einem dahinterliegenden „Gegenstand selbst, der außer dem Felde empirischmöglicher Erkenntnis" (A 644/B 672=1.4.) liegt, herkommen würden bzw. „ausgeflossen wären" (A 644/B 672=1.4.). Der Spiegel dient Kant demnach als Grenze zwischen dem Feld möglicher Erfahrung und dem Gegenstand hinter der Spiegelfläche. Mit dem focus imaginarius ist eine Metapher aus dem kantischen Text gewonnen, welche die Untersuchung leiten wird und an der die einzelnen Ergebnisse in ihrem systematischen Zusammenhang expliziert und zusammenfassend dargestellt werden können.

2.2 Das Tribunal der Vernunft — 27

Kant greift die Spiegelmetapher allerdings nicht nur im Anhang zur *Transzendentalen Dialektik* auf, sondern bedient sich dieser bereits in den *Träumen eines Geistersehers*.[4] Dabei verdeutlichen die spezifische Verwendungsweise der Analogie in den jeweiligen Büchern und der dadurch hervorgehende Kontrast die besondere Funktion des focus imaginarius im Anhang zur *Transzendentalen Dialektik*. In den *Träumen eines Geistersehers* führt Kant den Begriff wie folgt ein:

> Hiebei wird es sehr wahrscheinlich: daß unsere Seele das empfundene Object dahin in ihrer Vorstellung versetze, wo die verschiedenen Richtungslinien des Eindrucks, die dasselbe gemacht hat, wenn sie fortgezogen werden, zusammenstoßen. Daher sieht man einen strahlenden Punkt an demjenigen Orte, wo die von dem Auge in der Richtung des Einfalls der Lichtstrahlen zurückgezogene Linien sich schneiden. Dieser Punkt, welchen man den Sehepunkt nennt, ist zwar in der Wirkung der Zerstreuungspunkt, aber in der Vorstellung der Sammlungspunkt der Directionslinien, nach welchen die Empfindung eingedrückt wird (*focus imaginarius*). (TG AA II, S. 344)

Kant bezieht sich in den *Träumen eines Geistersehers* auf den Begriff des *focus imaginarius*, um die Verwirrungen von Verrückten zu erklären, die nicht zwischen Wahrnehmung und Einbildung unterscheiden können, weil sie den Ort der Erzeugnisse ihrer Einbildung außerhalb ihrer selbst liegend auffassen. Im Gegensatz dazu bilde der *focus imaginarius* bei nicht verworrenen Menschen lediglich einen optischen Punkt bzw. Ort, von dem die auf das Auge auftreffenden Lichtstrahlen ausgehen. Kant formuliert dies wie folgt: „Das Eigenthümliche dieser Krankheit besteht darin: daß der verworrene Mensch bloße Gegenstände seiner Einbildung außer sich versetzt und als wirklich vor ihm gegenwärtige Dinge ansieht." (TG AA II, S. 346) Der Unterschied liegt demnach im Wissen um den Ort der Gegenstände der Einbildungskraft im Gegensatz zu den wirklich gegenwärtigen Dingen (vgl. u. a. Grier 2001, S. 130–139).

In der *Kritik der reinen Vernunft* greift Kant wieder auf den Begriff des *focus imaginarius* als Punkt „ganz außerhalb [der] Grenzen möglicher Erfahrung" (A 644/B 672=1.4.) zurück und hält auch an dem illustrierenden Beispiel fest. Es verschiebt sich dabei allerdings der Akzent und die verfolgte Intention: Nun veranschaulicht die Analogie nicht mehr die Differenz zwischen „verworrene[n]" (TG AA II, S. 346) und nicht verworrenen Menschen, sondern dient zur Erläuterung des spezifischen Status der Vernunftbegriffe, d. i. dem richtigen bzw. falschen Vernunftgebrauch. Nicht der Vernunftbegriff selbst, d. i. der Gegenstand hinter der Spiegelfläche, steht demnach in Kants Metaphysikkritik vor dem Tribunal der Vernunft, sondern eine falsche Interpretation seines Status.

---

[4] Zur Stellung und Genese dieser Analogie im kantischen Denken vgl. Grier 2001, S. 37 f.; Büchel 1987, S. 107 ff.; Allison 2008.

Die Spiegelmetapher aus dem Anhang zur *Transzendentalen Dialektik* kann daher als Ausgangspunkt dienen, die Überwindung und Auflösung der Dichotomie von Dogmatismus und Skeptizismus im Rahmen eines Systems, das „noch nichts als gegeben zum Grunde legt, außer die Vernunft selbst" (Prol AA V, S. 274), zu entwickeln. Die Vernunft führe dabei als „oberste[r] Gerichtshof aller Rechte und Ansprüche unserer Spekulation" (A 669/B 697) einen Prozess nach selbstgegebenen Regeln: Sie bilde den *Richter*, der mittels der skeptischen Methode den Widerstreit seiner eigenen Gesetze anzuhören habe, ohne dabei Partei zu ergreifen. Auf der Basis dieser Zeugenbefragung decke er dessen Voraussetzungen auf, die in der fehlenden Differenzierung zwischen Ding an sich selbst und Erscheinungen bestehen.[5]

Um dieses vielschichtige Ineinandergreifen von Skeptizismus und Dogmatismus im Kritizismus der *Kritik der reinen Vernunft* anhand der Spiegelmetapher zu entwickeln, ist in vier Schritten zu argumentieren: Ausgehend von der skeptischen Methode ist erstens Kants Kritik an Thesis und Antithesis im Rahmen der *Antinomie der reinen Vernunft* zu rekonstruieren (Kap. 2.2.1). Zweitens ist ausgehend von Kants Aufweis der Voraussetzungen der jeweiligen Positionen in der *Antinomie der reinen Vernunft* die Transformation der analytischen Opposition in eine dialektische zu skizzieren (Kap. 2.2.2). Drittens ist Kants Neubegründung des Grundsatzes der Vernunft und dessen regulative Aufgabenstellung darzustellen (Kap. 2.2.3). Davon ausgehend lässt sich viertens auf die systematisch-inhaltliche Struktur der *Transzendentalen Dialektik* im Rahmen der *Kritik der reinen Vernunft* reflektieren (Kap. 2.2.4), was wiederum den Ausgangspunkt für die obig aufgeworfenen architektonischen Fragestellungen bilden wird.

2.2.1 Der kritische Weg ist allein noch offen

2.2.1.1 *Die Herausforderung des Skeptizismus*

Als Kritik an der Möglichkeit einer rationalen Begründung von Wissen spielt der Skeptizismus seit der Antike eine ernstzunehmende erkenntnistheoretische Rolle. An ihm lassen sich – quasi ex negativo – die grundlegenden erkenntnistheoretischen Begründungskonzeptionen rekonstruieren: „the key features which define the distinctive character of the reformed metaphysics at which Kant ulti-

---

[5] Neben der Antinomien-Lehre ist es die *Transzendentale Analytik*, in der die Vernunft in Form einer transzendentalen Deduktion das Recht des Verstandes, im Besitz von Erfahrungswissen zu sein, gegen die Opposition von Skeptizismus und ontologischem Dogmatismus prozessiert. Vgl. dazu Brandt 2007, S. 310. Zur Metapher des Gerichtshofs vgl. außerdem O'Neill 1989, S. 3–28; Ishikawa 1990, S. 7–10.

mately arrives in the critical philosophy [...] are all built into it mainly in order to enable it to withstand skepticism" (Forster 2008, S. 5).

Im Rahmen der *Kritik der reinen Vernunft* finden sich verschiedene zum Teil ineinandergreifende Formen der Auseinandersetzung mit dem Skeptizismus[6], die, auch wenn Kant sie nicht expressis verbis differenziert hat, doch für eine Analyse auseinandergehalten werden müssen (vgl. Forster 2008, S. 3ff.). Schematisch lassen sich drei spezifische Begriffe von Skeptizismus im Text separieren:

Erstens der sogenannte Außenweltskeptizismus, der die Möglichkeit infrage stellt, aus mentalen Vorstellungen die Existenz einer extramentalen Welt abzuleiten. Den zentralen historischen Bezugspunkt stellen dabei G. Berkeley und R. Descartes in der *Widerlegung des Idealismus* (vgl. B 274–279) dar sowie Kants zweifache Differenzierung des Idealismus in der ersten Auflage des Paralogismus-Kapitels (vgl. A 369–371).

Zweitens spielt der von Kant sogenannte humesche Skeptizismus im Rahmen der *Transzendentalen Analytik* und insbesondere in der transzendentalen Deduktion eine entscheidende Rolle: Hume habe die Notwendigkeit einer transzendentalen Deduktion erkannt, eine solche aber nicht durchgeführt und deshalb *konsequenterweise* allgemein gültige Aussagen über die Erfahrung geleugnet (vgl. A 94/B 127).

Drittens finden sich, insbesondere im Rahmen der Antinomien-Lehre der *Transzendentalen Dialektik*, Verweise auf den pyrrhonischen Skeptizismus, auch wenn Kant nicht auf Sextus Empiricus, sondern auf Zenon von Elea (vgl. A 502/B 530) als Gewährsmann reflektiert.[7]

Alle drei Formen des Skeptizismus spielen in der *Kritik der reinen Vernunft* jeweils eine spezifische Rolle. Kant hält aber den Außenweltskeptizismus und das Fehlen eines genugtuenden Beweises für das Dasein der Dinge außer uns für einen „Skandal der Philosophie und [der] allgemeinen Menschenvernunft" (B XXXIX). Kant gesteht außerdem zu, durch den Skeptizismus Humes aus dem „dogmatischen Schlummer" (Prol AA IV, S. 260) geholt worden zu sein, was seiner „Untersuchung im Felde der spekulativen Philosophie eine ganz andere Richtung" (Prol AA IV, S. 260) gab, folgt ihm aber keineswegs in den skeptischen Konsequenzen (vgl. B 128f.). Beide Formen des Skeptizismus haben demnach

---

6 Zu den historischen Voraussetzungen von Kants Rezeption des Skeptizismus vgl. Tonelli 1967, S. 93–123.
7 Die Quellenlage für diese Zitation Kants ist unsicher, es könnten dabei sowohl Platons Parmenides-Dialog als auch Bayles Artikel *Zenon d'Elée* als Vorlage gedient haben (vgl. Santozki 2006, S. 122; Heimsoeth 1967, S. 134). Vgl. dazu auch die *Logik*, in der Kant auf Sextus Empiricus verweist, durch den der Antike Skeptizismus überliefert sei (vgl. Log AA IX, S. 31).

zwar für Kants Konzeption in kritischer Distanznahme einen wichtigen Stellenwert inne, aber keine unmittelbar konstruktive Bedeutung.

Sowohl der Außenweltskeptizismus als auch der humesche Skeptizismus stehen in der Interpretationsgeschichte der kantischen Auseinandersetzung mit dem Skeptizismus zumeist im Vordergrund. Ganz anders ist die Stellung und Rolle der dritten, obig als pyrrhonische Skepsis bezeichneten Form geartet, die in der Interpretationsgeschichte viel weniger Berücksichtigung findet (vgl. Löwisch 1964; Kühn 1983, S. 175–193; Gawlick/Kreimendahl 1987; Forster 2008, S. 6).

Bereits in der Einleitung zur *Kritik der reinen Vernunft* aber definiert Kant den Skeptizismus als jene Kunst, den grundlosen Behauptungen im dogmatischen Gebrauch der Vernunft ebenso scheinbare Behauptungen entgegenzusetzen (vgl. B 22 f.; vgl. auch Log AA IX, S. 31) und kommt damit der Begriffsbestimmung des Skeptizismus, wie sie von Sextus Empiricus getroffen wurde, sehr nahe. Dieser formuliert: „Das Hauptbeweisprinzip der Skepsis dagegen ist, dass jedem Argument ein gleichwertiges Argument entgegensteht." (Sextus Empiricus 1968, I, S. 12) Die Skepsis sei jene Kunst, „auf alle mögliche Weise erscheinende und gedachte Dinge einander entgegenzusetzen" (Sextus Empiricus 1968, I, S. 8)[8]. Insbesondere in der *Transzendentalen Dialektik* reformuliert Kant diesen Anspruch, indem er feststellt, dass die skeptische Argumentation „Satz und Gegensatz [...] gegeneinander" (A 388) zu stellen habe. In der Kritik an der Metaphysik seien demnach „die Beweise zu examiniren und ihre paralogismos oder petitiones aufzusuchen" (Refl AA XVII, S. 557) oder aber „einem Beweise einen andern und zwar eben so überzeugenden des Gegentheils zu opponiren. Diese letzte methode ist die beste" (Refl AA XVII, S. 557), wie Kant in der Reflexion 4454 formuliert.

In beiden Varianten handelt es sich demnach um eine begründungsskeptizistische Argumentation. Diese bestreitet nicht die Möglichkeit von Erkenntnis überhaupt, sondern ihre (rationale) Begründbarkeit. Bezweifelt wird im Begründungsskeptizismus nicht das An-sich der Dinge, sondern nur die Begründbarkeit des Wissens. Erkenntnis ist aus der argumentativen Perspektive des Begründungsskeptizismus nicht Wissen, sondern bloßes Meinen, Glauben und Fürwahr-Halten (vgl. Sextus Empiricus 1968, I, S. 164–177). Beide verstehen den Skeptizismus demnach in erster Linie als eine methodische *Waffe* (vgl. A 423/B 451) gegen jeglichen Dogmatismus. Dem Skeptizismus ist folglich stets der Dogmatismus gegenübergestellt. Dieser akzeptiere allgemeine Behauptungen der

---

[8] Zur Reichweite der pyrrhonischen Skepsis vgl. die Diskussion in: Fogelin 1994, S. 6–10. Zur Differenzierung und Kontinuität zwischen antikem und modernem Skeptizismus vgl. Schäfer 2006, S. 30; Annay/Barnes 1985, S. 6; Engstler 1996, S. 9–23; Ricken 1994.

Metaphysik als Grundlage des Denkens, ohne sie auf ihr Für und Wider sowie die Vernunft auf ihr Leistungsvermögen hin geprüft zu haben. Der Dogmatiker betreibe Metaphysik „ohne vorhergehende Kritik des Vernunftvermögens [...] bloß um ihres Gelingens willen" (ÜE AA VIII, S. 226; vgl. B 792; vgl. auch FM AA XX, S. 262). In diesem Sinne entwickelt bereits Sextus Empiricus die Skepsis gegenüber den *Dogmatikern* und den *Akademikern* – Philosophen, die beanspruchen, die Wahrheit gefunden zu haben und solchen, die diese als undenkbar klassifizieren – als Position, in der die Wahrheit noch zu suchen ist (vgl. Sextus Empiricus 1968, I, S. 164). Und auch Kant entwickelt seine „skeptische Methode" (A 424/B 452) im Rahmen der Antinomien-Lehre der *Kritik der reinen Vernunft* gegenüber dem Dogmatismus der Vernunft und dem reinen Empirismus.

Die Grundargumentation des Skeptizismus hat sich dabei in der Philosophiegeschichte seit der Antike trotz ihrer vielen verschiedenen Formen und Ausprägungen – „there are as many sorts of scepticism as there are types of knowledge or purported knowledge" (Rescher 1980, S. 1) – nur wenig gewandelt. So formuliert bereits Agrippa (1. Jh. v. Chr.) als eine Leitfigur der pyrrhonischen Skepsis in der Überlieferung des Sextus Empiricus fünf Tropen der Zurückhaltung (vgl. Sextus Empiricus 1968, I, S. 164–178)[9], wonach jeder Versuch rationaler Begründung in einem Widerstreit, einem unendlichem Regressus, in der Relativität, der Willkürlichkeit der Voraussetzungen oder einer Diallele mündet:

> Der Tropus aus dem Widerstreit besagt, daß wir über den vorgelegten Gegenstand einen unentscheidbaren Zwiespalt sowohl im Leben als auch unter den Philosophen vorfinden, dessentwegen wir unfähig sind, etwas zu wählen oder abzulehnen [...]. Mit dem Tropus des unendlichen Regresses sagen wir, daß das zur Bestätigung des fraglichen Gegenstandes Angeführte wieder einer anderen Bestätigung bedürfe und diese wiederum einer anderen und so ins Unendliche [...]. Beim Tropus aus der Relativität erscheint zwar der Gegenstand, wie oben schon gesagt, so oder so, bezogen auf die urteilende Instanz und das Mitangeschaute, wie er aber seiner Natur nach beschaffen ist, darüber halten wir uns zurück. Um den Tropus aus der Voraussetzung handelt es sich, wenn die Dogmatiker, in den unendlichen Regreß geraten, mit irgend etwas beginnen, das sie nicht begründen, sondern einfach und unbewiesen durch Zugeständnis anzunehmen fordern. Der Tropus der Diallele schließlich entsteht, wenn dasjenige, das den fraglichen Gegenstand stützen soll, selbst der Bestätigung durch den fraglichen Gegenstand bedarf. (Sextus Empiricus 1968, I, S. 164)

Agrippa entwickelt damit eine formal-universale Argumentationsbasis gegen alle antizipierbaren Dogmatismen in der Frage nach der Möglichkeit rationaler Be-

---

[9] Vgl auch die von Sextus Empiricus tradierten zehn Tropen des Änesidem (Sextus Empiricus 1968, I, S. 36–164) und die zwei Tropen von Menodot (Sextus Empiricus 1968, I, S. 178 ff.).

gründung von Wissen.[10] Er behauptet aber weder, dass es keine logische Regel gibt, noch, dass sie sich nicht auf empirische Gründe stützt. Der Begründungsskeptizismus behauptet vielmehr, dass ausgehend von empirischen Tatsachen auf keine begründeten Regeln geschlossen werden kann und umgekehrt durch logische Regeln kein begründetes Wissen über empirische Tatsachen erschlossen werden kann (vgl. Zeidler 1992, S. 135): Mit dem Einwand des unendlichen Regresses wird die induktive Methode der Erkenntnisbegründung attackiert, d. i. die Unmöglichkeit, von Tatsachenfeststellungen auf eine gültige, allgemeinen Regel zu schließen, da niemals alle möglichen Fälle antizipiert werden können. Mit dem Einwand der Dialelle bzw. des Zirkels im Verfahren, wird die axiomatisch-deduktive Methode der Begründung attackiert, d. i. die Unmöglichkeit, aus gegebenen Prämissen eine Erweiterung der Erkenntnis zu erzielen, da sie formallogisch beschränkt ist. Mit dem Vorwurf des dogmatischen Abbruchs wiederum wird auf das Problem verwiesen, dass Begründung von Wissen nur aufgrund von intuitiv und unmittelbar angenommenen, aber nicht weiter argumentativ belegten Prinzipen denkbar und daher von rationaler Begründung disqualifiziert ist. Der Tropus der universalen Relativität und jener des Widerstreits legen wiederum das Ausgangs- oder Folgeproblem offen, das durch den unendlichen Regressus, die Willkürlichkeit der Voraussetzungen und die Diallele entsteht: Mit dem Tropus des Widerstreits skizziert Agrippa den Dissens der Positionen in der Frage nach der Möglichkeit rationaler Begründung. Mit dem Tropus der Relativität skizziert er erstens die Notwendigkeit, das Absolute vom Relativen zu unterscheiden und damit in Relation zu diesem zu stellen, und zweitens die notwendige Relativität der jeweiligen epistemologischen Standpunkte untereinander (vgl. Sextus Empiricus 1968, I, S. 174–177).

Mit dem pyrrhonischen Skeptizismus ist eine Position skizziert, die Kant in der *Antinomie der reinen Vernunft* der *Transzendentalen Dialektik* aufgreift und in seine eigene Methodik integriert.

---

10 Diese zum *locus classicus* skeptischer Argumentation avancierte Textpassage hat im deutschsprachigen Raum insbesondere H. Albert als Münchhausen-Trilemma reformuliert (vgl. Albert 1991, S. 15).

2.2.1.2 Lauter Aporien

Der Terminus Antinomie bezeichnet einen Konflikt, der aus den unterschiedlichen Anwendungen eines Gesetzes der Vernunft resultiert (vgl. A 424/B 451f., A 407/B 434).[11] Die Antinomie der reinen Vernunft bildet demnach einen „Widerstreit der Gesetze [...] der reinen Vernunft" (A 407/B 434), durch den diese in einen Selbstwiderspruch gerät. D. h., die widerstreitenden Parteien müssen nicht außerhalb der Vernunft, sondern „jederzeit in uns selbst" (A 777/B 805) gesucht werden: „Die Einwürfe, die zu fürchten sein möchten, liegen in uns selbst." (A 777/B 805)

Davon ausgehend bestimmt Kant die Aufgabe der Antithetik[12] folgendermaßen:

> Wenn Thetik ein jeder Inbegriff dogmatischer Lehren ist, so verstehe ich unter Antithetik nicht dogmatische Behauptungen des Gegentheils, sondern den Widerstreit der dem Scheine nach dogmatischen Erkenntnisse (*thesin cum antithesi*), ohne daß man einer vor der andern einen vorzüglichen Anspruch auf Beifall beilegt. (A 420/B 448)

Ziel der Antithetik ist es, so Kant, die Vernunft zur kritischen Selbstprüfung zu veranlassen (vgl. Prol AA IV, S. 339 f.), indem die allgemeinen Erkenntnisse der Vernunft auf ihren Widerstreit hin, dessen Ursache und dessen Möglichkeit untersucht werden. Das Verfahren ziele demnach nicht darauf ab, der einen oder anderen Partei recht zu geben, sondern zu prüfen, ob der Gegenstand des Streites „nicht vielleicht ein bloßes Blendwerk" (A 423/B 451) sei. Die Vernunft habe dabei dem Streit der Behauptungen zuzusehen und ihn sogar selbst zu veranlassen. Sie stelle dem skeptischen Methodenverständnis gemäß die „Träume der Vernunft" (A 757/B 786) einander gegenüber, um diese aus „ihrem süßen dogmatischen Traume zu erwecken" (A 757/B 786).

Den Ausgangspunkt der Antithetik bildet dabei folgendes dialektisches Argument: „Wenn das Bedingte gegeben ist, so ist auch die ganze Reihe aller Bedingungen desselben gegeben: nun sind uns Gegenstände der Sinne als bedingt gegeben, folglich usw." (A 409/B 436; vgl. A 497/B 525) Es lässt sich wie folgt formalisieren:

---

[11] Zum Teil im Widerspruch dazu steht die Definition des Terminus von A 340/B 397 f. Vgl. dazu u. a. Malzkorn 1999, S. 92 f.; Hinske 1965, S. 488, die das Verhältnis zwischen dieser Definition und der Bestimmung von A 340/B 397 f. diskutieren.

[12] Zum differenten Umfeld der Termini Antinomie und Antithetik – ersterer bildet dezidiert einen juristischen Begriff, zweiterer einen Begriff aus dem theologischen Kontext – vgl. Hinske 1965, S. 56; Brandt 2007, S. 324; Ishikawa 1990, S. 9.

OS: Wenn das Bedingte gegeben ist, dann ist notwendigerweise auch die vollständige Reihe seiner Bedingungen, das schlechthin Unbedingte, gegeben.
US: Sinnliche Gegenstände sind als bedingt gegeben.

SS: Die vollständige Reihe der Bedingungen, das schlechthin Unbedingte, ist gegeben.

In diesem Schluss ist der Obersatz, so Kant, „analytisch und erhebt sich über alle Furcht vor einer transzendentalen Kritik. Er ist ein logisches Postulat der Vernunft" (A 498/B 526). Schon in der Einleitung und im Ersten Buch sowie im Anhang zur *Transzendentalen Dialektik* (vgl. A 648/B 676=1.9., A 650f./B 678f.=1.12./ 1.13.)[13] hat Kant es als logische Maxime der Vernunft bestimmt, „zu dem bedingten Erkenntnisse des Verstandes das Unbedingte zu finden, womit die Einheit desselben vollendet wird" (A 307/B 364; vgl. A 332/B 388f., A 331/B 388, A 678/B 706), und dieses Schließen als *Grundsatz der Vernunft* (vgl. A 307/B 364, A 508/B 536, A 648/B 676) bezeichnet. Im Antinomien-Kapitel greift Kant diesen Grundsatz der Vernunft demnach erneut auf und stellt ihn in Form eines hypothetischen Vernunftschlusses im *modus ponens* dar.[14] Dieser Vernunftschluss von dem *Bedingten auf das schlechthin Unbedingte* bildet dabei einen Typus oder eine Struktur, die in den vier Aspekten der kosmologischen Idee spezifiziert wird. Dabei wird anhand der Fragen,

> ob die Welt von Ewigkeit her sei, oder ob alles ins Unendliche getheilt werden müsse; ob es eine Erzeugung und Hervorbringung aus Freiheit gebe, oder ob alles an der Kette der Naturordnung hänge; endlich ob es irgend ein gänzlich unbedingt und an sich nothwendiges Wesen gebe, oder ob alles seinem Dasein nach bedingt und mithin äußerlich abhängend und an sich zufällig sei (A 481/B 509),

auf die Vollständigkeit der Zusammensetzung des gegebenen Ganzen aller Erscheinungen, der Teilung eines gegebenen Ganzen in der Erscheinung, der Entstehung einer Erscheinung überhaupt und der Abhängigkeit des Daseins des Veränderlichen in der Erscheinung (vgl. A 415/B 442) geschlossen. Es handelt sich demnach – in den Begriffen der Spiegelmetapher des Anhangs zur *Transzendentalen Dialektik* formuliert – um einen Schluss vom Bedingten im Feld möglicher Erfahrungen auf den einen unbedingten Gegenstand hinter der Spiegelfläche.

---

13 Vgl. dazu auch die Vorrede der *Kritik der reinen Vernunft* B XX.
14 Vgl. dazu Willaschek 2008, S. 285–307; Horstmann 1997b, S. 178; Thöle 2000, S. 116 ff.; Pissis 2012, S. 53 ff.; Klimmek 2005, S. 23 ff.).

Allerdings steht in der Antithetik nicht dieses hier schlusslogisch dargestellte Gesetz der Vernunft, sondern dessen *unterschiedliche Anwendungen* (vgl. A 424/B 451 f.) im Widerstreit von Thesis und Antithesis zur Disposition.[15] In beiden wird das schlechthin Unbedingte als Gegenstand hinter der Spiegelfläche als notwendig gedacht, aber unterschiedlich interpretiert, wie im Folgenden gezeigt wird:

Einerseits kann das *schlechthin Unbedingte* als „ein Teil der Reihe, dem die übrigen Glieder [...] untergeordnet sind, der selber aber unter keiner anderen Bedingung mehr steht" (A 417/B 445) aufgefasst werden. Die gegebene Reihe oder der Regressus sind demnach endlich, indem jeweils ein Erstes, ein Unbedingtes, als absoluter Anfang einer Synthesisreihe in Ansehung der Zeit und des Raumes, der Teile, der Ursachen und des Daseins der veränderlichen Dinge gesetzt wird. Die erkenntnistheoretische Argumentation der Thesis ist dabei, so Kant, von einer „zelotische[n] Hitze" (A 465/B 493) geprägt und terminologisch als „Dogmatismus der Vernunft" (A 466/B 494) bestimmt. Dieser gleiche demnach einem Fanatiker, der sich mit einem Speer in der Hand „für seinen Gott ereifert" (Num 25,13).

Andererseits kann das Unbedingte auch als „bloß in der ganzen Reihe bestehend" (A 417/B 445) aufgefasst werden. Schon das *Bloß* in dieser Formulierung deutet an, dass die Glieder der Reihe „ohne Ausnahme bedingt [sind] und nur das Ganze derselben schlechthin unbedingt" (A 417/B 445) ist. Jedes gegebene Bedingte ist dann nur aus dem ihm vorhergehenden Kontext zu verstehen. Die gegebene Reihe, oder, besser formuliert, der Regressus, ist daher unendlich: Die Reihe ist „a parte priori ohne Grenze (ohne Anfang), d. i. unendlich, und gleichwohl ganz gegeben" (A 418/B 445). Gleichwohl ganz gegeben ist die Reihe, da außerhalb dieser Reihe keine Bedingungen mehr sind, zu denen diese bedingt sein könnten. Es ist demnach die Stetigkeit der Reihen selbst als die absolute Totalität gesetzt. Das absolute Ganze einer solchen Reihe ist dabei aber nur als ein problematischer Begriff aufzufassen, d. h., der Prozess „kann nur potentialiter unendlich genannt werden" (A 418/B 445). Die erkenntnistheoretische Argumentation der Antithesis ist dabei im Gegensatz zur *zelotischen Hitze* des Dogmatikers eine bloß „kalte Behauptung" (A 465/B 493) und wird terminologisch von Kant als „reine[r] Empirismus" (A 466/B 494) bestimmt.

---

15 Diese gemeinsamen Grundlagen im Gesetz der Vernunft als Ausgangsbasis der Antithetik heben insbesondere hervor: Dimpker/Kraft/Schönecker 1996, S. 183 ff.; Strawson 1966, S. 158 f., 189; Wood 1975, S. 611; Wike 1982, S. 47 ff.; Schmucker 1990, S. 104. Dass beide widerstreitenden Positionen in der Voraussetzung eines absolut Unbedingten ihre Voraussetzung haben und die Antithetik in der Frage nach der Art und Weise der Interpretation dieses schlechthin Unbedingten liegt, wird u. a. übersehen von Bennett 1974, S. 280.

Trotz konkreter Quellen[16] entwickelt Kant in dieser Antinomie nicht nur einen historischen Streit, sondern systematische Probleme der Vernunft[17], „auf die jede menschliche Vernunft in ihrem Fortgange notwendig stoßen muss" (A 422/B 449), weshalb Kant die Antithetik auch von bloß sophistischen Sätzen zu unterscheiden weiß.[18] Kant weist mit den beiden Positionen – *Thesis cum Antithesis* – auf ein Grundsatzproblem im Rahmen der Frage nach rationaler Begründung hin, das weit über die epochenspezifische und historische Ausgangsbasis der Antinomien-Lehre hinausreicht.

2.2.1.3 *Der apagogische Beweis und die skeptische Methode*

Sowohl der Dogmatismus der Vernunft als auch der reine Empirismus befinden sich in einer aporetischen Situation. Diese könnte nur aufgelöst werden, wenn für die eine oder andere Seite des Widerstreits mehr spricht, d. i., wenn der apagogische Beweis der einen oder anderen Seite entkräftet werden würde. Genau dies ist aber nicht möglich: Keiner der beiden Seiten des Widerstreits kann eine solch fundamentale Position ergreifen, dass dadurch die Thesis oder Antithesis als richtig und die jeweilige andere Position als kohärenter, aber falscher Standpunkt überführt werden könnte. Aus diesem Grund kann eine Position nur durch eine reductio ad absurdum der Gegenposition und das Hervorheben der eigenen positiven Konsequenzen legitimiert werden. Kant formuliert dies wie folgt:

---

[16] Zum historisch-systematischen Hintergrund und zu Kants Bezügen zur Debatte zwischen Lange und Wolff vgl. Wundt 1992, S. 240 f.; Heimsoeth 1967, S. 135; Hinske 1965, S. 493; Falkenburg 2000, S. 143 ff. Vgl. auch Al-Azm 1972, der die in der Antithetik positionierten Auffassungen quellenkritisch auf den Briefwechsel zwischen Leibniz und Clark zurückgeführt hat, den Kant vermutlich zwischen 1768 und 1769 gelesen hat. Vgl. dazu Malzkorn 1999, S. 89; Kreimendahl 1990, S. 165; Hinske 1965. Vgl. auch Kants Kommentar dazu in Prol AA IV, S. 379.
[17] Vgl. dazu die Kritik von Wike 1982, S. 597 ff. an Al-Azm 1972.
[18] In diesem Sinne verteidigt Falkenberg Kants Anspruch im Antinomien-Kapitel, indem er nachweist, dass es Kant gelungen ist, zu zeigen, dass unter vorkritischen Voraussetzungen beide Beweise als schlüssig gelten (vgl. Falkenburg 2000, S. 250; vgl. dazu auch die Replik von Kreimendahl 1998, S. 424 ff. sowie Schmucker 1990, S. 116 ff.; Brugger 1955, S. 124). Hingegen behauptet Malzkorn in Übereinstimmung mit dem Großteil der Forschung, dass es Kant nicht gelungen ist, nachzuweisen, „daß die Vernunft unvermeidlich in die von ihm angegebenen Antinomien gerät, wenn sie in natürlicher Weise den transzendentalen Realismus voraussetzt" (Malzkorn 1999, S. 315). Ganz in diesem Sinne behauptet auch Bennett, dass der von Kant im Antinomien-Kapitel ausgegebene Widerstreit vielmehr „a mirage" (Bennett 1974, S. 114 f.; vgl. auch Kemp Smith 1965, S. 483; Wilkerson 2001, S. 133) ist.

Durch welches Mittel wollen sie aus dem Streite herauskommen, da keiner von beiden seine Sache geradezu begreiflich und gewiß machen, sondern nur die seines Gegners angreifen und widerlegen kann? (A 750/B 778)

D. h., die Argumentation von Thesis und Antithesis beschränkt sich auf die logische Struktur eines indirekten oder apagogischen Beweises, in dem durch den Nachweis eines Selbstwiderspruchs in der Gegenposition deren Inkohärenz erwiesen und damit der eigene Standpunkt gerechtfertigt wird.

In allen vier zur Disposition stehenden Fragen verteidigt der Dogmatismus der Vernunft seine Position im Nachweis der Unhaltbarkeit der Position der Antithese. In gleicher Weise verteidigt der reine Empirismus seine Position im Nachweis der Unhaltbarkeit der Thesis.[19] Weder Thesis noch Antithesis können sich aus sich heraus legitimieren und stehen damit in einem Abhängigkeitsverhältnis gegenüber der als mangelhaft bestimmten Gegenposition. Diese Situation führe zu einem „dialektischen Kampfplatz, wo jeder Teil die Oberhand behält, der die Erlaubnis hat, den Angriff zu tun, und derjenige gewiß unterliegt, der bloß verteidigungsweise zu führen genötigt ist." (A 422f./B 450) Die reductio ad absurdum und der daran gebundene apagogische Beweis in den obig skizzierten Auseinandersetzungen ist demnach einwandfrei zu führen, bringt aber auch eine ausweglose Situation mit sich (vgl. Ossa 2007, S. 170–174). Das Resultat dieser Argumentationsstruktur ist eine Pattstellung, in der nur zwei Optionen bleiben: „sich entweder einer skeptischen Hoffnungslosigkeit zu überlassen, oder einen dogmatischen Trotz anzunehmen und den Kopf steif auf gewisse Behauptungen zu setzen, ohne den Gründen des Gegenteils Gehör und Gerechtigkeit widerfahren zu lassen. Beides aber sei der Tod einer gesunden Philosophie" (A 407/B 434). Eine „dogmatische Auflösung [des Widerstreits] ist also nicht etwa ungewiß, sondern unmöglich." (A 484/B 512) Im Gegensatz zu den „vortreffliche[n] und nachdenkende[n] Männer[n] (z. B. Sulzer)" (A 741/B 769) ist Kant daher nicht der Meinung, „daß man hoffen könne, man werde dereinst noch evidente Demonstrationen der zwei Kardinalsätze unserer Vernunft [...] erfinden" (A 741/B 769).

Trotz dieser aufgewiesenen Aporie bildet der Skeptizismus für Kant aber keinen „Wohnplatz zum beständigen Aufenthalt" (A 761/B 789), da dieser nur eine Philosophie des „Stillstandes" (FM AA XX, S. 281; vgl. A 407/B 434) vertrete. Das Verfahren des Skeptikers sei daher „höchstens nur ein Mittel" (A 757/B 785) auf dem Weg der Überwindung der Dichotomie zwischen Dogmatismus und Skepti-

---

19 Eine Ausnahme bildet dabei die vierte Antinomie, in der nicht direkt mittels einer reductio ad absurdum argumentiert wird (vgl. A 452–455/B 480–583). Für eine explizite Analyse der jeweiligen Argumente in den vier Formen des Widerstreits vgl. Malzkorn 1999, S. 121–315; Falkenburg 2000, S. 213–249.

zismus in einen Kritizismus (vgl. A 856/B 884). In diesem Sinne formuliert Kant: „Und so ist der Sceptiker der Zuchtmeister des dogmatischen Vernünftlers auf eine gesunde Kritik des Verstandes und der Vernunft selbst." (A 758/B 786, vgl. A 789/B 817)[20] Soll rationale Begründung des Wissens einem kritischen Anspruch Genüge tun, dann bleibe, um die „Wissbegierde [...] zur völligen Befriedigung zu bringen" (A 856/B 884), nicht der dogmatische und auch nicht der skeptizistische, sondern nur „[d]er kritische Weg [...] allein noch offen." (A 856/B 884) Kant entwickelt damit einen Dreischritt zwischen Dogmatismus, Skeptizismus und Kritizismus und identifiziert diesen zudem mit den verschiedenen Menschenaltern. Der erste Schritt, das *Kindesalter der Vernunft*, sei dogmatisch. Der zweite Schritt, in dem die *Urteilskraft bereits gewitzt durch Erfahrung* sei, sei skeptisch und unterziehe die „Facta der Vernunft der Prüfung und nach Befinden dem Tadel" (A 760/B 788). Der dritte Schritt aber, jener der „gereiften und männlichen Urteilskraft" (A 761/B 789), unterwerfe „nicht die Facta der Vernunft, sondern die Vernunft selbst, nach ihrem ganzen Vermögen und Tauglichkeit zu reiner Erkenntnis a priori der Schätzung" (A 761/B 789). Der Vernunftkritik gehen demnach der Dogmatismus und der dogmatische Skeptizismus voraus. Daraus resultiere das kritische Verfahren, das Kritik der reinen Vernunft sei. Diese Kritik der reinen Vernunft bilde dabei aber nicht mehr nur „bloß Schranken, sondern die bestimmten Grenzen derselben, nicht bloß Unwissenheit an einem oder anderem Teil, sondern in Ansehung aller möglichen Fragen von einer gewissen Art, und zwar nicht nur vermutet, sondern aus Prinzipien bewiesen" (A 761/B 789). Weise der Skeptizismus bloß in negativer Form auf die Schranken der Vernunft hin, sei darüber hinaus auch die Grenze – welche selbst etwas Positives sei und „sowohl zu dem gehört, was innerhalb derselben, als zum Raume, der außereinem gegebenen Inbegriffe liegt" (Prol AA IV, S. 361) – zu thematisieren.

Der Kritizismus leiste demnach „keineswegs dem Skeptizism einigen Vorschub" (A 507/B 535), sondern beschränke diesen in seiner Gültigkeit[21] und integriere ihn neben dem Dogmatismus als spezifisch entwickelte „skeptische Methode" (A 424/B 452).[22] Diese habe eine positive und konstruktive Bedeutung für die Vernunft und sei daher vom dogmatischen Skeptizismus (der durch *Erfahrung gewitzten Urteilskraft*) unterschieden, der vielmehr „die Grundlagen aller Erkenntnis untergräbt, um wo möglich, überhaupt keine Zuverlässigkeit und Sicherheit derselben übrig zu lassen" (A 424/B 451). In der skeptischen Methode

---

20 Zur Entstehungsgeschichte dieser Dreiteilung im Œuvre Kants vgl. Brandt 2007, S. 320–325.
21 Bereits mehrere Zeitgenossen Kants, u. a. E. Platner, haben in diesem Sinne die *Kritik der reinen Vernunft* fälschlicherweise als Werk betrachtet, in dem Kant dem Skeptizismus Vorschub leistet – ein Vorwurf, den Kant aber dezidiert zurückweist (vgl. Br AA X, S. 548; Br AAXI, S. 62).
22 Zur Frage der Genese der skeptischen Methode bei Kant vgl. Weber 1976, S. 386 ff.

agiere die Vernunft vielmehr als Richter, der das Urteil nach den Reden der Anwälte (Thesis und Antithesis) prüfe (vgl. Ishikawa 1990, S. 10 f.; Motta 2007, S. 273), um den „Punkt des Missverständnisses zu entdecken" (A 424/B 452) und, wie „weise Gesetzgeber tun, aus der Verlegenheit der Richter bei Rechtshändeln für sich selbst Belehrung, von dem Mangelhaften und nicht genau Bestimmten in ihren Gesetzen, zu ziehen." (A 424/B 452)[23] In der skeptischen Methode werden demnach die jeweiligen Positionen des reinen Empirismus und Dogmatismus der Vernunft nicht mehr in Opposition zum Skeptizismus formiert wie noch in den fünf Tropen Agrippas, sondern die widerstreitenden Standpunkte in der Vernunft selbst expliziert. Die Vernunft ist dabei zwar einerseits Akteur des Schauspiels, übt sich aber gleichzeitig in der Zurückhaltung, indem sie selbst nicht in das Schlachtfeld der Metaphysik eingreift:

> Anstatt also mit dem Schwerte drein zu schlagen, so sehet vielmehr von dem sicheren Sitze der Kritik diesem Streite geruhig zu, der für die Kämpfenden mühsam, für euch unterhaltend und bei einem gewiß unblutigen Ausgange für eure Einsichten ersprießlich ausfallen muß. (A 747/B 775)

Die reine Vernunft entgeht damit der Pattstellung zwischen dem Dogmatismus der Vernunft und dem reinen Empirismus, indem sie eine die Lagerbildungen übergreifende Instanz bildet. Aus dieser Position wendet sie sich nicht mehr gegen bestimmte Fakta, sondern greift die Anitpoden auf methodischer Ebene an. In den transzendentalen Versuchen der Vernunft „gilt die Regel: *non entis nulla sunt praedicata*, d. i. sowohl was man bejahend, als was man verneinend von dem Gegenstande" (A 793/B 821) – gemeint ist, in der Analogie des focus imaginarius gesprochen, der Gegenstand hinter der Spiegelfläche – „behauptete, ist beides unrichtig, und man kann nicht apagogisch durch die Widerlegung des Gegentheils zur Erkenntniß der Wahrheit gelangen." (A 793/B 821) Die „apagogische Beweisart ist demnach „das eigentliche Blendwerk" (A 793/B 821) in der *Anatomie der reinen Vernunft*. Diese Beweisführung ermögliche nämlich aufgrund ihrer Struktur keine „Begreiflichkeit" (Log AA IX, S. 71), wenn auch „Gewißheit" (Log AA IX, S. 71), zumindest dann, wenn die Sätze „contradictorisch oder diametraliter entgegengesetzt [sind], denn zwei einander bloß conträr entgegengesetzte Sätze (contrarie opposita) können beide falsch sein" (Log AA IX, S. 71). Der Beweis gelte demnach in den verschiedenen Wissenschaften, insbesondere in der Mathematik (vgl. A 790 – 92/B 818 – 820), sei aber für die Philosophie untauglich, da man den apagogischen Beweis „hier nicht in der Anschauung dartun kann"

---

[23] Vgl. dazu auch die *Logik Blomberg*, in der Kant die Skepsis als einen Richter charakterisiert, der sowohl den Kläger als auch den Beklagten anhört (vgl. LBlomberg AA XXIV, S. 209).

(LDohna AA XXIV, S. 749). D. h., es lässt sich die zweite Prämisse (US), die faktische Feststellung der Falschheit der Gegenposition (im Beweis OS: Wenn nicht A, dann B. US: Nicht B. SS: Also A.), nicht in der Anschauung als widerlegt nachweisen. Die Transzendentalphilosophie müsse daher immer auf „directe oder ostensive" (A 789/B 817) Beweise zurückgreifen, in denen „mit der Überzeugung von der Wahrheit zugleich Einsicht in die Quellen derselben" (A 789/B 817) verbunden werden. Die „philosophische Erkenntnis" (A 713/B 741) sei „Vernunfterkenntnis aus Begriffen" (A 713/B 741) und betrachte „also das Besondere nur im Allgemeinen" (A 714/B 742), d. h., sie muss ohne Anschauungsbezug operieren. Die Philosophie kann nicht wie die Mathematik reine synthetische Urteile bilden, indem sie sich auf *reine Anschauungen* bezieht und sie kann nicht wie die empirische Wissenschaft synthetische Urteile, wenn auch a posteriori, bilden, indem sie sich auf *empirische Anschauungen* bezieht. Die apagogische Beweisart sei in der Philosophie daher „der Champion, der die Ehre und das unstreitige Recht seiner genommenen Partei dadurch beweisen will, daß er sich mit jedermann zu raufen anheischig macht, der es bezweifeln wollte" (A 793/B 821). Dadurch aber werde „nichts in der Sache, sondern nur der respectiven Stärke der Gegner ausgemacht" (A 793/B 821).

Wie die pyrrhonische Skepsis kommt demnach auch Kant in der *Transzendentalen Dialektik* zur Isosthenie und zur Epoché in Bezug auf die widerstreitenden Positionen.[24] Kant folgert aus der Grundlosigkeit der Behauptung aber bloß, dass der Beweis grundlos ist. Über den Inhalt des Beweises lasse sich nicht urteilen und auch nichts aussagen. Der pyrrhonische Skeptizismus aber schließt anhand der fünf Tropen von der Grundlosigkeit einer Behauptung auf die Grundlosigkeit des Beweises und dessen Gegenstand. Hier liegt im Gegensatz zu Kant eine „Anmaßung des doch eigentlich so bescheiden auftretenden Skeptikers" (Schäfer 2012, S. 77): Der skeptische Einwand geht dabei auf einen Satz und braucht daher wie der Dogmatismus Einsicht in die Natur eines Gegenstandes, um etwas von ihm zu bejahen oder zu verneinen – er kann damit die Pattstellung in der Argumentation nicht überwinden: Der Einwurf stellt demnach nur einen Satz gegen einen Gegensatz. Der kritische Einwand aber geht auf den Beweis eines Satzes und lässt damit die Frage nach dem Wert/Unwert des Satzes selbst unangetastet. Der kritische Einwand zeigt, dass die Behauptung grundlos ist, nicht dass sie unrichtig ist – er stützt seine Skepsis lediglich auf den Aufweis falscher Annahmen. Aus diesem Grund hebt Kant auch die „Unmöglichkeit einer skeptischen Befriedung der mit sich selbst veruneinigten reinen Vernunft" (A 758/B 786) hervor und glaubt nicht an die Seelenruhe, die der pyrrhonische Skeptizismus als

---

[24] Zur Explikation der skeptischen Zielsetzung vgl. David 1983, S. 9–29.

oberstes Ziel der Urteilsenthaltung angibt. Die Vernunft komme vielmehr von sich aus, aufgrund *eines natürlichen Hanges* (vgl. A 797/B 825; Anth AA VII, S. 265), immer wieder in die labyrinthischen Verwirrungen des transzendentalen Scheins, aus denen sich auch die schärfste Vernunftkritik *kaum* befreien könne. D. h., die Vernunft kann zwar die Täuschung, die der Gegenstand hinter der Spiegelfläche erzeugt, erkennen und den Schein unschädlich machen, indem sie seine Voraussetzungen aufdeckt, aber nicht über sie hinausgehen und den Ideen ihren illusionären Charakter nehmen (vgl. Grier 2001, S. 4–8; Allison 2004, S. 322–332; Engelhard 2005, S. 16).

2.2.2 Der Keim der Anfechtungen

Ausgehend von der Antithetik statuiert Kant im Unterschied zum Skeptizismus die Unwissenheit und den Zweifel als Ausgangspunkt und nicht als Endpunkt der Philosophie: „Das Bewußtsein meiner Unwissenheit [...], statt daß es meine Untersuchungen endigen sollte, ist vielmehr die eigentliche Ursache, sie zu erwecken." (A 758/B 786)[25] In diesem Sinne war es die Antinomie, die Kant „aus dem dogmatischen Schlummer zuerst aufweckte und zur Critic der Vernunft selbst hintrieb, um das Scandal des scheinbaren Wiederspruchs der Vernunft mit ihr selbst zu heben" (Br AA XII, S. 258)[26]. Die Antithetik habe Kant aus dem dogmatischen Schlummer erweckt und zu einer transzendentalen Reflexion über die Vernunft selbst angeregt: Sie bilde daher die „wohltätigste Verwirrung [...], in die die menschliche Vernunft je hat geraten können" (KpV AA V, S. 107), weil „sie uns zuletzt antreibt, den Schlüssel zu suchen, aus diesem Labyrinthe herauszukommen" (KpV AA V, S. 107), in das die Vernunft gerate.

Der apagogische Beweis in den Versuchen einer *dogmatischen Auflösung* des Widerstreits bilde dabei das sichtbarste Merkmal einer verfehlten Philosophie, in der sowohl in Thesis als auch in Antithesis „lauter Sinnleeres (Nonsens) herauskömmt" (A 485/B 513). Um die Scheingefechte im apagogischen Beweis zu beenden, sei daher der „Keim der Anfechtungen, der in der Natur der Menschenvernunft liegt" (A 777/B 805), zu tilgen. Für ein solches Vorhaben bleibe nur

---

[25] Vgl. dazu Gerhardt 1998, S. 586, der in dieser Formulierung eine Anspielung auf Sokrates in Platon 2011, 21b-22e sieht.
[26] Vgl. auch Kants Notiz über das große Licht von 1769 in Refl AA XVIII, S. 69. Zum Verhältnis dieser Behauptung zu jener, dass Hume es gewesen sei, der ihn aus dem dogmatischen Schlummer geweckt habe, siehe Prol AA IV, S. 260; vgl. dazu Kühn 1983, S. 175–193; Kreimendahl 1990; Baumanns 1988, S. 183–200.

die *kritische Auflösung*, die „die Frage gar nicht objectiv, sondern nach dem Fundamente der Erkenntniß, worauf sie gegründet ist" (A 484/B 512), richtet.

2.2.2.1 *Auflösung des Widerstreits*

Den gemeinsamen Nenner sowohl des reinen Empirismus als auch des Dogmatismus der Vernunft bildet der Grundsatz der Vernunft. Bei diesem handelt es sich, unter der Voraussetzung, dass „das Bedingte so wohl, als seine Bedingung, Dinge an sich selbst sind" (A 498/B 526), um eine notwendige Gesetzmäßigkeit. Ist im Obersatz des Schlusses das Bedingte als Ding an sich gegeben, so ist damit „nicht bloß der Regressus" (A 498/B 526) zur Bedingung „aufgegeben, sondern diese[] ist dadurch wirklich schon mit gegeben, und, weil dieses von allen Gliedern der Reihe gilt, so ist die vollständige Reihe der Bedingungen, mithin auch das Unbedingte dadurch zugleich gegeben, [...], daß das Bedingte [...] gegeben ist." (A 498/B 526)

Beide Positionen, sowohl der reine Empirismus als auch der Dogmatismus der Vernunft, setzen demnach in ihrer Interpretation des Grundsatzes der Vernunft voraus, dass es sich im beurteilenden Gegenstand, dem Bedingten und dessen Bedingung, um etwas an sich selbst Gegebenes handelt. Werde aber das Bedingte im Obersatz – „Wenn das Bedingte gegeben ist, so ist auch die ganze Reihe aller Bedingungen desselben gegeben" (A 497/B 525) – als Ding an sich selbst aufgefasst, beruhe der Schluss auf einem Paralogismus oder einer Sophisma figurae, da das Bedingte im Untersatz einer faktischen/empirischen Feststellung unterliege. Im Obersatz seien demnach alle „Glieder der Reihe an sich (ohne Zeitbedingung) gegeben" (A 500/B 529), im Untersatz „aber nur durch den sukzessiven Regressus" (A 500 f./B 529). Demnach werde im Obersatz das Bedingte als ein An-sich-Gegebenes gedacht, woraus die Realität des Unbedingten in absoluter Weise folge. Im Untersatz aber sei das Bedingte nur als Erscheinung gegeben.[27] Alle vier kosmologischen Ideen unterliegen demnach einer quaternio terminorum (vgl. Log AA IX, S. 134 f.).[28] Aus dieser unstatthaften Bedingung schließen beide Auslegungen – wenn auch in konträrer Form – auf eine Idee der Welt als an sich gegebene, dem Denken entgegengesetzte Entität. Sie schließen demnach auf die tatsächliche Existenz des Gegenstandes hinter der Spiegelfläche.

Sowohl den Dogmatismus der Vernunft als auch den reinen Empirismus einigt damit als Voraussetzung ihr Realismus in transzendentaler Bedeutung, der

---

[27] Vgl. dazu den parallel verlaufenden Fehlschluss der rationalen Psychologie in B 410 f.
[28] Vgl. dazu die Position von Malzkorn 1999, S. 108 ff. und die Kritik von Klimmek 2005, S. 114 ff.

aus den „Modifikationen unserer Sinnlichkeit an sich subsistierende Dinge, und daher *bloße Vorstellungen* zu Sachen an sich selbst" (A 491/B 519, vgl. auch A 369) mache. Dass „äußere Erscheinungen [...] Dinge an sich selbst" (A 369) seien, „die unabhängig von uns und unserer Sinnlichkeit existieren" (A 369), gehe wiederum die Annahme voraus, dass „Zeit und Raum als etwas an sich (unabhängig von unserer Sinnlichkeit) Gegebenes" (A 369) aufzufassen seien. Ein so verstandener transzendentaler Realismus führt zur Unterscheidung zwischen dem an sich gegebenen Gegenstand und der über den Gegenstand entweder positiv oder negativ urteilenden Position des Dogmatismus der Vernunft und des reinen Empirismus. Dem transzendentalen Realismus korrespondiere daher ein empirischer Idealismus, wonach die Wirklichkeit der Dinge außer uns bloße Vorstellung und das Dasein der äußeren Dinge daher zweifelhaft seien (vgl. A 369 ff.). Der transzendentale Realismus, sowohl in der These wie auch in der Antithese, setze damit den *Grundsatz der durchgängigen Bestimmtheit* (vgl. A 571 ff./B 599 ff.) voraus, wonach ein Ding erfahrungs- oder erkenntnisunabhängig an sich selbst positiv bestimmt werden könne. Das Ding sei Ding an sich selbst, insofern es Träger von Eigenschaften ist unabhängig von deren Erkennbarkeit (vgl. LWiener AA XXIV, S. 930 f.) im Feld möglicher Erfahrung. Genau von jenem „Naturalism, der die Natur für sich selbst genugsam ausgeben will" (Prol AA IV, S. 363), gilt es, nach Kant, die Vernunft zu befreien. Denn die Voraussetzung der durchgängigen Bestimmtheit des Gegenstandes und die dadurch fehlende selbstreflexive Form mache beide Positionen, den Dogmatismus der Vernunft wie den reinen Empirismus, im Widerstreit dogmatisch. Der Dogmatismus bestehe darin, in Form einer Verneinung oder Bejahung etwas über die Verfasstheit des Realen ausgesagt zu haben: Der Dogmatismus der Vernunft sei *dogmatischbejahend* (vgl. A 741/B 769), der reine Empirismus *dogmatischverneinend* (vgl. A 741/B 769). D. h., auch der reine Empirismus überschreite die Grenzen, wenn er sich nicht darauf beschränke, die „Vernunft niederzuschlagen, welche mit Einsicht und Wissen groß thut, da wo eigentlich Einsicht und Wissen aufhören, und das, was man in Ansehung des praktischen Interesse gelten läßt, für eine Beförderung des spekulativen Interesse ausgeben will." (A 470/B 498) Beide Positionen machen sich demnach darin schuldig, dass sie Feststellungen über einen Gegenstandsbereich treffen, der ihre Reichweite übersteigt, der eine unter den Vorzeichen der skeptischen Bescheidenheit, der andere unter den Vorzeichen des dogmatischen Übermuts:

> Ein jeder von beiden sagt mehr, als er weiß, doch so, daß der erstere das Wissen, obzwar zum Nachtheile des Praktischen, aufmuntert und befördert, der zweite zwar zum Praktischen vortreffliche Principien an die Hand giebt, aber eben dadurch in Ansehung alles dessen, worin uns allein ein speculatives Wissen vergönnt ist, der Vernunft erlaubt, idealischen

Erklärungen der Naturerscheinungen nachzuhängen und darüber die physische Nachforschung zu verabsäumen. (A 472/B 500)

Um den Quaternio-Terminorum-Fehler im obigen Schluss vom Bedingten auf das schlechthin Unbedingte zu vermeiden, darf der Mittelbegriff im Schluss nicht zweifach verwendet werden. Dafür ist es nötig, das Bedingte wie seine Bedingung im Obersatz nicht als Ding an sich selbst, sondern als Erscheinung aufzufassen. Da die Erscheinungen aber nur empirische Synthesen bilden und daher nur im Felde möglicher Erfahrung gegeben sind, hat dies zur Konsequenz, dass mit dem Bedingten nicht gleich die Synthesis der empirischen Bedingungen mitgegeben, sondern bloß aufgegeben ist: Wenn es sich im Obersatz sowohl im Bedingten als auch in seiner Bedingung nicht um Dinge an sich selbst handle, sondern um Erscheinungen im Feld möglicher Erfahrung, seien nicht alle Bedingungen (als absolute Totalität der Reihen) schon mit dem Bedingten mitgegeben, sondern nur als „Regressus in der Reihe aller Bedingungen [...] aufgegeben" (A 498/B 526).

Mit dieser Korrektur des Syllogismus von vier auf drei Begriffe (Quaternio-Terminorum-Fehlschluss) wird der transzendentale Realismus durch einen transzendentalen Idealismus aufgehoben, nach dem „alle Gegenstände einer uns möglichen Erfahrung, nichts als Erscheinungen, d. i. bloße Vorstellungen [...], die, so wie sie vorgestellt werden, als ausgedehnte Wesen, oder Reihen von Veränderungen, außer unseren Gedanken keine an sich gegründete Existenz haben." (A 490f./B 518f., vgl. B XXVI, A 27ff./B 43ff., A 36ff., B 274ff., A 235ff., B 294, A 491ff./B 519ff.; Prol AA IV, S. 293ff.) Der transzendentale Idealismus geht folglich mit einem empirischen Realismus (vgl. A 371) einher, wonach der Verstand nicht der Schöpfer aller Erfahrungsgegenstände ist, diese aber auch nicht unabhängig von den Erfahrungsbedingungen existieren (vgl. A 370). Handelt es sich bei den Gegenständen um Gegenstände möglicher Erfahrung, ist auch das vom Bedingten erschlossene Unbedingte im Grundsatz der Vernunft nicht an sich gegeben, sondern als focus imaginarius bloß aufgegeben.

Ausgehend von dieser auf formaler Ebene durchgeführten Widerlegung des transzendentalen Realismus[29] soll nicht einer der variantenreichen Interpretationsvorschläge des transzendentalen Idealismus diskutiert, privilegiert und ar-

---

29 Eine Widerlegung des transzendentalen Realismus in der *Antinomie der reinen Vernunft* sieht u. a. Allison, der die Darstellung für geglückt hält und damit auch die Widerlegung des transzendentalen Realismus (vgl. Allison 1976, S. 223–252; Allison 2004, S. 35–61). Kritik an der Widerlegung des transzendentalen Realismus wird u. a vorgebracht von Guyer (1997a, S. 385–414), Malzkorn (1999), Van Cleve (1995, S. 62–72) und Posy (1983, S. 81–94). Dass Kant in der *Antinomie der reinen Vernunft* überhaupt versucht habe, den transzendentalen Realismus zu widerlegen, wird bestritten von Glouberman (1993, S. 1–18, insb. S. 3).

gumentativ zu untermauern versucht werden[30]. Es reicht hier vielmehr aus, auf die unstrittige Basis bzw. auf den gemeinsamen Nenner aller Interpretationsvorschläge zu rekurrieren, nach dem der transzendentale Idealismus zwischen Ding an sich und Erscheinung[31] unterscheidet und das Feld möglicher Erfahrung auf Erscheinungen einschränkt. Schon mit dieser kritischen Voraussetzung des transzendentalen Idealismus falle die Kontradiktion der Positionen im Widerstreit der Vernunft, „weil die Bedingung wegfällt, unter der allein jeder dieser Sätze gelten sollte." (A 503/B 531) Es löst sich die Bedingung auf, die sowohl den Dogmatismus der Vernunft als auch den reinen Empirismus zu einer dogmatischen Position macht – der von beiden zugrunde gelegte „unmögliche Begriff vom Gegenstand" (A 793/B 821). Sowohl der reine Empirismus als auch der Dogmatismus der Vernunft bauen demnach nicht auf „tüchtige Beweisgründe" (A 501/B 529), da sie um „Nichts streiten" (A 501/B 529). D. h., wird die Voraussetzung aufgehoben, dass es sich im Bedingten wie in dessen Bedingung um einen Gegenstand handelt, der an sich selbst gegeben ist, wird auch „der kontradiktorische Widerstreit beider Behauptungen" (A 504/B 532) oder, anders formuliert, die „analytische Opposition" (A 504/B 532) von Thesis und Antithesis aufgelöst und wandelt sich in eine bloß „dialektische" (A 504/B 532).[32]

---

30 Es lassen sich neben einer Vielzahl nicht eindeutig integrierbarer Ansätze drei bis heute intensiv diskutierte Interpretationen (vgl. Schulting 2011, S. 1–25) ausmachen: Erstens besteht die Möglichkeit, die Differenzierung in Form der sogenannten Zwei-Welten-Theorie aufzufassen, wonach es sich bei Dingen an sich und Erscheinungen um zwei selbstständige Entitäten handelt. Dabei kommt es zu sehr divergenten Auslegungen (vgl. u. a. Vaihinger 1892; Adickes 1929; Strawson 1966, S. 277; vgl. dazu auch die Kritik von Guyer 1987; Van Cleve 1995, S. 150). Zweitens kann die Unterscheidung als Zwei-Aspekte-Theorie aufgefasst werden, wonach Dinge an sich und Erscheinungen zwei Betrachtungsweisen derselben Dinge bilden (vgl. dazu u. a. Prauss 1981, S. 13 ff.; Allison 2004, S. 35 ff.). Drittens besteht die Möglichkeit, den transzendentalen Idealismus im Sinne einer epistemologischen Interpretation aufzufassen, wie sie vor allem im Neukantianismus (vgl. Cohen 1918, S. 638–670; Cassirer 1922, S. 733–762) entwickelt wurde. Das Ding an sich wird dabei mit dem transzendentalen Objekt gleichgesetzt und als Ende einer unendlichen Reihe von Erscheinungen interpretiert.

In den Debatten um den Status und die Funktion des transzendentalen Idealismus wird zumeist nicht Bezug genommen auf das Lehrstück des regulativen Vernunftgebrauchs. Eine Ausnahme bilden dabei die Lesarten von Cohen und Cassirer. Beide Interpretationen werden aber nicht textimmanent durchgeführt, sondern sind dem eigenen Verständnis nach ein produktives Weiterdenken eines an sich problematisch empfundenen Lehrstücks (vgl. Cohen 1918, S. 640; Cassirer 1922, S. 741).

31 Für einen Überblick zum Forschungsstand zur Unterscheidung von Ding an sich und Erscheinung im Rahmen der Antinomien-Lehre vgl. u. a. Heidemann 1998; Schmucker 1990, S. 235–260; Baumanns 1988, S. 23–40; Wike 1982; Schmauke 2002; Kreimendahl 1998, S. 413–446.

32 Zur logischen Struktur von analytischer und dialektischer Opposition vgl. Engelhard 2005, S. 330; Wolff 1981, S. 41–80.

2.2.2.2 Die Rotation des Mondes

Der transzendentale Idealismus bzw. der empirische Realismus macht aus dem unauflösbaren Widerstreit der Vernunft mit sich selbst einen auflösbaren Widerstreit, indem er dessen Voraussetzungen, d. i. den „leeren und bloß eingebildeten Begriff, von der Art wie uns der Gegenstand dieser Ideen gegeben wird" (A 490/B 518), aufweist. Sowohl der Dogmatismus der Vernunft als auch der reine Empirismus halten Erscheinungen für ein Ding an sich, anstatt die transzendentale Idealität der Erscheinungen anzunehmen (vgl. A 5506/B 534), nach der jede Verstandeserkenntnis der Anschauung bedarf, die aber in der Totalitätsforderung des Weltbegriffs nicht gegeben ist. Damit wird die Unterscheidung zwischen Erscheinung und Ding an sich konstitutiv für die Möglichkeit der Auflösung der Antinomie im Weltbegriff.

In besonders einprägsamer Form wird die Transformation des kontradiktorischen Widerstreits bzw. der analytischen Opposition von Dogmatismus der Vernunft und reinem Empirismus in eine dialektische in der vierten Antinomie deutlich, die einen Kumulationspunkt des gesamten Antinomie-Problems darstellt (vgl. Brandt 2007, S. 324; Brandt 2010, S. 100). In den abschließenden Überlegungen zur *Antithetik der reinen Vernunft* weist Kant dort auf eine Abhandlung des Herrn Mairan hin, in der dieser einen Streit „zweier berühmter Astronomen" (A 461/B 489) skizziert, der „aus ähnlichen Schwierigkeiten über die Wahl des Standpunktes entsprang" (A 461/B 489), wie jener Widerstreit in der vierten Antinomie:

> Der eine schloß nämlich so: der Mond dreht sich um seine Achse, darum weil er der Erde beständig dieselbe Seite zukehrt; der andere: der Mond dreht sich nicht um seine Achse, eben darum weil er der Erde beständig dieselbe Seite zukehrt. (A 461/B 489)

An diesem Beispiel sind zwei Aspekte besonders hervorzuheben: Erstens wird darin eine kontradiktorische Auffassung – der Mond dreht sich um die eigene Achse versus der Mond dreht sich nicht um die eigene Achse – aus ein und demselben Beweisgrund erschlossen: Sowohl Thesis als auch Antithesis sind aufgrund des vorausgesetzten Faktums, dass der Mond der Erde beständig dieselbe Seite zuwendet, erschlossen. Beide gehen also davon aus, dass wir niemals die Rückseite des Mondes sehen.

Dieser „seltsame[] Kontrast" (A 459/B 487) ist es auch, den Kant in der vierten Antinomie identifiziert: Dort wird ebenfalls aus demselben Beweisgrund – weil die ganze verflossene Zeit die Reihe aller Bedingungen in sich fasst – in der Thesis auf das Dasein eines Urwesens und in der Antithesis auf das Nichtsein desselben geschlossen.

> Erst hieß es: es ist ein nothwendiges Wesen, weil die ganze vergangene Zeit die Reihe aller Bedingungen und hiemit also auch das Unbedingte (Nothwendige) in sich faßt. Nun heißt es: es ist kein nothwendiges Wesen, eben darum weil die ganze verflossene Zeit die Reihe aller Bedingungen (die mithin insgesammt wiederum bedingt sind) in sich faßt. (A 459/B 487)

Zweitens erweist der Streit der Astronomen, wie Mairan ihn skizziert, dass beide Schlüsse ihre Geltung haben. Kant formuliert: „Beide Schlüsse waren richtig, nachdem man den Standpunkt nahm, aus dem man die Mondbewegung beobachten wollte." (A 461/B 489) Demnach wird aus einer bedingten Perspektive auf den Mond, wie sie ausgehend von der Erde gegeben ist, aufgrund des Faktums, dass der Mond dieser beständig die gleiche Seite zuwendet, darauf geschlossen, dass er sich nicht um die eigene Achse drehen könne. Aus einer absoluten Perspektive auf Mond und Erde aber, wie sie etwa von der Sonne aus gegeben ist, muss hingegen aufgrund des Faktums, dass der Mond der Erde beständig die gleiche Seite zuwendet, darauf geschlossen werden, dass er sich um die eigene Achse dreht. Der Mond braucht dabei für eine Drehung um die eigene Achse genauso lang (27 Tage und 7 Stunden) wie für eine Umdrehung um die Erde, weshalb er der Erde beständig dieselbe Seite zuwendet.

Beide Perspektiven – jene von der Erde auf den Mond (P_1) und jene von der Sonne auf Erde und Mond (P_2) – lassen sich anhand von Abbildung 2 darstellen[33].

Je nach Standpunkt lässt sich demnach aus demselben Beweisgrund in gültiger Weise sowohl auf die Thesis als auch auf die Antithesis schließen, ohne dabei in eine analytische Opposition zu geraten, in der Thesis und Antithesis einen kontradiktorischen Widerstreit bilden. Beide Standpunkte bilden vielmehr eine dialektische (vgl. A 504/B 532) Opposition, in der sowohl die bedingte Perspektive von der Erde aus als auch die absolute Perspektive von der Sonne aus nebeneinander bestehen können.

Wie in dieser Analogie, so schließt Kant, können auch „alle beide[n] einander widerstreitende[n] Sätze" (A 560/B 588) in der vierten Antinomie „in verschiedener Beziehung zugleich wahr sein" (A 560/B 588): Die „Dinge der Sinnenwelt durchaus zufällig [sein], mithin auch immer nur empirischbedingte Existenz haben, gleichwohl, von der ganzen Reihe, auch eine nichtempirische Bedingung, d. i. ein unbedingtnotwendiges Wesen stattfinde[n]" (A 560/B 588).[34] Kant be-

---

[33] Für eine Animation der jeweiligen Perspektiven auf den Mond siehe online unter: http://astro.unl.edu/classaction/animations/lunarcycles/moonphases.swf, besucht am 19.05.2017.

[34] Da in den dynamischen Antinomien Bedingung und Bedingtes ungleichartig sein können, sei es im Gegensatz zu den mathematischen möglich, dass sowohl Thesis als auch Antithesis wahr sind: Die Welt sei demnach weder endlich noch unendlich (erster Widerstreit), denn die Erfahrung einer absoluten Grenze von Raum und Zeit sei genauso unmöglich wie die einer gegebenen Un-

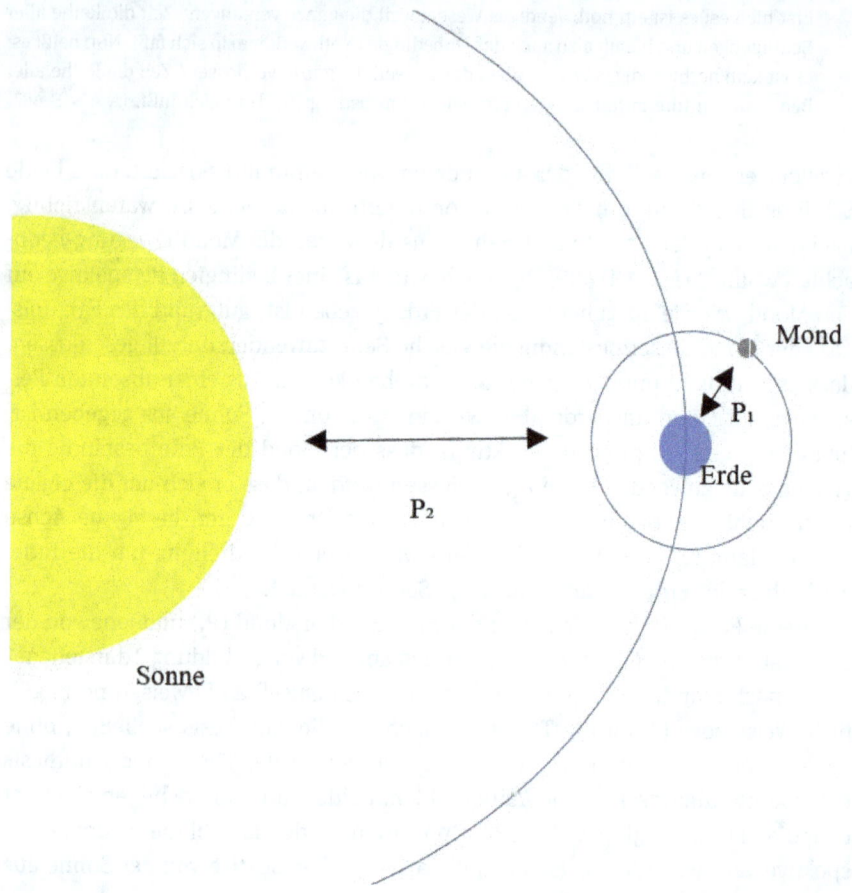

Abbildung 2

gründet auf diese Weise, „daß die durchgängige Zufälligkeit aller Naturdinge, und aller ihrer (empirischen) Bedingungen" (A 562/B 590), die die Voraussetzung aller empirischen Naturforschung bildet, „ganz wohl mit der willkürlichen Voraus-

---

endlichkeit von Raum und Zeit. In gleicher Weise sei die Menge der Teile (zweiter Widerstreit) in einer gegebenen Erscheinung weder endlich noch unendlich, denn etwas absolut Einfaches könne genauso wenig Gegenstand einer möglichen Erfahrung sein wie eine gegebene Unendlichkeit von Teilen. Gleichzeitig sei es aber (dritter Widerstreit) widerspruchsfrei möglich, ein Ereignis in der Welt sowohl als eine durch empirisch bedingte Ursachen bestimmte Wirkung (Naturkausalität) als auch zugleich durch eine unbedingte, intelligible Ursache (Spontanwirkung aus Freiheit) bestimmt anzusehen (vgl. A 537/B 565).

setzung einer notwendigen, ob zwar bloß intelligibelen Bedingung zusammen bestehen könne, also kein wahrer Widerspruch zwischen diesen Behauptungen anzutreffen sei" (A 562/B 590).

2.2.3 Regulativer Vernunftgebrauch

2.2.3.1 Der Vernunftbegriff als focus imaginarius

Kant hat in der Auflösung der *Antinomie der reinen Vernunft* eine strikte Trennung zwischen Thesis und Antithesis bzw. bloßen Denkbegriffen und Erkenntnisbegriffen vorgenommen. Der Spiegel (*m, n*) in der Spiegelmetapher bildet dabei die Grenzziehung zwischen der *Transzendentalen Analytik*, in der die Gesetzmäßigkeit der Gegenstände, wie sie „uns vor Augen" (A 644/B 672=1.4.) liegen, und der *Transzendentalen Dialektik*, insbesondere deren Anhang, in dem die Gesetzmäßigkeit der „Objekte hinter der Spiegelfläche" (A 644/B 672=1.4.) entwickelt werden. Das Sowohl-als-auch von Thesis und Antithesis der dynamischen Antinomien bildet damit den theoretischen Ausgangspunkt für die praktische Philosophie.[35] Die Auflösung des Widerstreits folgt in der Zurückweisung des transzendentalen Realismus und empirischen Idealismus dem Diktum der zweiten Vorrede – „[i]ch mußte also das Wissen aufheben, um zum Glauben Platz zu bekommen" (B XXX): Erkenntnis ist demnach auf die Sinnlichkeit restringiert und handelt vom Feld möglicher Erfahrungen und nicht vom Gegenstand hinter der Spiegelfläche. Gleichzeitig eröffnet Kant damit aber auch den Raum für eine völlig anders strukturierte Form des Wissens im Rahmen der theoretischen Philosophie. Denn Kant hat zwar die Unmöglichkeit einer objektiv gültigen Totalitätserkenntnis der Welt aufgewiesen, aber nicht den Grundsatz der Vernunft selbst ad absurdum geführt. Dieser diene der kritisch geläuterten Vernunft in theoretischer Hinsicht nun als ein Regulativ. Er bilde einen „Grundsatz der größtmöglichen Fortsetzung und Erweiterung der Erfahrung, nach welchem keine empirische Grenze für absolute Grenze gelten muß, also ein Principium der Vernunft, welches als Regel postuliert, was von uns im Regressus geschehen soll, und nicht anticipirt, was im Objecte vor allem Regressus an sich gegeben ist." (A 509/B 537) Der Gegenstand hinter der Spiegelfläche ist demnach nicht als an sich gegebener Gegenstand vorhanden, sondern als sukzessiv zu erschließender Gegenstand einer nicht abschließbaren empirischen Forschung.

---

[35] Vgl. dazu Kawamura 1996; Meyer 2001; Timmermann 2003; Grier 2001, S. 214–230; Allison 2004, S. 357–396.

Die Antinomie der reinen Vernunft fuße demnach auf einem „leeren und bloß eingebildeten Begriff, von der Art wie uns der Gegenstand dieser Ideen gegeben wird" (A 490/B 518). Wird diese Voraussetzung überwunden, löst sich die Antinomie auf, aber nicht der Hang der reinen Vernunft vom Bedingten ausgehend ein Unbedingtes zu suchen. Eine transzendentale Kritik könne folglich nur verhindern, dass der Schein „betriegt" (A 644/B 672), nicht aber seine Notwendigkeit. Die über die skeptische Methode der *Antinomie der reinen Vernunft* geläuterte Vernunft hält demnach am Gegenstand hinter der Spiegelfläche fest, sie weiß aber – hier überschneidet sich die Spiegelmetapher der *Kritik der reinen Vernunft* wieder mit den Überlegungen aus den *Träumen des Geistersehers* – über den illusionären Charakter dieses Gegenstandes Bescheid. In diesem Sinne versteht Kant unter Metaphysik die Absicht, „über alle Gegenstände möglicher Erfahrung (trans physicam) hinaus[zu]gehen" (FM AA XX, S. 316) bzw. eine „jenseit der Erfahrung liegende [...] Erkenntniß" (Prol AA IV, S. 265; vgl. A XXI, B XIV). Der Metaphysiker sei aber verworren oder verrückt, wenn er die Gegenstände über aller möglichen Erfahrung als tatsächlich existierend und nicht bloß als Einbildung setzt.

Die Vernunftideen, vorgestellt als „Objekte hinter der Spiegelfläche" (A 644/B 672=1.4.), bergen damit die Gefahr der *unhintertreiblichen* Täuschung in sich, stellen aber gleichzeitig einen perspektivischen Blickpunkt dar, in dem die Regeln des Verstandes zusammenlaufen und aus dem sie erklärt werden können. Die Täuschung entstehe gerade dann, wenn die „Richtungslinien" (A 644/B 672=1.4.) als von dem „Objekte hinter der Spiegelfläche" (A 644/B 672=1.4.) herrührend oder ausgeflossen gedacht werden. Werden sie aber als focus imaginarius aufgefasst, dann erlaubt es der Umweg über die fiktive Welt hinter der Spiegelfläche erstens, die Gegenstände im Feld möglicher Erfahrung noch einmal zu sehen und vor allem zweitens so, wie sie uns „im Rücken liegen" (A 644/B 672=1.4.), also nicht, wie sie uns erscheinen, wenn sie „uns vor Augen sind" (A 644/B 672=1.4.) und erkannt werden. Ohne Vernunft wäre der Verstand demnach auf den engen Umkreis der Erfahrung angewiesen und könnte über diesen nicht hinausgehen.

2.2.3.2 Die Sonne als focus imaginarius

Die *Kritik der reinen Vernunft* basiert demnach sowohl auf dem Konzept der Differenzierung wie auch der Integration von Verstandes- und Vernunftbegriffen. Oder anders formuliert und noch einmal auf die wissenschaftshistorische Beweisführung zur Drehung des Mondes um die eigene Achse gemünzt, erweist sich neben der strikten Trennung auch ein systematischer Zusammenhang der im Beispiel differenzierten Perspektiven (Sonne versus Erde) auf den Mond.

Mit dem so entwickelten Zusammenhang der Gegenstände möglicher Erfahrung und dem Gegenstand hinter der Spiegelfläche schließt sich Kant aber nicht erneut einer *verworrenen metaphysischen Denktradition* an, sondern entwickelt aus der Kritik im Rahmen des Zweiten Buches der *Transzendentalen Dialektik* einen regulativen Vernunftgebrauch. Den Grundsatz der Vernunft aufnehmend, erläutert er entgegen der überwundenen Tradition, dass das Unbedingte einen *focus imaginarius* bildet, der für die Verstandeserkenntnis stets Aufgabe und Bezugspunkt ist.

Wird das Beispiel zur Umdrehung des Mondes mit dem der Spiegelmetapher gekoppelt, zeigt sich eine erstaunliche Überschneidung:

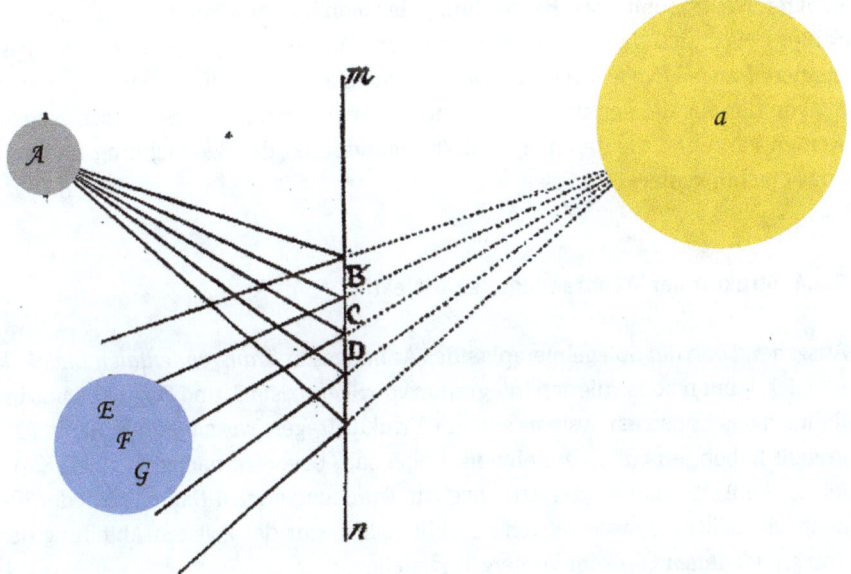

Abbildung 3

Der Mond ist darin an der Stelle (A) positioniert und bildet den Forschungsgegenstand empirisch möglicher Erkenntnis. Die Perspektive der Erde auf den Mond (P_1) findet sich ausgehend von der Stelle des Beobachters (E, F, G), der den Mond über die Spiegelfläche (m, n) erforscht. Die Perspektive der Sonne auf die Erde und den Mond (P_2) wiederum lässt sich in der Skizze Newtons an die Position (a) setzen und bildet damit jenen Punkt, aus dem sich der systematische Zusammenhang aller empirischen Forschung konstruieren lässt. Dabei ist die Beweisführung aus der Perspektive der Erde (E, F, G), d. i. die konkrete Forschung am bedingten, intuitiv gegebenen Sinnenmaterial, nicht durch die Perspektive der

Sonne (a) zu ersetzen. Beide Perspektive greifen vielmehr ergänzend ineinander, ohne sich aber gegenseitig aufzuheben.[36]

Der focus imaginarius, d. i. die Perspektive der Sonne, wird dabei ausgehend von der konkreten empirischen Forschung mittels der Begriffe des Verstandes in Form einer reziproken Beziehung zwischen Bedingtem und Unbedingtem als Regulativ entwickelt: Dabei werde ausgehend von „mehrere[n] besondere[n] Fällen" geprüft, ob diese „aus [einer] Regel fließen" (A 646/B 674). Wenn dem so sei, werde „auf die Allgemeinheit der Regel, aus dieser aber nachher auf alle Fälle, die auch an sich nicht gegeben sind, geschlossen." (A 647/B 675=1.6.) Die Sonnenperspektive hat dabei kein Vetorecht gegenüber der konkreten empirischen Forschung, sondern bildet vielmehr deren systematischen Rahmen. Aus der konkreten astronomischen Beobachtung des Mondes und dem daraus gezogenen Schluss, dass sich dieser nicht um die eigene Achse drehe, kann auf eine allgemeinere Perspektive geschlossen werden, wie sie z. B. durch die Sonne gegeben ist, von der aus die empirische Erkenntnis in ein systematisches Ganzes gestellt werden kann und die damit sowohl den Standpunkt der Beobachtung als auch das Forschungsobjekt umfasst.

2.2.4 Struktur der Transzendentalen Dialektik

Ausgehend von der Spiegelmetapher des Anhangs zur *Transzendentalen Dialektik* und der damit rekonstruierten Integration von Skeptizismus und Dogmatismus im Rahmen des kritischen Systems sind die Strukturfragen, wie sie sich in Kapitel 2.1 gestellt haben, erneut aufzunehmen. Dabei soll, bevor im nachstehenden Kapitel 2.3 die Architektonik des Anhangs zur *Transzendentalen Dialektik* wieder ins Zentrum rückt, die systematisch-inhaltliche Struktur der Zweiten Abteilung der *Transzendentalen Logik* im Vordergrund stehen.

Um der Dichotomie zwischen Dogmatismus und Skeptizismus zu entgehen, entwickelt Kant die *Kritik der reinen Vernunft* als Kritik an der „Vernunft selbst, nach ihrem ganzen Vermögen und Tauglichkeit zu reinen Erkenntnissen a priori" (A 761/B 789). Sie sei deshalb „Propädeutik zum System der reinen Vernunft" (B 25), Vorbereitung der Transzendentalphilosophie und nicht Doktrin oder objektive Lehre.

Eine solche Ausrichtung hat für das in der *Transzendentalen Dialektik* entwickelte Vermögen der Vernunft zweierlei Konsequenzen: Erstens bedeutet dies

---

[36] Siehe dazu die Explikation des Mondbeispiels und des focus imaginarius im Kontext mit der Vorrede der zweiten Auflage der *Kritik der reinen Vernunft* in Kap. 6.2.4.

eine enorme *Demütigung* (vgl. A 710/B 738) von einem intuitiven Vermögen zu einem bloß regulativen. Zweitens ermöglicht es genau diese Depotenzierung, eine spezifische Form des Wissens zu etablieren, ein Wissen über das Wissen, wodurch dem systematischen Anspruch der *Kritik der reinen Vernunft* Genüge getan werden kann. Beide Aspekte kommen schon im Titel des Buches *Kritik der reinen Vernunft* zum Ausdruck: Die Vernunft ist darin sowohl als Genitivus obiectivus als auch als Genitivus subiectivus zu verstehen. Sie ist demnach sowohl der Untersuchungsgegenstand als auch der Hauptakteur des kritischen Systems.[37] Sie sei Gegenstand der Kritik und Disziplinierung und gleichzeitig „diejenige, welche die Principien, etwas schlechthin *a priori* zu erkennen, enthält" (B 24). Transzendentale Erkenntnis sei demnach eine Erkenntnis, die mit der Problematisierung der Möglichkeit von synthetischen Urteilen überhaupt zuvörderst sich selbst thematisiere und begreife, indem sich die Vernunft mittels ihrer Prinzipien auf ihre Quellen und Grenzen (vgl. B 25) hin prüfe und damit selbst etabliere.

Diese doppelte Funktion der *Transzendentalen Dialektik* wurde in den letzten Jahren, u. a. von J. Pissis (2012), N. F. Klimmek (2005), M. Grier (2001) und K. Engelhard (2005) hervorgehoben.[38] Diese haben entgegen einer Tradition, in der die *Transzendentale Dialektik* lediglich als ein Zusatz zur *Transzendentalen Analytik* gesehen wurde (vgl. u. a. Henrich 1976, S. 39; Baum 2001, S. 34), den systematischen Zusammenhang von richtig und falsch geschlossenen Begriffen und deren Stellung und konstruktive Bedeutung für das System der Kritik der reinen Vernunft herausgestellt. Mit N. Klimmek lässt sich demnach behaupten, dass Kant „nicht nur als Diagnostiker verfehlter Metaphysik zu verstehen" (Klimmek 2005, S. 44)[39] ist. Zudem hat K. Engelhard ihre Untersuchung der zweiten Antinomie ganz unter die Generalthese gestellt, die konstruktive Bedeutung der *Transzendentalen Dialektik* der *Kritik der reinen Vernunft* nachzuweisen (vgl. Engelhard 2005, S. 15 ff.).

2.2.4.1 Disziplin
Transzendentale Sätze enthalten „bloß die Regel, nach der eine gewisse synthetische Einheit desjenigen, was nicht *a priori* anschaulich vorgestellt werden kann

---

[37] Zu den verschiedenen Bedeutungen von Kritik vgl. Flach 1967, S. 69–83; Liedtke 1964, S. 33 f.; Tonelli 1978, S. 119–148.
[38] Auf folgende ältere und zum Teil auf Abschnitte der *Transzendentalen Dialektik* fokussierte Arbeiten sei außerdem verwiesen: Malzkorn 1999; Bazil 1995; Schmucker 1990; Reisinger 1988; Zeidler 1992; Piché 1984; Miles 1978.
[39] Vgl. auch Engelhard 2005, S. 15; Wolff 1995, S. 204 und Bittner 1970, S. 30, die ebenfalls eine vergleichbare Position vertreten.

(der Wahrnehmungen), empirisch gesucht werden soll." (A 720f./B 748f.) Aus diesem Grund abstrahiere die *Transzendentale Logik* nicht wie die allgemeine oder formale Logik von „jeglichem Inhalt der Erkenntnis" (A 55/B 79), sondern nur vom empirischen (vgl. A 57/B 81). Da die transzendentalen Begriffe daher lediglich einen „Kanon zur Beurteilung des empirischen Gebrauchs" (A 63/B 88), aber kein Organon „zur wirklichen Hervorbringung von Erkenntnis" (A 63/B 88)[40] bilden, gerate der Verstand in die Gefahr, „von den formalen Principien des reinen Verstandes einen materialen Gebrauch zu machen" (A 63/B 88). Unmissverständlich formuliert Kant daher die Notwendigkeit der Selbstdisziplinierung und Depotenzierung der Vernunft dort, wo weder die empirische noch die reine Anschauung die Vernunft „in einem sicheren Gleise halte" (A 711/B 739). Sie bedürfe eines „Systems der Vorsicht und Selbstprüfung" (A 711/B 739), das ihren „Hang zur Erweiterung über die engen Grenzen möglicher Erfahrung bändige und sie von Ausschweifung und Irrthum abhalte" (A 711/B 739). Kant erhebt die Disziplinierung der Vernunft claris verbis zur zentralen Aufgabe der *Kritik der reinen Vernunft*, wenn er in der *Transzendentalen Methodenlehre* wie folgt formuliert:

> Daß das Temperament, imgleichen daß Talente, die sich gern eine freie und uneingeschränkte Bewegung erlauben (als Einbildungskraft und Witz), in mancher Absicht einer Disziplin bedürfen, wird jedermann leicht zugeben. Daß aber die Vernunft, der es eigentlich obliegt, allen anderen Bestrebungen ihre Disziplin vorzuschreiben, selbst noch eine solche nötig habe, das mag allerdings befremdlich scheinen, und in der Tat ist sie auch einer solchen Demütigung eben darum bisher entgangen, weil, bei der Feierlichkeit und dem gründlichen Anstande, womit sie auftritt, niemand auf den Verdacht eines leichtsinnigen Spiels, mit Einbildungen statt Begriffen, und Worten statt Sachen, leichtlich geraten konnte. (A 710/B 738)

Die *Philosophie der reinen Vernunft* sei als Disziplinierung eines „Systems von Täuschungen und Blendwerk" (A 711/B 739) aufzufassen. Die Vernunft bedürfe einer „Zucht" (Refl AA XVII, S. 562f.), damit sie nicht den „Gesunden und an Erfahrung geübten Verstand verwirre" (Refl AA XVII, S. 562f.). An vielen weiteren Stellen vergleicht Kant ganz in diesem Sinne die *Kritik der reinen Vernunft* mit einer *Polizei der Vernunft* (vgl. B XXV; Prol AA IV, S. 105). Sie sei einer Organisation gleich, die nicht zum Zwecke der Produktion gegründet sei, sondern deren Funktion ausschließlich in der Ordnungssicherung produzierender Systeme liege. Das „System der Vorsicht und Selbstprüfung" (A 710/B 738) bestehe demnach in einer Disziplinierung und Selbstvermessung der Möglichkeiten, deren Zentrum

---

[40] Zur historischen Dimension des von Kant verwendeten Begriffspaars Kanon-Organon vgl. Carboncini/Finster 1982, S. 25–59.

wiederum die Differenzierung von „Einbildungen statt Begriffen, und Worten statt Sachen" (A 710/B 738) bilde (vgl. auch KU AA V, S. 174).

Die *Transzendentale Dialektik* bilde dabei eine Kritik „des Verstandes und der Vernunft in Ansehung ihres hyperphysischen Gebrauchs, um den falschen Schein ihrer Anmaßungen aufzudecken" (A 63/B 88; vgl. Refl AA XVI, S. 23). Einerseits ermöglicht die *Transzendentale Dialektik* dadurch, dass die in der *Transzendentalen Ästhetik* und *Transzendentalen Analytik* als bloße Hypothese (vgl. B XVIff.) vorgetragene Konzeption eine Bestätigung erfährt. Andererseits bildet die *Transzendentale Dialektik* in gleicher Weise die Voraussetzung der *Transzendentalen Analytik*, indem die Vernunft die Trennung von Sinnes- und Verstandeswesen bzw. die transzendentale Unterscheidung von rezeptiver Sinnlichkeit und spontanem Verstand schafft und vermittelt. Erst die Analyse bzw. Auflösung des Widerstreits der Parteien grenzt den Gegenstand des Streites, das Unbedingte, als die Totalität der Synthesis der Erscheinungen von den Erscheinungen des Erfahrungswissens ab. Denn der mit seinem empirischen Gebrauch beschäftigte Verstand könne „zwar sehr gut fortkommen, eines aber gar nicht leisten [...], nämlich sich selbst die Grenzen seines Gebrauchs zu bestimmen und zu wissen, was innerhalb oder außerhalb seiner ganzen Sphäre liegen mag, denn dazu werden eben die tiefen Untersuchungen erfordert, die wir angestellt haben." (A 238/B 297) Der Verstand allein könne daher nicht unterscheiden, „ob gewisse Fragen in seinem Horizonte liegen, oder nicht" (A 238/B 297). Die in der *Transzendentalen Analytik* vorausgesetzte Grenze der Erkenntnis wird demnach in der *Transzendentalen Dialektik* gerechtfertigt. Die *Transzendentale Ästhetik* und die *Transzendentale Analytik* ziehen nämlich nur die Grenze des Sinnlichen (vgl. Pissis 2012, S. 105). Aus diesem Grund sei der Verstand „niemals seiner Ansprüche und seines Besitzes sicher, sondern darf sich nur auf vielfältige beschämende Zurechtweisungen Rechnung machen, wenn er die Grenzen seines Gebiets (wie es unvermeidlich ist) unaufhörlich überschreitet und sich in Wahn und Blendwerke verirrt." (A 238/B 297; vgl. auch Refl AA XVII, S. 297; Refl AA XVIII, S. 231)

2.2.4.2 Neues Zutrauen

Die Disziplinierung und die damit einhergehende Depotenzierung der Vernunft „erhebt" (A 795/B 823) diese gleichzeitig „und gibt ihr ein Zutrauen zu sich selbst, daß sie diese Disciplin selbst ausüben kann und muß, ohne eine andere Censur über sich zu gestatten" (A 795/B 823). Die Grenzen, die die Vernunft sich in ihrem spekulativen Gebrauch selbst setzt, schränken damit einerseits die „vernünftelnde Anmaßung jedes Gegners" (A 795/B 823) ein und erlauben es andererseits, „alles, was ihr noch von ihren vorher übertriebenen Forderungen übrig bleiben möchte, gegen alle Angriffe sicherstellen [zu] könne[n]." (A 795/B 823)

Schon in der Einleitung zur *Transzendentalen Dialektik* stellt Kant daher fest: „Alle unsere Erkenntnis hebt von den Sinnen an, geht von da zum Verstande und endigt bei der Vernunft." (A 298 f./B 355) Auch im Anhang zur *Transzendentalen Dialektik* formuliert Kant ganz in diesem Sinne, aber nicht mehr mit Betonung auf die Vermögen, sondern deren transzendentalen Prinzipien: „So fängt denn alle menschliche Erkenntnis mit Anschauung an, geht von da zu Begriffen, und endigt mit Ideen." (A 702/B 730) Die menschliche Erkenntnis habe demnach in „Ansehung aller dreien Elemente Erkenntnisquellen a priori" (A 702/B 730). Die Vernunft – „über welche nichts Höheres in uns angetroffen wird" (A 298/B 355) – habe dabei den „Stoff der Anschauung zu bearbeiten und unter die höchste Einheit des Denkens zu bringen." (A 298/B 355) Die „eigentliche Bestimmung dieses obersten Erkenntnisvermögens" (A 702/B 730) sei es daher, „sich aller Methoden und der Grundsätze" (A 702/B 730) der drei Erkenntnisquellen a priori „zu bedienen, um der Natur nach allen möglichen Principien der Einheit, worunter die der Zwecke die vornehmste ist, bis in ihr Innerstes nachzugehen" (A 702/B 730). Kant entwickelt demnach zwar eine Dualität von Erkenntnisquellen – Verstand und Sinnlichkeit – und identifiziert mit der Einbildungskraft eine dritte, die einen „transzendentalen Grund" (A 278/B 334) dieser Erkenntnisvermögen bilden soll, dieser bleibt aber unerkennbar.[41] Gleichzeitig aber sind in der Klärung der Frage nach den Bedingungen der Möglichkeit von Erfahrung überhaupt drei Vermögen – die Sinnlichkeit, der Verstand und die Vernunft – beteiligt. Die *Transzendentale Analytik* trage dabei „die Elemente der reinen Verstandeserkenntnis [...] und die Principien, ohne welche überall kein Gegenstand gedacht werden kann" (A 62/B 87), vor und bilde damit „eine Logik der Wahrheit" (A 62/B 87). Die *Transzendentale Dialektik* unterscheidet zwischen „conceptus ratiocinantes (vernünftelnde Begriffe)" (A 311/B 368) und „conceptus ratiocinati (richtig geschlossene Begriffe)" (A 311/B 368) und entwickelt letztere als regulative Begriffe zur Sicherung der systematischen Einheit.

Die *Transzendentale Analytik* als sogenannter positiver Teil der *Kritik der reinen Vernunft* ist demnach nicht von der *Transzendentalen Dialektik* dem sogenannten negativen Teil abzukoppeln. Beide haben „es mit ein und demselben Problem zu tun" (Kulenkampff 1970, S. 88) – der Frage nach den Bedingungen der Möglichkeit von Erfahrung.

---

41 Vgl. dazu Heidemann 2017, S. 59–78 sowie den dort skizzierten Forschungsstand.

2.2.5 Zwischenergebnis

Kant konzipiert die *Kritik der reinen Vernunft* als den „oberste[n] Gerichtshof aller Rechte und Ansprüche unserer Spekulation" (A 669/B 697). Die Vernunft führt dabei den Prozess nach selbstgegebenen Regeln: Sie bildet den Richter, der mittels der skeptischen Methode die Advokaten der jeweiligen Parteien anhört und eine Untersuchung über Thesis und Antithesis anstellt, um danach auf der Basis der kritischen Methode ein Urteil im Widerstreit zu fällen.

Mit dem Schiedsspruch und dessen Begründung im Rahmen der *Antinomie der reinen Vernunft* sind Kriterien gefunden, an dem auch Kants eigener regulativ konzipierter Vernunftgebrauch geprüft werden kann. Dieser ist als Lehrstück auf der Basis der Grenzziehung der *Transzendentalen Dialektik* zu verstehen, aber seine Kompatibilität mit dem transzendentalen Idealismus kann nicht ungeprüft angenommen werden. Die Frage muss daher lauten, inwiefern Kants Konzeption eines hypothetischen Vernunftgebrauchs bzw. die Als-ob-Konzeption der Ideen seinen eigenen methodologischen Ansprüchen eines transzendentalen Idealismus, der zur Widerlegung des reinen Empirismus wie auch des Dogmatismus der Vernunft geführt hat, entspricht. Mit dem Gerichtsverfahren der *Antinomie der reinen Vernunft*, in dem der Widerstreit von These und Antithese verhandelt und aufgelöst wurde, ist demnach ein Präzedenzfall geschaffen, der als Maßstab für alle anderen Fälle gelten kann und aus dem ex negativo Kriterien für den regulativen Vernunftgebrauch zu ziehen sind. In den systematischen Analysen im zweiten Teil (Kap. 3, 4 und 5) wird dieses Spannungsverhältnis thematisch vertieft. Bereits jetzt zeigt sich allerdings, dass der Anhang zur *Transzendentalen Dialektik*, aus dieser systematisch-inhaltlichen Perspektive betrachtet, nicht bloß als ein Anhang des *Ideals der reinen Vernunft* aufzufassen ist (vgl. Kap. 2.1), sondern vielmehr die Überlegungen aller drei Hauptstücke des Zweiten Buches der *Transzendentalen Dialektik* aufgreift. Er skizziert aufbauend auf der Kritik der rationalen Psychologie, der rationalen Kosmologie und der rationalen Theologie eine regulative Funktion der Vernunftbegriffe und kann damit als Anhang des Zweiten Buches bzw. der *Transzendentalen Dialektik* überhaupt interpretiert werden, womit der Edition der Akademieausgabe bzw. jener von J. Timmermann gefolgt werden kann.

2.3 Struktur des Anhangs zur Transzendentalen Dialektik (II)

Ausgehend von den Mehrdeutigkeiten der inneren Strukturierung der *Transzendentalen Dialektik*, insbesondere im Anhang zur *Transzendentalen Dialektik* (Kap. 2.1), und den inhaltlichen Ansprüchen (Kap. 2.2), die dem Anhang im

Kontext der Theorieentwickelung der *Transzendentalen Dialektik* zukommen, wird für die nachstehende Analyse (Teil II) eine Gliederung des Anhangs zur *Transzendentalen Dialektik* vorgeschlagen. Damit soll der Anhang zur *Transzendentalen Dialektik*, der mit Bezug auf die Gebäudemetapher aus der *Transzendentalen Methodenlehre* (vgl. A 707/B 735) als Hinterzimmer der *Kritik der reinen Vernunft* bezeichnet wurde, auf seine interne Struktur hin beleuchtet werden.

Es hat sich bereits gezeigt, dass die klassischen Gliederungsversuche der Textpassage, d. i.
(1.) anhand des ersten und zweiten Teils,
(2.) anhand einer metaphysischen und transzendentalen Deduktion der Vernunftbegriffe sowie des Schematismus und Grundsatzes der Vernunft und
(3.) anhand der einzelnen Absätze

für sich betrachtet mangelhaft und interpretationsbeladen sind. Aus diesem Grund ist es entscheidend, in der neu vorgeschlagenen Gliederung des Textes die jeweiligen Schwächen dieser Strukturierungen auszumerzen, aber gleichzeitig doch eine schematische Struktur der Argumentation an die Hand zu geben. Um dieses Ziel zu erreichen, werden die isolierten Gliederungsversuche aufgegriffen und in eine integrative Struktur eingebettet. Dafür werden kleinere Argumentationseinheiten aus dem Text destilliert und damit eine Grobgliederung des Anhangs gegeben. Diese Grobgliederung soll dazu dienen, die einzelnen Themenbereiche und deren Argumentationsstrategien freizulegen, um davon ausgehend in der Detailanalyse den Blick für die internen Zusammenhänge zu bewahren. Der Anhang zur *Transzendentalen Dialektik* wird daher dreistufig analysiert: Ausgehend von den zwei Teilen des Anhangs und einer Gliederung in sechs größere Sinneinheiten (im ersten Teil) und fünf größere Sinneinheiten (im zweiten Teil) wird jeder einzelne Absatz als ein Glied der Argumentation separiert. Demnach besteht die thematische Gliederung aus den zwei Teilen des Anhangs und diese bestehen wiederum aus den sogenannten Sinneinheiten. Die Sinneinheiten wiederum bestehen aus der Detailgliederung der Absätze.

Durch diese Ordnung sollen sowohl die obig herausgearbeiteten Stärken der jeweiligen Gliederungen des Textes gewonnen, aber durch die Mehrstufigkeit der Strukturierung gleichzeitig die Schwächen der isolierten Gliederungsversuche vermieden werden.

2.3.1 Gliederung des ersten Teils des Anhangs zur Transzendentalen Dialektik

2.3.1.1 *Detailgliederung der Absätze*

1.0.: Überschrift
1.1.: Die Vernunft hat einen natürlichen Hang, die Grenzen möglicher Erfahrung zu überschreiten.
1.2.: Der Fehler der Subreption ist ein Mangel der Urteilskraft.
1.3.: Die Vernunft bezieht sich niemals geradezu auf einen Gegenstand, sondern auf den Verstand.
1.4.: Die transzendentalen Ideen sind niemals von konstitutivem, sondern von regulativem Gebrauch und bilden einen focus imaginarius (Spiegelmetapher).
1.5.: Die Vernunfteinheit bildet eine systematische und keine aggregative Einheit.
1.6.: Apodiktischer und hypothetischer Vernunftgebrauch
1.7.: Der hypothetische Vernunftgebrauch ist regulativ und nicht konstitutiv.
1.8.: Die Vernunfteinheit und die Verstandeserkenntnis stehen in einem reziproken Verhältnis.
1.9.: Unterscheidung zwischen einem logischen Prinzip und einem transzendentalen Grundsatz der Vernunft
1.10.: Die logische Maxime der Einheit setzt eine Grundkraft voraus, ohne explizit nach ihr zu fragen.
1.11.: Die komparativen Grundkräfte müssen weiter untereinander verglichen werden, bis sich eine radikale und absolute Grundkraft erschließt.
1.12.: Das logische Prinzip der Einheit kann nicht bloß hypothetisch sein.
1.13.: Das logische Prinzip setzt ein transzendentales voraus.
1.14.: Einführung des Prinzips der Gattungen anhand der Schulregeln des logischen Schließens
1.15.: Der transzendentale Grundsatz der Vernunft ist keine selbstsüchtige Absicht in der Suche nach Einheit.
1.16.: Das logische Prinzip der Gattung setzt ein transzendentales voraus.
1.17.: Dem logischen Prinzip der Gattungen steht das der Arten entgegen.
1.18.: Das logische Gesetz der Arten ist das der Spezifikation.
1.19.: Dem logischen Gesetz der Spezifikation liegt ein transzendentales zugrunde.
1.20.: Das Gesetz der Spezifikation ist nicht von der Erfahrung entlehnt.
1.21.: Die Prinzipien sind Homogenität, Spezifikation und Kontinuität der Form.
1.22.: Das Sinnlichmachen der systematischen Einheit unter den drei logischen Prinzipien
1.23.: Es gibt keine verschiedenen, ursprünglichen und ersten Gattungen und die Verschiedenheiten der Arten grenzen aneinander.
1.24.: Die zusammenwirkenden Gesetzmäßigkeiten der drei Prinzipien
1.25.: Dem logischen Gesetz der Affinität/Kontinuität liegt ein transzendentales zugrunde. Verweis auf den hypothetischen Vernunftgebrauch und die Stützung durch die drei Prinzipien
1.26.: Das Gesetz der Kontinuität ist eine Idee, der kein kongruierender Gegenstand entspricht.
1.27.: Kreis, Zirkel, Ellipse, Parabel und Hyperbel bilden eine kontinuierliche Abfolge astronomischer Theorien der Planetenbahnen.
1.28.: Das Spannungsfeld im Status der Vernunftprinzipien und die Unmöglichkeit einer transzendentalen Deduktion
1.29.: Der Status der regulativen Ideen im Vergleich zum regulativen Charakter der dynamischen Grundsätze
1.30.: Die Vernunftideen bilden ein Analogon der Schemata des Verstandes.

1.31.: Bei den Grundsätzen der Vernunft handelt es sich um Maximen der spekulativen Vernunft.
1.32.: Das eine Interesse der Vernunft und der Streit ihrer Maximen
1.33.: Der Streit um die Charakteristik der Menschen, der Tiere, der Pflanzen und der Körper des Mineralreichs
1.34.: Die kontinuierliche Stufenleiter der Geschöpfe

2.3.1.2 *Die Sinneinheiten*

Erste Sinneinheit:

1.1.–3.:	Das Problemfeld einer Ideenlehre
1.1.–2.:	Die Ausgangssituation: der Widerspruch in der dialektischen Vernunft
1.3.:	Der Zusammenhang von Verstand und Vernunft

Zweite Sinneinheit:

1.4.–8.:	Systematizität und hypothetischer Vernunftgebrauch
1.4.–5.:	Die regulative Funktion der Ideen zur Sicherung der systematischen Einheit
1.6.–8.:	Die Einführung des hypothetischen Vernunftgebrauchs

Dritte Sinneinheit:

1.9.–13.:	Allgemeine Beweisführung zur Rechtfertigung des Ursprungs der Vernunftprinzipien
1.9.–11.:	Die Charakterisierung des logischen Prinzips
1.12.–13.:	Der transzendentale Grundsatz der Vernunft als Voraussetzung des logischen Prinzips

Vierte Sinneinheit:

1.14.–1.21./1.23./1.25.–1.26.:	Spezielle Beweisführung zur Rechtfertigung des Ursprungs der Vernunftprinzipien
1.14.–17.:	Das logische Prinzip der Gattungen (postuliert Einheit) vorgestellt als transzendentales Prinzip
1.17.–20.:	Das Prinzip der Arten (Gesetz der Spezifikation) vorgestellt als transzendentales Prinzip
1.21./1.23./1.25.–1.26.:	Das logische Prinzip der Affinität aller Begriffe (Gesetz des kontinuierlichen Übergangs) vorgestellt als transzendentales Prinzip

Fünfte Sinneinheit:

1.22.–24./25./	Der logische Zusammenhang zwischen den drei transzendentalen
1.27.–29.:	Prinzipien
1.22.–24.:	Das Sinnlichmachen der Begriffspyramide und der transzendentalen Prinzipien
1.25./1.27.:	Der gesetzmäßige Zusammenhang der drei Prinzipien
1.28.–29.:	Der regulative Status der Vernunftprinzipien

Sechste Sinneinheit:

1.30.–34.:	Die Schematistik und die Grundsätze der Vernunft
1.30.:	Das Analogon eines Schemas der Sinnlichkeit
1.31.–34.:	Die Grundsätze der Vernunft als Maximen

2.3.2 Gliederung des zweiten Teils des Anhangs zur Transzendentalen Dialektik

2.3.2.1 *Detailgliederung der Absätze*

2.0.:	Überschrift
2.1.:	Nur der Missbrauch der Ideen führt zum trüglichen Schein.
2.2.:	Es muss eine Deduktion der Ideen möglich sein, auch wenn diese von jener der Kategorien unterschieden ist.
2.3.:	Der Gegenstand der Idee ist kein Gegenstand schlechthin. Daher hat die transzendentale Deduktion die Ideen nicht als konstitutiv, sondern als regulativ auszuweisen.
2.4.:	Die Als-ob-Funktion der Idee der Psychologie, der Kosmologie und der Theologie
2.5.:	Die Ideen sind objektiv und hypostatisch, allerdings nur als Schema des regulativen Prinzips der systematischen Einheit.
2.6.:	Ideen sind regulativ und ihnen korrespondiert ein Wesen, ein Ding, ein Etwas, das als Richtschnur des empirischen Vernunftgebrauchs dient.
2.7.:	Der deistische Gottesbegriff als regulative Idee
2.8.:	Der deistische Gottesbegriff beruht nicht auf der Einsicht, sondern auf dem Interesse der Vernunft.
2.9.:	Relative und absolute Suppositio als ein subtiler Unterschied der Denkungsart
2.10.:	Der transzendentale Gegenstand ist nicht anhand der Kategorien beschreibbar.
2.11.:	Resultat der ganzen Transzendentalen Dialektik
2.12.:	Systematische Einheit lässt sich nur unter der Voraussetzung eines der Idee korrespondierenden Gegenstandes denken.
2.13.:	Eine Beschreibung des transzendentalen Gegenstandes ist unmöglich.
2.14.:	Der Gegenstand der Idee der psychologischen Einheit ist die Seele, die fordert, dass alles betrachtet wird, als ob sie ein wirkliches Wesen wäre.

2.15.: Der Gegenstand der Idee der kosmologischen Einheit ist die Welt, die fordert, dass alles betrachtet wird, als ob die unendliche Reihe von Bedingungen unendlich wäre bzw. einen Anfang schlechthin hätte.
2.16.: Der Gegenstand der Idee der theologischen Einheit ist Gott, der fordert, dass alles betrachtet wird, als ob es aus einem einzelnen Wesen als oberste und allgemeine Ursache entsprungen wäre.
2.17.: Die zweckmäßige Einheit der Dinge ist ein regulatives Prinzip.
2.18.: Die zweckmäßige Einheit ist kein konstitutives Prinzip.
2.19.: Die falsch verstandene Zweckmäßigkeit führt zur faulen Vernunft.
2.20.: Die falsch verstandene Zweckmäßigkeit führt zur verkehrten Vernunft.
2.21.: Das regulative Prinzip der systematischen Einheit ist nicht konstitutiv.
2.22.: Die Vollkommenheit eines Urwesens wird ausgehend von der vollständig zweckmäßigen Einheit erkannt.
2.23.: Alle Fragen, die die reine Vernunft aufwirft, sind prinzipiell beantwortbar.
2.24.: Drei Fragen an eine transzendentale Theologie
2.25.: Weitere Fragen an eine transzendentale Theologie
2.26.: Weitere Fragen an eine transzendentale Theologie
2.27.: Die Idee ist vollkommen, wenn auch gleichzeitig anthropomorphistisch gedacht.
2.28.: Die Vernunft ist bloß regulativ.
2.29.: Schlussbemerkung

2.3.2.2 *Die Sinneinheiten*

Siebte Sinneinheit

2.1.–2.4.:	Das Problemfeld einer transzendentalen Deduktion der Ideen
2.1.–2.:	Die Reichweite einer transzendentalen Deduktion der Ideen
2.3.–4.:	Die Als-ob-Funktion der Vernunftideen

Achte Sinneinheit

2.5.–10.:	Transzendentale Deduktion der Ideen
2.5.–6.:	Der argumentative Kern der Deduktion
2.7.–10.:	Beispielhafte Illustrierung der Ideen anhand des deistischen Gottesbegriffs

Neunte Sinneinheit

2.11.–16.:	Resultate der ganzen transzendentalen Dialektik
2.11.–13.:	Die Resultate im engeren Sinne
2.14.–16.:	Die Binnendifferenzierung des Gegenstandes in der Idee

Zehnte Sinneinheit

2.17.–22.:	Die zweckmäßige Einheit der Dinge/die Idee Gottes
2.17.–21.:	Die regulative Zweckmäßigkeit
2.22.:	Das höchste Wesen als vollständige Zweckmäßigkeit

Elfte Sinneinheit

2.23.–28.:	Fragen an eine transzendentale Theologie
2.23.–26.:	Fragen und Antworten einer transzendentalen Theologie
2.27.–28.:	Konsequenz aus einer transzendentalen Theologie

2.3.3 Zwischenergebnis

Ausgehend von den beiden Teilen des Anhangs zur *Transzendentalen Dialektik* wurde in der vorliegenden Analyse eine Binnendifferenzierung in elf Sinneinheiten und eine Detailgliederung in 63 Absätze vorgeschlagen. Damit konnten die bereits in der Forschung verstreut vorhandenen Gliederungsversuche des Anhangs zur *Transzendentalen Dialektik* adaptiert, zusammengeführt und ineinander integriert werden. Diese Gliederung bildet wiederum das innere Gerüst der in Teil II der Arbeit vorgenommenen Analyse, in der die Fragestellung nach der metaphysischen Deduktion, dem Systematischen der Erkenntnis und der transzendentalen Deduktion der Vernunftbegriffe aufgerollt wird.

2.4 Ergebnisse

Kant weist den Ausführungen *Von dem regulativen Gebrauch der Ideen* und *Von der Endabsicht der natürlichen Dialektik* mit der Lokalisierung in einem Anhang keinen eindeutigen Platz im System der *Kritik der reinen Vernunft* zu (Kap. 2.1). Dies führt dazu, dass das Verhältnis des dort entwickelten regulativen Vernunftgebrauchs zu den anderen Systemteilen uneindeutig bleibt und die innere Struktur des Anhangs zur *Transzendentalen Dialektik* mehrdeutig ist. Diese Problemstellung wird dahingegen verschärft, dass der regulative Vernunftgebrauch kein abgeschlossenes Text- und Lehrstück bildet, sondern bereits in verschiedenen Teilabschnitten der *Transzendentalen Dialektik* vorweggenommen ist. Es lässt sich zudem ausgehend vom Aufbau der *Transzendentalen Dialektik* nicht eindeutig feststellen, wovon der Anhang zur *Transzendentalen Dialektik* eigentlich tatsächlich Anhang ist (Kap. 2.1.1). Neben den offenen Fragen zum Kontext des regulativen Vernunftgebrauchs in der *Transzendentalen Dialektik* weist der Anhang auch kein eindeutiges Muster für eine Binnendifferenzierung auf. Die gängigen Interpretationsgliederungen nach den beiden Teilen des Anhangs, nach den Argumentationsschritten der Herleitung, der Rechtfertigung und der Anwendung der Vernunftbegriffe sowie die Detailgliederung nach den einzelnen Abätzen weisen für sich betrachtet jeweils enorme Schwierigkeiten auf (Kap. 2.1.2). Die Architektur der *Transzendentalen Dialektik* liefert daher mehr offene Fragen als mögliche Antworten hinsichtlich des Problems der Funktion und der Bedeutung des regulativen Vernunftgebrauchs in der *Kritik der reinen Vernunft*.

Mit Blick auf die systematisch-inhaltliche Struktur der *Transzendentalen Dialektik* (Kap. 2.2) lässt sich mit dem Grundsatz der Vernunft ein verbindendes Glied zwischen dem Zweiten Buch der *Transzendentalen Dialektik* und dem regulativen Vernunftgebrauch im Anhang zur *Transzendentalen Dialektik* aufweisen. Dabei wurde anhand der Spiegelmetapher des Absatzes 1.4. des Anhangs zur *Transzendentalen Dialektik* Kants Integration von Skeptizismus und Dogmatismus in einen Kritizismus rekonstruiert: Kant greift die methodischen Waffen des pyrrhonischen Skeptizismus auf und transformiert diesen in die skeptische Methode, anhand der die Vernunft ihre inneren Widersprüche in Form von apagogischen Beweisen entwickelt (Kap. 2.2.1). Ohne für eine der beiden Seiten – den Dogmatismus der Vernunft (Thesis) und den reinen Empirismus (Antithesis) – Partei zu ergreifen, löst die Vernunft als oberster Richter aller Ansprüche den Widerstreit, indem sie den Punkt des Missverständnisses aufweist und auf den transzendentalen Realismus und empirischen Idealismus zurückführt: Werden die Modifikationen der Sinnlichkeit als an sich subsistierende Dinge aufgefasst, führt dies in der Koppelung mit dem Grundsatz der Vernunft dazu, dass mit dem Bedingten das Unbedingte stets mitgegeben werden muss. Werden hingegen – im Sinne des transzendentalen Idealismus und des empirischen Realismus – die Gegenstände als Gegenstände möglicher Erfahrung aufgefasst, ist auch das vom Bedingten erschlossene Unbedingte im Grundsatz der Vernunft nicht an sich gegeben, sondern im Sinne des *focus imaginarius* als bloß aufgegeben zu denken (Kap. 2.2.2). Ausgehend von der gemeinsamen Basis des Grundsatzes der Vernunft ist es nicht die Vorstellung des Unbedingten, die Kants kritisch geläuterte Position vom Widerstreit zwischen Dogmatismus der Vernunft und reinem Empirismus unterscheidet, sondern die damit einhergehende Konzeption des Status der Vernunftbegriffe (Kap. 2.2.3). Oder noch einmal anhand der Spiegelmetapher formuliert, bildet das Unbedingte zwar einen eingebildeten Gegenstand hinter der Spiegelfläche, dient dabei aber nur zur Orientierung und systematischen Einheit.

Auf der Basis dieser Überlegungen zur *Antinomie der reinen Vernunft* und ihrer regulativen Auflösung erweist sich systematisch-inhaltlich betrachtet eine doppelte Struktur der Vernunft: Sie steht einerseits im Fokus der Kritik und erfährt damit eine enorme Depotenzierung von einem intuitiven zu einem regulativen Vermögen, ist andererseits aber gleichzeitig der Akteur dieser Vernunftkritik, die keine Zensur über sich gestattet. Neben dem Aufweis der vernünftelnden Begriffe entwickelt die *Transzendentale Dialektik* damit auch richtig geschlossene Begriffe der Vernunft, die neben den Formen der Sinnlichkeit und den Kategorien des Verstandes apriorisch Bedingungen der Möglichkeit von Erfahrung bilden, ohne diese konstitutiv zu bestimmen. Der Anhang ist damit – wie der Titel bereits suggeriert – als ein Anhang zur *Transzendentalen Dialektik* überhaupt aufzufassen (Kap. 2.2.4).

Ausgehend von den Mehrdeutigkeiten der inneren Strukturierung der *Transzendentalen Dialektik* und deren Anhang sowie den systematisch-inhaltlichen Ansprüchen an den regulativen Vernunftgebrauch wurde eine dreifach ineinandergreifende Gliederung (Kap. 2.3) – basierend auf den beiden Teilen, den elf Sinneinheiten und den 63 Absätzen – vorgeschlagen.

Zweiter Teil:
Analysen

Wir haben vorläufig unsern Zweck schon erreicht, da wir die transscendentalen Begriffe der Vernunft, die sich sonst gewöhnlich in der Theorie der Philosophen unter andere mischen, ohne daß diese sie einmal von Verstandesbegriffen gehörig unterscheiden, aus dieser zweideutigen Lage haben herausziehen, ihren Ursprung und dadurch zugleich ihre bestimmte Zahl, über die es gar keine mehr geben kann, angeben und sie in einem systematischen Zusammenhange haben vorstellen können, wodurch ein besonderes Feld für die reine Vernunft abgesteckt und eingeschränkt wird.
(A 338/B 395 f.)

Die größte systematische, folglich auch die zweckmäßige Einheit ist die Schule und selbst die Grundlage der Möglichkeit des größten Gebrauchs der Menschenvernunft.
(A 694/B 722)

Wenn ich nun von einem solchen empirischen Gebrauch derselben als constitutiver Grundsätze abgehe, wie will ich ihnen [den Vernunftbegriffen] dennoch einen regulativen Gebrauch und mit demselben einige objective Gültigkeit sichern, und was kann derselbe für Bedeutung haben?
(A 664/B 692=1.29.)

3 Ursprung und bestimmte Zahl der Vernunftbegriffe – die metaphysische Deduktion

Die *Antinomie der reinen Vernunft* hat Kant gezeigt, dass sich „die transscendentalen Begriffe der Vernunft [...] gewöhnlich in der Theorie der Philosophen unter andere mischen" (A 338/B 395f.), ohne von den Verstandesbegriffen unterschieden zu werden. Um die Vernunftbegriffe Homogenität, Kontinuität und Spezifikation bzw. Gott, Welt und Seele aus dieser „zweideutigen Lage [...] herauszuziehen" (A 338/B 396), entwickelt Kant ein methodisch-logisches Verfahren, in dem er „ihren Ursprung und dadurch zugleich ihre bestimmte Zahl, über die es gar keine mehr geben kann" (A 338/B 396), angibt und sie dadurch „in einem systematischen Zusammenhange" (A 338/B 396) vorstellt. Kants Herleitung der Vernunftbegriffe in der *Kritik der reinen Vernunft* verfolgt damit philosophiehistorisch betrachtet einen einzigartigen Anspruch. Um diesen zu rekonstruieren, wird erstens (Kap. 3.1) auf Kants Einführung der Vernunftbegriffe, ihre philosophiehistorische Positionierung und ihre Rolle im Rahmen der *Kritik der reinen Vernunft* eingegangen. Zweitens ist daran anschließend der *Ursprung* (Kap. 3.2) bzw. die systematische Herleitung der Vernunftbegriffe in ihrer zweifachen Ausführung zu problematisieren. Drittens sind die dadurch gewonnenen Vernunftbegriffe in ihrer Binnenstruktur zu analysieren und ihre *bestimmte Zahl* (Kap. 3.3) – d. i. als Vernunftideen Gott, Welt und Seele bzw. als Vernunftprinzipien Homogenität, Spezifikation und Kontinuität – zu rekonstruieren.

3.1 Funktion und Rolle der Ideen in der *Kritik der reinen Vernunft*

Kant unterscheidet im gesamten kritischen Unternehmen drei Spezifizierungen im Ideenbegriff, die den jeweiligen einzelnen Kritiken zugesprochen werden können: a) die transzendentale oder intellektuelle Idee, b) die praktische Idee und c) die ästhetische Idee.

Die praktische Idee ist wie die theoretische ein Begriff, gilt aber im Gegensatz zu dieser im strengeren Sinne als objektiv gültig: „In ihr hat die reine Vernunft sogar Causalität, das wirklich hervorzubringen, was ihr Begriff enthält" (A 328/B 384f.). Die praktische Idee sei „Idee von der nothwendigen Einheit aller möglichen Zwecke" (A 328/B 385) und daher müsse „sie allem Praktischen als ursprüngliche [...] Bedingung zur Regel dienen" (A 328/B 385). Werde demnach im praktischen Handeln das ursprünglich Entworfene realisiert, gewinne die praktische Idee aufgrund der Realisierung einer Handlung objektive Gültigkeit. Die ästhetische Idee wiederum sei ein Produkt der Einbildungskraft und nicht der reinen Vernunft. Kant bezeichnet diese Anschauungen jedoch als Ideen, „weil sie zu etwas über die Erfahrungsgrenze hinaus Liegendem wenigstens streben und so einer Darstellung der Vernunftbegriffe (der intellectuellen Ideen) nahe zu kommen suchen" (KU AA V, S. 314). Sie seien Ideen „hauptsächlich, weil ihnen als inneren Anschauungen kein Begriff völlig adäquat sein kann" (KU AA V, S. 314, vgl. S. 342).

In der *Kritik der reinen Vernunft* entwickelt Kant ausschließlich die erste der oben benannten Ideen, d. i. die transzendentale. Diese wird allerdings in einem zweifachen Anlauf entwickelt: Der erste Teil des Anhangs zur *Transzendentalen Dialektik* handelt dabei von den Vernunftprinzipien der Homogenität, der Spezifikation und der Kontinuität und der zweite Teil von den Vernunftideen Gott, Welt und Seele. Dabei kommt der terminologischen Bestimmung als Vernunftprinzip (Homogenität/Spezifikation/Kontinuität) bzw. als Vernunftidee (Gott/Welt/Seele) kein systematischer Stellenwert zu, da besagte terminologische Differenzierung zwischen *Prinzip* und *Idee* von Kant nicht konsequent angewandt wird. In diesem Sinne ist im Rahmen des ersten Teils des Anhangs zur *Transzendentalen Dialektik* zahlreich der Terminus (Vernunft-)Idee[1] bzw. im zweiten Teil der Terminus (Vernunft-)Prinzip[2] in Verwendung. Dieser Differenzierung übergeordnet verwendet Kant auch den Terminus Vernunftbegriffe. Im Rahmen der *Kritik der Urteilskraft* werden die Vernunftbegriffe der Zweiten Abteilung der *Transzendentalen Logik* der *Kritik der reinen Vernunft* zudem als intellektuelle Ideen (vgl. KU AA V, S. 314, 80) bezeichnet. Trotz der oszillierenden Begriffsbedeutung ist für die Analyse folgende Differenzierung zu fixieren:

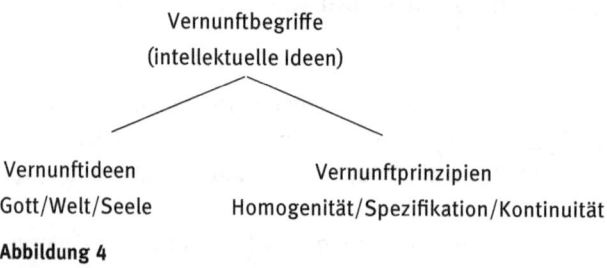

Abbildung 4

---

1 Siehe Absätze 1.2./1.4./1.5./1.6./1.7./1.10./1.12./1.13./1.15./1.18./1.26./1.27./1.30.
2 Siehe Absätze 2.6./2.9./2.11./2.14./2.15./2.16./2.17./2.18./2.19./2.20./2.21./2.24./2.25./2.26./2.27.

3.1 Funktion und Rolle der Ideen in der *Kritik der reinen Vernunft*

Im Folgenden werden die Vernunftbegriffe der *Kritik der reinen Vernunft* noch ohne der Differenzierung in Ideen und Prinzipien im Rahmen der Einleitung und dem Ersten Buch der *Transzendentalen Dialektik* entwickelt und eingeführt. In diesen Passagen legt Kant neben expliziten Überlegungen zu den Vernunftideen Gott, Welt und Seele grundsätzliche Bestimmungen im Rahmen der Vernunftbegriffe fest, die für alle obig differenzierten intellektuellen Ideen Geltung haben müssen.

Kant problematisiert den Vernunftbegriff zum einen in systematischer Form, wenn er ihn im Kontext mit allen andern Formen von Vorstellungen (repraesentatio) anhand der *Stufenleiter der Begriffe* (vgl. A 320/B 376) lokalisiert, und zum anderen inhaltlich, wenn er ihn in Bezug zu philosophiehistorischen Vorlagen diskutiert und spezifiziert.

3.1.1 Systematische Stellung im Kontext der Vorstellungen überhaupt

Im Ersten Abschnitt des Ersten Buches der *Transzendentalen Dialektik* entwickelt Kant die Vernunftbegriffe in systematischer Form im Kontext aller möglichen Vorstellungen, wenn es heißt:

> Die Gattung ist Vorstellung überhaupt (repraesentatio). Unter ihr steht die Vorstellung mit Bewusstsein (perceptio). [...] Eine objektive Perzeption ist Erkenntnis (cognitio). Diese ist entweder Anschauung oder Begriff (intuitus vel conceptus). [...] Der Begriff ist entweder ein empirischer oder reiner Begriff, und der reine Begriff, sofern er lediglich im Verstande seinen Ursprung hat, [...] heißt Notio. Ein Begriff aus Notionen, der die Möglichkeit der Erfahrung übersteigt, ist die Idee, oder der Vernunftbegriff. (A 320/B 376f.)

Diese Stufenleiter lässt sich wie folgt rekonstruieren und veranschaulichen:

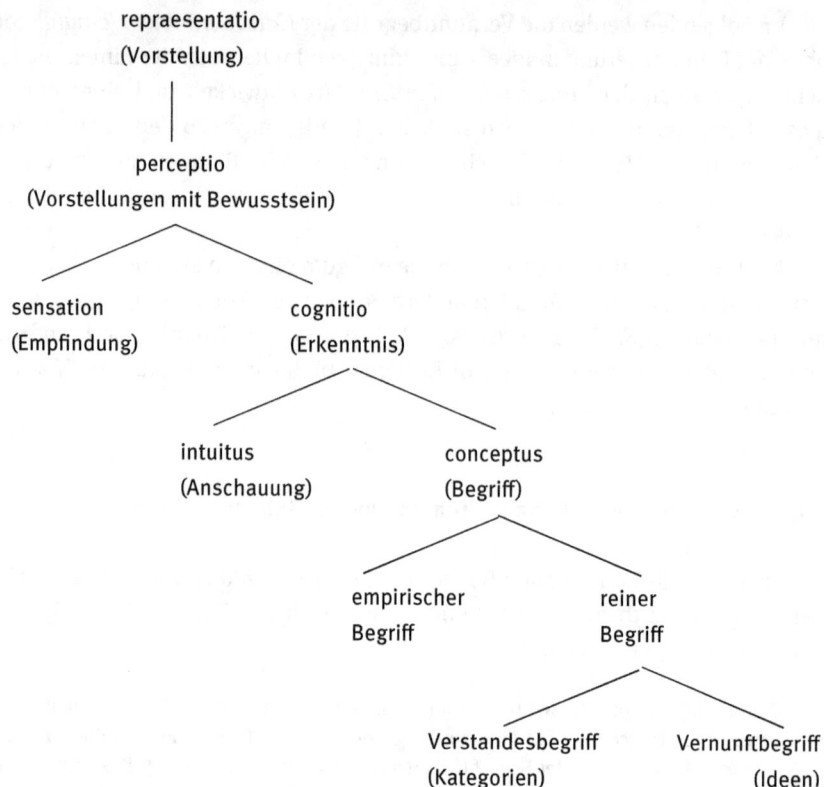

Abbildung 5

In der sechsfachen Differenzierung der Stufenleiter der Begriffe bildet die Vorstellung (repraesentatio) die höchste Gattung, unter die Vorstellungen mit Bewusstsein (perceptio) fallen. Eine Perzeption ist weiter in Empfindung (sensation) und Erkenntnis (cognitio), die sich wiederum aus Anschauung (intutitus) und Begriff (conceptus) zusammensetzt, gegliedert. D. h., sowohl Anschauung als auch Begriff sind objektiv – im Gegensatz zu den Empfindungen, die als subjektiv klassifiziert sind, wobei die Anschauung einzeln ist und einen unmittelbaren Gegenstandsbezug, der Begriff hingegen allgemein und einen mittelbaren Gegenstandsbezug aufweist. Begriffe wiederum können empirisch oder rein sein, wobei die reinen Begriffe (notio) entweder Verstandesbegriffe, d. i. Kategorien, zum Behufe der Erkenntnis oder Vernunftbegriffe, d. i. Ideen, als bloße Denkbegriffe bilden.

Die hier in der Stufenleiter der Begriffe vorgestellte, sechsfache Differenzierung von Vorstellungen wird demnach durch die Unterscheidung zwischen Verstandes- und Vernunftbegriffen komplementiert. Diese kritische Unterscheidung ist für Kant „das Resultat einer langen, mühsamen Gedankenarbeit" (Hinske 1992, S. 319) und im Zuge einer Neupositionierung des Ideenbegriffs zwischen der *Dissertatio* und der *Kritik der reinen Vernunft* gewonnen. So bezeichnet Kant noch in der *Dissertatio* die Zeit als „idea" (MSI AA II, S. 398) und weist den Vernunftbegriffen als *intuitus intellectualis* anschauliche Elemente zu (vgl. MSI AA II, S. 392f.). In der *Logik Philippi* von 1772 trennt Kant zum ersten Mal claris verbis „Verstandesbegriffe" (LPhil AA XXIV, S. 451) von „Begriffen der Vernunft" (LPhil AA XXIV, S. 451), wenn er in § 216 folgende Dreiteilung vorschlägt: „1. Repraesentatio Vorstellung überhaupt. 2. Conceptus allgemeine Verstandesbegriffe. 3. Ideae allgemeine Begriffe der Vernunft. Repraesentatio eius quod phaenomenis pluribus est commune, est conceptus empiricus." (LPhil AA XXIV, S. 451) Aus dieser Dreiteilung wird im Laufe der 70er Jahre, wie die Reflexion 2835 nachweist, eine Fünfergruppe bestehend aus „repraesentationes perceptiones conceptus notiones ideae" (Refl AA XVI, S. 536f.). Diese wird in der *Kritik der reinen Vernunft* in der Stufenleiter der Begriffe zu einer sechsfachen Unterscheidung aufgestockt, da die Unterscheidung von Anschauung (intuitus) und Begriff (conceptus) hinzukommt (vgl. A 320/B 376f.; dazu auch Neiman 1994, S 48–62; O'Neill 1992, S. 10ff.).

In der Unterscheidung zwischen mundus sensibilis und mundus intelligibilis der *Dissertatio* stellen „die sinnlichen Vorstellungen [...] Dinge vor, wie sie [subjektiv] erscheinen, die intellectualen, wie sie [objektiv] sind" (MSI AA II, S. 392) – der Sinnlichkeit wird demnach eine in sich undifferenzierte Spontaneität der Intelligenz oder Rationalität entgegengesetzt (vgl. MSI AA II, S. 392). Die kritische Entdeckung liegt demnach in der inneren Differenz des spontanen Vermögens, d. i. zwischen Verstand, als auf die Sinnlichkeit restringiert, und Vernunft. Dabei handelt es sich um eine systematische Unterscheidung, die in ihrer Bedeutung für die *Kritik der reinen Vernunft* nicht überschätzt werden kann. So formuliert Kant selbst in den *Prolegomena*: „Wenn Kritik der reinen Vernunft auch nur das allein geleistet hätte, diesen Unterschied zuerst vor Augen zu legen, so hätte sie dadurch schon mehr zur Aufklärung unseres Begriffs und der Leitung der Nachforschung im Felde der Metaphysik beigetragen, als alle fruchtlose Bemühungen [...], die man von je her unternommen hat" (Prol AA IV, S. 329). Für Kant ist demnach der Ideenbegriff das Resultat einer systematischen Zergliederung von Vorstellungen überhaupt.

3.1.2 Philosophiehistorische Verortung

Neben den systematischen Überlegungen zum Kontext der Vernunftbegriffe im Rahmen der Vorstellungen überhaupt entwickelt Kant den Ideenbegriff auch historisch-inhaltlich, wenn er formuliert: „[S]o wie wir die reinen Verstandesbegriffe Kategorien nannten, [werden wir] die Begriffe der reinen Vernunft mit einem neuen Namen belegen und sie transzendentale Ideen nennen" (A 311/B 368). Dabei erläutert und rechtfertigt Kant diesen Terminus unter expliziter Abgrenzung zu Platon sowie zu philosophischen Konzeptionen der frühen Neuzeit.

Wenn der alte Gebrauch von Begriffen, so Kant, „durch Unbehutsamkeit seiner Urheber auch etwas schwankend geworden wäre, so ist es doch besser die Bedeutung, die ihm vorzüglich eigen war, zu befestigen (sollte es auch zweifelhaft bleiben, ob man damals genau eben dieselbe im Sinne gehabt habe)" (A 312/B 369), denn neue „Wörter zu schmieden ist eine Anmaßung zum Gesetzgeben in Sprachen, die selten gelingt" (A 312/B 369). Trotz der zweifachen Abgrenzung, die Kant bezüglich der Bestimmung seines Ideenbegriffes vornimmt, sei der Terminus ausgehend von seinem *alten Gebrauch*, d. i. seiner platonischen Bedeutung, zu entwickeln.

Wurden die *Transzendentale Ästhetik* unter Bezugnahme auf Euklid und die Kategorien in der *Transzendentalen Analytik* mit Bezug auf Aristoteles entwickelt, so werden die Ideen in der *Transzendentalen Dialektik* demnach mit Bezug auf Platon eingeführt. In diesem Sinne wird „der erhabene Philosoph" (A 313/B 370), Platon, im Ersten Abschnitt des Ersten Buches der *Transzendentalen Dialektik* fünfmal beim Namen genannt und einmal auf die *Platonische Republik* verwiesen. Damit kommt die explizite Namensnennung in der Einführung des Terminus Idee genauso oft vor wie in der gesamten übrigen *Kritik der reinen Vernunft*.[3]

Quellenkritisch lässt sich Kants Interesse an Platon vornehmlich gegen Ende 1769 und am Beginn der 1770er Jahre festmachen, es fällt damit in jene obig für den Ideenbegriff als entscheidend charakterisierte Phase der Entwicklung der Differenzierung zwischen Verstandes- und Vernunftbegriffen (vgl. Heimsoeth 1967, S. 124, 127 f.; Santozki 2006, S. 129 ff.). In diesem Zusammenhang ist jedoch zu bedenken, dass Kant zwar griechisch lesen konnte, ihm die Philosophie Platons aber hauptsächlich aus zweiter Hand bekannt war.[4] Insbesondere bezieht sich Kant auf die historische Arbeit von J. Brucker (1742), der auch im Text (vgl.

---

3 Platon wird in der *Kritik* zudem in der Einleitung (vgl. B 9, A 5), jeweils einmal im Zweiten (vgl. A 502/B 530) und Dritten Hauptstück (vgl. A 568/B 596) sowie zweimal in der *Transzendentalen Methodenlehre* (vgl. A 853 f./B 881 f.) namentlich erwähnt.
4 Vgl. dazu Heman 1903, S. 47; Mollowitz 1935, S. 17 f.; Santozki 2006, S. 131. Diese Einschätzung wird allerdings von Heinemann und Kühn bestritten, die behaupten, Kant habe Platon, wenn auch nicht im Original, so zumindest in einer Übersetzung gelesen (vgl. Heinemann 1863, S. 16; Kühn 2001, S. 192).

A 316/B 372) namentlich genannt wird.[5] Kant unterscheidet aber sehr wohl zwischen der Philosophie Platons und dem – mit Ausnahme von G. W. Leibniz – sich erst im letzten Drittel des 18. Jahrhunderts in Deutschland verstärkt ausbildenden Platonismus[6], wenn er formuliert: „Plato der Akademiker ward also, obzwar ohne seine Schuld [...], der Vater aller Schwärmerei mit der Philosophie." (VT AA VIII, S. 398) Dieser Aspekt wird im Ersten Buch der *Transzendentalen Dialektik*, insbesondere durch die kritische Erwähnung Bruckers, deutlich. Wenn Kant außerdem auf die „hohe Sprache" (A 316/B 372) Platons verweist, die eine der Natur der Dinge angemessene Auslegung ermöglicht, und behauptet, dass Platons „Bemühung [...] Achtung und Nachfolge verdient" (A 318/B 375), erfährt „der erhabene Philosoph" (A 313/B 370) eine enorme Würdigung.

Inhaltlich beabsichtigt Kant, von Platons Ideenbegriff die Auffassung zu übernehmen, dass Ideen unveränderlich sowie durchgängig bestimmt und dadurch nicht aus der Erfahrung gewonnen sind, d. h., in der Sinnlichkeit nichts „Congruirendes angetroffen" (A 313/B 370) wird. Die Ideen sind bei Platon, und dies macht Kant explizit auch für sein eigenes Projekt geltend, sowohl für das Theoretische als auch das Praktische Ursprung, Maßstab oder Muster. „Aber nicht bloß [...] im Sittlichen, sondern auch in Ansehung der Natur selbst, sieht Plato mit Recht deutliche Beweise ihres Ursprungs aus Ideen." (A 317/B 374)

Ausgehend von dieser an Platon angelehnten Charakterisierung wird der Ideenbegriff – ganz im Sinne der systematischen Positionierung im Rahmen der Stufenleiter der Begriffe – in einer zweifachen Abgrenzung thematisiert: einerseits gegen ein *Schöpfen aus der Erfahrung*, andererseits gegen jegliche Hypostasierung. Dabei richtet sich die erste Kritik und Abgrenzung gegen die *sorglose Unordnung* (vgl. A 319/B 376) im Umgang mit dem Begriff der Idee in der Philosophie der frühen Neuzeit, die zweite Kritik und Abgrenzung gegen die Ideenlehre Platons.

Kant kritisiert nicht ein Vergessen des Terminus Idee in den Philosophiekonzeption der frühen Neuzeit – dieser wird in mannigfaltiger Weise für einfache Vorstellungen verwendet (vgl. Perler 2010, S. 39–48) –, sondern das Vergessen der sich seit Platon dahinter verbergenden Bedeutung von „Urbild der Dinge" (A 313/B 370). In diesem Sinne formuliert Kant:

---

[5] Nach Mollowitzens Einschätzung ist jeder Platonbezug in der *Kritik der reinen Vernunft* auf Bruckers *Historia critica philosophiae* zurückführbar. Auch wenn dies übertrieben erscheinen mag, lässt sich doch mit Santozki behaupten, dass die Quelle der kantischen Platonauffassung im Grunde nur doxographisches Material gewesen sein konnte, das sicherlich zum Großteil von Brucker stammt (vgl. Santozki 2006, S. 131).
[6] Zur Entwicklung des Platonismus in Deutschland vgl. u. a. Wundt 1941/42, S. 154; Santozki 2006, S. 37.

> [W]er das, was nur allenfalls als Beispiel zur unvollkommenen Erläuterung dienen kann, als Muster zum Erkenntnißquell machen wollte (wie es wirklich viele gethan haben), der würde aus der Tugend ein nach Zeit und Umständen wandelbares, zu keiner Regel brauchbares, zweideutiges Unding machen. (A 315/B 371)

Die Kritik richtet sich demnach insbesondere gegen eine *sorglose Unordnung* (vgl. A 319/B 376) im Umgang mit reinen Begriffen und Erfahrung sowie gegen die nicht beachtete kritische Grenze zwischen Verstand und Vernunft:

> Dem, der sich einmal an diese Unterscheidung [der *Stufenleiter der Begriffe*] gewöhnt hat, muß es unerträglich fallen, die Vorstellung der rothen Farbe Idee nennen zu hören. Sie ist nicht einmal Notion (Verstandesbegriff) zu nennen. (A 320/B 377)

Mit dieser Formulierung wendet sich Kant explizit gegen J. Locke, der in seinem *Essay Concerning Human Understanding* die rote Farbe als Idee – d. i. genauer als *simple idea* (vgl. Locke 1975, S. 47) – bezeichnet. Die Kritik richtet sich aber ganz allgemein gegen eine philosophiehistorische Tradition, in der mit dem Begriff der Idee sowohl sinnliche Vorstellungen als auch Substanzen gleichermaßen bezeichnet werden und trifft damit das Gros der Philosophie der frühen Neuzeit (vgl. Lenz 2010, S. 253–259; Grüne 2010, S. 1–3; Teruel 2010, S. 218). „Platons Lehre von den Ideen" (Refl AA XVIII, S. 13) hingegen, so Kant, „sollte dazu dienen zu verhindern, daß wir nicht aus empirischen principien das suchten, was seine Quellen und Urbild in der bloßen Vernunft haben kann, nemlich die wahre Vollkommenheit" (Refl AA XVIII, S. 13).

Gegen Platon wiederum richtet sich der Vorwurf, dass er zwar die Ideen vorzüglich auf dem Feld der Freiheit entwickelt habe, allerdings auch auf die mögliche Erfahrung übertrage. Einmal von der „Macht der Vernunft eingenommen" (B 8), so Kant, kennt ihr „Trieb zur Erweiterung keine Grenzen" (B 8) und sie glaubt die Grundsätze des Verstandes, etwa jenen der Kausalität, anwenden zu können, als wären sie gültig für „Dinge an sich und überhaupt" (B 8). Dieser Macht unterliege Platon, der dabei einer *leichten Taube* gleiche, die „im freien Fluge die Luft teilt, deren Widerstand sie fühlt" (B 8) und die Vorstellung fasse, „daß es ihr im luftleeren Raum noch viel besser gelingen werde" (B 8f.). Wie diese verlasse Platon „die Sinnenwelt, weil sie dem Verstande so enge Schranken setzt, und wagte sich jenseits derselben, auf den Flügeln der Ideen, in den leeren Raum des reinen Verstandes." (B 9) Platon erkenne damit zu Recht, dass „unsere Erkenntnis ein weit höheres Bedürfnis fühle, als bloß Erscheinungen nach synthetischer Einheit zu buchstabieren" (A 314/B 370). Er verkenne aber die Grenze zwischen den Gebieten, auf denen Verstandes- bzw. Vernunftbegriffe gesetzgebend seien: Platon bemerke nicht, dass er durch ihre Hypostasierung keine Erkenntnis „gewönne, denn er hatte keinen Widerhalt, gleichsam zur Unterlage, worauf er sich steifen, und woran er seine Kräfte anwenden konnte, um den Verstand von der Stelle zu bringen." (B 9)

Gemäß der Differenzierung der Stufenleiter der Begriffe unterscheidet Platon demnach zwar zwischen intuitus und conceptus, aber nicht zwischen Verstandes- und Vernunftbegriffen, d. i., zwischen Begriffen, die auf Erfahrung restringiert sind, und solchen, die es nicht sind. In diesem Sinne habe Platon ohne vorhergehende Untersuchung der Erkenntnismöglichkeiten Behauptungen über Erkenntnisgegenstände gemacht und verfahre daher dogmatisch: „Dogmatismus ist also das dogmatische Verfahren der reinen Vernunft, ohne vorangehende Kritik ihres eigenen Vermögens" (B XXXV). Der Platonismus verfalle deshalb in *Schwärmerei* (vgl. VT AA VIII, S. 398; sowie Bubner 1992, S. 80–93) und neige zu einer bloß mystischen Deduktion und Hypostasierung der Ideen (vgl. A 314/B 371).

3.1.3 Zwischenergebnis

Kant entwickelt die Vernunftbegriff der *Kritik der reinen Vernunft* sowohl in systematischer Form anhand der Stufenleiter der Begriffe als auch inhaltlich anhand einer philosophiehistorischen Bezugnahme und Differenzierung zu Platon. Dabei lanciert die Differenzierung zwischen Vernunft- und Verstandesbegriffen zu einer zentralen Bifurkation der *Kritik der reinen Vernunft*. Auf der Basis dieser Unterscheidung fordert Kant – entgegen der sorglosen Unordnung mit dem Ideenbegriff in der Philosophie der frühen Neuzeit und mit Verweis auf Platon –, dass Vernunftbegriffe als unveränderlich, durchgängig bestimmt und erfahrungsunabhängig zu konzipieren sind.

Gleichzeitig gelte es aber, sich von der mystischen Deduktion und Hypostasierung der Ideen Platons zu distanzieren, für den diese „aus der höchsten Vernunft [ge]flossen" (A 313/B 370) sind. „Hierin kann ich nun [Platon] nicht folgen, so wenig als in der mystischen Deduktion dieser Ideen" (A 315/B 371). Kant schließt sich damit zwar an den vor- und urbildhaften Charakter der sogenannten platonischen Ideen an, distanziert sich dabei aber von jeglicher Berufung auf eine intuitive Rechtfertigung – „nicht von Gott her [...] und auch nicht auf Wegen angeblicher ‚Wiedererinnerung' an einen ‚ursprünglichen Zustand unserer Vernunft" (Heimsoeth 1967, S. 134) seien die Ideen zu rechtfertigen. Um auf der Basis einer nachvollziehbaren Ableitung der Vernunftbegriffe deren Rechtmäßigkeit zu beurteilen, ist es nötig, eine systematische Herleitung der Vernunftbegriffe zu leisten – d. i. deren Ursprung zu analysieren.

3.2 Herleitung der Vernunftbegriffe

Die Vernunftbegriffe der *Transzendentalen Dialektik* sind – wie die Stufenleiter der Begriffe aufgewiesen hat – nicht aus der Erfahrung zu schöpfen, haben aber doch systematische Geltung im Rahmen des transzendentalen Systems der Kritik der reinen Vernunft. Aus diesem Grund ist, dem Methodenverständnis der ersten Kritik folgend, ihr *Ursprung* transzendental zu legitimieren (vgl. A 338/B 396).

Tatsächlich leistet Kant ausgehend von der logischen Struktur der Vernunft sowohl für die Vernunftideen Gott, Welt und Seele als auch für die Vernunftprinzipien der Homogenität, der Spezifikation und der Kontinuität eine systematische Analyse ihres *Ursprungs*, mit der er sich von der mystisch/mythologischen Deduktion Platons zu distanzieren weiß. Er hat damit ein methodisch-logisches Verfahren entwickelt, durch das er den Vernunftbegriff systematisch nachvollziehbar und die einzelnen Ideen als transzendentallogisch entwickelt darstellen kann.

Eine solche Rechtfertigung wird im Rahmen der Forschung mit Blick auf die Textpassagen A 321/B 377 f. sowie A 329/B 386, in denen Kant die Herleitung der Vernunftbegriffe mit dem *Leitfadenkapitel* der *Transzendentalen Analytik* parallelisiert, zumeist als metaphysische Deduktion der Vernunftbegriffe bezeichnet. Dabei ist jedoch hervorzuheben, dass zwischen beiden Verfahren wesentliche methodische Überschneidungen wie auch Unterschiede festzustellen sind. Aus diesem Grund wird im Folgenden der Begriff der metaphysischen Deduktion der Vernunftbegriffe in einem ersten Schritt (Kap. 3.2.1) allererst zu klären und auf seine Brauchbarkeit im Rahmen der *Transzendentalen Dialektik* zu überprüfen sein. Daran anschließend sind sowohl die Herleitung der Vernunftbegriffe Gott, Welt und Seele (Kap. 3.2.2), die Kant in der Einleitung und dem Ersten Buch der *Transzendentalen Dialektik* leistet, wie auch der Vernunftprinzipien der Homogenität, der Spezifikation und der Kontinuität (Kap. 3.2.3), wie sie sich in den Sinneinheiten drei und vier des Anhangs zur *Transzendentalen Dialektik* finden, zu untersuchen.

3.2.1 Möglichkeit und Struktur einer metaphysischen Deduktion der Vernunftbegriffe

In der Einleitung und im Ersten Buch der *Transzendentalen Dialektik* thematisiert Kant neben der konkreten Herleitung der Vernunftideen auch die prinzipielle Möglichkeit bzw. den Status eines solchen Verfahrens. In diesem Sinne formuliert er: „Mit einem Worte, die Frage ist: ob Vernunft an sich, d. i. die reine Vernunft *a priori*, synthetische Grundsätze und Regeln enthalte, und worin diese Principien bestehen mögen?" (A 306/B 363) Dabei ist folgendes Problem zu entwickeln:

> Kann man die Vernunft isoliren, und ist sie alsdann noch ein eigener Quell von Begriffen und Urtheilen, die lediglich aus ihr entspringen, und dadurch sie sich auf Gegenstände bezieht, oder ist sie ein bloß subalternes Vermögen, gegebenen Erkenntnissen eine gewisse Form zu geben, welche logisch heißt, und wodurch die Verstandeserkenntnisse nur einander und niedrige Regeln andern, höhern (deren Bedingung die Bedingung der ersteren in ihrer Sphäre befaßt) untergeordnet werden, so viel sich durch die Vergleichung derselben will bewerkstelligen lassen? (A 305/B 362)

Die *Transzendentale Dialektik* wird in extenso auf die Frage, ob die Vernunft synthetische Grundsätze und Regeln enthalte, Rede und Antwort stehen. Kant nimmt in ihrer Einleitung die Antwort schon in einer bejahenden Form vorweg. In diesem Ja, das Kant in den Ausführungen *Von der Vernunft überhaupt* im Zweiten Teil der Einleitung der *Transzendentalen Dialektik* ausspricht, findet sich gleichzeitig die Antwort auf das Wie der Auffindung. Kant stellt fest, dass es von der Vernunft

> wie von dem Verstande, einen bloß formalen, d. i. logischen Gebrauch [gibt], da die Vernunft von allem Inhalte der Erkenntnis abstrahiert, aber auch einen realen, da sie selbst den Ursprung gewisser Begriffe und Grundsätze enthält, die sie weder von den Sinnen noch von dem Verstande entlehnt. (A 299/B 355)

In Analogie zu den Verstandesbegriffen lasse sich daher erwarten „daß der logische Begriff zugleich den Schlüssel zum transscendentalen und die Tafel der Functionen der ersteren zugleich die Stammleiter der Vernunftbegriffe an die Hand geben werden." (A 299/B 356) D. h., das formale und logische Verfahren in den Vernunftschlüssen „giebt uns hierüber schon hinreichende Anleitung, auf welchem Grunde das transscendentale Principium derselben in der synthetischen Erkenntniß durch reine Vernunft beruhen werde." (A 306/B 363)

Aufgrund der Wiederholung der Parallelisierung von formalem und realem Gebrauch der Vernunft bzw. von logischen und transzendentalen Prinzipien hat sich in der Forschung der Terminus metaphysische Deduktion der Vernunftbegriffe etabliert,[7] weshalb im Folgenden auf die damit verbundenen klassifikatorischen Schwierigkeiten einzugehen ist.

Mit der Bezeichnung metaphysische Deduktion wird ein terminus technicus aus der *Transzendentalen Analytik* aufgegriffen. Dieser bezeichnet schon im Ers-

---

7 Zur Forschungsdebatte vgl. Klimmek 2005, S. 7 ff.; Piché 1984, S. 20; Zocher 1958, S. 45; Malzkorn 1999, S. 39 ff.; Schmauke 2002, S. 27 ff.; Grier 2001, S. 132; Rohlf 2010, S. 193 f.

ten Buch der *Transzendentalen Analytik* ein argumentatives Verfahren, dessen konkrete Durchführung nicht claris verbis bestimmt ist. Beim Begriff der metaphysischen Deduktion handelt es sich um eine Bestimmung, die Kant nachträglich zur Bezeichnung eines Teilabschnitts des Ersten Hauptstücks des Ersten Buches der *Transzendentalen Analytik – Von dem Leitfaden der Entdeckung aller reinen Verstandesbegriffe* – hinzugefügt hat. In der zweiten Auflage der *Kritik der reinen Vernunft* bezeichnet Kant in § 26 eine Untersuchung des Ursprungs von Begriffen als metaphysische Deduktion: „In der metaphysischen Deduction wurde der Ursprung der Kategorien a priori überhaupt [...] dargethan" (B 159). In der B-Deduktion bezeichnet eine metaphysische Deduktion demnach eine Ableitung der reinen Verstandesbegriffe aus den Urteilsformen und ist daher als Rechtfertigungsbeweis des „Ursprung[s] der Kategorien a priori überhaupt durch ihre völlige Zusammentreffung mit den allgemeinen logischen Functionen des Denkens" (B 159) zu verstehen. Die Kategorien sollen dabei „systematisch aus einem gemeinschaftlichen Princip, nämlich dem Vermögen zu urtheilen" (A 80 f./ B 106) hergeleitet werden: „Dieselbe Funktion, welche den verschiedenen Vorstellungen in einem Urteile Einheit gibt, die gibt auch der bloßen Synthesis verschiedener Vorstellungen in einer Anschauung Einheit, welche, allgemein ausgedrückt, der reine Verstandesbegriff heißt." (A 79/B 104 f.) Aus diesem Grund seien die Kategorien nichts anderes als logische Funktionen, die als Anschauungsbestimmungen verstanden „eben dieselben Handlungen" (A 79/B 105) ausführen wie beim Zustandebringen der logischen Form eines Urteils[8].

Für eine terminologische Klärung und Vertiefung des Begriffes der metaphysischen Deduktion lässt sich außerdem auf den Begriff der metaphysischen Erörterung aus § 2 der *Transzendentalen Ästhetik* zurückgreifen. Dort führt Kant – und dies nicht nur mit Blick auf die Erörterung von Raum und Zeit, sondern als allgemeine Charakterisierung einer metaphysischen Erörterung – folgende Bestimmung an: „[M]etaphysisch aber ist die Erörterung, wenn sie dasjenige enthält, was den Begriff, als a priori gegeben, darstellt." (A 23/B 38)

Schon im Rahmen des Ersten Buches der *Transzendentalen Analytik* ist demnach eine metaphysische Deduktion der Kategorien im *Leitfadenkapitel* anhand dieser knappen begrifflichen Fixierungen von § 26 der *Transzendentalen Analytik* bzw. § 2 der *Transzendentalen Ästhetik* zu rekonstruieren. In der *Transzendentalen Dialektik* verweist Kant nun wieder auf dieses Verfahren und par-

---

[8] Vgl. dazu die Debatte zum Status und der Aufgabe einer metaphysischen Deduktion, insbesondere bei Reich 1932; Brandt 1991; Wolff 1995; Enskat 2015. Eine übersichtliche Darstellung der zentralen Positionen findet sich außerdem in Baumanns 1997, S. 239–288.

allelisiert explizit das Vorgehen in der Herleitung der Vernunftbegriffe mit jenem der metaphysischen Deduktion der Kategorien, wenn er wie folgt formuliert:

> Die transzendentale Analytik gab uns ein Beispiel, wie die bloße logische Form unserer Erkenntnis den Ursprung von reinen Begriffen a priori enthalten könne [...]. Eben so können wir erwarten, daß die Form der Vernunftschlüsse [...] den Ursprung besonderer Begriffe a priori enthalten werde, welche wir reine Vernunftbegriffe, oder *transzendentale Ideen* nennen können [...]. (A 321/B 377f.)

Parallel dazu heißt es außerdem, dass die Vernunftbegriffe unter Absehung ihrer praktischen Seite in ihrer „spekulativen, und in diesem noch enger, nämlich nur im transzendentalen Gebrauch." (A 329/B 386) wie folgt zu entwickeln sind:

> Hier müssen wir nun denselben Weg einschlagen, den wir oben bei der Deduction der Kategorien nahmen, nämlich die logische Form der Vernunfterkenntniß erwägen und sehen, ob nicht etwa die Vernunft dadurch auch ein Quell von Begriffen werde, Objecte an sich selbst als synthetisch a priori bestimmt in Ansehung einer oder der andern Function der Vernunft anzusehen. (A 329/B 386)

In beiden angeführten Textpassagen hebt Kant eine Parallele zwischen Vernunft- und Verstandesbegriffen hervor. Diese liege in der Herleitung dieser Begriffe, bei der durch ein *Erwägen* ihrer jeweiligen *logischen Form* der *Ursprung von reinen Begriffen a priori* – in der *Transzendentalen Analytik* der Verstandesbegriffe und in der *Transzendentalen Dialektik* der Vernunftbegriffe – entdeckt werden könne.

Kant betont in diesen Passagen neben dieser Parallele aber auch deren spezifische Unterschiede: Bei der Parallelität des Ursprungs der Begriffe, die in ihrer jeweiligen logischen Form liegt, handle es sich um eine Analogie, da die Vernunftbegriffe nicht wie die Verstandesbegriffe aus der Urteilstafel zu gewinnen seien, sondern aus der Funktion und Struktur der Schlüsse (vgl. A 321/B 377f.). Der Verstand, der auf der logischen Struktur des Urteils basiere, sei damit als das Vermögen der Regeln und die Vernunft, die auf der logischen Struktur des Schlusses basiere, als das Vermögen der Prinzipien bestimmt. Ersteres bringe dabei die „Einheit der Erscheinungen" (A 302/B 359) und zweiteres die „Einheit der Verstandesregeln" (A 302/B 359) zuwege. Der Unterschied liege demnach darin, „daß Erkenntniß aus Principien (an sich selbst) ganz etwas anderes sei, als bloße Verstandeserkenntniß, die zwar auch andern Erkenntnissen in der Form eines Princips vorgehen kann, an sich selbst aber (so fern sie synthetisch ist) nicht auf bloßem Denken beruht, noch ein Allgemeines nach Begriffen in sich enthält." (A 302/B 358) Kant nimmt demnach in dieser Parallelität keineswegs die sechsfache Differenzierung der Stufenleiter der Begriffe (Kap. 3.1.1) zurück, sondern unterstreicht diese damit.

Wird zudem die Definition einer metaphysischen Erörterung im Rahmen der *Transzendentalen Analytik* und *Transzendentalen Ästhetik*, auf die Kant in der *Transzendentalen Dialektik* als Parallele verweist, genauer untersucht, zeigen sich weitere Unstimmigkeiten in diesem Vergleich des Ursprungs der Vernunft- und Verstandesbegriffe. In einer metaphysischen Deduktion der Kategorien sollen dieselben Funktionen, die den *verschiedenen Vorstellungen in einem Urteil* Einheit geben, auch den Kategorien als Synthesis verschiedener Vorstellungen in einer Anschauung Einheit geben (vgl. A 79/B 104 f.). Aber auch in der *Transzendentalen Ästhetik* formuliert Kant, dass eine metaphysische Erörterung nur bezüglich Begriffen möglich ist, die gegebene und nicht gemachte bzw. geschlossene sind. Die Vernunftbegriffe aber seien in ihrem Aufgegeben- und nicht in ihrem Mitgegebensein (vgl. A 497ff./B 526f.)[9] als ins Unbedingte erweiterte bzw. erschlossene Begriffe zu verstehen. Kant unterscheidet in diesem Sinne in der Reflexion 2582 zwischen gemachten und gegebenen Begriffe, wenn es heißt: „Alle Begriffe sind entweder gegeben oder gemacht, gedichtet (construiert)." (Refl AA XVI, S. 547)[10] Auf der Basis dieser Unterscheidung bestimmt Kant den Status der Vernunftbegriffe wie folgt: „Was es auch mit der Möglichkeit der Begriffe aus reiner Vernunft für eine Bewandtnis haben mag: so sind sie doch nicht bloß reflectirte, sondern geschlossene Begriffe." (A 310/B 366) In der metaphysischen Deduktion der Kategorien herrscht demnach eine unmittelbare Korrespondenz zwischen dem logischen und dem transzendentalen Gebrauch des Verstandes, beide beziehen sich auf ein und dieselbe Funktion. Die Verstandesbegriffe sind demnach die Funktion selbst und nicht das Produkt dieser Funktion – die Kategorien sind mit der Funktion des Verstandes identisch. In der metaphysischen Deduktion der Ideen hingegen sind die Begriffe Produkt des ins Unbedingte erweiterten Bedingten und daher nicht identisch mit ihrer logischen Funktion. Diese ist folglich nicht identisch mit den Vernunftbegriffen, sie enthält nur Elemente ihrer Erzeugung (vgl. Piché 1984, S. 20f.).

Aus diesem Grund bildet der Terminus *metaphysische Deduktion*, zusammenfassend betrachtet, eine Übertragung eines argumentativen Konzeptes aus der *Transzendentalen Analytik* in die *Transzendentale Dialektik*. Trotz der kantischen Neigung, Termini aus der *Transzendentalen Analytik* in der *Transzendentalen Dialektik* zu adaptieren, handelt es sich dabei um eine Transformation, die nicht von Kant selbst, sondern in der Forschung lanciert wird. Dieses Lancieren hat aber sowohl eine systematische wie auch eine textexegetische Grundlage in

---

[9] Vgl. dazu die Ausführungen aus Kap. 2.2.2.
[10] Vgl. dazu Klimmek 2005, S. 7ff.; Sallis 1983, S. 55f.; Pissis 2012, S. 63; Horstmann 1984, S. 15–33.

den diskutierten Passsagen. Dabei ist aber gerade aufgrund der Entlehnung des Begriffes der metaphysischen Deduktion aus einem anderen systematischen Zusammenhang darauf zu achten, diesen in seiner jeweiligen neuen Stellung zu kontextualisieren. Demnach wurde in einigen Forschungen zu Recht darauf hingewiesen, dass die terminologische Übertragung nicht im Einzelnen durchzuführen ist. In diesem Sinne hat u. a. Klimmek (2005, S. 10) im Anschluss an Piché (1984, S. 20 f.) und Malter (1981, S. 177) darauf hingewiesen, dass das argumentative Verfahren der Einleitung und des Ersten Buches besser als subjektive Deduktion bezeichnet werden sollte. Denn jede metaphysische Deduktion sei notwendigerweise eine subjektive, aber nicht jede subjektive Deduktion eine metaphysische (vgl. auch Horstmann 1984, S. 15–33; Pissis 2012, S. 42 ff.; 24 f.). Klimmek klärt durch diese begriffliche Spezifizierung Schwierigkeiten in der Herleitung der Vernunftbegriffe, die durch die Entlehnung des Begriffes der metaphysischen Deduktion nicht abgedeckt sind. Mit dem Begriff der subjektiven Deduktion im Gegensatz zur metaphysischen Deduktion ist aber für das Verfahren selbst nichts Substanzielles gewonnen. Der Begriff verdunkelt vielmehr aufgrund seiner Vieldeutigkeit im Rahmen der *Kritik der reinen Vernunft* das von Kant damit bezeichnete Verfahren. Zudem spricht Kant im Text nicht expressis verbis von subjektiver Deduktion, sondern von subjektiver Ableitung[11], parallelisiert aber claris verbis die Herleitung der Vernunftideen mit der Herleitung der Verstandesbegriffe, was ebenfalls für eine Bevorzugung des Begriffes der metaphysischen Deduktion spricht. Wird demnach eine solche Kontextualisierung des Begriffes vorgenommen, kann sich dieses Verfahren nicht nur auf den Wortlaut des Ersten Buches der *Transzendentalen Dialektik* stützen, sondern auf eine von Kant im Rahmen des regulativen Vernunftgebrauchs übliche Praxis, Termini wie Deduktion, Schema, Grundsatz etc. aus der *Transzendentalen Analytik* zu entlehnen und in spezifischer Weise neu in Stellung zu bringen.

Mit der begrifflichen Fassung einer metaphysischen Deduktion der Ideen ist demnach für das argumentative Verfahren im Detail noch kein konkretes Konzept gewonnen, aber doch ein Terminus gegeben, der gewisse Leitlinien vorgibt und sowohl in der Forschung als auch im Text Kants seine Grundlage hat.

Ausgehend von dieser begrifflichen Klärung gilt es, ein solches argumentatives Verfahren für beide Gruppen von Vernunftbegriffen, d. i. Gott, Welt und Seele sowie Homogenität, Spezifikation und Kontinuität, im Text zu verankern und daran anschließend im Einzelnen auszuarbeiten. Dabei ist allerdings hervorzuheben, dass Kant die obig rekonstruierte und diskutierte Erklärung und Expli-

---

11 Die Begriffe Ableitung bzw. Anleitung und die von Klimmek dabei relevant gemachte Textpassage werden in Kap. 5.1.2.3 eingehend diskutiert.

kationen der Möglichkeit und Struktur einer metaphysischen Deduktion der Vernunftbegriffe im Rahmen der Einleitung und des Ersten Buches der *Transzendentalen Dialektik* ausführt. Im Rahmen dieser Textpassagen entwickelt er außerdem die konkrete Herleitung der Vernunftbegriffe Gott, Welt und Seele. Damit ist für die Vernunftideen Gott, Welt und Seele, architektonisch betrachtet, noch vor der Kritik an der rationalen Psychologie (Seele), der rationalen Kosmologie (Welt) und der rationalen Theologie (Gott) im Zweiten Buch der *Transzendentalen Dialektik* der locus classicus ihrer metaphysischen Deduktion bestimmt, auf den dann der zweite Teil des Anhangs zur *Transzendentalen Dialektik* Bezug nimmt. Die im ersten Teil des Anhangs zur *Transzendentalen Dialektik* problematisierten Vernunftprinzipien der Homogenität, der Spezifikation und der Kontinuität haben hingegen keine solche Textgrundlage. Weder im Ersten noch im Zweiten Buch der *Transzendentalen Dialektik* finden sich Ausführungen zum *Ursprung* dieser Prinzipien. Allerdings lässt sich im ersten Teil des Anhangs zur *Transzendentalen Dialektik* selbst, genauer gesagt in den Sinneinheiten drei und vier, eine Parallele zur metaphysischen Deduktion der Vernunftbegriffe in der Einleitung und im Ersten Buch der *Transzendentalen Dialektik* rekonstruieren.

3.2.2 Herleitung der Vernunftideen Gott, Welt und Seele

3.2.2.1 *Systematischer Ort und Struktur der Herleitung der Vernunftideen*
Eine metaphysische Deduktion der Vernunftideen Gott, Welt und Seele findet sich über die Einleitung und das Erste Buch der *Transzendentalen Dialektik* hinweg verstreut (A 298/B 355–338/B 396). Eine solche Überschneidung zwischen Einleitung und dem Ersten Buch der *Transzendentalen Dialektik* ist auf den ersten Blick erstaunlich, lässt sich aber durch die vorbereitenden Überlegungen zur gesamten logischen Struktur der *Transzendentalen Dialektik* im Rahmen der Einleitung zur *Transzendentalen Dialektik* erklären: Demnach bildet die logische Struktur, wie sie Kant in der Einleitung entwickelt und auf die er in der metaphysischen Deduktion rekurriert, auch die Struktur der *Dialektischen Schlüsse der reinen Vernunft* im Zweiten Buch und der Explikation des regulativen Vernunftgebrauchs im Anhang zur *Transzendentalen Dialektik*.[12]

In der Darstellung der metaphysischen Deduktion der Ideen aus besagten Textpassagen zeigt sich – entgegen einer gängigen Einschätzung in der Forschungsliteratur (vgl. Renaut 1998, S. 14; Strawson 1966, S. 33; Bennett 1974,

---

[12] Vgl. dazu die Überlegungen zum strukturell-inhaltlichen Aufbau der *Transzendentalen Dialektik* in den Kapiteln 2.2.4 sowie 2.2.5.

S. 260) –, dass sich die kantische Argumentation durchaus strukturiert und explizit fassen lässt. Dies wird im Folgenden in Form einer Differenzierung in sechs Argumentationsschritte nachgewiesen. Zur leichteren Orientierung und um in den weiterführenden Kapiteln konkret auf diese metaphysische Deduktion der Vernunftbegriffe Bezug nehmen zu können, werden diese sechs Argumentationsschritte hier vorweggenommen:

Argumentationsschritte	Einleitung und Erstes Buch der Transzendentalen Dialektik
Erstens	Parallelisierung von logischer Struktur und transzendentalen Begriffen
Zweitens	Die Vernunft als mittelbarer Schluss
Drittens	Binnendifferenzierung des Schlusses als kategorischer, hypothetischer und disjunktiver
Viertens	Der Prosyllogismus als die logische Struktur des Grundsatzes der Vernunft
Fünftens	Die dreifache Weise des Aufgegebenseins des Unbedingten
Sechstens	Übergang vom Erschließen des Unbedingten zum erschlossenen Unbedingten

3.2.2.2 Analyse der Argumentationsschritte

Kant beginnt das argumentative Verfahren der metaphysischen Deduktion der Vernunftideen Gott Welt und Seele unter dem Titel *Vom logischen Gebrauch der Vernunft*. Die Vernunft, so Kant im ersten argumentativen Schritt, weist sowohl einen bloß formalen Gebrauch als auch einen realen auf. In formaler Hinsicht abstrahiere sie von allem Inhalte und bilde ein „Vermögen, mittelbar zu schließen" (A 299/B 355). Als reales bzw. transzendentales Vermögen hingegen bilde sie den „Ursprung gewisser Begriffe und Grundsätze […], die sie weder von den Sinnen, noch vom Verstande entlehnt" (A 299/B 355). Dieser *Ursprung gewisser Begriffe und Grundsätze* lässt sich wiederum durch die formale Struktur der Vernunft aufweisen (vgl. A 321/B 377f.; A 329/B 386), womit Kant bereits der obig skizzierten Analogie zur metaphysischen Deduktion (vgl. Kap. 3.2.1) der Verstandesbegriffe Rechnung trägt.

In einem zweiten Schritt expliziert Kant den Vernunftschluss als mittelbaren Schluss und differenziert ihn vom unmittelbaren Verstandesschluss. Damit erläutert er im Zuge der Herleitung der Vernunftbegriffe eine logische Struktur, die für die gesamte *Transzendentale Dialektik* relevant ist. Kant übernimmt in der

Kritik der reinen Vernunft die aristotelische Dreiteilung von Begriff, Urteil und Schluss aus der Tradition der Schulmetaphysik. Diese wird in der cartesianischen Logik von Port Royal um die Methodenlehre erweitert und damit für die Philosophie der Neuzeit kanonisch.[13] Diese Einteilung ergibt gleichzeitig die fakultätspsychologische Aufteilung der oberen Erkenntnisvermögen (Verstand, Urteilskraft, Vernunft), wie sie auch von Kant unter den Titeln *Analytik der Begriffe*, *Analytik der Grundsätze* und *Transzendentale Dialektik* übernommen wird.

Auf logischer Ebene unterscheidet sich der Vernunftschluss vom unmittelbaren Erkennen des Verstandes aufgrund seines mittelbaren Schließens: „Vernunft [...] ist das Vermögen zu schließen" (A 330/B 386). Schließen wiederum heißt mittelbar – „durch die Subsumtion der Bedingung eines möglichen Urteils unter die Bedingung eines gegebenen" (A 330/B 386) – zu urteilen. So expliziert Kant genauer:

> Liegt das geschlossene Urteil schon so in dem ersten, daß es ohne Vermittlung einer dritten Vorstellung daraus abgeleitet werden kann, so heißt der Schluß unmittelbar (consequentia immediata); ich möchte ihn lieber den Verstandesschluß nennen. Ist aber außer der zum Grunde gelegten Erkenntnis, noch ein anderes Urteil nötig, um die Folge zu bewirken, so heißt der Schluß ein Vernunftschluß. (A 303/B 360)

Ist das zugrundeliegende Urteil schon zureichender Grund seiner Folge, dann spricht Kant von einem Verstandesschluss. So liegen im Satz „Alle Menschen sind sterblich" (A 303/B 360) die Sätze „einige Sterbliche sind Menschen" (A 303/B 360) sowie „nichts, was unsterblich ist, ist ein Mensch" (A 303f./B 360) und können dadurch unmittelbar erschlossen werden. Liegt hingegen das geschlossene Urteil nicht im Obersatz, d. h., ist es materiell verschieden, so spricht Kant von einem Vernunftschluss. Demnach ist der zugrundeliegende (Obersatz) Grund, aber nicht zureichender (vgl. Reisinger 1988, S. 49 ff.). Ein mittelbarer Schluss besteht, nach Kant, demnach aus einem Satz, der zum Grunde liegt und eine allgemeine Regel bildet, der Folgerung, die die Bedingung einer Regel darstellt, und der Schlussfolgerung (Konsequenz) als Assertion der Regel in dem subsumierten Falle (vgl. A 303/B 360; A 330/B 387). Im Schlusssatz werde damit ein Prädikat auf einen Gegenstand restringiert, wobei im Obersatz das Prädikat in seinem ganzen Umfang gedacht sei. Dies lässt sich wie folgt an Kants Beispiel von A 322/B 378 darstellen:

---

[13] Eine Vorstellung oder Apprehension ist, nach A. Arnauld und P. Nicole, die Bildung oder Wahrnehmung einer Idee, ein Urteil ist das Verbinden mehrerer Ideen und ein Schluss die Verbindung mehrerer Urteile. Vgl. dazu Haag 2010, S. 473 ff.; Kapp 1965, S. 30.

OS: Alle Menschen sind sterblich. (Allgemeine Regel)
US: Cajus ist ein Mensch. (Bedingung der Regel)

SS: Cajus ist sterblich. (Assertion der Regel in dem subsumierten Fall)

Dabei gebe der Verstand die allgemeine Regel, die Urteilskraft leite die Subsumtion unter die Bedingung und die Vernunft gebe eine Bestimmung der Erkenntnis durch das Prädikat der Regel (vgl. A 304/B 360).

Bereits in dieser Differenzierung wird deutlich, dass Kant zwar zwischen Schluss und Urteil unterscheidet, allerdings den Schluss (Vernunftschluss) als zusammengesetztes Urteil auffasst. Dementsprechend heißt es kurz nach dieser Unterscheidung in der *Kritik der reinen Vernunft*: „[...] der Vernunftschluß ist selbst nichts anderes als ein Urteil vermittelst der Subsumtion einer Bedingung unter eine allgemeine Regel (Obersatz)." (A 307/B 364)[14] Wird im Urteil ein Subjekt unter ein Prädikat subsumiert, dann wird im Schluss als zusammengesetztes Urteil die zweite Prämisse unter die erste subsumiert. Dies hat zur Folge, dass Kant trotz der Dreiteilung von Begriff, Urteil und Schluss de facto stets vom Primat des Urteils ausgeht. Damit wird sowohl aus dem Verstand ein Vermögen, das Begriffe nur noch in Form von Urteilen hat – „[v]on diesen Begriffen kann nun der Verstand keinen anderen Gebrauch machen, als dass er dadurch urteilt" (A 68/B 93; vgl. A 68/B 93) –, als auch aus der Vernunft ein Vermögen, das lediglich in der Form von mittelbaren Urteilen schließt.

Das Primat des Urteils geht gegenüber der Syllogistik bereits auf die programmatische Schrift *Die falsche Spitzfindigkeit der vier syllogistischen Figuren* von 1762 zurück. Kant definiert das Urteil darin als das Vergleichen von Merkmalen mit einem Ding. Dem Ding komme dabei die Subjektposition und dem Merkmal die Prädikatsposition zu. Die Kopula im Urteil verbinde das Subjekt mit dem Prädikat, das Ding mit dem Merkmal. Ein Urteil unterscheidet sich – in der Bestimmung der *Falschen Spitzfindigkeit* – von einem Schluss nur dahingehend, dass im Schluss eine Sache (Subjekt) mit einem Merkmal (Prädikat) durch ein Zwischenmerkmal (notia intermedia) verbunden ist und nicht mehr unmittelbar. „Es ist jedermann bekannt, daß es unmittelbare Schlüsse gebe, da aus einem Urteil die Wahrheit eines andern ohne einen Mittelbegriff unmittelbar erkannt wird." (FS AA II, S. 50) Genau in dieser Unmittelbarkeit, d. i. im Sachbezug des Urteils, liege der entscheidende Vorteil gegenüber dem Schluss und die bloße Spitzfindigkeit der Syllogistik.

---

14 Vgl. dazu die *Jäsche-Logik*: „Ein Schluß überhaupt ist also die Ableitung eines Urteils aus dem anderen." (Log AA IX, S. 114)

Neben der aus der Sicht der ersten Kritik problematischen Definition des Urteils als Fähigkeit, etwas als unmittelbar zu erkennen, ist mit Blick auf die Bestimmung des Schlusses in der *Kritik der reinen Vernunft* insbesondere Kants Identifikation von Vernunft und Verstand, insofern beide aus ein und derselben „Grundkraft der Seele" (FS AA II, S. 59) stammen, hervorzuheben: „Beide bestehen im Vermögen zu urteilen" (FS AA II, S. 59). Es sei „hieraus auch abzunehmen, dass die obere Erkenntniskraft schlechterdings nur auf dem Vermögen zu urteilen beruhe." (FS AA II, S. 59) Dieses Vermögen zu urteilen wiederum sei „nicht aus einem anderen abzuleiten, es ist ein Grundvermögen im eigentlichen Verstand" (FS AA II, S. 60). Kant korrigiert die Urteilsdefinition der Schrift *Die falsche Spitzfindigkeit* in der *Kritik der reinen Vernunft* (vgl. A 7 f./B 10 f., B 141; MAdN AA IV, S. 475), hält aber, indem er den Vernunftschluss als zusammengesetztes Urteil bestimmt, an der darin getroffenen Auffassung, dass Vernunft und Verstand aus ein und derselben Grundkraft bestehen, fest (vgl. Zeidler 2011, S. 313). Dies hat für die *Transzendentale Dialektik* zur Folge, dass der Vernunftschluss auf den Subsumtionsschluss restringiert ist, da nach dieser Bestimmung jeder Vernunftschluss eine Form der Ableitung einer Erkenntnis aus einem Prinzip ist: „Ich würde daher Erkenntnis aus Prinzipien diejenige nennen, da ich das Besondre im Allgemeinen durch Begriffe erkenne. So ist denn ein jeder Vernunftschluss eine Form der Ableitung einer Erkenntnis aus einem Prinzip." (A 300/B 357)

Aus dieser logischen Struktur des Schlusses folgt im dritten Argumentationsschritt, dass sich deren Spezifikation nicht aufgrund der Art des Schließens, d. h. aristotelisch gesprochen aufgrund der Stellung des Mittelbegriffs in den drei Figuren (vgl. Aristoteles 1995, An. pr. I 31, 46a3; An. post., 90a35), ergibt (vgl. Zeidler 1992, S. 129; Lohmann 1965, S. 17 f.). Kant nimmt stattdessen eine Differenzierung der Schlüsse aufgrund des Verhältnisses (der Relation) des Obersatzes vor. Aufgrund der aus der Urteils- und Kategorientafel gewonnenen Gliederung der Obersätze ergeben sich kategorische, hypothetische oder disjunktive Vernunftschlüsse. Es sei also das Verhältnis, „welches der Obersatz, als die Regel, zwischen einer Erkenntnis und ihrer Bedingung vorstellt" (A 304/B 361), das „die verschiedenen Arten der Vernunftschlüsse" (A 304/B 361) differenziere. Die Vernunftschlüsse „sind also gerade dreifach, so wie alle Urteile überhaupt, sofern sie sich in der Art unterscheiden, wie sie das Verhältnis der Erkenntnis im Verstande ausdrücken, nämlich: kategorische oder hypothetische oder disjunktive Vernunftschlüsse." (A 304/B 361)

Die dreifache Strukturierung der Schlüsse ist demnach durch die dreifache Funktion des Obersatzes bestimmt, der, wie bereits aufgewiesen, dem Vermögen des Verstandes zuzuschreiben ist (vgl. A 304/B 360). Noch deutlicher wird dies, wenn das Verhältnis zwischen Obersatz, Untersatz und Konklusion ausgehend von dieser Differenzierung analysiert wird: Ist der Obersatz ein kategorischer (A ist B), folgt, nachdem das Subjekt des Schlusssatzes unter das Subjekt des Obersatzes subsumiert wurde, kategorische Erkenntnis, da was für den Gattungsbegriff gilt, auch für den untergeordneten Artbegriff Gültigkeit besitzt. Im kategorischen Schluss steht – nach dem Vorbild des Obersatzes – der Untersatz zum Schlusssatz immer im Verhältnis von Subjekt-Prädikat. Der Untersatz steht zum Schlusssatz im hypothetischen Schluss parallel zum Obersatz (wenn A, dann B) im Verhältnis von Grund und Folge. Ist der Obersatz ein disjunktiver (A ist B oder C), dann steht der Untersatz zum Schlusssatz im Verhältnis einer Disjunktion, insofern der Schlusssatz den Teil des Gliedes der vorgegebenen Disjunktion auf das Subjekt bezieht, den die Assertion des Mittelsatzes ausgeschlossen hat (vgl. Liedtke 1964, S. 124). Der Obersatz gibt damit, ausgehend von Kants Bestimmung des Vernunftschlusses als zusammengesetztes Urteil, die logische Struktur des ganzen Schlusses vor.

Das *Oder* in der Differenzierung der drei Arten von Vernunftschlüssen im vorangegangenen Zitat (vgl. A 304/B 361) drückt dabei aus, dass sich die drei Glieder wechselseitig ausschließen und „zusammen die Sphäre des eingeteilten Begriffes ausmachen" (Log AA IX, S. 146, vgl. außerdem A 333/B 390 sowie Klimmek 2005, S. 21).

In einem vierten Argumentationsschritt bringt Kant die hier rekonstruierte logische Struktur der Vernunft mit dem Grundsatz der Vernunft in Zusammenhang. Es sei ein „eigentümliche[r] Grundsatz der Vernunft überhaupt" (A 307/B 364) in seinem logischen Gebrauch „zu dem bedingten Erkenntnisse des Verstandes das Unbedingte zu finden, womit die Einheit desselben vollendet wird." (A 307/B 364) Dabei handle es sich lediglich um ein „subjectives Gesetz der Haushaltung mit dem Vorrathe unseres Verstandes, durch Vergleichung seiner Begriffe den allgemeinen Gebrauch derselben auf die kleinstmögliche Zahl derselben zu bringen" (A 306/B 362). Dieser logischen Maxime oder dem Grundsatz der Vernunft entspreche als logische Struktur das hypothetico-deduktive (prosyllogistische) Verfahren (vgl. A 332/B 388 f.): Die logische Funktion der Vernunft im Schließen – bei gegebener Konklusion – bestehe demnach darin, „im Verstande die Assertion dieses Schlußsatzes auf[zusuchen], ob sie nicht in demselben unter gewissen Bedingungen nach einer allgemeinen Regel" (A 304/B 362) vorzufinden sei. Werde eine solche Bedingung gefunden und könne das Objekt des Schlusssatzes unter diese subsumiert werden, so sei der Schlusssatz daraus gefolgert. Da jeder Obersatz eines Schlusses unter einer weiteren Bedingung steht, so wird der Obersatz wieder als Konklusion herzuleiten sein und zwar so lange, bis auf ein Unbedingtes gestoßen wird, so Kant. Mit dem hypothetico-deduktiven (prosyllogistischen) Verfahren werde demnach ausgehend vom Bedingten über die Bedingung der Bedingung das Unbedingte erschlossen. Damit hat Kant bereits in der Einleitung zur *Transzendentalen Dialektik* den Grundsatz der Vernunft in seiner logischen Form expliziert[15] und greift sowohl in der *Antinomie der reinen Vernunft* als auch im Anhang zur *Transzendentalen Dialektik* darauf zurück.

Im Prosyllogismus gebe es im Gegensatz zum Schließen per Episyllogismus kein Fortschreiten a parte posteriori, die Vernunft sei vielmehr dazu genötigt, „die Reihe der Bedingungen in aufsteigender Linie als vollendet und ihrer Totalität nach gegeben anzusehen." (A 332/B 388) Die Vernunft könne im Schließen per Prosyllogismus „die große Mannigfaltigkeit der Erkenntniß des Verstandes auf die kleinste Zahl der Prinzipien (allgemeiner Bedingungen) bringen und dadurch die höchste Einheit derselben zu bewirken suche[n]." (A 305/B 361) Das prosyllogistische Verfahren der Vernunft im Schließen zu einer immer höheren Regel kehrt demnach die Richtung eines gewöhnlichen Subsumtionsschlusses vom Obersatz über den Untersatz zur Konklusion um. Dieses lässt sich exemplarisch an einem erneuten Aufgreifen des kategorischen Schlusses aus A 322/B 378 verdeutlichen: Ausgehend vom Urteil, *Cajus ist sterblich*, lässt sich auf den Begriff Mensch als Oberbegriff von Cajus schließen. Vom Begriff Mensch wird das Prädikat sterblich universell ausgesagt – *Alle Menschen sind sterblich*. Der Obersatz, *Alle Menschen sind sterblich*, ist selbst wieder als bedingt zu betrachten und daher wiederum selbst prosyllogistisch herzuleiten. Dafür kann der Begriff *Lebewesen* dienen, da er vom Begriff des *Menschen* universell ausgesagt wird und seinerseits das Prädikat *sterblich* universell aussagt. Im daraus folgenden Urteil, *Alle Lebewesen sind sterblich*, ist das Prädikat in vollendeter Größe des Umfangs gedacht.

OS:	Alle Lebewesen sind sterblich.
US:	Alle Menschen sind Lebewesen.

SS/OS:	Alle Menschen sind sterblich.
US:	Cajus ist ein Mensch.

SS:	Cajus ist sterblich.

Damit ist ein Subjektbegriff im Urteil gefunden, der selbst nicht mehr Prädikat sein kann: „[D]urch Prosyllogismen wird immer ein höheres Subjekt gefunden, bis endlich kein anderes mehr gefunden werden, kann, wovon das vorige Prädikat wäre." (Refl AA XVII, Nr. 5553, S. 222)

Fünftens differenziert sich aufgrund der Zusammenführung des ersten und dritten Argumentationsschrittes – d. i. der Parallele zwischen logischer Struktur und transzendentalen Begriffen sowie der Differenzierung des Schlusses in einen kategorischen, hypothetischen und disjunktiven – das dabei zu erschließende

---

15 Vgl. dazu die Analysen zum Grundsatz der Vernunft in Kapitel 2.2.1.2.

Unbedingte ebenfalls dreifach: „So viele Arten des Verhältnisses es nun gibt, die der Verstand vermittelst der Kategorien sich vorstellt, so vielerlei reine Vernunftbegriffe wird es auch geben" (A 323/B 379). Es gelte demnach „erstlich ein Unbedingtes der kategorischen Synthesis in einem Subjekt, zweitens der hypothetischen Synthesis der Glieder einer Reihe, drittens der disjunktiven Synthesis der Teile in einem System zu suchen" (A 323/B 379). Kant hat mit der Hervorhebung „zu suchen" (A 323/B 379) den Grundsatz der Vernunft bereits in seiner regulativ-kritischen Form expliziert, indem er das Unbedingte, in seiner dreifachen Differenzierung des Schlusses als für die Vernunft aufgegeben darstellt.

Sechstens geht Kant von den Formen des Schließens im Prosyllogismus zu dem durch den Prosyllogismus erschlossenen Unbedingten über. An dieser Stelle befindet sich auch der obig entwickelte zentrale Unterschied in der Charakterisierung des Verfahrens der Herleitung der Ideen mit der metaphysischen Deduktion der Kategorien. Denn in der Kategoriendeduktion ist genau dieser Übergang von der Form des Schlusses zu den durch diese Form erschlossenen Begriffen nicht nötig: Die Funktionen des Urteils sind ident mit den Funktionen der Kategorien. Im Rahmen der *Transzendentalen Dialektik* hingegen erschließt sich erst durch die drei Formen der Synthesen (der kategorischen, der hypothetischen und der disjunktiven) das Unbedingte als „(unbedingte) Einheit des denkenden Subjektes" (A 334/B 391), die „Einheit der Reihe der Bedingungen der Erscheinungen" (A 334/B 391) und die „Bedingung aller Gegenstände des Denkens überhaupt" (A 334/B 391).

3.2.3 Herleitung der Vernunftprinzipien Homogenität, Spezifikation und Kontinuität

3.2.3.1 *Systematischer Ort und Struktur der Herleitung der Vernunftprinzipien*

Das gesamte Zweite Buch und der zweite Teil des Anhangs zur *Transzendentalen Dialektik* beziehen sich an verschiedenen Stellen auf die metaphysische Deduktion der Vernunftideen in der Einleitung und im Ersten Buch der *Transzendentalen Dialektik*. Obwohl sich im Rahmen der Herleitung der Vernunftideen auch grundsätzliche Ausführungen zu Möglichkeit und Struktur sowie vorbereitende Überlegungen zur logischen Struktur der Vernunft selbst finden, sind die Vernunftprinzipien der Homogenität, der Spezifikation und der Kontinuität, wie sie im Rahmen des ersten Teils des Anhangs zur *Transzendentalen Dialektik* von Kant verhandelt werden, dazu nur bedingt in Bezug zu setzen. Dies gilt insbesondere für die Überlegungen im Ersten Buch, da dieses ein geschlossenes Lehrstück darstellt, in dem expressis verbis auf die Vernunftideen Gott, Welt und Seele Bezug genommen wird. Die Einleitung hingegen hat in ihrer Funktion Geltung für die gesamte *Transzendentale Dialektik* und ist daher auch auf den ersten Teil des Anhangs zur *Transzendentalen Dialektik* zu beziehen.

Als Vernunftprinzipien erfahren Homogenität, Spezifikation und Kontinuität ausschließlich im Rahmen des Anhangs zur *Transzendentalen Dialektik* inhaltlichen Gehalt. Sie nehmen damit einen ganz anderen Umfang in der *Transzendentalen Dialektik* ein wie die Vernunftideen Gott, Welt und Seele, die verstreut in beiden Büchern der *Transzendentalen Dialektik* thematisiert werden. Es lässt sich aber für die Vernunftideen ebenfalls eine Analyse ihres Ursprungs im ersten Teil des Anhangs zur *Transzendentalen Dialektik* lokalisieren. Insbesondere in Absatz 1.13. und daran anschließend in den Absätzen 1.14.–21./1.25. (Sinneinheit vier) unternimmt Kant ausgehend von dem in den Absätzen 1.10.–12. (Sinneinheit drei) skizzierten Beispiel eine Herleitung der Vernunftprinzipien. Kant selbst gibt im Rahmen dieser Untersuchung den Grund für die Notwendigkeit einer solchen metaphysischen Deduktion an: Eine Herleitung dieses Prinzips sei nötig, um die „selbstsüchtige Absicht" (A 653/B 681=1.16.), die in einem „bloß ökonomischen Handgriff der Vernunft [liegt], um sich so viel als möglich Mühe zu ersparen" (A 653/B 681=1.16.), von der „Idee zu unterscheiden, nach welcher jedermann voraussetzt, die Vernunfteinheit sei der Natur selbst angemessen" (A 653/B 681=1.16.) – sie sei also notwendig, um das logische vom transzendentalen Prinzip zu unterscheiden und das logische Prinzip nicht unbegründet auch für die Natur selbst vorauszusetzen.

Die Argumentation im ersten Teil des Anhangs zu *Transzendentalen Dialektik* weist dabei zentrale Überschneidungen mit den Argumentationsschritten der metaphysischen Deduktion der Vernunftideen im Ersten Buch der *Transzendentalen Dialektik*, aber auch einige wesentliche Spezifikationen auf. Aus diesem Grund wird erneut die bereits skizzierte sechsfache Strukturierung der metaphysische Deduktion der Vernunftideen Gott, Welt und Seele für die Rekonstruktion der Herleitung der Vernunftprinzipien Homogenität, Spezifikation und Kontinuität herangezogen, um die jeweiligen Gemeinsamkeiten und Unterschiede der Vernunftbegriffe zu verdeutlichen. Demnach ergibt sich für den ersten Teil des Anhangs zur *Transzendentalen Dialektik* folgendes Muster zur Entwicklung der Argumentationsstruktur:

Argumentationsschritte	Einleitung und Erstes Buch der Transzendentalen Dialektik	Sinneinheit drei und vier des Anhangs zur Transzendentalen Dialektik
Erstens	Parallelisierung von logischer Struktur und transzendentalen Begriffen	Siehe Absatz: 1.10.–1.12. sowie 1.14.
Zweitens	Die Vernunft als mittelbarer Schluss	Siehe Absatz 1.10. sowie die Einleitung der *Transzendentalen Dialektik*

Drittens	Binnendifferenzierung des Schlusses als kategorischer, hypothetischer und disjunktiver	–
Viertens	Der Prosyllogismus als die logische Struktur des Grundsatzes der Vernunft	Siehe Absatz 1.13. und 1.14.
Fünftens	Die dreifache Weise des Aufgegebenseins des Unbedingten	–
Sechstens	Übergang vom Erschließen des Unbedingten zum erschlossenen Unbedingten Gott, Welt und Seele	Die Prinzipien Homogenität, Spezifikation und Kontinuität als den logischen Prinzipien vorgeordnete transzendentale Prinzipien

Bereits an dieser systematischen Parallelisierung beider Argumentationsverfahren lässt sich ablesen, dass der Schluss als logische Struktur in den Sinneinheiten drei und vier des Anhangs zur *Transzendentalen Dialektik* nicht mehr die gleiche Rolle einnimmt wie noch in der Herleitung der Vernunftideen Gott, Welt und Seele im Ersten Buch der *Transzendentalen Dialektik*. Es fehlt die dreifache Differenzierung über die Relationsurteile (Argumentationsschritt drei) und damit auch das dadurch gewonnene dreifache Aufgegebensein des Unbedingten (Argumentationsschritt fünf) – die Struktur des Schlusses selbst (Argumentationsschritt eins und zwei) ist aber immer noch wirksam. Eine gleiche Ausgangsbasis führt deshalb zu einem differenten Ergebnis.

3.2.3.2 *Analyse der Argumentation*

Die Herleitung der Vernunftprinzipien im ersten Teil des Anhangs zur *Transzendentalen Dialektik* basiert wesentlich auf einem Beispiel – Kant spricht von einem „Fall des Vernunftgebrauchs" (A 648/B 676=1.10.) – an das er die Argumentation knüpft: Verschiedene Erscheinungen einer Substanz wirken zumindest dem „ersten Anblick" (A 648/B 676=1.10.) nach so ungleichartig, als ob es „beinahe so vielerlei Kräfte" (A 648/B 676=1.10.) der Substanz gäbe, als sie Wirkungen hervorbringe. Erst „Kausalität einer Substanz" (A 648/B 676=1.10.) als eine „Art der Einheit nach Begriffen" (A 648/B 676=1.10.) ermögliche es, verschiedene Wirkungen auf eine Ursache zurückzuführen.[16] Diese Überlegungen parallelisiert

---

[16] Den „Ontologischen Lehrbücher[n]" (B 108) folgend, ordnet Kant der Kategorie der Kausalität in § 10 der *Transzendentalen Analytik* die Prädikabilien der Kraft, der Handlung und des Leidens zu (vgl. B 108). Vgl. dazu auch den Zusammenhang, den Kant in der zweiten Analogie herstellt: „Diese Kausalität führt auf den Begriff der Handlung, diese auf den Begriff der Kraft und dadurch auf den Begriff der Substanz." (A 204/B 249)

Kant wiederum mit dem „menschlichen Gemüthe" (A 649/B 677=1.10). So seien etwa im „menschlichen Gemüte die Empfindung, Bewusstsein, Einbildung, Erinnerung, Witz, Unterscheidungskraft, Lust, Begierde, usw. [...] anscheinende Verschiedenheiten." (A 649/B 677=1.10.) Eine „logische Maxime" (A 649/B 677=1.10.) gebiete dabei durch Vergleiche dieser Verschiedenheiten die „versteckte Identität [zu] entdecke[n]" (A 649/B 677=1.10.). Man habe demnach „nachzusehen, ob nicht Einbildung, mit Bewusstsein verbunden, Erinnerung, Witz, Unterscheidungskraft, vielleicht gar Verstand und Vernunft sei." (A 649/B 677=1.10.) Je mehr „die Erscheinungen der einen und anderen Kraft unter sich identisch gefunden werden, desto wahrscheinlicher wird es, daß sie nichts als verschiedene Äußerungen einer und derselben Kraft sind, welche (comparativ) ihre Grundkraft heißen kann." (A 649/B 677=1.10.) Die so entwickelten komparativen Grundkräfte werden wiederum untereinander verglichen, „um sie dadurch, daß man ihre Einhelligkeit entdeckt, einer einzigen radicalen, d. i. absoluten, Grundkraft nahe zu bringen." (A 649/B 677=1.11.)

Ausgehend von diesem Fall des Vernunftgebrauchs und immer wieder darauf bezugnehmend, argumentiert Kant wie folgt:

Erstens zieht Kant wie schon im Rahmen der Einleitung und dem Ersten Buch der *Transzendentalen Dialektik* eine Parallele zwischen den transzendentalen Vernunftbegriffen und der logischen Struktur der Vernunft – diese Parallele ist es, die, wie in Kapitel 3.2.1 gezeigt, die Bezeichnung des Verfahrens als metaphysische Deduktion rechtfertigt. Schon im Beispiel der *komparativen und absoluten Grundkraft* sei es „eine logische Maxime" (A 649/B 677=1.10.), die gebiete, die „anscheinende Verschiedenheit [im menschlichen Gemüte] so viel als möglich [...] zu verringern" (A 649/B 677=1.10.). Dieser logischen Maxime entspricht, so Kant, ein Vernunftprinzip, das nicht nur zum „hypothetischen Gebrauch bestimmt sei, sondern objektive Realität vorgebe" (A 649/B 677=1.10.). Dem „ökonomischen Grundsatz der Vernunft" (A 649/B 677=1.10.), der ein Grundsatz in der „Ersparung der Prinzipien" (A 649/B 677=1.10.) sei, entspreche ein „inneres Gesetz der Natur" (A 649/B 677=1.10.). Diesen Punkt verstärkend heißt es in Absatz 1.13., dass nicht abzusehen sei, „wie ein logisches Prinzip der Vernunfteinheit der Regeln stattfinden könne, wenn nicht ein transzendentales vorausgesetzt würde" (A 650/B 678=1.13.). Das Prinzip der Homogenität bildet dabei die transzendentale Struktur des logischen Schließens von niederen auf höhere Begriffe bzw. von der Art auf die Gattung. Das Prinzip der Spezifikation bildet die transzendentale Struktur des Schließens von höhere auf niedere Begriffe bzw. von der Gattung auf die Art. Das Prinzip der Affinität bzw. der Kontinuität bildet die transzendentale Struktur des kontinuierlichen Übergangs von Gattung und Art.

Zweitens entwickelt Kant aber nicht mehr erneut die logische Struktur der Vernunft, wie sie im Rahmen der Einleitung der *Transzendentalen Dialektik* (vgl.

A 303/B 360) eingeführt wurde. Die logische Struktur als mittelbarer Schluss, wie er obenstehend rekonstruiert wurde, ist allerdings in der gesamten dritten und vierten Sinneinheit des Anhangs zur *Transzendentalen Dialektik* immanent wirksam. Erläutert Kant im Ersten Buch der *Transzendentalen Dialektik* den Vernunftschluss ausgehend von dem Urteil *Cajus ist sterblich* und schließt dabei auf den Begriff Mensch als Oberbegriff von Cajus, von dem das Prädikat sterblich universell ausgesagt wird, und weiter auf den Begriff *Lebewesen* als Oberbegriff von Mensch, wird dieser im ersten Teil des Anhangs durch das Beispiel der Absätze 1.10.–1.12. expliziert. Dabei wird der Schluss als zusammengesetztes Urteil entwickelt, in dem von den Bedingungen zu den Bedingungen der Bedingungen, d. i. von der anscheinenden Verschiedenheit der Empfindungen, Einbildungen, Erinnerungen etc. auf deren versteckte Identität, geschlossen wird.

Im Zuge dieser Argumentation wird aber – den dritten Punkt der Differenzierung der metaphysischen Deduktion der Vernunftideen Gott, Welt und Seele aufgreifend – der Schluss nicht mehr durch die Differenzierungen der Relationsurteile charakterisiert.

Mit dem „ökonomischen Grundsatz der Vernunft" (A 649/B 677=1.10.), der ein Grundsatz in der „Ersparung der Prinzipien" (A 649/B 677=1.10.) ist, greift Kant – viertens – explizit wieder zurück auf den Grundsatz der Vernunft, wie er in der Einleitung und dem Ersten Buch der *Transzendentalen Dialektik* in seiner logischen Form entwickelt wurde. Im Schließen von den Verschiedenheiten des menschlichen Gemüts auf eine *komparative* und *radikale Grundkraft* findet sich das prosyllogistische Schließen vom Bedingten über die Bedingung der Bedingung hin zum Unbedingten wieder. Dieser beispielhaften Erläuterung reicht Kant dann in Absatz 1.13. eine logisch strukturierte Beweisführung nach, indem er die Herleitung der Vernunftprinzipien – wie bereits anhand Absatz 1.12. dargestellt – im Zuge eines Hauptargumentes und zwei untergeordneten Beweisschritten expressis verbis argumentativ durchführt. Dies soll im Folgenden expliziert werden, wenn die komprimierte Beweisführung Kants Schritt für Schritt rekonstruiert wird.

Die Konklusion des Hauptargumentes lautet dabei, dass „ein logisches Prinzip der Vernunfteinheit" (A 650/B 678=1.13.) nur stattfinden kann, „wenn ein transzendentales vorausgesetzt würde, durch welches eine [...] systematische Einheit als den Objekten selbst anhängend, a priori als notwendig angenommen wird." (A 650f./B 678f.=1.13.) Der Beweis richtet sich demnach nicht auf den Nachweis eines Unbedingten, sondern auf den Nachweis, dass den logischen Prinzipien transzendentale vorausgehen. Er hat die Form eines apagogischen Beweises:

OS: Wenn nicht A, dann B.
US: Nicht B.

SS: Also A.

Dabei wird in den dem Hauptargument untergeordneten Beweisschritten zweifach die Negation in der zweiten Prämisse des Hauptarguments, d. i. Nicht B, nachgewiesen.

Das Hauptargument lässt sich wie folgt aus dem Text entnehmen: Für die zu argumentierende Konklusion, die obig bereits angeführt wurde, kann aus dem Text folgende erste als Negation formulierte Prämisse gewonnen werden: „In der That ist auch nicht abzusehen, wie ein logisches Princip der Vernunfteinheit der Regeln stattfinden könne, wenn nicht ein transscendentales vorausgesetzt würde, durch welches eine solche systematische Einheit, als den Objecten selbst anhängend, *a priori* als nothwendig angenommen wird." (A 650 f./B 678 f.=1.13.)

Für die Negation im Untersatz, d. i. Nicht B, ist folgende Passage aus dem Text zu destillieren: „die Vernunft [...] würde gerade [...] wider ihre Bestimmung verfahren, indem sie sich eine Idee zum Ziele setzte, die der Natureinrichtung ganz widerspräche." (A 651/B 679=1.13.) Die aus dem Text entnommenen Terme des Hauptarguments lassen sich wie folgt darstellen:

A = Für ein logisches Prinzip der Vernunfteinheit ist ein transzendentales vorausgesetzt, durch welches eine solche systematische Einheit als den Objekten selbst anhängend, a priori als notwendig angenommen wird.
B = Die Vernunft setzt sich eine Idee zum Ziel, die der Natureinrichtung ganz widerspricht.

Der obig angeführte Term B zerfällt dabei in zwei Unterterme, C und D, für die in den beiden dem Hauptar<gument unterstellten Beweisschritten gesondert argumentiert wird. An dieser Stelle ist nur festzuhalten, dass der Term B – Vernunft setzt sich eine Idee zum Ziel, die der Natureinrichtung ganz widerspricht – in den beiden Unterargumenten anhand der Terme C und D zu widerlegen sein wird. Es lässt sich daher festhalten:

B = C und D

Die obig bereits angeführte Struktur des apagogischen Beweises wieder aufgreifend, lässt sich der Schluss des Hauptarguments folgendermaßen formalisieren:

OS: Wenn nicht A, dann B.

US: Nicht B (B: C, D).

SS: Also A.

Das Argument lautet daher:

OS: Wenn für ein logisches Prinzip der Vernunfteinheit kein transzendentales vorausgesetzt wird, durch welches etc. dann setzt sich die Vernunft eine Idee zum Ziel, die der Natureinrichtung ganz widerspricht.[17]

US: Die Vernunft kann sich keine Idee zum Ziel setzen, die der Natureinrichtung ganz widerspricht.

SS: Also ist für ein logisches Prinzip der Vernunfteinheit ein transzendentales vorausgesetzt, durch welches etc.

Der Term B – Vernunft setzt sich eine Idee zum Ziel, die der Natureinrichtung ganz widerspricht – gliedert sich in folgende Unterterme, an denen dann das Gegenteil zu erweisen ist:

C = Der Vernunft steht es frei zuzugeben, alle Kräfte wären ungleichartig und die systematische Ableitung ihrer Einheit wäre der Natur nicht gemäß.

D = Die Vernunft hat zuvor von der zufälligen Beschaffenheit der Natur die Einheit nach Prinzipien der Vernunft abgenommen.

Der Term C findet sich im Text unter folgender Beweisstruktur wieder:

OS: Wenn C, dann E.

US: Nicht E.

SS: Also nicht C.

---

[17] Die erste Prämisse lässt sich auch folgendermaßen formulieren: Wenn nicht B, dann A. Der Schluss hieße dann im Obersatz: Wenn sich die Vernunft keine Idee zum Ziel setzt, die der Natureinrichtung ganz widerspricht, dann ist für ein logisches Prinzip der Vernunfteinheit ein transzendentales vorausgesetzt, durch welches etc. Es folgt daraufhin die verneinende Prämisse im Untersatz und die bejahende Konklusion wie in der obigen Formalisierung. Außerdem könnte die erste Prämisse auch formalisiert werden als A oder B (B: C, D). Auf das Argument übertragen hieße dies: Entweder dem logischen Prinzip der Vernunfteinheit ist ein transzendentales vorausgesetzt, durch welches etc., oder die Vernunft setzt sich eine Idee zum Ziel, die der Natureinrichtung ganz widerspricht. Wieder würden die gleiche Unterprämisse und Konklusion folgen.

Die Struktur des ersten Schrittes des Beweises, d. i. die Widerlegung von C, spiegelt daher exakt die apagogische Beweisstruktur des Hauptargumentes.

In der Widerlegung von C finden sich demnach neben dem bereits obig gewonnenen Term C auch der Term F, wenn es heißt: „denn alsdenn würde sie gerade wider ihre Bestimmung verfahren" (A 651/B 679=1.13.).

Die Terme lassen sich daher wie folgt angeben:

C = Der Vernunft steht es frei zuzugeben, alle Kräfte wären ungleichartig und die systematische Ableitung ihrer Einheit wäre der Natur nicht gemäß.
E = Die Vernunft verfährt wider ihre Bestimmung.

Der Schluss für die Widerlegung von C lautet demnach wie folgt:

OS: Wenn es der Vernunft freisteht zuzugeben, alle Kräfte wären ungleichartig und die systematische Ableitung etc., dann verfährt die Vernunft wider ihre Bestimmung.[18]

US: Die Vernunft kann nicht wider ihre Bestimmung verfahren.

SS: Also steht es der Vernunft nicht frei zuzugeben, alle Kräfte wären ungleichartig und die systematische Ableitung etc.

Die Struktur des zweiten Schrittes des Beweises, d. i. die Widerlegung von D, findet sich im Text unter folgender Beweisstruktur:

Entweder D oder F.
Wenn G, dann H.
Wenn I, dann J.
Wenn J, dann A.
J ist der Fall.

Also F (bzw. nicht D).

Neben dem Term D, der bereits aus dem Text abgeleitet wurde, finden sich die Terme G bis J in folgender Formulierung Kants: „Denn das Gesetz der Vernunft, sie zu suchen, ist nothwendig, weil wir ohne dasselbe gar keine Vernunft, ohne diese aber keinen zusammenhängenden Verstandesgebrauch und in dessen Ermange-

---

[18] Aufgrund der strukturellen Parallele zum apagogischen Beweis des Hauptarguments lassen sich auch hier in der ersten Prämisse die obig angegebenen Umstellungen vornehmen, d. i.: Wenn nicht E, dann C; bzw.: Entweder C oder E. Der Untersatz und die Konklusion bleiben dabei gleich.

lung kein zureichendes Merkmal empirischer Wahrheit haben würden" (A 651/ B 679=1.13.). Wobei sich in der Formulierung „sie zu suchen" (A 651/B 679=1.13.) das Personalpronomen auf die „Einheit nach Prinzipien" (A 651/B 679=1.13.) aus der im vorhergehenden Satz formulierten negativen These bezieht. Der Term F, der thematisch A wiederholt, findet sich in folgender Formulierung im Text: „[W]ir [müssen] also in Ansehung des letzteren [gemeint sind G bis J] die systematische Einheit der Natur durchaus als objectiv gültig und nothwendig voraussetzen" (A 651/B 679=1.13.).

Die Terme lassen sich daher wie folgt angeben:

F = Die systematische Einheit der Natur ist als objectiv gültig und nothwendig vorausgesetzt.
D = Die Vernunft hat zuvor von der zufälligen Beschaffenheit der Natur die Einheit nach Prinzipien der Vernunft abgenommen.
G = Die Vernunft sucht nach einem transzendentalen Prinzip der Vernunfteinheit, das jedem logischen vorausgesetzt ist.
H = Vernunft
I = Zusammenhängender Verstandesgebrauch
J = Zureichendes Merkmal empirischer Wahrheit

Der Schluss für die Widerlegung von D lautet demnach wie folgt:

OS: Entweder hat die Vernunft zuvor von der zufälligen Beschaffenheit der Natur die Einheit nach Prinzipien der Vernunft abgenommen oder für ein logisches Prinzip der Vernunfteinheit ist ein transzendentales vorausgesetzt, durch welches etc.
US: Wenn die Vernunft nach einem transzendentalen Prinzip der Vernunfteinheit sucht, das jedem logischen vorausgesetzt ist, dann gibt es Vernunft.
US: Wenn es Vernunft gibt, dann gibt es einen zusammenhängenden Verstandesgebrauch.
US: Wenn es einen zusammenhängenden Verstandesgebrauch gibt, dann gibt es ein zureichendes Merkmal empirischer Wahrheit.
US: Es gibt ein zureichendes Merkmal empirischer Wahrheit.
SS: Die Vernunft hat also nicht zuvor von der zufälligen Beschaffenheit der Natur die Einheit nach Prinzipien der Vernunft abgenommen. Bzw.: Für ein

---

19 Der Schluss ließe sich auch so formulieren: Wenn D, dann nicht G. Wenn nicht G, dann nicht H. Wenn nicht H, dann nicht I. Wenn nicht I, dann nicht J. J. ist aber der Fall, dann G. Also: Nicht D.

logisches Prinzip der Vernunfteinheit ist ein transzendentales vorausgesetzt, durch welches etc.[19]

Die Struktur der Auffindung der Vernunftprinzipien zusammenfassend lässt sich sagen, dass Kant im Hauptargument anhand eines apagogischen Beweises nachweist, dass „ein logisches Prinzip der Vernunfteinheit" (A 650/B 678=1.13.) nicht stattfinden könne, „wenn nicht ein transscendentales vorausgesetzt würde, durch welches eine [...] systematische Einheit, als den Objecten selbst anhängend, *a priori* als nothwendig angenommen wird" (A 650 f./B 678 f.=1.13.).[20]

Wieder ist demnach das aufgegebene Unbedingte Gegenstand der Vernunft. Dieses Unbedingte – Argumentationsschritt fünf – ist aber nicht mehr im Fokus der transzendentalphilosophischen Untersuchung. Vielmehr rückt die transzendentallogische Voraussetzung des Schließens auf ein solches Unbedingtes ins Zentrum. Aus diesem Grund ist auch die urteilslogische Differenzierung des Unbedingten in ein kategorisch, hypothetisch und disjunktiv erschlossenes Unbedingtes nicht relevant wie im Falle der metaphysischen Deduktion von Gott, Welt und Seele: Im Gegensatz zur Einleitung und dem Ersten Buch der *Transzendentalen Dialektik* fehlt in der Herleitung der Vernunftprinzipien im Anhang zur *Transzendentalen Dialektik* die auf Punkt drei zurückgehende Dreiteilung des Obersatzes und damit auch die dreifache Differenzierung des Aufgegebenseins des Unbedingten.

Mit Blick auf Punkt sechs des obig entwickelten Argumentationsmusters der metaphysischen Deduktion der Vernunftideen Gott, Welt und Seele lässt sich demnach feststellen, dass Kant im Rahmen der dritten und vierten Sinneinheit des Anhangs zur *Transzendentalen Dialektik* eine Begründung der logischen Struktur selbst gibt und nicht eine Herleitung des durch die logische Struktur erschlossenen Unbedingten. Ziel ist es, die Schulregeln oder logischen Prinzipien, die in den „Grundsätzen der Philosophen" (A 651/B 679=1.14.) versteckt sind, aber nicht immer erkannt wurden, transzendentallogisch zu ermitteln. Die zu gewinnenden Vernunftprinzipien sind demnach die Möglichkeitsbedingung des logischen

---

Der Schluss hieße dann: Wenn die Vernunft zuvor von der zufälligen Beschaffenheit der Natur die Einheit nach Prinzipien der Vernunft abgenommen hat, dann gibt es keine Suche der Vernunft nach einem transzendentalen Prinzip der Vernunfteinheit, das jedem logischen vorausgesetzt ist. Es gibt ein zureichendes Merkmal empirischer Wahrheit, daher auch die Suche der Vernunft nach einem transzendentalen Prinzip der Vernunfteinheit, das jedem logischen vorausgesetzt ist. Also: Die Vernunft hat nicht zuvor von der zufälligen Beschaffenheit der Natur die Einheit nach Prinzipien der Vernunft abgenommen.
20 Siehe dazu auch die epistemologisch-methodische Rechtfertigung der Vernunftprinzipien in Kapitel. 5.3.1.1.

Schließens selbst. Die Vernunftbegriffe Gott, Welt und Seele hingegen sind als Unbedingtes die Voraussetzung für das Bedingte. Damit werden die Vernunftprinzipien nicht wie in Punkt sechs der metaphysischen Deduktion der Ideen Gott, Welt und Seele als Produkt des Verfahrens charakterisiert – sie sind keine erschlossenen Begriffe, sondern bilden die transzendentale Struktur des logischen Schließens selbst.

3.2.4 Zwischenergebnis

Die Einleitung und das Erste Buch der *Transzendentalen Dialektik* erfahren in der Forschung eine eher „stiefmütterliche Behandlung" (Renaut 1998, S. 14). Wird überhaupt auf diese Passagen rekurriert, dann zumeist abfällig. In diesem Sinne formuliert P. F. Strawson: „The logical framework [of the Transcendental Dialectic] is little more than a philosophical curiosity." (Strawson 1966, S. 33) Dies hat lange Zeit dazu geführt, dass besagte Textpassage zwar zur Kenntnis, aber in ihrem systematischen Gehalt nicht ernst genommen wurde. Das wird etwa in J. Bennetts Analysen der *Transzendentalen Dialektik* deutlich, wenn er wie folgt schreibt: „The details of Kant's account of how syllogisms work do not matter. All that concerns us is the vague idea that in an inference of reason something is brought into an explanatory relationship with something else, and this is described as the former's being assigned a *condition*." (Bennett 1974, S. 260; vgl. Strawson 1966, S. 157)

Ein analytischer Blick auf Kants logische Struktur des Schlusses erweist aber entgegen diesen Einschätzungen nicht nur eine konsistente Theorie der Syllogistik, sondern er gibt zudem auch den Schlüssel an die Hand, die metaphysische Deduktion der Vernunftideen und selbst der Vernunftprinzipien in ihrer spezifischen Struktur zu verstehen.

Beide Vernunftbegriffe werden dabei ausgehend von der logischen Struktur des Schlusses, die Kant im Rahmen der Einleitung zur *Transzendentalen Dialektik* einführt, entwickelt. Trotz wesentlicher Differenzen zur metaphysischen Deduktion der Verstandesbegriffe liegt in der Parallele – zwischen logischer Struktur des Urteils und Verstandesbegriffe sowie logischer Struktur des Schlusses und Vernunftbegriffen – die Ausgangsbasis für eine analoge Verwendung des terminus technicus *metaphysische Deduktion* im Rahmen der *Transzendentalen Dialektik* und ihrer Herleitung der Vernunftbegriffe.

Der Schluss wird von Kant dabei als zusammengesetztes Urteil aufgefasst, mit dem mittelbar geschlossen wird. Die zentrale Differenzierung im Rahmen der metaphysischen Deduktion der Vernunftideen (Gott, Welt und Seele) findet sich dabei in der Unterscheidung der kategorischen, hypothetischen und disjunktiven

Schlüsse – der Obersatz des Schlusses bestimmt demnach auch das Verhältnis von Untersatz und Schlusssatz. Im Rahmen des prosyllogistischen Verfahrens wird dabei vom Bedingten auf dessen Bedingung und weiter zur Bedingung der Bedingung geschlossen. Ausgehend von den drei Formen des Schlusses werden dabei drei Formen des Unbedingten gewonnen.

Im Rahmen der metaphysischen Deduktion der Vernunftprinzipien (Homogenität, Spezifikation und Kontinuität) hingegen greift Kant die urteilslogische Unterscheidung des Schlusses nicht explizit auf. Durch die fehlende Differenzierung über die Relationsurteile findet auch das Aufgegebensein des Unbedingten in seiner dreifachen Form keine Funktion. Die Vernunftprinzipien der Homogenität, Spezifikation und Kontinuität bilden demnach keine Formen des Unbedingten, sondern die transzendentale Voraussetzung des logischen Schließens selbst.

Mit der Spiegelmetapher gesprochen erschließt Kant in der Herleitung der Vernunftideen in dreifacher Weise den Gegenstand hinter der Spiegelfläche selbst. Mit den Vernunftprinzipien hingegen erschließt Kant transzendentale Strukturen, um vom bedingten Gegenstand im Feld möglicher Erfahrung auf den Gegenstand hinter der Spiegelfläche zu schließen.

Es konnte demnach nachgewiesen werden, dass das logische Gerüst der *Transzendentalen Dialektik* mehr als eine bloße *Kuriosität* bildet, da sich an diesem der Aufbau und die innere Struktur der Dialektik selbst erweisen[21], wie in der jüngeren Forschung zur *Transzendentalen Dialektik* auch mehrmals hervorgehoben wurde (vgl. Klimmek 2005; Pissis 2012; Grier 2001; Thiel 2008).

Im Folgenden wird ausgehend von der Struktur der metaphysischen Deduktion, wie sie in differenter Weise für die Vernunftprinzipien sowie die Vernunftideen aufgewiesen wurde, der Fokus auf die dadurch erschlossenen bzw. vorausgesetzten Vernunftbegriffe selbst gelegt und damit der sechste Argumentationsschritt vertiefend entwickelt.

3.3 Binnendifferenzierung der Vernunftbegriffe

Ausgehend von den jeweiligen Argumentationsstrategien bezüglich der Herleitung der Vernunftbegriffe sind diese im Folgenden selbst – einmal als erschlossenes Unbedingtes (Kap. 3.3.1) und einmal als transzendentallogische Voraussetzung des Schließens (Kap. 3.3.2) – zu explizieren, um neben ihrem *Ursprung* auch ihre *bestimmte Zahl* (vgl. A 338/B 396) zu rekonstruieren.

---

21 Siehe dazu die Ausführungen zur Struktur der *Transzendentalen Dialektik* in Kapitel 2.2.4.

3.3.1 Gott, Welt und Seele

Der zweite Teil des Anhangs zur *Transzendentalen Dialektik* greift die Vernunftideen Gott, Welt und Seele aus der metaphysischen Deduktion des Ersten Buches der *Transzendentalen Dialektik* wieder auf. Aus diesem Grund werden die Ideen im Zweiten Teil des Anhangs zur *Transzendentalen Dialektik* nicht mehr gesondert eingeführt, sondern über die Lehrstücke des Ersten und Zweiten Buches der *Transzendentalen Dialektik* vorausgesetzt. Dies wird deutlich, wenn Kant in Absatz 2.4. die Ergebnisse aus dem Dritten Abschnitt des Ersten Buches der *Transzendentalen Dialektik* kompakt zusammenfasst. Auch die Absätze 2.14., 2.15. und 2.16., in denen Kant aufeinanderfolgend die Ideen Seele, Welt und Gott expliziert, führen dabei die Ergebnisse aus dem Ersten Buch weiter aus.

Die Ideen finden sich demnach bereits im Ersten Buch der *Transzendentalen Dialektik* nicht nur hergeleitet, sondern auch expliziert. Dabei geht Kant im Dritten Abschnitt des Ersten Buches der *Transzendentalen Dialektik* vom *Aufsuchen* des Unbedingten (vgl. A 323/B 379) in der kategorischen Synthesis, in der hypothetischen Synthesis und in der disjunktiven Synthesis zu ihren Produkten (den Ideen selbst) über. Werden die drei absoluten Synthesen nicht als Prozess vorgestellt, sondern als das Unbedingte, worauf das prosyllogistische Verfahren in seiner dreifachen Differenzierung ausgehend vom Grundsatz der Vernunft führt, dann werden die Ideen Seele, Welt und Gott gewonnen. Dieser Übergang vom prosyllogistischen Verfahren zum Unbedingten selbst findet sich von Kant expressis verbis ausgesprochen, wenn es heißt: Das Geschäft der Vernunft ist „von der bedingten Synthesis, an die der Verstand jederzeit gebunden bleibt, zur unbedingten aufzusteigen, die er niemals erreichen kann" (A 333/B 390). Die Binnendifferenzierung der Vernunftideen im Dritten Abschnitt des Ersten Buches nimmt damit die Argumentation ausgehend vom sechsten Argumentationsschritt der metaphysischen Deduktion erneut auf.

3.3.1.1 *Analyse der Argumentation*
Der Dritte Abschnitt des Zweiten Buches der *Transzendentalen Dialektik* zeichnet sich durch eine sehr kurz gefasste, aber höchst dichte Argumentation aus und lässt sich in fünf Schritten rekonstruieren: Erstens erinnert Kant im ersten Absatz an die Dreiteilung des Schlusses ausgehend von den Relationsurteilen. Zweitens führt Kant im zweiten Absatz eine zweifache, aufeinander aufbauende Dichotomie ein, um daraus drittens eine trichotomische Einteilung der Verhältnisse der Vorstellungen zu gewinnen. Viertens erschließt Kant im dritten Absatz in der Koppelung des Ideenbegriffs (erster Absatz) mit dieser Trichotomie (zweiter Absatz) drei Klassen von Ideen. Diese drei Klassen der Ideen bilden wiederum

fünftens die drei Disziplinen der speziellen Metaphysik, wie Kant im vierten Absatz zeigt.

Im ersten Absatz des Dritten Abschnittes – Punkt eins – ruft Kant erneut die Ordnung über die Relationsurteile in Erinnerung, wenn er formuliert, „daß es nur drei Arten von dialektischen Schlüßen geben werde, die sich auf die drei logischen Schlußarten beziehen" (A 333/B 390). Damit liefern die drei Schlussarten, wie der zweite Abschnitt des Ersten Buches der *Transzendentalen Dialektik* gezeigt hat (vgl. A 323/B 379), eine dreifache Differenzierung der abstrakten Idee des Unbedingten: Ist eine kategorisch bedingte Verstandeserkenntnis gegeben, ist damit auch die Totalität der kategorische Bedingungen, d. i. „ein Unbedingtes der kategorischen Synthesis" (A 323/B 379), zu suchen. Der kategorische Vernunftschluss schreitet demnach zum „Subject, welches selbst nicht mehr Prädicat ist" (A 323/B 379), fort. Ist wiederum eine hypothetisch bedingte Verstandeserkenntnis gegeben, ist damit auch die Totalität der hypothetischen Bedingungen, d. i. „ein Unbedingtes [...] der hypothetischen Synthesis der Glieder einer Reihe" (A 323/B 379), zu suchen. Der hypothetische Vernunftschluss schreitet damit zu einer „Voraussetzung, die nichts weiter voraussetzt" (A 323/B 379 f.). Ist eine disjunktiv bedingte Verstandeserkenntnis gegeben, ist damit auch die Totalität der disjunktiven Bedingungen, d. i. „ein Unbedingtes [...] der disjunctiven Synthesis der Theile in einem System" (A 323/B 379) zu suchen. Der disjunktive Vernunftschluss schreitet damit fort „zu einem Aggregat der Glieder der Eintheilung, zu welchen nichts weiter erforderlich ist, um die Eintheilung eines Begriffs zu vollenden" (A 323/B 380). Die Vernunftbegriffe bilden damit erstens die Ideen eines Subjektbegriffs, der von dem Prädikat ausgesagt, aber selbst nicht mehr prädikativ gebraucht werden kann, zweitens die Idee einer vollständigen, endlichen oder unendlichen Ursachenreihe, die entweder selbst oder deren erstes oberstes Glied hypothetisch unbedingt ist, und drittens die Idee eines vollständigen Begriffssystems, welches selbst disjunktiv unbedingt ist, wie Kant erläutert (vgl. Klimmek 2005, S. 40.). Der erste Absatz rekapituliert demnach die Ergebnisse der sechs obig skizzierten Argumentationsschritte der metaphysischen Deduktion der Vernunftideen.

Punkt zwei und drei aufgreifend differenziert Kant im Dritten Abschnitt des Zweiten Buches der *Transzendentalen Dialektik* mit Bezug auf das „Allgemeine aller Beziehungen, die unsere Vorstellungen haben können" (A 333/B 390), die Vorstellungen im Urteil zweifach: erstens „die Beziehung aufs Subject" (A 333/B 390 f.) und zweitens „die Beziehung aufs Object, und zwar entweder als Erscheinungen, oder als Gegenstände des Denkens überhaupt" (A 333 f./B 391). Die Bezugnahme von Vorstellungen in Urteilen kann daher in Form einer doppelten Dichotomie dargestellt werden:

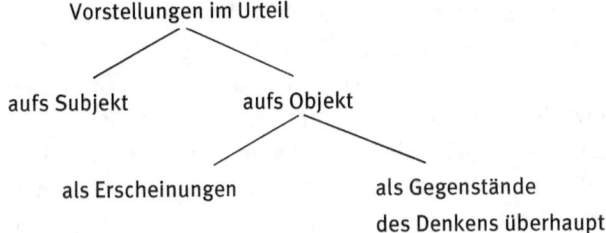

Abbildung 6

In der Differenzierung der Vorstellungen im Urteil handelt es sich demnach um die Dichotomie von Subjekt und Objekt, wobei die Beziehung aufs Objekt gemäß der Stufenleiter der Begriffe eine Erkenntnis der Gegenstände mittels Anschauung (intuitus) oder der Gegenstände mittels Begriffen (conceptus) sein kann. Wird dabei, wie Kant formuliert, „die Untereinteilung mit der oberen" (A 334/B 391) verbunden, dann ergibt diese doppelte Dichotomie eine Trichotomie: „[S]o ist alles Verhältniß der Vorstellungen, davon wir uns entweder einen Begriff oder Idee machen können, dreifach: 1. das Verhältniß zum Subject, 2. zum Mannigfaltigen des Objects in der Erscheinung, 3. zu allen Dingen überhaupt." (A 334/B 391)[22]

Im dritten Absatz bezeichnet Kant erneut den Ideenbegriff als „unbedingte synthetische Einheit aller Bedingungen überhaupt" (A 334/B 391). An dieser Stelle wird klar, warum Kant im ersten Absatz des Dritten Abschnittes die logische Struktur des Schlusses und die sich dadurch ergebende Dreiteilung des Unbedingten rekapituliert. Auf der Basis dieser Rekapitulation kann Kant nun im dritten Absatz – Punkt vier – die dreifache Differenzierung des Unbedingten mit den drei Beziehungen der Vorstellungen in einer geschlossenen Argumentation zusammenführen und gewinnt daraus die Ideen. Diese lassen sich folglich in drei Klassen bringen, von denen „die erste die absolute (unbedingte) Einheit des denkenden Subjects, die zweite die absolute Einheit der Reihe der Bedingungen der Erscheinung, die dritte die absolute Einheit der Bedingung aller Gegenstände des Denkens überhaupt enthält." (A 334/B 391) Dabei entspricht – fünftens – der

---

22 In diesem Sinne formuliert auch Klimmek (2005, S. 43), dass Kant mit der Dichotomie Subjekt und Objekt jene von Erscheinung und Gegenstände des Denkens überhaupt zusammenführt. Demnach handelt es sich hier nicht um eine Verbindung zwischen der schlusslogischen Dreiteilung und der Differenzierung der Beziehungen der Vorstellungen, wie dies u. a. von Schmucker (1990, S. 51) behauptet wird. Die Bezugnahmen auf die Dreiteilung des Schlusses, wie sie Schmucker herausstellt, ist aber, aufgrund der im ersten Absatz des Dritten Abschnittes rekapitulierten Dreiteilung des Schlusses nicht so weit hergeholt, wie dies Klimmek zu argumentieren versucht.

„Einheit des denkenden Subjektes" (A 334/B 391) die Idee der Seele, der „Einheit der Reihe der Bedingungen der Erscheinungen" (A 334/B 391) die Idee der Welt und der „Bedingung aller Gegenstände des Denkens überhaupt" (A 334/B 391) die Idee Gottes. Diese Ideen wiederum entsprechen den transzendenten Gegenständen der Schulmetaphysik: „Also giebt die reine Vernunft die Idee zu einer transscendentalen Seelenlehre (*psychologia rationalis*), zu einer transscendentalen Weltwissenschaft (*cosmologia rationalis*), endlich auch zu einer transscendentalen Gotteserkenntniß (*theologia transscendentalis*) an die Hand." (A 334 f./ B 391 f.)

Die Überlegungen Kants im Dritten Abschnitt des Ersten Buches zur *Transzendentalen Dialektik* zusammenfassend, die als Ergebnis der metaphysischen Deduktion gleichzeitig eine Rekapitulation der Einleitung und des Ersten Buches der *Transzendentalen Dialektik* darstellen, erweist sich folgende Struktur:

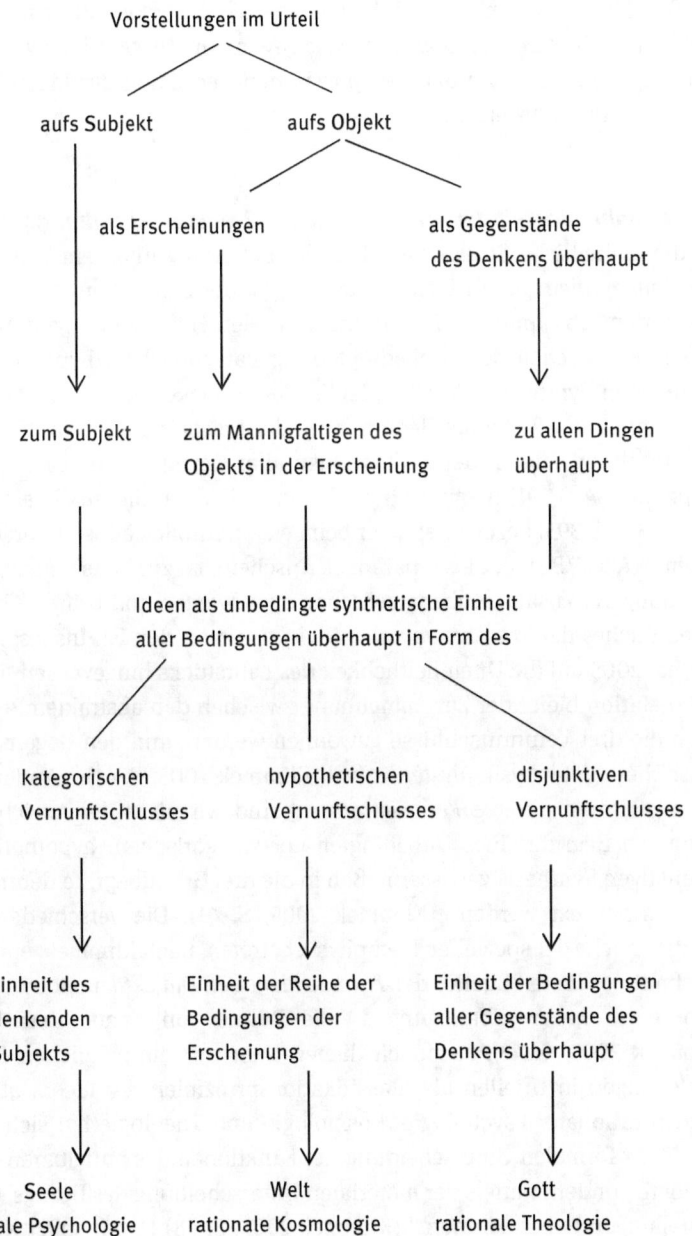

Abbildung 7

Ausgehend vom Dritten Abschnitt des Ersten Buches der *Transzendentalen Dialektik* lässt sich somit eine einheitliche Struktur der Einleitung und des Ersten Buches der *Transzendentalen Dialektik* gewinnen. Diese reicht von den sechs Argumentationsschritten der metaphysischen Deduktion der Ideen bis zu ihrer dreifachen Differenzierung.

3.3.1.2 *Einheitlichkeit der Argumentation – Zweiter und Dritter Abschnitt*

Um die einheitliche Struktur am Text der Einleitung und dem Ersten Buch der *Transzendentalen Dialektik* zu explizieren, ist der Zusammenhang von Zweitem und Drittem Abschnitt des Ersten Buches in den Fokus zu bringen, mit dem das Verhältnis zwischen dem Unbedingten der kategorischen, hypothetischen und disjunktiven Synthesis mit dem „denkenden Subjekt" (A 334/B 391), der „absoluten Einheit der Reihe der Bedingungen der Erscheinungen" (A 334/B 391) und der „absoluten Einheit der Bedingungen aller Gegenstände des Denkens überhaupt" (A 334/B 391) thematisch wird. Kant selbst hat diesen als einen „Gedanken" (A 336/B 393) bezeichnet, „der beim ersten Anblick äußerst paradox zu sein scheint" (A 336/B 393). Dieser paradoxe Anschein hat zur Konsequenz, dass in der Forschung der Zusammenhang zwischen dem Zweiten und Dritten Abschnitt des Ersten Buches der *Transzendentalen Dialektik* umstritten ist. Insbesondere Klimmek hat 2005 auf die Uneinheitlichkeit des Lehrstücks hingewiesen: Nach seiner Interpretation bleibt der Zusammenhang zwischen den abstrakten Begriffen, die durch die drei Vernunftschlüsse gewonnen werden, und den Gegenständen der klassischen Metaphysik *mysteriös* (vgl. Klimmek 2005, S. 41): „Anders als diese Kommentatoren [*diverse Kommentatoren*] sind wir nicht der Ansicht, dass die abstrakten Begriffe eines Unbedingten der kategorischen, hypothetischen und disjunktiven Synthesis gewissermaßen in die drei Grundbegriffe der metaphysica specialis verhext werden" (Klimmek 2005, S. 41). Die verschiedenen Gegenstandsbereiche der speziellen Metaphysik betreten, nach Klimmek, erst im Dritten Abschnitt des Ersten Buches der *Transzendentalen Dialektik* unabhängig von den zuvor entwickelten Überlegungen „die Bühne von Kants Ideen-Deduktion" (Klimmek 2005, S. 42). Demnach dienen Kant nur die möglichen Bezüge von Vorstellungen in Urteilen als Klassifikationsprinzipien der Ideen. „Den Gegenständen rationaler Psychologie, Kosmologie und Theologie hat sich Kant nicht mittels der formalen Unterscheidung der Funktionen des mittelbaren Schließens genähert, sondern mittels der materialen Unterscheidung des Bezugs, den unsere Vorstellungen haben können." (Klimmek 2005, S. 48) Damit spitzt Klimmek die Interpretationsfrage nach dem Zusammenhang des Zweiten und Dritten Abschnitts im Ersten Buch der *Transzendentalen Dialektik* ausgehend von seinem

Interpretationsziel[23] radikal zu. Er folgt in dieser Divergenzthese den Vorarbeiten Schmuckers (1990, S. 65), Bazils (1995, S. 125 ff.) und Miles (1978, S. 293), die ebenfalls zwei separate Herleitungen der Ideen bzw. im Dritten Abschnitt einen zusätzlichen Anlauf der Herleitung der Ideen sehen. Schmucker interpretiert davon ausgehend aber den Dritten Abschnitt als „coup de force" (Schmucker 1990, S. 65), da dieser die zuvor entwickelte Herleitung der Ideen aus den Schlussformen überflüssig macht. Bazil (1995, S. 86–89) kommt auf der Basis seiner Differenzierung *zweier Deduktionsstrategien* zu dem Ergebnis, das nur die zweite, d. i. jene, die sich auf die Inanspruchnahme des Allgemeinen aller Beziehungen stützt, erfolgreich ist.

Die Interpretation Klimmeks nimmt damit eine starke Fragmentierung des Ersten Buches der *Transzendentalen Dialektik* in Kauf: Würde dieser Interpretation gefolgt, wäre der gesamte Aufwand, den Kant im Rahmen des Ersten Buches und der Einleitung der *Transzendentalen Dialektik* zur Herleitung der Vernunftideen geleistet hat, überflüssig. Es hätte schlicht der zweite und dritte Absatz des Dritten Abschnittes des Ersten Buches der *Transzendentalen Dialektik* gereicht. Klimmeks Interpretation kann daher nicht dem Textcorpus des Ersten Buches gerecht werden, wie er selbst zum Teil einzuräumen scheint, wenn er seine Interpretation abschließend als eine von vier möglichen kontextualisiert (vgl. Klimmek 2005, S. 49). Außerdem lässt Klimmek in seiner Interpretation den ersten Absatz des Dritten Abschnittes, mit dem Kant die Dreiteilung des Schlusses und damit die dreifache Differenzierung durch die Relationsurteile des Unbedingten expressis verbis auch im Rahmen des Dritten Abschnittes expliziert, weitgehend außer Acht.[24] Zudem wird darin verkannt, dass im Zweiten und Dritten Abschnitt des Zweiten Buches beide Male die relationale Verfasstheit der Vernunft, wenn auch auf unterschiedliche Weise, Thema ist: Einmal entwickelt Kant diese mittels der Relationskategorien, das andere Mal als das Allgemeine der Beziehung unserer Vorstellung. Der Zusammenhang zwischen dem Unbedingten der kategorischen, hypothetischen und disjunktiven Synthesis und den drei Grundbegriffen der metaphysica specialis ist daher nicht so *mysteriös* oder *verhext*, wie es für Klimmek scheint.

---

[23] Dabei werden die drei Ideen Gott, Welt und Seele nicht als „transzendentale[] Ideen im technischen und irreduziblen, elementaren Sinn" (Klimmek 2005, S. 51) verstanden, sondern vielmehr als Titel oder Klassen von transzendentalen Ideen, unter denen sich jeweils vier Modi finden (vgl. Klimmek 2005, S. 51 ff.).

[24] Im Gegensatz zu Klimmek erkennt Bazil zu Recht, dass sich aus der metaphysischen Deduktion mittels den drei Formen der Vernunftschlüsse nicht die drei Ideen Gott, Welt und Seele ergeben, erklärt aber zu Unrecht das Verfahren aufgrund der Trennung des Zweiten und Dritten Abschnittes als gescheitert (vgl. Bazil 1995, S. 87).

Trotz dieser schwerwiegenden Einwände gegen seine Analyse weist Klimmeks Interpretation deutlicher als je zuvor und mit vollem Recht auf das in der Forschung zumeist dunkel gebliebene Verhältnis im Rahmen der Herleitung der Ideen hin: Die klassische Interpretation postuliert zumeist schlicht den obig explizierten Zusammenhang zwischen der Inanspruchnahme des Allgemeinen aller Beziehungen und den drei Formen der Vernunftschlüsse (vgl. Grier 2001, S. 138 f.; Koßler 1999, S. 6; Heimsoeth 1966, S. 65; Wundt 1924, S. 222) oder sie spart dieses Verhältnis überhaupt völlig aus (vgl. Renaut 1998; Malzkorn 1999; Reisinger 1988).

Entgegen diesen von Klimmek kritisierten Positionen, aber auch entgegen Klimmeks eigener Interpretation lässt sich mit Blick auf den dritten Absatz des Dritten Abschnitts der Zusammenhang, „der beim ersten Anblick äußerst paradox zu sein scheint" (A 336/B 393), doch klären: Kant formuliert an dieser Stelle, dass „es alle reine[n] Begriffe überhaupt mit der synthetischen Einheit der Vorstellungen, Begriffe der reinen Vernunft (transscendentale Ideen) aber mit der unbedingten synthetischen Einheit aller Bedingungen überhaupt zu thun" (A 334/B 391) haben. Von der Einteilung der Verhältnisse der Vorstellungen (Absatz zwei) kann nicht auf die Bestimmung des Unbedingten als Totalität der Bedingungen geschlossen werden (vgl. Pissis 2012, S. 53). Das „Folglich" (A 334/B 391) im nachstehenden Satz des Absatzes drei ist demnach als Hinweis auf eine Konklusion zu lesen, die sich durch die Verbindung der dreifachen Differenzierung des Verhältnisses der Vorstellungen und der durch die schlusslogische Struktur gewonnenen Vorstellung des dreifach differenzierten Unbedingten ergibt. Das Allgemeine der Beziehungen unserer Vorstellung ist durch die Relationskategorien ausgedrückt und die Ideen bilden nach der metaphysischen Deduktion des Ersten Buches der *Transzendentalen Dialektik* die bis ins Unbedingte erweiterten Relationskategorien. Insofern verdanken sich die drei Ideen der Beziehungen der Vorstellungen und bilden als solche den Abschluss der metaphysischen Deduktion.

In dieser Weise nimmt Kant die Ideen dann auch im Anhang zur *Transzendentalen Dialektik* wieder auf, wenn er wie folgt formuliert: Erstens sind „alle Erscheinungen, Handlungen und Empfänglichkeit unseres Gemüths an dem Leitfaden der inneren Erfahrung" (A 672/B 700=2.4.) so zu verknüpfen, „als ob dasselbe eine einfache Substanz wäre" (A 672/B 700=2.4.). Zweitens sind „die Bedingungen, der inneren sowohl als der äußeren Naturerscheinungen, in einer solchen nirgend zu vollendenden Untersuchung" (A 672/B 700=2.4.) so zu verfolgen, „als ob dieselbe an sich unendlich und ohne ein erstes oder oberstes Glied sei, obgleich wir darum, außerhalb aller Erscheinungen, die bloß intelligiblen ersten Gründe derselben nicht leugnen, aber sie doch niemals in den Zusammenhang der Naturerklärungen bringen dürfen, weil wir sie gar nicht kennen." (A 672/B 700=2.4.) Drittens sei „alles, was nur immer in den Zusammenhang der möglichen Erfahrung gehören mag" (A 672/B 700=2.4.) so zu betrachten, „als ob diese eine absolute, aber durch und durch abhängige und immer noch innerhalb der Sinnenwelt bedingte Einheit ausmache, doch aber zu gleich als ob der Inbegriff aller Erscheinungen (die Sinnenwelt selbst) einen einzigen obersten und allgenugsamen Grund außer ihrem Umfange habe" (A 672/B 700=2.4.).[25]

Mit Absatz 2.4. des Anhangs zur *Transzendentalen Dialektik* expliziert Kant damit erneut expressis verbis den obig skizzieren Zusammenhang von Zweitem und Drittem Abschnitt des Ersten Buches: In „alle[n] Erscheinungen, Handlungen und Empfänglichkeit unseres Gemüths" (A 672/B 700=2.4.) findet sich das Verhältnis der Vorstellungen „zum Subjekt" (A 334/B 391), in den „Bedingungen, der inneren sowohl als der äußeren Naturerscheinungen" (A 672/B 700=2.4.) hingegen das Verhältnis der Vorstellungen zum „Mannigfaltigen des Objkts in der Erscheinung" (A 334/B 391) und in all dem „was nur immer in den Zusammenhang der möglichen Erfahrung gehören mag" (A 672/B 700=2.4.), das Verhältnis „zu den Dingen überhaupt" (A 334/B 391). In der jeweiligen Als-ob-Formulierung finden sich dann die „Einheit des denkenden Subjekts" (A 334/B 391), die „Einheit der Reihen der Bedingungen der Erscheinungen" (A 334/B 391) und die „Einheit der Bedingungen aller Gegenstände überhaupt" (A 334/B 391), die Kant sowohl im Ersten Buch als auch im zweiten Teil des Anhangs zur *Transzendentalen Dialektik* mit den Ideen Seele, Welt und Gott sowie den Disziplinen der speziellen Metaphysik gleichsetzt. Aber auch in den Absätzen 2.14., 2.15. und 2.16. findet sich die Binnendifferenzierung des Ideenbegriffes ganz nach dem Vorbild des Absatzes 2.4. und dem Ersten Buch der *Transzendentalen Dialektik*, Kant entwickelt dort aber bereits die Frage nach ihrer Geltung und ihrem Status.

3.3.2 Homogenität, Spezifikation und Kontinuität

Ausgehend von den Beweisführungen in Absatz 1.13. umfasst die Binnendifferenzierung der Vernunftprinzipien Homogenität, Spezifikation und Kontinuität die Absätze 1.14.–17., 1.17.–20. und 1.21./25. Damit nimmt die konkrete Ausdifferenzierung des Beweises von Absatz 1.13. für die jeweiligen Prinzipien mehr als ein Drittel der Gesamtargumentation des ersten Teils des Anhangs zur *Transzendentalen Dialektik* ein. Dies ist insbesondere aus zwei Gründen interessant: Erstens im Vergleich mit der *Transzendentalen Analytik*, in der Kant nur beispielhaft ausgehend von „einer einzigen Kategorie, nämlich der der Gemeinschaft" (B 111), die Übereinstimmung mit der ihr „correspondirenden Form eines disjunctiven Urt-

---

[25] Siehe zur Als-ob-Funktion der Vernunftideen Kapitel 4.2.2.2.

heils" (B 111) aus der „Tafel der logischen Functionen" (B 111) aufweist. Diese Übereinstimmung ist, so Kant, „nicht so in die Augen fallend, als bei den übrigen" (B 112). Zweitens findet sich ein interessanter Aspekt im Vergleich mit der Herleitung der Vernunftideen Gott, Welt, Seele. Die Argumentation für die Binnendifferenzierung der Vernunftprinzipien als transzendentale Voraussetzungen des logischen Schließens kostet Kant wesentlich mehr Aufwand und Raum als die Binnendifferenzierung der Vernunftideen, die als Gegenstand des kategorischen, hypothetischen und disjunktiven Prosyllogismus in der Passage A 333 ff./B 390 ff. gewonnen und im zweiten Teil des Anhangs lediglich wieder aufgegriffen werden.

Die Explikation der Vernunftbegriffe im ersten Teil des Anhangs zur *Transzendentalen Dialektik* folgt bei allen drei Prinzipien Homogenität, Spezifikation und Kontinuität stets demselben Muster: Kant erläutert erstens das logische Prinzip. Daran anschließend argumentiert er zweitens für das Schließen auf das transzendentale Prinzip als notwendige Voraussetzung des logischen. Für alle drei Prinzipien wird dabei das Hauptargument des Absatzes 1.13. in spezifischer Weise wiederholt und in seinen zwei Beweisschritten durchgeführt. An dieses argumentative Zentrum anschließend folgt in der Explikation aller Prinzipien drittens eine Erläuterung jenes hergeleiteten Prinzips inklusive viertens eines abschließenden Beispiels zur Veranschaulichung. Die letzten beiden Punkte dienen Kant dabei stets zur Illustration der Prinzipien, um dem Vorwurf bloßer *Projektmacherei* vorzubeugen. Um aber die „Regeln im allgemeinen, und unabhängig von den besonderen Umständen der Erfahrung, nach ihrer Zulänglichkeit einzusehen" (A 134/B 174), wird die Anwendung dieser Prinzipien gesondert in Kapitel 6.2.1 entwickelt. Die ersten beiden Punkte wiederum werden dem Aufbau des ersten Teils des Anhangs zur *Transzendentalen Dialektik* folgend zuerst in Form einer Gegenüberstellung von Homogenität und Spezifikation thematisiert, um daran anschließend das Prinzip der Kontinuität darzustellen.

3.3.2.1 *Analyse der Argumentation für die Prinzipien Homogenität und Spezifikation*

Auf logischer Ebene stehen sich das „logische[] Prinzip der Gattungen" (A 654/B 682=1.17.) und das „logische[] Prinzip [...] der Arten" (A 654/B 682=1.17.) gegenüber – Punkt eins.

Kant erläutert das logische Prinzip der Gattungen in drei Abstufungen und zieht daraus eine *Schulregel* oder ein *logisches Prinzip* (vgl. A 652/B 680=1.14.–15.). Von der Mannigfaltigkeit einzelner Dinge werde auf deren Identität in der Art geschlossen: Die „Mannigfaltigkeiten einzelner Dinge [schließen] die Identität der Art nicht" (A 652/B 680=1.14.–15.) aus. Von der Identität der Art werde auf einige wenige Gattungen geschlossen: „[M]ancherlei Arten" (A 651/B 679=1.14.) seien

„nur als verschiedene Bestimmungen von wenigen Gattungen" (A 651f./ B 679f.=1.14.) zu verstehen. Diese Gattungen wiederum seien dann nur Bestimmungen „von noch höheren Geschlechtern etc." (A 652/B 680=1.14.). In der *Logik* unterscheidet Kant bezüglich der Begriffserzeugung eine positive von einer negativen Bedingung. Vorstellungen werden dabei Begriffe durch *compariren* und *reflectiren* – als positive Bedingung – sowie *abstrahiren* – als negative Bedingung (vgl. Log AA IX, S. 94). Dabei werden in der „Comparation" (Log AA IX, S. 94) die Unterschiede der Vorstellungen und in der „Reflexion" (Log AA IX, S. 94) deren Gemeinsamkeiten entwickelt. Die „Abstraction" (Log AA IX, S. 94) lasse daraufhin mehr und mehr Unterschiede der Dinge in einem Begriff weg, bis sie zum höchsten Begriff, dem „Begriff von Etwas" (Log AA IX, S. 95) stoße. Im logischen Aufsteigen zu immer höheren Begriffen handelt es sich im engeren Sinne daher um das Abstrahieren von den Unterschieden der Begriffe. Dabei warnt Kant stets davor, den Ausdruck Abstraktion nicht als „etwas abstrahieren (abstrahere aliquid), sondern von etwas [zu] abstrahieren (abstrahere ab aliquo)" (Log AA IX, S. 95) zu verstehen. Genau jenes Abstrahieren von etwas (abstrahere ab aliquo) bildet eine Schulregel oder logisches Prinzip: Es handle sich dabei um das logische Prinzip, „die systematische Einheit aller möglichen empirischen Begriffe" (A 652/B 680=1.14.), insofern sie von höheren und allgemeineren Begriffen abgeleitet sind, aufzusuchen. Ohne die Möglichkeit eines solchen Prinzips wäre der logische Gebrauch der Vernunft nicht denkbar.

Das „logische Prinzip der Arten" (A 654/B 682=1.17.) bezeichnet Kant auch als „entium varietates non temere esse minuendas" (A 654/B 682=1.17.). Dem logischen Prinzip der Identität, wie es obig entwickelt wurde, stehe demnach das Prinzip der Mannigfaltigkeit und der Verschiedenheit der Dinge gegenüber. Dieses schreibe dem Verstande vor, auf die Unterarten, ungeachtet ihrer gemeinsamen Gattungen, „aufmerksam zu sein" (A 654/B 682=1.17.).

Das logische Prinzip der Arten postuliere die Mannigfaltigkeit und Verschiedenheit mit dem „Ziel systematische[r] Vollständigkeit aller Erkenntnis" (A 655/B 683=1.18.). Es hat daher nicht die Extensionalität, sondern die Intentionalität des Begriffes und damit die Erweiterung des Begriffsinhalts und nicht des -umfangs zum Ziel. Die Sphäre des Begriffes (der Gattung) ist allerdings – Kant erläutert dies mit einer Parallele zum Raum – unendlich teilbar: So wie die Materie den Raum einnehme und so wie dabei nicht eingesehen werden könne, inwieweit sich dieser teilen lasse, genauso wenig lasse sich einsehen, inwieweit der Begriff teilbar sei (vgl. Pollok 2001, S. 222–383; Carrier 1990, S. 170–210).

Es gebe demnach keine Art (species), die nicht selbst wieder Gattung (genus) sein könne, d. i. nicht selbst wiederum eine „Sphäre (Umfang als conceptus communis)" (A 655/B 683=1.18.) hätte. Keine Art dürfe demnach als die unterste Art, d. i. als „conceptum infimum" (Log AA IX, S. 97), angesehen werden, da ein solcher Begriff direkt „auf ein Individuum bezogen sein" müsste. Aus diesem Grund gebe es zwar einen „höchsten Begriff (conceptum summum) [...], von dem sich nicht weiter abstrahieren läßt" (Log AA IX, S. 97), aber keinen niedrigsten. Bereits die Definition des Begriffes – „als allgemeine Vorstellung, oder eine Vorstellung dessen, was mehreren Objekten gemein ist, also eine Vorstellung, sofern sie in verschiedenen enthalten sein kann" (Log AA IX, S. 91) – gestatte dies nicht.

Das logische Prinzip der Gattungen, in dem vom Besonderen auf das Allgemeine geschlossen wird, bezeichnet Kant daher auch als *Grundsatz des Witzes*. Der Witz (ingenium) ist – so Kant im Rahmen der *Anthropologie in pragmatischer Hinsicht* – eine produktive Phantasie, durch die Einfälle möglich werden. Das logische Prinzip der Arten hingegen, in dem vom Allgemeinen auf das Besondere geschlossen wird, ist durch den *Grundsatz der Scharfsinnigkeit* bzw. des Unterscheidungsvermögens charakterisiert (vgl. Anth AA VII, S. 201, 223.). Mit den logischen Prinzipien der Gattungen und der Arten stehen sich damit zwei Denkungsarten, die spekulative und die empirische, gegenüber.[26]

In A 665/B 683=1.17. stellt Kant diese logischen Prinzipien der Gattungen und der Arten als Ausgangspunkt für die transzendentalen Prinzipien der Homogenität und der Spezifikation gegenüber und charakterisiert sie wie folgt:

Charakterisierung	„logische[s] Prinzip der Gattungen"	logisches Prinzip der „Arten"
postuliert	„Identität"	„Mannigfaltigkeit und Verschiedenheit"
Grundsatz	„des Witzes"	„der Scharfsinnigkeit oder des Unterscheidungsvermögens"
Ziel	die Einheit in Gattungen	die Mannigfaltigkeit der Arten
Interesse	„des Umfanges (der Allgemeinheit)"	„des Inhalts (der Bestimmtheit)"
Begriff	großer Begriffsumfang	großer Begriffsinhalt
Denkungsart	„spekulativ"	„empirisch"

Den logischen Prinzipien geht dabei ein transzendentales voraus – Punkt zwei.

Dem logischen Prinzip der Gattungen gehe das transzendentale Prinzip der Homogenität voraus. Durch dieses transzendentale Prinzip werde diese „Einhelligkeit" (A 652/B 680=1.15.) auch in der Natur vorausgesetzt. Dies argumentiert Kant in Form eines zweifachen Beweisverfahrens in Absatz 1.16. Dabei lässt sich der erste Schluss wie folgt formalisieren:

---

[26] Siehe dazu das Beispiel aus der physiologischen Anthropologie in Kapitel 6.2.3.

3.3 Binnendifferenzierung der Vernunftbegriffe — 115

OS: Wenn K, dann L.
US: Nicht L.

SS: Also nicht K.

Die erste Prämisse des Schlusses findet sich in folgender Formulierung:

> Wäre unter den Erscheinungen, die sich uns darbieten, eine so große Verschiedenheit, ich will nicht sagen der Form (denn darin mögen sie einander ähnlich sein), sondern dem Inhalte, d. i. der Mannigfaltigkeit existierender Wesen nach, daß auch der allerschärfste menschliche Verstand durch Vergleichung der einen mit der anderen nicht die mindeste Ähnlichkeit ausfündig machen könnte [...], so würde das logische Gesetz der Gattungen ganz und gar nicht stattfinden, und es würde selbst kein Begriff von Gattung, oder irgend ein allgemeiner Begriff, ja sogar kein Verstand stattfinden, als der es lediglich mit solchen zu tun hat. (A 653/B 681=1.16.)

Die Terme K und L lassen sich ausgehend von diesem Zitat wie folgt formalisieren:

K = Unter den Erscheinungen ist dem Inhalte nach so große Verschiedenheit, dass auch der schärfste Verstand zwischen den Erscheinungen nicht die mindeste Ähnlichkeit ausmachen kann.
L = Es gibt ganz und gar kein logisches Gesetz der Gattungen und auch keinen Begriff von Gattung, oder irgendeinen anderen allgemeinen Begriff, ja sogar keinen Verstand, der es lediglich mit solchen zu tun hat.

Der Schluss lässt sich ausgehend von Kants Formulierungen folgendermaßen darstellen:

OS: Wenn unter den Erscheinungen dem Inhalte nach so große Verschiedenheit ist, dass auch der schärfste Verstand zwischen den Erscheinungen nicht die mindeste Ähnlichkeit ausmachen kann, dann gibt es ganz und gar kein logisches Gesetz der Gattungen und etc.
US: Es gibt ein logisches Gesetz der Gattungen und auch einen Begriff von Gattung etc.

SS: Unter den Erscheinungen ist dem Inhalte nach nicht so große Verschiedenheit, sodass zumindest ein scharfer Verstand zwischen den Erscheinungen Ähnlichkeit ausmachen kann.

Im ersten Argumentationsschritt schließt Kant demnach darauf, dass es unter den Erfahrungen Ähnlichkeit, d. i. Gleichartigkeit und damit die Möglichkeit des Vergleichs selbst, gibt. Damit wird die einzelne Erfahrung in einen Zusammenhang mit anderen gestellt. Genau in diesem Sinne wurden auch in Absatz 1.14. dem Besonderen in der Logik „allgemeine Eigenschaften [...] zum Grunde gelegt" (A 652/B 680=1.14.).

Kant schränkt diese Beweisführung aber dahingehend ein, dass zwar nachgewiesen ist, dass Gleichartigkeit unter den Erscheinungen herrscht, aber der „Grad" (A 654/B 682=1.16.) der Gleichartigkeit nicht bestimmbar ist.[27]

Davon ausgehend zeigt sich die Struktur des zweiten Argumentationsschrittes wie folgt:

OS: Wenn nicht M, dann N.
US: Nicht N.

SS: Also M.

Dabei gilt für den Obersatz folgende Formulierung: „Nach demselben wird in dem Mannigfaltigen einer möglichen Erfahrung nothwendig Gleichartigkeit vorausgesetzt [...], weil ohne dieselbe keine empirischen Begriffe, mithin keine Erfahrung möglich wäre." (A 654/B 682=1.16.) Daraus lassen sich die Terme M und N wie folgt aus dem Text destillieren:

M = Mannigfaltigkeit möglicher Erfahrung setzt eine notwendige Gleichartigkeit voraus.
N = Es gibt keinen empirischen Begriff[28].

Der Schluss lässt sich ausgehend von Kants Formulierungen folgendermaßen darstellen:

OS: Wenn es hinter der Mannigfaltigkeit möglicher Erfahrung keine notwendige Gleichartigkeit gibt, dann gibt es keine empirischen Begriffe.
US: Es gibt empirische Begriffe.

SS: Hinter der Mannigfaltigkeit möglicher Erfahrung gibt es eine notwendige Gleichartigkeit.

Aus beiden Schlüssen folgt Kant, dass „[d]as logische Princip der Gattungen [...] ein transscendentales voraus[setzt]" (A 654/B 682=1.16.) – womit die Spezifizie-

---

27 Dabei handelt es sich um eine Einschränkung, die sowohl Homogenität, Spezifikation und Kontinuität betrifft und die in der Analyse von Absatz 1.22. auch für alle drei thematisiert wird.
28 Ein „empirischer Begriff" (A 654/B 682=1.16.) ist eine Vorstellung, in der mehrere empirische Fälle vereinigt sind, denen ein Merkmal gemeinsam ist (vgl. Log AA IX, S. 91).

rung der in Absatz 1.13. allgemein durchgeführten Beweisführung abgeschlossen ist.

Diesen zweiten Punkt der Beweisführung expliziert Kant auch am logischen Prinzip der Arten. Diesem geht das transzendentale Prinzip der Spezifikation voraus, wie Kant in der Spezifizierung der Argumentation von Absatz 1.13. nachweist. Dabei formuliert Kant die Konklusion als Eingangssatz in Absatz 1.19., wenn es heißt: „Man sieht aber leicht, daß auch dieses logische Gesetz ohne Sinn und Anwendung sein würde, läge nicht ein transzendentales Gesetz der Spezifikation zum Grunde [...]" (A 656/B 684=1.19.).

Das Argument folgt wieder der in Absatz 1.13. vorgegebenen Struktur:

OS: Wenn Nicht O, dann nicht P.
US: Es gibt P.
___
SS: Es gibt O.

Folgende Formulierung bildet in Kants Text die Konklusion und damit den Term O:

> Die Erkenntniß der Erscheinungen in ihrer durchgängigen Bestimmung (welche nur durch Verstand möglich ist) fordert eine unaufhörlich fortzusetzende Specification seiner Begriffe und einen Fortgang zu immer noch bleibenden Verschiedenheiten, wovon in dem Begriffe der Art und noch mehr dem der Gattung abstrahirt worden. (A 656/B 684=1.19.)

Der Term P findet sich in folgender Formulierung: „Nun erkennt der Verstand alles nur durch Begriffe: folglich, so weit er in der Eintheilung reicht, niemals durch bloße Anschauung, sondern immer wiederum durch niedere Begriffe." (A 656/B 684=1.19.)

Die Terme lassen sich daher wie folgt aus dem Text gewinnen:

O = Die Erkenntnis der Erscheinungen in ihrer durchgängigen Bestimmung fordert eine unaufhörlich fortzusetzende Spezifizierung und einen Fortgang zu immer noch bleibenden Verschiedenheiten, wovon in dem Begriffe der Art, und noch mehr dem der Gattung, abstrahiert wird.

P = Der Verstand erkennt alles nur durch Begriffe, niemals durch bloße Anschauung, sondern nur durch weitere niedere Begriffe.

Es ergibt sich daher folgender anhand der kantischen Formulierungen rekonstruierter Schluss:

OS: Wenn es keine unaufhörlich fortzusetzende Spezifizierung gibt und etc., dann gibt es keine Erkenntnis des Verstandes durch Begriffe etc.

US: Der Verstand erkennt alles nur durch Begriffe, niemals durch bloße Anschauung, sondern nur durch weitere niedere Begriffe.

SS: Die Erkenntnis der Erscheinungen fordert also eine unaufhörlich fortzusetzende Spezifizierung und deren Fortgang zu immer noch bleibenden Verschiedenheiten, wovon in dem Begriff der Art, und noch mehr dem der Gattung, abstrahiert wird.

Zudem verschachtelt Kant in diesem Schluss einen weiteren, der sich in folgender Formulierung findet: „[D]enn, würde es keine niederen Begriffe geben, so gäbe es auch keine höheren" (A 656/B 684=1.19.). Daraus lassen sich folgende Terme destillieren:

Q = Es gibt niedere Begriffe.
R = Es gibt höhere Begriffe.

Der Schluss, der wieder der Struktur des apagogischen Beweises folgt, heißt dann:

OS: Wenn nicht Q, dann nicht R.
US: Es gibt R.

SS: Es gibt Q.

Es ergibt sich daher folgender anhand der kantischen Formulierungen rekonstruierter Schluss:

OS: Wenn es keine niederen Begriffe gibt, gibt es keine höheren Begriffe.
US: Es gibt höhere Begriffe.

SS: Also muss es auch niedere Begriffe geben.

Kant wendet zudem in Absatz 1.20. auch den zweiten Beweisschritt des Hauptarguments, wie es anhand des Absatzes 1.13. entwickelt wurde, auf das Prinzip der Spezifikation an. Er argumentiert dafür, dass das „Gesetz der Spezifikation nicht von der Erfahrung entlehnt" (A 657/B 685=1.20.) ist. Dabei folgt Kant wieder dem bereits bekannten Muster:

OS: Wenn S, dann nicht T.
US: Es gibt T.

SS: Also nicht S.

Die Terme lassen sich dabei aus folgenden Textpassagen gewinnen: Der Term S als Konklusion eröffnet den Absatz 1.20. und wurde obig bereits zitiert. Der Term T lässt sich in einer zweifachen Form, einmal in negativer und einmal in affirmativer Weise, aus dem Text gewinnen. Erstens: „Die empirische Spezifikation bleibt in der Unterscheidung des Mannigfaltigen bald stehen" (A 657/B 685=1.20.). Dabei ist allerdings die genauere Bestimmung der Spezifikation als empirische allererst im Schluss nachzuweisen. Zweitens: Das „transzendentale Gesetz der Spezifikation" (A 657/B 685=1.20.) fordere auf, eine Unterscheidung „zu suchen, und sie noch immer zu vermuten, wenn sie sich gleich nicht den Sinnen offenbaret" (A 657/B 685=1.20.). In dieser Formulierung wiederum wäre die genaue Bestimmung der Spezifikation als transzendental nachzuweisen.

Ausgehend davon lassen sich folgende Terme unterscheiden:

S = Das Gesetz der Spezifikation ist aus der Erfahrung entnommen.
T = Die Spezifikation bleibt in der Unterscheidung des Mannigfaltigen nicht stehen.

Der Schluss lässt sich daher mit Kants Worten wie folgt formalisieren:

OS: Wenn das Gesetz der Spezifikation aus der Erfahrung entnommen wäre, dann bliebe die Spezifikation in der Unterscheidung des Mannigfaltigen bald stehen.
US: Die Spezifikation bleibt in der Unterscheidung des Mannigfaltigen nicht stehen.

SS: Das Gesetz der Spezifikation stammt nicht aus der Erfahrung.

Aus diesem Schluss kann Kant weiter folgern, dass das Gesetz der Spezifikation, gemeint ist hier das „transzendentale Gesetz der Spezifikation" (A 656/B 684=1.20.), auffordert, eine Unterscheidung „zu suchen, und sie noch immer zu vermuten, wenn sie sich gleich nicht den Sinnen offenbaret" (A 656/B 685=1.20.), wie die obige zweite Variante bereits ausgeführt hat.

3.3.2.2 Analyse der Argumentation für das Prinzip Kontinuität

In den Absätzen 1.25. und 1.26. entwickelt Kant die Herleitung des Prinzips der Kontinuität in derselben argumentativen Gliederung wie bei den Prinzipien der Homogenität und der Spezifikation. Das Prinzip der Kontinuität wird dabei aber nicht in Opposition zu einem anderen Prinzip entwickelt, sondern als aus den Prinzipien der Homogenität und der Spezifikation entsprungen gedacht. Die

Sonderstellung, die Kant dem Prinzip der Kontinuität einräumt, ist einerseits auf architektonische und strukturelle Gründe zurückzuführen, andererseits auf inhaltliche: Das Gesetz des kontinuierlichen Übergangs lasse sich erstens überhaupt nicht darstellen, ohne zuvor dasjenige der Homogenität und der Spezifikation grundgelegt zu haben. Kant weist aber darüber hinausgehend auch zweitens explizit darauf hin, dass das Prinzip der Kontinuität erst entsteht, indem „man die zwei ersteren vereinigt" (A 658/B 686=1.21.). Der systematische Zusammenhang – Punkt eins – zwischen den Gattungen und Arten, welchen das Prinzip der Kontinuität zu leisten hat, entstehe demnach gerade im Vollzug des „Aufsteigen[s] zu höheren Gattungen, als im Herabsteigen zu niederen Arten" (A 658/B 686=1.21.). Dadurch seien „alle Mannigfaltigkeiten unter einander verwandt, weil sie insgesammt durch alle Grade der erweiterten Bestimmung von einer einzigen, obersten Gattung abstammen." (A 658/B 686=1.21.)

Kant argumentiert dafür, dass dem logischen Gesetz des „continui specierum (formarum logicarum) [...] ein transzendentales voraus[gesetzt] (ein lex continui in natura)" (A 660/B 688=1.25.) ist. Das Argument selbst folgt – Punkt zwei – wieder der apagogischen Struktur und lässt sich wie folgt darstellen:

OS: Wenn nicht U, dann V.
US: Nicht V.

SS: Also U.

Die Begriffe U und V lassen sich aus der folgenden Textpassage gewinnen:

> Dieses logische Gesetz des continui specierum (formarum logicarum) setzt aber ein transzendentales voraus (lex continui in natura), ohne welches der Gebrauch des Verstandes durch jene Vorschrift nur irre geleitet werden würde, indem sie vielleicht einen der Natur gerade entgegengesetzten Weg nehmen würde. (A 660/B 688=1.25.)

Auf dieser Textbasis lässt sich folgende Bestimmung der Terme fixieren:

U = Der Gebrauch der Vernunft ist transzendental legitimiert.
V = Die Vernunft wird durch das Gesetz des continui specierum in die Irre geleitet und nimmt einen der Natur gerade entgegengesetzten Weg.

Der obigen Argumentationsstruktur folgend lässt sich der Schluss in der Formulierung Kants wie folgt darstellen:

OS: Wenn der Gebrauch der Vernunft nicht transzendental legitimiert ist, dann würde die Vernunft durch das Gesetz des continui specierum in die Irre geleitet werden und einen der Natur gerade entgegengesetzten Weg nehmen.

US: Die Vernunft kann nicht durch das Gesetz des continui specierum in die Irre geleitet werden und einen der Natur gerade entgegengesetzten Weg nehmen.

SS: Der Gebrauch der Vernunft ist transzendental legitimiert.

Auch auf den zweiten Beweisschritt, wie er in Absatz 1.13. für das Hauptargument dargelegt wurde, bezieht sich Kant in der Argumentation für das Prinzip der Kontinuität – er entwickelt diesen wieder in Form eines apagogischen Beweises:

OS: Wenn nicht W, dann X.
US: Nicht X.

SS: Also W.

Kant formuliert für das Prinzip der Kontinuität folgende Konklusion: „Es muß also dieses Gesetz auf reinen transscendentalen und nicht empirischen Gründen beruhen" (A 660/B 688=1.25.) – woraus sich der Term W bzw. Nicht-W gewinnen lässt. Der Term X findet sich in folgender Formulierung: Denn sonst „würde es später kommen als die Systeme; es hat aber eigentlich das Systematische der Naturerkenntniß zuerst hervorgebracht." (A 660/B 688=1.25.)

Folgende Terme lassen sich aus den Textpassagen dazu destillieren:

W = Das Gesetz des continui specierum beruht auf reinen transzendentalen und nicht empirischen Gründen.
X = Das Gesetz des continui specierum tritt später auf als das System.

Es lässt sich demnach, die kantischen Formalisierungen heranziehend, folgender Schluss entwickeln:

OS: Wenn das Gesetz des continui specierum nicht auf transzendentalen, sondern auf empirischen Gründen beruht, dann tritt das Gesetz des continui specierum später auf als das System.
US: Das Gesetz des continui specierum hat aber das Systematische der Naturerkenntnis begründet.

SS: Das Gesetz des continui specierum beruht auf reinen transzendentalen und nicht empirischen Gründen.

Noch einmal bekräftigt Kant in Absatz 1.26. den transzendentalen Charakter des Prinzips der Kontinuität, da es keinen kongruierenden Gegenstand in der Erfahrung hat, sondern „bloße Idee" (A 661/B 689=1.26.) ist: Die Spezies mache ein „quantum discretum" (A 661/B 689=1.26.) aus und niemals ein quantum continuum. Aus Absatz 1.26. lassen sich folgende Terme in ihrer schlusslogischen Struktur rekonstruieren:

OS: Wenn Y, dann Z.
US: Nicht Z.

SS: Also nicht Y.

Die Terme lauten:

Y = Der stufenartige Fortgang in der Verwandtschaft der Spezies ist kontinuierlich.
Z = Zwischen den Arten gibt es eine wahre Unendlichkeit der Zwischenglieder.

Der Schluss lässt sich in Kants Worten wie folgt wiedergeben:

OS: Wenn der stufenartige Fortgang in der Verwandtschaft der Spezies kontinuierlich ist, dann müsste es eine wahre Unendlichkeit der Zwischenglieder geben.
US: Zwischen den Arten kann es keine wahre Unendlichkeit der Zwischenglieder geben.

SS: Der stufenartige Fortgang in der Verwandtschaft der Spezies ist kontinuierlich.

Wie bereits das Prinzip der Homogenität (vgl. A 654/B 682) schränkt Kant auch das Prinzip der Kontinuität dahingehend ein, dass der Beweis zwar nachgewiesen hat, dass dem logischen Prinzip ein transzendentales vorhergeht, damit aber nicht angezeigt ist, „wie weit wir die Gradfolge ihrer Verschiedenheit zu suchen" (A 661/B 689=1.26.) haben.

3.3.3 Zwischenergebnis

Kant erschließt ausgehend von der metaphysischen Deduktion im Dritten Abschnitt des Ersten Buches die Vernunftideen Gott, Welt und Seele als Formen des Unbedingten. Dabei rekonstruiert Kant die Dreiteilung des Schlusses ausgehend von den Relationsurteilen und koppelt diese mit der Dreiteilung aller Beziehungen, die unsere Vorstellungen haben können, um daraus die drei Ideen Gott, Welt und Seele zu gewinnen. Demnach ergibt sich folgende Struktur der Vernunftideen in ihrer logischen und transzendentalen Funktion:

Art der Schlüsse	kategorischer Vernunftschluss	hypothetischer Vernunftschluss	disjunktiver Vernunftschluss
Verhältnis der Vorstellungen	zum Subjekt	zum Mannigfaltigen des Objekts in der Erscheinung	zu allen Dingen überhaupt
Formen der unbedingten Einheit	Einheit des denkenden Subjekts	Einheit der Reihe der Bedingungen der Erscheinung	Einheit der Bedingungen aller Gegenstände des Denkens überhaupt
Idee	Seele	Welt	Gott
Disziplin	rationale Psychologie	rationale Kosmologie	rationale Theologie

Die Vernunftprinzipien der Homogenität, der Spezifikation und der Kontinuität stellt Kant als transzendentallogische Voraussetzung des Schließens dar. Dabei expliziert er stets das logische Prinzip, d. i. der Gattungen, der Arten und den Übergang zwischen Gattungen und Arten, um darauf aufbauend das transzendentale Prinzip als notwendige Voraussetzung des logischen zu entwickeln. Für alle drei Prinzipien wird dabei das Hauptargument des Absatzes 1.13. in spezifischer Weise wiederholt und in seinen zwei Beweisschritten durchgeführt. In Absatz 1.21. stellt Kant selbst als Ergebnis seiner Herleitung die Vernunftprinzipien dar, wenn er formuliert: „Die Vernunft bereitet also dem Verstand sein Feld" (A 657/B 685=1.21.) durch drei Prinzipien, erstens das Prinzip der Gleichartigkeit des Mannigfaltigen unter höheren Gattungen, zweitens den Grundsatz der Varietät des Gleichartigen unter niederen Arten, drittens das Gesetz der Affinität aller Begriffe. Diese Prinzipien nennt Kant „die Prinzipien der Homogenität, der Spezifikation und der Kontinuität der Formen" (A 658/B 686=1.21.). Mit Bezug auf den Absatz 1.27. lassen sich diese Prinzipien „ihrer Ordnung nach versetzt, um sie dem Erfahrungsgebrauch gemäß zu stellen" (A 662/B 690=1.27.), auch als „Mannigfaltigkeit, Verwandtschaft und Einheit" (A 662/B 690=1.27.) bezeichnen. Demnach ergibt sich folgende Struktur der Vernunftprinzipien in ihrer logischen und transzendentalen Funktion:

Logisches Gesetz	„Continui specierum (formarum logicarum)"	Logisches Prinzip der Arten „entium varietates non temere esse minuendas"	Logisches Prinzip der Gattung „entia praeter necessitatem non esse multiplicanda"
Transzendentales Prinzip	Kontinuität/ Affinität „lex continui in natura"	Spezifikation	Homogenität
Die Prinzipien der Ordnung nach versetzt	Verwandtschaft	Mannigfaltigkeit	Einheit

Mit der Zweiteilung der Vernunftbegriffe in Prinzipien und Ideen geht damit auch auf inhaltlicher Ebene ein Bruch durch das Lehrstück des Anhangs zur *Transzendentalen Dialektik*. R. Zocher hat diese Zweiteilung als „Doppelsinn" (Zocher 1966, S. 225)[29] der Ideen bezeichnet. Seine Analyse richtet sich dabei aber nicht auf die Frage nach dem Ursprung dieses Doppelsinns. Er stellt vielmehr in der Analyse einer transzendentalen Deduktion der Vernunftbegriffe zwei separate Strategien fest, wenn er zwischen einer *Deduktion mittels Quasi-Gegenständen* und einer *Richtungsdeduktion* unterscheidet (vgl. Zocher 1966, S. 225). Dieser Differenzierung Zochers sind viele nachfolgende Untersuchungen, wenn auch nicht immer unter expliziter Bezugnahme gefolgt.[30] Die hier geleistete Analyse bezüglich der Anzahl der Vernunftbegriffe ausgehend von ihrem Ursprung hat hingegen diesen Doppelsinn nicht erst in der transzendentalen Rechtfertigung lokalisiert, sondern bereits in der Grundstruktur der Vernunftbegriffe (sowohl der Ideen als auch der Prinzipien) selbst festmachen können.

3.4 Ergebnisse

Der Anhang zur *Transzendentalen Dialektik* entwickelt den regulativen Vernunftgebrauch in zweifacher Hinsicht, einmal für die Vernunftideen Gott, Welt und Seele und einmal für die Vernunftprinzipien Homogenität, Spezifikation und Kontinuität (Kap. 3.1).

Kant skizziert die Vernunftbegriffe dabei sowohl in einer systematischen Form als auch unter philosophiehistorischer Bezugnahme. In den systematischen

---

[29] Vgl. dazu auch Zocher 1958, S. 55; Malter 1981, S. 210; Caimi 1995, S. 308.
[30] Siehe dazu die Analyse zur transzendentalen Deduktion und den dabei diskutierten Forschungsstand in Kapitel 5.2.

Überlegungen positioniert er die Vernunftbegriffe im Kontext der Vorstellungen überhaupt (Kap. 3.1.1) in der Differenzierung zu den Verstandesbegriffen. In der historischen Bezugnahme (Kap. 3.1.2) greift Kant den Ideenbegriff Platons auf und hält dabei an der Charakterisierung der Ideen als unveränderlich und an ihrer durchgängigen Bestimmtheit fest. Gleichzeitig kritisiert er aber Platons Anwendung der Ideen auf das Feld möglicher Erfahrung. Der Rückgriff auf Platon erlaubt es Kant, sich von dem *sorglosen Umgang* mit Ideen in der Philosophie der frühen Neuzeit zu distanzieren.

Entgegen der *mystischen* Deduktion entwickelt Kant auf der Basis der logischen Struktur der Vernunft sowohl für die Vernunftideen Gott, Welt und Seele als auch für die Vernunftprinzipien der Homogenität, der Spezifikation und der Kontinuität ein methodisch-logisches Verfahren zur Analyse ihres *Ursprungs* (Kap. 3.2) und ihrer *bestimmten Zahl* (Kap. 3.3).

Im Rahmen der Analyse des Ursprungs der Vernunftideen (Gott, Welt, Seele) differenziert Kant drei verschiedene Schlüsse ausgehend von den Relationsurteilen im Obersatz. Im Zuge des prosyllogistischen Verfahrens wird dabei in drei differenten Formen vom Bedingten auf ein schlechthin Unbedingtes geschlossen (Kap. 3.2.2). Im Rahmen der Analyse des Ursprungs der Vernunftprinzipien (Homogenität, Spezifikation, Kontinuität) entwickelt Kant nicht die urteilslogische Unterscheidung des Schlusses. Die Vernunftprinzipien bilden keine Formen des Unbedingten, die durch das prosyllogistische Verfahren erschlossen werden, sondern die transzendentale Voraussetzung des logischen Schließens selbst (Kap. 3.2.3). In beiden Argumentationsstrategien kommt es aber zu einer Parallelisierung zwischen der logischen Struktur der Vernunft und den daraus gewonnenen Vernunftbegriffen. Aus diesem Grund lässt sich trotz zentraler Unterschiede zur *Transzendentalen Analytik* von einer metaphysischen Deduktion der Vernunftbegriffe sprechen (Kap. 3.2.1).

Aufbauend auf der Analyse des Ursprungs der Vernunftideen entwickelt Kant auch eine zweifache Analyse ihrer Anzahl. Von der Herleitung ausgehend erweisen sich dabei auch wesentliche Unterschiede in den beiden Vernunftbegriffen: Versucht Kant im Rahmen der Vernunftideen Gott, Welt und Seele das Unbedingte selbst transzendentalphilosophisch zu fassen (Kap. 3.3.1), unternimmt er mit den Prinzipien der Homogenität, der Spezifikation und der Kontinuität den Versuch, die notwendigen Bedingungen des Schließens auf das Unbedingte als transzendentale Prinzipien zu entwickeln (Kap 3.3.2).

Mit der Spiegelmetapher aus Absatz 1.4. des Anhangs zur *Transzendentalen Dialektik* gesprochen erschließt Kant in der Herleitung der Vernunftideen in dreifacher Weise den Gegenstand hinter der Spiegelfläche selbst. Mit den Vernunftprinzipien hingegen erschließt Kant die transzendentalen Prinzipien, mit denen vom bedingten Gegenstand im Feld möglicher Erfahrung und dem Gegenstand hinter der Spiegelfläche geschlossen wird.

Damit kommt den beiden Vernunftbegriffen trotz des über weite Strecken parallel verlaufenden Verfahrens ihrer Herleitung jeweils eine andere Funktion und Rolle zu (Kap. 3.3.3). Durch die logische Struktur der jeweiligen Vernunftbegriffe lässt sich diese aufweisen.

4 Schule und Grundlage des Gebrauchs der Menschenvernunft – das Systematische der Erkenntnis

Der gesamte Anhang zur *Transzendentalen Dialektik* steht unter dem expliziten Ziel der Grundlegung der „systematischen Einheit des Mannigfaltigen der empirischen Erkenntnis" (A 671/B 699=2.3., vgl. A 680/B 708=2.11., A 686 f./B 714 f.=2.17.), wie Kant im zweiten Teil formuliert, bzw. dem Ziel, „das Systematische der Erkenntnis, d. i. der Zusammenhang derselben aus einem Prinzip" (A 645/B 673=1.5.) zu entwickeln, wie es im ersten Teil heißt. Dabei ist es insbesondere das einheitsstiftende Prinzip des Systems, das Kants Konzeption maßgeblich vom Streit um die *wahre Idee des Systems* im 18. Jh. unterscheidet und im Begriff des Zwecks liegt. Der Anhang zur *Transzendentalen Dialektik* entwickelt explizit diese Engführung von System und Zweckmäßigkeit, aus der sich, so Kant, „[d]ie größte systematische, folglich auch die zweckmäßige Einheit" (A 694/B 722=2.22.) ergibt, welche „die Schule und selbst die Grundlage der Möglichkeit des größten Gebrauchs der Menschenvernunft" (A 694/B 722=2.22.) ist.

Um diese Zusammenführung zu explizieren, wird in einem ersten Schritt Kants Begriff der Zweckmäßigkeit im Kontext zum Begriff der transzendentalen Illusion rekonstruiert (Kap. 4.1). Zentraler Ausgangspunkt ist dabei die von Kant entwickelte Ambiguität der Vernunft, die in der Unvermeidbarkeit des transzendentalen Scheins, aber gleichzeitig im darauf basierenden Anspruch der Zweckmäßigkeit liegt (Kap. 4.1.1). Der transzendentale Schein bzw. die natürliche Dialektik können dabei auf einen Fehler in der Subreption zurückgeführt werden, der wiederum als ein Mangel der Urteilskraft zu identifizieren ist (Kap. 4.1.2). Abschließend gilt es, nach dem Status der Zweckmäßigkeit im Rahmen der theoretischen Philosophie zu fragen (Kap. 4.1.3). In einem zweiten Schritt wird daran anschließend der Systembegriff aufbauend auf dem Zweckbegriff dargestellt (Kap. 4.2). Dafür wird ebenfalls in zwei Unterkapiteln argumentiert: Erstens gilt es, den Systembegriff sowohl im Kontext des ersten Teils als auch des zweiten Teils des Anhangs zur *Transzendentalen Dialektik* einzuführen (Kap. 4.2.1) und zweitens dessen Varianten als hypothetischen Vernunftgebrauch und als Als-ob-Funktion zu rekonstruieren (Kap. 4.2.2). Abschließend wird erneut die Frage nach dem Status des Systembegriffs aufgeworfen (Kap. 4.2.3).

4.1 Schein und Zweck

Eine Auseinandersetzung mit dem Zweckbegriff im Rahmen der *Kritik der reinen Vernunft* bringt zwei Schwierigkeiten mit sich: Erstens handelt es sich dabei um einen sehr zentralen, aber weitverzweigten Terminus der kantischen Philosophie. In diesem Sinne finden sich sowohl die Begriffe *Naturzweck* (vgl. KU AA V, S. 396), *Zweck der Willkür* (vgl. MS AA VI, S. 381, 384), *Endzweck* und *letzter Zweck* (vgl. u. a. RGV AA VI, S. 5 f.). Kant thematisiert die Zweckmäßigkeit in allen drei Kritiken, legt aber an keiner Stelle eine Exposition des Zweckbegriffs vor. Auch in der Forschung finden sich nur vereinzelt Versuche, den Zweckbegriff textimmanent zu entwickeln.[1] Zweitens ist der Zweckbegriff in der *Kritik der reinen Vernunft* im Vergleich zur praktischen Philosophie und der *Kritik der Urteilskraft* weniger im Fokus der Forschung. In der *Kritik der praktischen Vernunft* wie auch in der *Metaphysik der Sitten* thematisiert Kant eine „praktische[] Zweckmäßigkeit" (KU AA V, S. 181), in der das pragmatisch orientierte menschliche Zusammenleben im Mittelpunkt steht (vgl. MS AA VI, S. 381, 384). In der *Kritik der Urteilskraft* thematisiert Kant wiederum eine Zweckmäßigkeit von Dingen der Natur, die weder von uns noch von einem göttlichen Intellekt willentlich hervorgebracht ist: Diese Form von Zweckmäßigkeit sei „ein besonderer Begriff *a priori*, der lediglich in der reflectirenden Urtheilskraft seinen Ursprung hat." (KU AA V, S. 181) Kant fragt darin nach der Einheit der Mannigfaltigkeit der besonderen empirischen Gesetze der Natur, d. i. nach deren zweckmäßiger Anordnung, die noch nicht durch die Kategorien des Verstandes selbst gegeben ist.

Die praktische Philosophie greift damit den Begriff Zweck in einem völlig neu konzipierten Rahmen als technisch-praktische Zweckmäßigkeit auf.[2] Die *Kritik der Urteilskraft* aber entwickelt eine Problemstellung auf der Basis der *Transzendentalen Analytik* der *Kritik der reinen Vernunft*. Diese wiederum ist bereits in der *Transzendentalen Dialektik* der ersten Kritik virulent, wenn sie auch nicht anhand des Vermögens der reflektierenden Urteilskraft thematisiert wird.[3]

Der Zweckbegriff spielt demnach bereits in der ersten Kritik eine tragende Rolle (vgl. Konhardt 1979; Dörflinger 2000) und wird in verschiedenen Passagen

---

[1] Vgl. dazu die ältere Forschung von Pfannkuche 1901, S. 51–71; Ernst 1909; Gutterer 1968; Dörflinger 2000, S. 11–26. Eine textimmanente Exposition des Zweckbegriffs hat Klingner 2012, S. 119–214 vorgelegt.
[2] Für einen Überblick zur Forschung vgl. Klingner 2012, S. 2 f.
[3] Für den Zusammenhang von erster und dritter Kritik im Begriff des Zwecks vgl. Bartuschat 1972, S. 7–54; Zeidler 2006, S. 41–57; Liedtke 1964, S. 108–157; Peter 1992, S. 17–51; Düsing 1968, S. 24–51; Stadler 1874, S. 18–43; Model 1987; Kuypers 1972; Bauer-Drevermann 1956, S. 497–504; Horstmann 1997b, S. 165–180.

4.1 Schein und Zweck — 129

thematisiert: Er findet sich bereits einmal in der *Vorrede* (vgl. B VII) und der *Einleitung* (vgl. B 21) der *Kritik der reinen Vernunft* sowie in der *Widerlegung des Mendelssohnschen Beweises*. Zudem tritt das Konzept der Zweckmäßigkeit im Ersten Buch der *Transzendentalen Dialektik* (vgl. A 337/B 395) und im Sechsten Abschnitt der *Lehre vom Ideal* (vgl. A 622/B 650-A 629/B 657) auf und spielt eine zentrale Rolle im Rahmen der *Transzendentalen Methodenlehre*, insbesondere in der *Architektonik der reinen Vernunft* (vgl. A 774/B 802, A 832/B 860) und dem *Kanon der reinen Vernunft* (vgl. A 795-B 823-A 820/B 848), in dem Kant schon auf die praktische Philosophie verweist. Bereits die Häufigkeit des Auftretens des Begriffs Zweck bzw. Zweckmäßigkeit – ersterer findet sich dreimal und zweiterer siebenmal im Rahmen des zweiten Teils des Anhangs zur *Transzendentalen Dialektik* – sowie die äquivalent gebrauchten Begriffe Teleologie (vgl. A 692/B 720=2.20.) und Endabsicht (vgl. A 669/B 697, A 680/B 708=2.11) weisen den Anhang zur *Transzendentalen Dialektik* als das zentrale Lehrstück für das Konzept der Zweckmäßigkeit im Rahmen der *Kritik der reinen Vernunft* aus.

4.1.1 Die Ambiguität der Vernunft

Die Ambiguität der theoretischen Vernunft liegt in ihrem natürlichen Hang, die Grenzen der Erfahrung zu überscheiten, aber gleichzeitig auf dem daraus resultierenden transzendentalen Schein, die Zweckmäßigkeit aller Erfahrung zu begründen.

4.1.1.1 *Unvermeidbarkeit des Scheins*
Bereits im ersten Teil der Einleitung, der *Vom transzendentalen Schein überhaupt* handelt, stellt Kant die „Dialektik überhaupt" (A 293/B 349) als „eine Logik des Scheins" (A 293/B 349) vor. Der Gegenstand dieser Dialektik ist demnach der „transscendentale Schein" (A 296/B 353), der „gänzlich über den empirischen Gebrauch der Kategorien" (A 295/B 352) hinwegführe.

Alle Schlüsse, die nicht der Restriktionsthese unterstehen, d. i. über das „Feld der mögliche[n] Erfahrung hinausführen" (A 642/B 670=1.1.), seien daher erstens „trüglich und grundlos" (A 642/B 670=1.1.). Sie erweisen allerdings außerdem – zweitens – einen „natürlichen Hang" (A 642/B 670=1.1.) der menschlichen Vernunft, genau jene kritische Grenze zu überschreiten. Die transzendentalen Ideen erzeugen dabei einen „unwiderstehlichen Schein" (A 642/B 670=1.1.), vor dessen Täuschung man sich auch durch die schärfste Kritik „kaum" (A 642/B 670=1.1.) schützen könne. Es handelt sich bei den Vernunftbegriffen, so Kant, daher um Illusionen, die nicht zu vermeiden sind. Diese Unvermeidbarkeit der Illusionen hat Kant anhand der Spiegelmetapher in Absatz 1.4. des Anhangs zur *Transzendentalen Dialektik* verdeutlicht, nach der es die Vernunft wider besseren Wissens nicht vermeiden kann, dass ihr der über den Spiegel gesehene Gegenstand im Feld möglicher Erfahrung als hinter der Spiegelfläche liegend erscheint.[4] Die Vernunft könne nur die jeweiligen Täuschungen und Illusionen erkennen, aber nicht über sie hinausgehen, da es sich dabei um ihren „natürlichen Hang" (A 642/B 670=1.1.) handle, durch den sie über den Erfahrungsgebrauch hinausgetrieben werde.

Der terminus technicus *natürlicher Hang* hat sowohl in seinem Aspekt der *Natürlichkeit* als auch der spezifischen Bedeutung von *Hang* eine systematische Funktion. Kant führt zwar den Begriff Hang an der vorliegenden Stelle nicht weiter aus, er lässt sich aber mit Blick auf die *Anthropologie in pragmatischer Hinsicht* gegenüber dem *Instinkt* genauer bestimmen. Dort heißt es: Der Hang (propensio) ist als „subjective Möglichkeit der Entstehung einer gewissen Begierde, die vor der Vorstellung ihres Gegenstandes vorhergeht" (Anth AA VII, S. 265), charakterisiert. Genau in diesem Sinne wird auch in Absatz 1.1. der Terminus verwendet, d. i. als eine subjektive Bedingung im Menschen, die noch vor der Vorstellung eines Gegenstandes vorhanden ist und durch die die Vernunft angetrieben wird, das Feld möglicher Erfahrung zu überschreiten, indem sie von dem gegebenen Bedingten ausgehend das schlechthin Unbedingte sucht. Dieses Unbedingte, „welches die Vernunft in den Dingen an sich selbst nothwendig und mit allem Recht zu allem Bedingten und dadurch die Reihe der Bedingungen als vollendet verlangt" (B XX), treibe dazu an, „über die Grenze der Erfahrung und aller Erscheinungen hinaus zu gehen" (B XX) – was wiederum Täuschung und Illusion unvermeidbar macht. In der *Transzendentalen Methodenlehre* greift Kant den Terminus natürlichen Hang in einer etwas veränderten Diktion, aber mit derselben systematischen Bedeutung erneut auf, wenn er formuliert: „Die Vernunft wird durch einen Hang ihrer Natur getrieben, über den Erfahrungsgebrauch hinaus zu gehen, sich in einem reinen Gebrauche und vermittelst bloßer Ideen zu den äußersten Grenzen aller Erkenntnis hinaus zu wagen" (A 797/B 825).

Der Aspekt der Natürlichkeit im terminus technicus natürlicher Hang ist bereits durch die Explikation des Begriffes Hang indirekt angesprochen: Natürlich ist der Hang der Vernunft, da der dadurch entstehende transzendentale Schein nicht wie der logische aufklärbar ist. Beim transzendentalen Schein der dialektischen Vernunft handle es sich vielmehr um eine „Illusion, die gar nicht zu vermeiden" (A 297/B 354) sei. Kant formuliert dies wie folgt:

> Es giebt also eine natürliche und unvermeidliche Dialektik der reinen Vernunft, nicht eine, in die sich etwa ein Stümper durch Mangel an Kenntnissen selbst verwickelt, oder die irgend

---

4 Siehe dazu die Spiegelmetapher in Kapitel 2.1.

ein Sophist, um vernünftige Leute zu verwirren, künstlich ersonnen hat, sondern die der menschlichen Vernunft unhintertreiblich anhängt und selbst, nachdem wir ihr Blendwerk aufgedeckt haben, dennoch nicht aufhören wird, ihr vorzugaukeln und sie unablässig in augenblickliche Verirrungen zu stoßen, die jederzeit gehoben zu werden bedürfen. (A 298/ B 354)

Der transzendentale Schein und die natürliche Dialektik sind demnach nicht bloß auf *Stümperei* oder *sophistische Argumente* zurückzuführen, sondern bilden unvermeidliche Elemente, an denen die menschliche Vernunft hängt.

Der natürliche Hang der Vernunft ist damit nicht nur besonderer Gegenstand der Untersuchung des Anhangs zur *Transzendentalen Dialektik*, sondern der gesamten *Kritik der reinen Vernunft*, wie deutlich wird, wenn Kant in ihrer Vorrede von 1781 feststellt, dass es das „besondere Schicksal" (A VII) der menschlichen Vernunft ist, dass sie durch „Fragen belästigt wird, die sie nicht abweisen kann, denn sie sind ihr durch die Natur der Vernunft selbst aufgegeben, die sie aber nicht beantworten kann; denn sie übersteigen alles Vermögen der menschlichen Vernunft." (A VII) Die Fehler der an die Vernunftbegriffe gebundenen metaphysica generalis lassen sich demnach aufweisen, aber nicht vermeiden: Denn dass der „Geist des Menschen metaphysische Untersuchungen einmal gänzlich aufgeben werde" (Prol AA IV, S. 367) – so Kant in der Erläuterung der Frage *Wie Metaphysik als Wissenschaft möglich ist* – „ist eben so wenig zu erwarten, als daß wir, um nicht immer unreine Luft zu schöpfen, das Athemholen einmal lieber ganz und gar einstellen würden." (Prol AA IV, S. 367).

4.1.1.2 Kants Reformulierung des Grundsatzes natura nihil facit frustra

Der natürliche Hang der Vernunft zum transzendentalen Schein bildet den Ausgangspunkt für alle Teilabschnitte der *Kritik der reinen Vernunft*, er ist aber im besonderen Untersuchungsgegenstand des Anhangs zur *Transzendentalen Dialektik*, wenn dort die Frage nach der Zweckmäßigkeit dieser natürlichen Dialektik bzw. des transzendentalen Scheins aufgeworfen wird. Dabei stehe gemäß des Prinzips *natura nihil facit frustra*, fest, dass „[a]lles, was in der Natur unserer Kräfte gründet [...], zweckmäßig" (A 642/B 670=1.2.) sein müsse. Trotz der 300 Seiten langen Kritik am transzendentalen Schein der dialektischen Vernunft stellt Kant demnach nicht prinzipiell in Frage, dass die Natur zweckmäßig geordnet ist. Zweckmäßig ist dabei allerdings nur „die Natur unserer Kräfte" (A 642/ B 670=1.2.) – dieser essenzielle Zusatz geht jedoch im Rückblick auf den ersten Teil des Anhangs zur *Transzendentalen Dialektik* in § 60 der *Prolegomena* verloren, wenn es heißt: Es bleibt „noch immer eine der Nachforschung würdige Aufgabe, die Naturzwecke, worauf diese Anlage zu transscendenten Begriffen in unserer

Natur abgezielt sein mag, auszufinden, weil alles, was in der Natur liegt, doch auf irgend eine nützliche Absicht ursprünglich angelegt sein muß." (Prol AA V, S. 362)[5] Kants Reformulierung des Grundsatzes *natura nihil facit frustra* besteht allerdings gerade in seiner vernunftkritischen Wendung.

Den zweiten Teil des Anhangs zur *Transzendentalen Dialektik* eröffnet Kant mit der Feststellung, dass die Ideen der reinen Vernunft „nimmermehr an sich selbst dialektisch sein" (A 669/B 697=2.1.) können und „[v]ermutlich [...] ihre gute und zweckmäßige Bestimmung in der Naturanlage unserer Vernunft haben" (A 669/B 697=2.1.). In den Reflexionen der *Transzendentalen Methodenlehre* wird dieser im Anhang zur *Transzendentalen Dialektik* systematisch ausgearbeitete Aspekt als eine „tröstende Bemerkung" (A 743/B 771) bezeichnet, „die der Vernunft wieder Muth giebt: denn worauf wollte sie sich sonst verlassen, wenn sie, die allein alle Irrungen abzuthun berufen ist, in sich selbst zerrüttet wäre, ohne Frieden und ruhigen Besitz hoffen zu können?" (A 743/B 771) Demnach steht die Vernunft zwar unter scharfer und unabweisbarer Kritik, sie ist allerdings in der Gesamtstruktur ihrer Zweckmäßigkeit nicht aufzugeben, worin der obig angesprochene Trost liegt.

Für diese Zweckmäßigkeit der Vernunft, d. i. dass die Ideen zu gar keiner Zeit an sich selbst dialektisch sind, argumentiert Kant in Absatz 2.1. wie folgt: Die „Ideen der reinen Vernunft" (A 669/B 697=2.1.) sind durch die „Natur unserer Vernunft aufgegeben" (A 669/B 697=2.1.) – ein Aspekt, den Kant in der Einleitung und dem Ersten Buch der *Transzendentalen Dialektik* argumentativ entwickelt hat.[6] Die „Natur unserer Vernunft" (A 669/B 697=2.1.) wiederum bildet einen „obersten Gerichtshof aller Rechte und Ansprüche unserer Spekulation" (A 669/B 697=2.1.), der deshalb keine Instanz mehr über sich kennt. Als solche ist die Vernunft, wie Kant in der *Transzendentalen Methodenlehre* zeigt und in der *Antinomie der reinen Vernunft* unter Beweis stellt, nicht in die Streitigkeiten, die auf die Objekte gehen, verwickelt, sondern dazu gesetzt, das „Rechtsame der Vernunft überhaupt nach den Grundsätzen ihrer ersten Institution zu bestimmen und zu beurtheilen." (A 751/B 779)[7] Aus diesem Grund könne die Vernunft in ihrer Funktion als oberster Gerichtshof niemals „selbst ursprüngliche Täuschungen und Blendwerke enthalten" (A 669/B 697=2.1.).

Zur Verdeutlichung sei die kantische Argumentation, welche die Form eines Polysyllogismus aufweist, hervorgehoben:

---

5 Zum Verhältnis der *Kritik der reinen Vernunft* und den *Prolegomena* vgl. Zeidler 2004, S. 91ff.; Schliemann 2012, S. 14ff.
6 Siehe dazu die Ausführungen in Kapitel 3.2.
7 Siehe dazu die Ausführungen zum Tribunal der Vernunft in Kapitel 2.2.

OS:	Ideen der reinen Vernunft sind durch die Natur unserer Vernunft aufgegeben.
US:	Die Natur unserer Vernunft ist ein oberster Gerichtshof aller Rechte etc.
SS/ OS:	Die Ideen der reinen Vernunft bilden einen obersten Gerichtshof aller Rechte etc.
US:	Der oberste Gerichtshof kann niemals selbst Täuschung und Blendwerk enthalten.
SS:	Die Ideen der reinen Vernunft können (an sich selbst) niemals Täuschung und Blendwerk enthalten.

Der Schlusssatz aus diesem Polysyllogismus – Ideen der reinen Vernunft können (an sich selbst) niemals Täuschung und Blendwerk enthalten – bildet damit wiederum den argumentativen Kern dafür, dass die Ideen der reinen Vernunft „nimmermehr an sich selbst dialektisch" (A 669/B 697=2.1.) sind und im Umkehrschluss daher eine „gute und zweckmäßige Bestimmung in der Naturanlage unserer Vernunft" (A 669/B 697=2.1.) haben bzw. dass, wie es in der parallel dazu entwickelten Argumentation des ersten Teils des Anhangs heißt, die „Natur unserer Kräfte [...] zweckmäßig" (A 642/B 671=1.2.) ist.

Gegen die für die frühe Neuzeit gängige Verstandes- bzw. Vernunftkritik[8] formuliert Kant damit, dass es lediglich der „Pöbel der Vernünftler" (A 669/B 697=2.1.) ist, der aufgrund von Ungereimtheit und Widerspruch „schreit" (A 669/B 697=2.1.) und die Regierung der Vernunft selbst „schmähet" (A 669/B 697=2.1.). Dieses *Schmähen* und *Schreien* beruhe aber auf einem Selbstwiderspruch, der darauf zurückzuführen sei, dass der Pöbel nicht in den „innerste[n] Plane" (A 669/B 697=2.1.) der Vernunft einzudringen vermöge. Denn die Vernunft bilde ein Richtmaß, an dem Blendwerk und Täuschung bemessen werden und könne daher nicht selbst Blendwerk und Täuschung sein. Der Selbstwiderspruch des Pöbels beruhe demnach darauf, dass all jene, welche die Vernunft tadeln, erst durch deren „wohlthätige[] Einflüsse[]" (A 669/B 697=2.1.) zur Kultur und damit zu diesem Tadel in die Lage versetzt werden. Diese Zurückweisung des Pöbels der Vernunft findet sich allerdings nicht erst im Anhang, auch wenn sie dort expressis verbis ausgeführt wird, sondern bereits im methodischen Ansatz der Vernunftkritik: Kant fragt nach dem Wie von synthetischen Urteilen a priori und nicht danach, ob es solche überhaupt gibt.[9] Damit hat er die Zweckmäßigkeit der

---

[8] Vgl. dazu Schneider 1995, S. 200–203; Welsch 1995, S. 805–807; Welsch 1994, S. 776–780; Baumgartner 1991b, S. 152f.
[9] Vgl. dazu die Analyse zum Begriff des transzendentalen Beweises u. a. bei Baum 1986, S. 173–211.

Vernunft von Anfang an systematisch gegen die Möglichkeit eines *genius malignus* (vgl. Descartes 1986, S. 73) in Stellung gebracht. Er gewinnt diese aber nicht als kategorische Feststellung, sondern entwickelt sie vielmehr als gut begründetes bzw. beglaubigtes Postulat. Dies drückt vor allem das *Vermutlich* in der Formulierung: „Vermutlich werden sie [die Vernunftbegriffe] ihre gute und zweckmäßige Bestimmung in der Naturanlage unser Vernunft haben" (A 669/B 697=2.1.), aus. Das von Kant angestrebte Beweisziel liegt demnach ausgehend von der Zweckmäßigkeit im Aufweis dessen, worin die „wohlthätigen Einflüsse[]" (A 669/B 697=2.1.) der Vernunft tatsächlich bestehen.

4.1.2 Vom Nutzen des Scheins

Auf der Basis der obig entwickelten Ambiguität der Vernunftbegriffe, die im Spannungsfeld von transzendentalem Schein bzw. natürlicher Dialektik und ihrer zweckmäßigen Funktion liegt, ist die Frage nach ihrer Vereinbarkeit im kritischen System zu stellen. Dabei gilt es erstens, den Fehler der Subreption, wie er in der natürlichen Dialektik auftritt, als einen Mangel der Urteilskraft zu identifizieren. Zweitens ist auf dieser Basis die Frage nach der eigentlichen Ausrichtung der Vernunft anhand der Differenzierung von regulativ und konstitutiv zu entwickeln.

4.1.2.1 *Alle Fehler der Subreption beruhen auf einem Mangel der Urteilskraft*

Die Frage nach der Vereinbarkeit von transzendentalem Schein und Zweckmäßigkeit der Vernunft nimmt Kant in Absatz 2.11. explizit auf, wenn er nach eigenen Angaben „das Resultat der ganzen transcendentalen Dialektik" (A 679/B 707=2.11.) und die „Endabsicht der Ideen der reinen Vernunft" (A 680/B 708=2.11.) bestimmt. Dabei stellt er fest, dass die Ideen der reinen Vernunft nur „durch Mißverstand und Unbehutsamkeit" (A 680/B 708=2.11.) dialektisch werden konnten und es nicht an sich selbst sind. Ist die Vernunft selbst zweckmäßig, seien Täuschung und Illusion nicht auf diese Vermögen, sondern lediglich auf einen falschen Gebrauch zurückzuführen, das ist ein Verkennen der „eigentliche[n] Richtung" (A 643/B 671=2.2.) der Natur ihrer Kräfte. Nur durch die Aufmerksamkeit auf diese könne ein *gewisser Missverstand* (vgl. A 680/B 708 = 2.11.) bzw. *Missbrauch* (vgl. A 669/B 697=2.1.) vermieden werden. Genau in diesem Sinne formuliert Kant auch, dass jeder Fehltritt auf die Urteilskraft zurückzuführen ist, wenn es heißt: „[A]lle Fehler der Subreption sind jederzeit einem Mangel der Urteilskraft, niemals aber dem Verstande oder der Vernunft zuzuschreiben." (A 643/B 671)

Der transzendentale Schein und die natürliche Dialektik entstehen demnach nicht aufgrund der Vernunft selbst, sondern aufgrund einer Subreption der Urteilskraft. Mit dem Terminus Subreption verwendet Kant einen Begriff, der sowohl eine juristische Vorgeschichte als auch einen philosophiegeschichtlichen Hintergrund besitzt: Eine Subreption im juristischen Sinne begeht, wer einen Vorteil durch das Verschweigen erheblicher Tatsachen erlangt (vgl. Birken-Bertsch 2006, S. 27). Der Begriff im philosophischen Kontext bezeichnet hingegen einen Fehler der *Erschleichung* bei der Begriffsbestimmung, indem ihm verschiedene Definitionen zugeordnet werden. In diesem Sinne ist der Begriff bereits bei J. Jungius und G. W. Leibniz verwendet, wobei letzterer zumeist von Obreption spricht (vgl. Birken-Bertsch 2006, S. 27 f.). Der Terminus findet über Ch. Wolff, der ihn auf die Frage nach der Absicherung von Aussagen anwendet, Eingang in die Logik- sowie Metaphysiklehrbücher und spielt über diesen Weg auch im kantischen Denken eine entscheidende Rolle (vgl. Birken-Bertsch 2006, S. 29). Insbesondere in der *Dissertatio* bildet er einen tragenden und zentralen Begriff, indem er sich zum *vitium subreptionis metaphysicum* (vgl. MSI AA II, S. 412) wandelt: Durch eine Subreption wird demnach die Raumzeitlichkeit von Dingen an sich erschlichen (vgl. Birken-Bertsch 2006, S. 76, 80, 90 ff.).

In der *Kritik der reinen Vernunft* tritt der Begriff allerdings wieder in den Hintergrund. Dabei ist jedoch zu betonen, dass der Begriff der Subreption für Kant ein älteres Äquivalent zum Begriff des Paralogismus bildet und in diesem Sinne auch in der *Kritik der reinen Vernunft* fortwirkt. Den Zusammenhang von Subreption und Paralogismus legt insbesondere die Reflexion 5553 nahe, in welcher der eine Begriff durch den anderen erläutert wird: „Der Paralogismus der reinen Vernunft ist eigentlich eine transzendentale Subreption, da unser Urteil über obiecte und die Einheit des Bewusstseyns in demselben vor eine Wahrnehmung der Einheit des Subiects gehalten wird" (Refl AA XVIII, S. 223). Für die *Kritik der reinen Vernunft* lässt sich der Subreptionsbegriff als terminus technicus und in Übereinstimmung mit dem Paralogismusbegriff demnach wie folgt bestimmen: Subreption resultiert immer aus der Missachtung von Bedingungen der Anwendung bzw. der Geltung des jeweiligen Begriffs oder Urteils (vgl. Birken-Bertsch 2006, S. 116; Klemme 1996, S. 311).

Der so bestimmte Terminus setzt dabei die kritische Grenze der *Kritik der reinen Vernunft* zwischen Sinnlichkeit und Verstand bzw. Verstand und Vernunft voraus. Auf der Basis dieser Differenzierungen sind die verschiedenen Vermögen nur über die Funktion der Urteilskraft zu synthetisieren. Im System der drei Kritiken entwickelt Kant fünf differente Formen solcher Vermittlungen: Erstens ist es die Aufgabe der Urteilskraft, die Sinnlichkeit und den Verstand als Schematismus des Verstandes zu verbinden, indem die Einbildungskraft Gleichartigkeit herstellt (vgl. A 137/B 176). Zweitens stellt die Urteilskraft eine Verbindung zwischen dem

Verstand und der theoretischen Vernunft her. Damit ist jener Fall benannt, der hier zur Analyse vorliegt und in dem die Vernunft bzw. der Verstand Gleichartigkeit erzeugt. Die Urteilskraft verbindet drittens mit Blick über die *Kritik der reinen Vernunft* hinaus die Sinnlichkeit und die theoretische Vernunft als Symbolismus, indem die Sinnlichkeit Gleichartigkeit herstellt (vgl. KU AA V, S. 459). Viertens verbindet die Urteilskraft die Sinnlichkeit und die praktische Vernunft als Typik (vgl. KpV AA V, S. 67), wobei der Verstand Gleichartigkeit herstellt. Zuletzt verbindet die ästhetische Urteilskraft fünftens den Verstand und die praktische Vernunft als Teleologie, hierbei stellt wieder die Urteilskraft selbst Gleichartigkeit her (vgl. KU AA V, S. 387).

Der Fehler der Subreption ist in all diesen genannten Fällen ein „lapsus judicii" (A 135/B 174) und nicht auf die dabei vermittelten Vermögen selbst zurückzuführen. D. h., weder der Verstand noch die Sinne können allein irren. Der Irrtum der natürlichen Dialektik entstehe vielmehr aus dem unbemerkten Einfluss der Sinnlichkeit auf den Verstand, indem „subjektive Gründe des Urteils mit objektiven zusammenfließen" (A 294/B 350 f.). Der Mangel in der Urteilskraft, der für die Subreption verantwortlich gemacht wird, führt folglich zu zwei Fehlern: erstens der „faulen Vernunft (ignava ratio)" (A 689/B 717=1.18.) und zweitens der „verkehrten Vernunft (*perversa ratio*, äysteron proteron *rationis*)" (A 692/B 720=1.20.). Beides sind Fehler der Verkennung der eigentlichen Richtung der Vernunft. Den Begriff der faulen Vernunft entnimmt Kant nach eigenen Angaben von den „alten Dialektikern" (A 689/B 717=1.19.): So bezeichnet Cicero – in der Schrift *De facto* mit Bezug auf den Stoiker Chrysippos – mit dem Begriff ignava ratio eine Vernunft, die sich mit ihren Schlüssen selbst abschafft. Kant führt für einen sich selbst abschaffenden Schluss folgendes Beispiel an: „Wenn es dein Schicksal mit sich bringt, du sollst von dieser Krankheit genesen, so wird es geschehen, du magst einen Arzt brauchen, oder nicht." (A 689/B 717=1.19.) Dabei handle es sich um einen Schluss, der die Vernunft selbst auslösche, da er glauben mache, dass die „Naturuntersuchung, wo es auch sei, für schlechthin vollendet" (A 689 f./B 717 f.=1.19.) angesehen werden könne. Faul sei die Vernunft, weil sie dadurch glaube, sich „zur Ruhe" (A 690/B 718=1.19.) begeben zu können, „als ob sie ihr Geschäfte völlig ausgerichtet habe." (A 690/B 718=1.19.)[10] Mit der verkehrten Vernunft (perversa ratio) bezieht sich Kant auf die rhetorische Figur des Hysteron-Proteron, nach der das Spätere als Früheres ausgegeben wird. Wie schon

---

10 Um dies zu verdeutlichen, entwickelt Kant – ganz im Sinne der drei Hauptstücke des Zweiten Buches der *Transzendentalen Dialektik* – zwei weitere Beispiele, in denen einige der „windige[n] Hypothesen" (A 683/B 711) skizziert sind, durch welche die Vernunft als faule Vernunft enttarnt wird. Er nennt dabei ein Beispiel im Rahmen der rationalen Psychologie und ein Beispiel im Rahmen der rationalen Theologie. Siehe dazu die Ausführungen in Kapitel 3.2.3.2.

bei der faulen Vernunft greift Kant auch hier einen geflügelten Begriff der Rhetorik auf und verleiht ihm im System der *Kritik der reinen Vernunft* eine spezifische Rolle. Der Fehler einer verkehrten Vernunft entstehe in der *Kritik der reinen Vernunft* nämlich dann, wenn die „Wirklichkeit eines Princips der zweckmäßigen Einheit als hypostatisch zum Grunde" (A 692/B 720=1.20.) gelegt werde. Das Prinzip werde dann nicht in der Verbindung der Dinge auf der Basis der allgemeinen Naturgesetze gesucht, sondern man „kehrt [...] die Sache um" (A 692/B 720=1.20.), indem es stets der jeweiligen Untersuchung vorausgesetzt sei – womit das Spätere als Früheres gesetzt ist. Durch die verkehrte Vernunft entsteht somit ein circulus vitiosus: Der Grund der Natureinheit wird hinter der Natur vorausgesetzt und insofern vor jeglichem Suchen schon gesetzt und dann im Schließen gewonnen.[11]

Werden die Überlegungen zur Unvermeidbarkeit des Scheins (Kap. 4.1.1.1) und der Zweckmäßigkeit der Vernunft (Kap. 4.1.1.2), nach welchen der Fehler der Subreption ein Mangel der Urteilskraft und nicht der Vernunft selbst ist (Kap. 4.1.2.1), zusammengebracht, lässt sich mit der Reflexion 5553 wie folgt rekapitulieren:

> Das, was allen Schein macht: namlich die Verwechselung der subiectiven Bedingungen unseres Denkens mit den obiectiven. Diesen können wir nicht vermeiden, weil wir ein obiect unbedingt denken müssen und keine andere Art es zu denken haben als nur die, welche die besondere Beschaffenheit unseres Subiects mit sich bringt. (Refl AA XVIII, S. 227)

D. h., die Subreption der Urteilskraft rührt in einem Paralogismus aus der Verwechselung von der „Einheit in der Synthesis der Gedanken" (A 402) mit einer „wahrgenommenen Einheit im Subjekte dieser Gedanken" (A 402) – sie rührt also aus der Verwechselung zwischen Wahrnehmung und Einbildung. Dabei handelt es sich allerdings um eine unvermeidbare Täuschung, da die Vernunft, um Einheit zu schaffen, notwendigerweise auf ein Objekt gerichtet sein muss (vgl. u. a. A 674/B 702=2.6.). Des Bestreben der Vernunft nach einem Gegenstand, so Kant, ist dabei unvermeidbar, die beiden dadurch resultierenden Fehler, die verkehrte und die faule Vernunft, hingegen sehr wohl.

---

11 Siehe dazu auch den Anhang zur Teleologie der *Kritik der Urteilskraft*, in dem Kant die zirkelhafte Struktur der verkehrten Vernunft wie folgt wiederholt: „Wenn man also für die Naturwissenschaft und in ihren Context den Begriff von Gott hereinbringt, um sich die Zweckmäßigkeit in der Natur erklärlich zu machen, und hernach diese Zweckmäßigkeit wiederum braucht, um zu beweisen, daß ein Gott sei: so ist in keiner von beiden Wissenschaften innerer Bestand; und ein täuschendes Diallele bringt jede in Unsicherheit, dadurch daß sie ihre Gränzen in einander laufen lassen." (KU AA V, S. 381)

4.1.2.2 Regulativer versus konstitutiver Vernunftgebrauch

Ausgehend von der Unvermeidbarkeit des transzendentalen Scheins sowie der Zurückführung des Fehlers der Subreption auf einen Mangel der Urteilskraft und der damit unangetasteten Zweckmäßigkeit alles dessen, was in der Natur unserer Kräfte gegründet ist, entwickelt Kant eine Differenzierung von regulativem und konstitutivem Vernunftgebrauch. Diese Unterscheidung richtet sich dabei explizit auf die Frage nach der „eigentliche[n] Richtung" (A 643/B 671=2.2.) des Vernunftgebrauchs und damit auf die Frage nach der Ursache des Mangels der Urteilskraft. Dabei ist die Unterscheidung implizit in allen Teilabschnitten des Anhangs zur *Transzendentalen Dialektik* präsent und im ersten Teil *Vom regulativen Gebrauch der Ideen* sogar titelgebend. Die Unterscheidung wird zudem in den Begriffspaaren distributiv/kollektiv (vgl. A 644/B 672=1.3., A 582/B 610), subjektiv/objektiv (vgl. A 648/B 676=1.9., A 680/B 708=2.11.) bzw., wie Kant auch formuliert, „einheimisch (immanent)"/„überfliegend (transzendent)" (A 643/B 671=1.2.) repliziert. Explizit als systematisches Element der Untersuchung eingeführt wird die Differenzierung allerdings nur in den Absätzen 1.2.–1.4. und 1.29. (erste und fünfte Sinneinheit) sowie den Absätzen 2.3. und 2.18.–2.21. (siebte und zehnte Sinneinheit).

Argumentativ geht Kant dabei mit zwei unterschiedlichen Strategien vor: Erstens differenziert er die Unterscheidung zwischen regulativ und konstitutiv der *Transzendentalen Dialektik* von einer gleichlautenden Unterscheidung, die er bereits in der *Transzendentalen Analytik* eingeführt hat. Zweitens entwickelt er eine Spannung zwischen den beiden Begriffen und damit – architektonisch betrachtet – zwischen dem Zweiten Buch der *Transzendentalen Dialektik*, in dem die Fehlschlüsse der konstitutiv gebrauchten Vernunftbegriffe aufgewiesen werden, und dem Anhang zur *Transzendentalen Dialektik*, in dem er deren regulative Funktion nachweist.

In Absatz 1.29. macht Kant – die erste Strategie ausführend – explizit, dass er mit der Differenzierung von regulativ und konstitutiv ein Begriffspaar aufgreift, das bereits in der *Transzendentalen Analytik* eine Funktion inne hatte, wenn es heißt:

> Wir haben in der transscendentalen Analytik unter den Grundsätzen des Verstandes die dynamische, als bloß regulative Principien der Anschauung, von den mathematischen, die in Ansehung der letzteren constitutiv sind, unterschieden. Diesem ungeachtet sind gedachte dynamische Gesetze allerdings constitutiv in Ansehung der Erfahrung, indem sie die Begriffe, ohne welche keine Erfahrung stattfindet, *a priori* möglich machen. Principien der reinen Vernunft können dagegen nicht einmal in Ansehung der empirischen Begriffe constitutiv sein, weil ihnen kein correspondirendes Schema der Sinnlichkeit gegeben werden kann, und sie also keinen Gegenstand *in concreto* haben können. (A 664/B 692=1.29.)

Bereits in der Tafel der Kategorien unterscheidet Kant ausgehend vom *Leitfaden der Entdeckung aller reinen Verstandesbegriffe* (vgl. A 66 – 83/B 91 – 117) die ersten beiden Kategorienklassen, die auf Gegenstände der reinen und empirischen Anschauung gehen und daher mathematische heißen, von der dritten und vierten Klasse der Kategorien, die auf die Existenz dieser Gegenstände gerichtet sind und daher dynamische heißen (vgl. B 110). Aufgrund dessen, dass die „Tafel der Kategorien [...] die ganz natürliche Anweisung zur Tafel der Grundsätze [gibt], weil diese doch nichts anderes, als Regeln des objektiven Gebrauchs der ersteren sind" (A 161 f./B 200 f.), differenziert Kant auch die Grundsätze des Verstandes in mathematische und dynamische (vgl. A 161 f./B 200 f.). Die ersten beiden Grundsätze, d. i. die *Axiome der Anschauung* und die *Antizipation der Wahrnehmung*, bilden daher mathematische Grundsätze. Diesen komme „unmittelbare Evidenz" (A 160/B 200) zu, da sie „jederzeit constitutiv" (A 179/B 222) in der Erzeugung von Raum- und Zeitbestimmungen verfahren.[12] Die dritte und vierte Klasse von Grundsätzen, d. i. die *Analogien der Erfahrung* und die *Postulate des empirischen Denkens überhaupt* bilden hingegen die dynamischen Grundsätze. Diese Grundsätze wirken nur „mittelbar und indirekt" (A 160/B 200 f.) und haben daher nicht die „unmittelbar Evidenz" (A 160/B 200 f.) der mathematischen, sondern gelten nur „regulativ" (A 179/B 221 f.), da sie nicht a priori konstruierbare Sachverhalte darstellen (vgl. A 179/B 221 f.).[13]

Kant entwickelt im Anhang zur *Transzendentalen Dialektik* demnach nicht nur einen Bezug zur Kategorientafel, um ihren Status von den Vernunftbegriffen zu unterscheiden, sondern führt diese Differenz zudem in der Spezifikation von mathematischen und dynamischen Kategorien durch, wenn er formuliert, dass die dynamischen „als bloß regulative Principien der Anschauung" (A 664/B 692=1.29.) von den konstitutiven der mathematischen unterschieden sind. Wenn Kant demnach bereits in der *Systematischen Vorstellung aller synthetischen Grundsätze des reinen Verstandes* den Begriff der Regulativität in der Charakterisierung der dynamischen Grundsätze verwendet, ist er im Anhang zur *Transzendentalen Dialektik* gezwungen, ihn für die regulativen Vernunftbegriffe zu spezifizieren: Der Unterschied liegt darin, dass die dynamischen Grundsätze des Verstandes zwar nicht wie die mathematischen konstruieren, aber doch konstitutiv sind. Sie seien konstitutiv, indem sie die Begriffe, „ohne welche keine Erfahrung stattfände, a priori möglich machen." (A 664/B 692=1.29.) Kant bestimmt also hier die Opposition des Terminus regulativ noch einmal zweifach: erstens als

---
12 Vgl. dazu eine übersichtliche Darstellung und die zentralen Positionen der Forschung in: Klemme 1998, S. 247 – 266; Körner 1965, S. 463 – 473; Böhme 1974, S. 239 – 258.
13 Vgl. dazu Motta 2012, S. 93 – 131 sowie die zentralen Positionen der Forschung in Guyer 1998, S. 297 – 324; Thöle 1991.

konstitutiv und zweitens als konstruktiv. Von dieser Unterscheidung ausgehend sind dynamische Grundsätze nicht konstruktiv, aber dennoch konstitutiv. Die Vernunftbegriffe aber sind weder konstruktiv noch konstitutiv. Kant verwendet die Differenzierung von konstruktiv und konstitutiv allerdings nicht konsequent – so auch in Absatz 1.29. Aus diesem Grund kommt es auch zu einer scheinbaren Widersprüchlichkeit: Die mathematischen Grundsätze werden in der Differenzierung als regulative und nicht konstitutive Grundsätze bezeichnet, im darauffolgenden Satz hingegen wiederum als konstitutiv bestimmt. Mit der obigen Begriffsspezifizierung wäre dieser Widerspruch vermeidbar.

Auf der Basis dieser begrifflichen Unterscheidung handelt es sich im Anhang zur *Transzendentalen Dialektik* in der Differenzierung von regulativ und konstitutiv um eine Differenzierung der Richtung des Verstandesgebrauchs, womit Kant den zweiten Aspekt, d. i. die Spannung zwischen regulativen und konstitutiven Vernunftbegriffen, aufgreift. Die jeweiligen Richtungen, die der Verstand haben kann, lassen sich anhand von Abbildung 8 veranschaulichen.

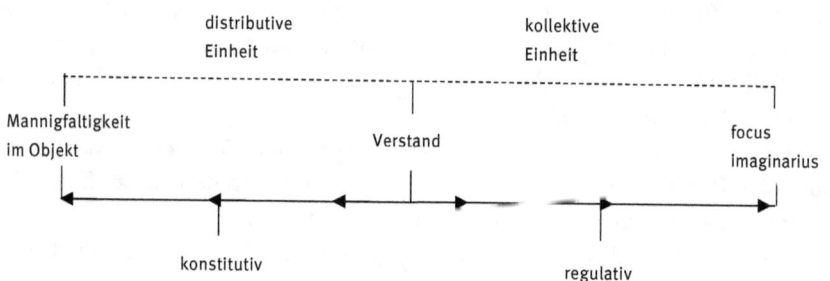

Abbildung 8

In dieser Skizze handelt es sich um eine zweidimensionale Version der Spiegelmetapher, in der der Verstand die Position des Beobachters (E, F, G) einnimmt, das Mannigfaltige im Objekt für das Feld möglicher Erfahrungen (A) steht und der focus imaginarius die gewöhnliche Position (a) inne hat.[14]

Vom Verstand aus betrachtet führt Kant mit der Unterscheidung von regulativ und konstitutiv zwei verschiedene Formen der Einheit bzw. zwei verschiedene Ordnungsprinzipien ein, die sich zwar voneinander unterscheiden, sich aber auch gegenseitig ergänzen: erstens jenes der „distributive[n] Einheit" (A 582/B 610) und zweitens jenes der „kollektive[n] Einheit" (A 644/B 672=1.3., vgl. auch A 582/B 610).

---

[14] Siehe dazu die Spiegelmetapher in Kapitel 2.1.

Im Rahmen der distributiven Einheit schreibt der Verstand der Natur, wie Kant formuliert, die Gesetze vor (vgl. Prol AA IV, S. 320; A 125 ff.) und agiert damit konstitutiv. Diese „Provokation" (Tuschling 2011, S. 134) geht allerdings mit der „Bescheidenheit" (Tuschling 2011, S. 136) einher, dass der Verstand die Natur „bloß als Natur überhaupt" (B 165) erfasst: „Besondere Gesetze" (B 165) hingegen, „weil sie empirisch bestimmte Erscheinungen betreffen, können davon nicht vollständig abgeleitet werden, ob sie gleich alle insgesammt unter jenen stehen." (B 165) Im Rahmen der kollektiven Einheit bilden die Vernunftbegriffe Formen des Unbedingten bzw. eine Systematik des Schließens auf ein Unbedingtes, auf die sich der Verstand regulativ hin orientiert. Das Unbedingte bildet dabei als Totalität der Reihen der Verstandesbegriffe eine „zweckmäßige Anstellung" (A 644/B 672=1.3.) der verteilten Einheit, wie die *Einleitung* und das Erste Buch der *Transzendentalen Dialektik* bereits gezeigt haben. Die Aufgabe der Vernunftbegriffe liege nicht darin, sich auf irgendeinen Gegenstand zu beziehen, sondern „den Verstand zu einem gewissen Ziel zu richten" (A 644/B 672=1.4.). Die regulative Funktion der Ideen bestehe darin, dem Verstand „die größte Einheit neben der größten Ausbreitung zu verschaffen." (A 644/B 672=1.4.) Genau in diesem Sinne ist die Vernunft als kollektive, das heißt als eine zusammensuchende bzw. zusammenfassende Einheit, zu verstehen, wie Kant auch expressis verbis formuliert, wenn er Vernunftbegriffe als auf das „Ganze der möglichen Erfahrung" (A 310 f./B 367) zielend bestimmt.

Im regulativen Vernunftgebrauch wird demnach nicht der natürliche Hang der Vernunft, die Grenzen möglicher Erfahrung zu überschreiten, getilgt, allerdings kann damit sowohl der Fehler der faulen als auch der verkehrten Vernunft vermieden werden: Die faule Vernunft werde vermieden, wenn nicht „bloß einige Naturstücke" (A 691/B 719=2.19.), sondern die systematische Einheit der Natur ganz allgemein aus dem Gesichtspunkt der Zwecke betrachtet werde. Dies lässt sich anhand eines Beispiels verdeutlichen: Die Verteilung des Landes, die Bauwerke, die Gebirge, die Organisation im Gewächs- und Tierreich könne nicht gesondert auf den Zweck hin betrachtet werden. Vielmehr sei die systematische Einheit der Natur ganz allgemein auf ihre Zweckmäßigkeit hin zu betrachten. Von dieser „Zweckmäßigkeit nach allgemeinen Gesetzen der Natur" (A 691/B 719=2.19.) wiederum sei keine besondere Einrichtung ausgenommen – durch diese sei jede besondere Einrichtung „mehr oder weniger kenntlich" (A 691/B 719=2.19.) gemacht und ausgezeichnet: Sie bilde ein „regulatives Prinzip der systematischen Einheit einer teleologischen Verknüpfung" (A 691/B 719=2.19.). Dieses Prinzip sei aber nicht im Vorhinein bekannt, es könne aber die „physischmechanische Verknüpfung nach allgemeinen Gesetzen" (A 692/B 720=2.19.) untersucht werden. Das heißt, nicht einzelne Bauwerke, die Gebirge, die Organisation im Gewächs- und Tierreich seien isoliert von einem höchsten Prinzip abzuleiten, sondern alle gemeinsam würden ein System der Zweckmäßigkeit bilden – womit neben der Prävention gegenüber der faulen Vernunft auch diejenige gegenüber der verkehrten Vernunft angesprochen ist. Letztere kann, nach Kant, vermieden werden, indem mit den Vernunftbegriffen nicht vorausgesetzt wird, was es zu beweisen gilt – mit Zwecken nicht in die Naturforschung, die ihren „Gang ganz allein an der Kette der Naturursachen" (A 694/B 722=2.21.) gehen kann, eingegriffen wird. Die Naturforschung gehe zwar der Zweckmäßigkeit nach, leite sie aber nicht von einem Urheber ab. Im Gegensatz dazu leite sie das Dasein eines Urhebers aus der Zweckmäßigkeit ab. Die Naturforschung beginne demnach nicht wie die verkehrte Vernunft bei den höchsten Prinzipien, sondern entwickle ihre Untersuchung als regulativ auf diese Prinzipien gerichtet: Die vollständige zweckmäßige Einheit könne nicht im „Wesen der Dinge" (A 694/B 722=2.22.) und den „allgemeinen und notwendigen Naturgesetzen" (A 694/B 722=2.22.) selbst gefunden werden. Die systematische bzw. vollständige zweckmäßige Einheit sei vielmehr „die Schule und selbst die Grundlage der Möglichkeit des größten Gebrauches der Menschenvernunft" (A 695/B 723=2.22.).[15]

Zusammenfassend lässt sich festhalten: Auf der Basis von Kants Einsicht – dass der Fehler der Subreption auf einem Mangel der Urteilskraft beruht, der wiederum auf dem Verkennen der „eigentliche[n] Richtung" (A 643/B 671=2.2.) der Natur seiner Kräfte basiert – ist mit der Differenzierung von regulativer und konstitutiver Funktion der Vernunft ein Kriterium gegeben, bloß *vernünftelnde Begriffe* von deren rechtmäßigem Gebrauch zu unterscheiden.

4.1.3 Status des Zweckbegriffs

4.1.3.1 *Der Zweckbegriff als Relationsbegriff*
In der Kritik der reinen Vernunft fehlt im Gegensatz zur Kritik der Urteilskraft trotz des entwickelten Zweckbegriffs ein eigenständiges Vermögen, auf das die Zweckmäßigkeit zurückzuführen ist. In der dritten Kritik ist es die reflektierende Urteilskraft, die auf das Verhältnis der im Urteilsakt beteiligten Erkenntnisvermögen reflektiert und dabei ein Gesetz gibt, das ein Gesetz der Reflexion auf das subjektinterne Verhältnis der Vermögen ist. In der Kritik der reinen Vernunft hingegen wird zwar der transzendentale Schein und die Täuschung auf einen

---

[15] Vgl. dazu die Parallelität hinsichtlich der Differenzierung von Idealismus der Zweckmäßigkeit und Realismus der Zweckmäßigkeit in der Kritik der Urteilskraft (vgl. KU AA V, S. 346f., 391f., 394f.).

Fehler in der Subreption der Urteilskraft zurückgeführt, die Vernunft selbst aber bildet das Vermögen der Zweckmäßigkeit. Es zeigt sich allerdings bereits in der Charakterisierung der regulativen Vernunftbegriffe, die dem Verstand als *terminus ad quem* die größtmögliche Einheit für den spätest möglichen Zeitpunkt geben, im Gegensatz zu den konstitutiven Begriffen, die als *terminus a quo* dem Verstand Einheit für den frühest möglichen Zeitpunkt geben, ein zur reflektierenden Urteilskraft vergleichbares Spannungsfeld thematisiert.

Bereits mit der Charakterisierung des Begriffes regulativ kann damit einer Uneinigkeit darüber, ob der Begriff Zweck einen bestimmten Begriff eines Gegenstandes oder einen bestimmten Gegenstand eines Begriffes bezeichnet (vgl. Klingner 2012, S. 64), entgegengewirkt werden. Mit Blick auf die *Kritik der Urteilskraft* und die *Metaphysik der Sitten* zeigt sich, dass beide Auffassungen im Text belegbar sind: in der *Kritik der Urteilskraft* bezeichnet der Begriff Zweck einen bestimmten Begriff eines Gegenstandes (vgl. KU AA V, S. 180; EEKU AA XX, S. 236) sowie einen bestimmten Gegenstand eines Begriffes (vgl. KU AA V, S. 219 f.) bzw. ein Produkt einer Vorstellung (vgl. KU AA V, S. 408). In der praktischen Philosophie wiederum ist der Zweckbegriff Bestimmungsgrund der Willkür (vgl. KpV AA V, S. 59, 21), aber auch Gegenstand der Willkür (MS AA VI, S. 381, 384).

All diesen Bestimmunen gemeinsam ist die Spannung zwischen Begriff und Gegenstand. D. h., nicht die Vorstellung als bloße Vorstellung kann als Zweck angesehen werden, sondern das in und durch diese Vorstellung a priori bestimmte Objekt: Es handelt sich demnach um ein wechselseitiges Bedingungsverhältnis, das Kant jeweils mit dem Zweckbegriff zu charakterisieren beabsichtigt. „Mit dem Begriff ‚Zweck' darf genau genommen weder eine bloße Vorstellung noch ein bloßes Objekt, sondern vielmehr ein bestimmtes Objekt, das als Zweck notwendigerweise mit einer bestimmten Vorstellung (Begriff, Idee) in einer eigentümlichen Relation steht, bezeichnet werden." (Klingner 2012, S. 79) Das Konzept der Zweckmäßigkeit ist demnach in der *Kritik der reinen Vernunft* weder ein Zweckgedanke (vgl. Pfannkuche 1901, S. 51–72) oder eine Zweckkategorie (vgl. Kulenkampff 1994, S. 128) noch eine Zweckidee (vgl. Dörflinger 2000, S. 14 f.; Hiltscher 2008, S. 134 f.; Konhardt 1979, S. 166–182), sondern eine spezifische Spannung zwischen Vorstellung und Vorgestelltem. Im Rahmen der *Transzendentalen Dialektik* wird damit ein Spannungsverhältnis zwischen den Gegenständen im Feld möglicher Erfahrungen und dem Unbedingten als Gegenstand hinter der Spiegelfläche bezeichnet.

Bereits eine Explikation des Zweckbegriffes verweist die Untersuchung damit auf den Systembegriff, anhand dessen das Spannungsverhältnis zwischen Unbedingtem und Gegenstand im Feld möglicher Erfahrung vertiefend untersucht werden kann.

4.1.3.2 *Nexus effectivus und nexus finalis*

Ausgehend von der Bestimmung der Zweckmäßigkeit als ein Verhältnis von Vorstellung und Vorgestelltem stellt sich im Rahmen des Anhangs zur *Transzendentalen Dialektik* die Frage nach dem Status der Zweckmäßigkeit. Dabei lassen sich zwei Aspekte hervorheben: Kant entwickelt mit dem an die Vernunft gebundenen Zweckbegriff der *Kritik der reinen Vernunft* eine Gesetzmäßigkeit, die sich erstens von jener der *Transzendentalen Analytik* differenziert und zweitens bereits auf die Gesetzmäßigkeit, wie sie sich in der *Kritik der Urteilskraft* findet, verweist.

Besonders deutlich wird diese zweifache Beziehung in Absatz 2.17., wenn Kant die Unterscheidung von „nexus effectivus" (A 687/B 715=2.17.) und „nexus finalis" (A 687/B 715=2.17.) expressis verbis einführt. Kant reformuliert damit erstens eine scholastische Terminologie für die *Kritik der reinen Vernunft:* Der nexus effectivus oder die Wirkursache steht dabei für die Kausalverknüpfungen von Vorkommnissen in der Natur und umfasst mechanische oder physische Zusammenhänge, wie sie im Rahmen der *Transzendentalen Analytik* gewonnen werden. Dem nexus effectivus stellt Kant in der *Transzendentalen Dialektik*, insbesondere in deren Anhang, den nexus finalis gegenüber. Dieser steht für eine Kausalverknüpfung, bei der die Ursache natürlicher Ereignisse ein Zweck ist und daher auch Finalursache heißt (vgl. A 687/B 715=2.17.). In dieser Unterscheidung handelt es sich zweitens um eine Differenzierung, die Kant in der *Kritik der Urteilskraft* systematisch ausarbeiten wird (vgl. KU AA V, S. 182). So heißt es im Zweiten Teil der dritten Kritik:

> Die erste Maxime [...] ist der Satz: Alle Erzeugung materieller Dinge und ihrer Formen muß als nach bloß mechanischen Gesetzen möglich beurtheilt werden. Die zweite Maxime ist der Gegensatz: Einige Producte der materiellen Natur können nicht als nach bloß mechanischen Gesetzen möglich beurtheilt werden (ihre Beurtheilung erfordert ein ganz anderes Gesetz der Causalität, nämlich das der Endursachen). (KU AA V, S. 387)

Die Erläuterungen von Absatz 2.17. implizit weiterführend, formuliert Kant, dass die Kausalverbindung der wirkenden Ursachen „bloß durch den Verstand gedacht" (KU AA V, S. 372) wird, die Finalursache hingegen „nach einem Vernunftbegriffe (von Zwecken)" (KU AA V, S. 372) entsteht.

Der Zweckbegriff des Anhangs zur *Transzendentalen Dialektik* steht demnach in besonderer thematischer Nähe zur *Teleologie* und dem darin entwickelten objektiven Zweckbegriff bzw. logischen und teleologischen (vgl. KU AA V, S. 192). Objektiv wird die Zweckmäßigkeit im Zweiten Teil der *Kritik der Urteilskraft* im Gegensatz zur subjektiven bzw. ästhetischen Zweckmäßigkeit des Ersten Teils genannt (vgl. KU AA V, S. 192–195).[16] Sowohl mit dem Konzept der objektiven als auch der subjektiven Zweckmäßigkeit werden dabei allerdings keine Aussagen über die tatsächliche Beschaffenheit der Natur gemacht, aber auch keine beliebigen Annahmen einer bloß empirisch motivierten Urteilskraft getätigt (vgl. KU AA V, S. 182). Die Zweckmäßigkeit wird vielmehr relativ auf die reflektierende Urteilskraft entwickelt (vgl. KU AA V, S. 181). Subjektiv sei die Zweckmäßigkeit allerdings, weil sie „bloß auf einem „subjectiven Grund" (KU AA V, S. 192) beruhe und die Zweckmäßigkeit nicht begrifflich repräsentiere, sondern nur die in der Einbildungskraft aufgefassten Anschauungsdaten auf Verstandesbegriffe beziehe. Die objektive Zweckmäßigkeit hingegen beruhe auf einem „objectiven" (KU AA V, S. 192) Grund und repräsentiere die Zweckmäßigkeit durch einen Zweckbegriff. Handle die ästhetische Zweckmäßigkeit von der „unmittelbaren Lust" (KU AA V, S. 192) an der Form des Gegenstandes und der Reflexion über diesen, handle die logische von der Beurteilung der Form des Gegenstandes durch Verstandes- und Vernunftbegriffe. Damit trage die subjektive Zweckmäßigkeit zur theoretischen Erkenntnis eines Gegenstandes nichts bei, die logische bzw. teleologische hingegen gehöre zur theoretischen Philosophie (vgl. KU AA V, S. 192; sowie Goy 2017, S. 51 ff.). Sowohl anhand der Vernunftprinzipien wie auch der Vernunftideen thematisiert Kant demnach einen objektiven Zweckbegriff. Insbesondere E. Adickes hat dies in einem Disput mit H. Vaihinger nachgewiesen: Vaihinger votiert dabei – aufbauend auf dem Versuch, den kantischen Fiktionalismus zur Geltung zu bringen – für eine subjektive Zweckmäßigkeit im Rahmen der theoretischen Philosophie Kants (vgl. Vaihinger 1925, S. 627; Adickes 1927, S. 82). Aber auch ein Schwanken zwischen subjektiver und objektiver Zweckmäßigkeit vom ersten zum zweiten Teil des Anhangs zur *Transzendentalen Dialektik*, wie dies C. Piché (1984, S. 99) festzustellen meint, kann trotz der wesentlichen Unterschiede zwischen den jeweiligen Vernunftbegriffen am Text nicht festgemacht werden. Die Vernunftprinzipien Homogenität, Spezifikation und Kontinuität haben wie die Vernunftideen Gott, Welt und Seele als logische Prinzipien transzendentale Geltung für das Feld möglicher Erfahrung.

---

16 Vgl. dazu Goy 2017, S. 52; Düsing 1968, S. 52 und den darin angegebenen Forschungsstand zur Zuordnung von subjektiver und objektiver Zweckmäßigkeit im Ersten und Zweiten Teil der *Kritik der Urteilskraft*.

4.1.4 Zwischenergebnis

Auf der Basis des natürlichen Hangs der Vernunft, die Grenzen möglicher Erfahrungen zu überschreiten, reformuliert Kant das Konzept der Zweckmäßigkeit im Rahmen des Anhangs zur *Transzendentalen Dialektik*. Demnach ist alles, was in der Natur unserer Kräfte gründet, zweckmäßig und nur der falsche Gebrauch führt zur Täuschung und Illusion. Mit der Spiegelmetapher aus dem Anhang zur *Transzendentalen Dialektik* gesprochen muss demnach auch der täuschende Gegenstand hinter der Spiegelfläche zweckmäßig sein und erst die falsche Anwendung dieses Gegenstandes, d. i. der Glaube, dass dieser Gegenstand tatsächlich existiert und nicht bloß ein eingebildeter ist, hat Täuschung und Illusion zur Folge. Der transzendentale Schein und die natürliche Dialektik entstehen demnach nicht aufgrund der Vernunft selbst, sondern aufgrund einer Subreption der Urteilskraft. Die Subreption wiederum beruht auf der Verwechslung von distributiver und kollektiver Einheit bzw. konstitutivem und regulativem Vernunftgebrauch. Wird der Gegenstand hinter der Spiegelfläche nicht als Ausgangspunkt, unter dem das Bedingte im Feld möglicher Erfahrung subsumiert werden kann, sondern als focus imaginarius vorgestellt, dann kann sowohl der Fehler der faulen wie auch der verkehrten Vernunft vermieden werden und die Vernunftbegriffe ermöglichen eine teleologische Verknüpfung.

Die entscheidende Leistung von Kants Konzeption der Zweckmäßigkeit besteht demnach darin, auch den Schein und die Illusion in die systematische Begründung miteinzubeziehen. Aufgrund der Möglichkeit, auch gegenläufige und widersprüchliche Formen des Begreifens miteinzuschließen, ist die Vernunft nicht auf ein bipolares System reduzierbar, in dem ein disjunktiver Ausschluss zwischen Wissen und Nicht-Wissen herrscht. Sie kann dadurch auch die Dynamik zwischen diesen beiden Polen erfassen und als zweckmäßigen Prozess beschreiben (vgl. Henrich 1982, S. 55 f.). Mit Zweckmäßigkeit wird demnach weder eine Vorstellung noch ein Objekt beschrieben, sondern ein spezifisches Verhältnis bzw. eine Spannung zwischen beiden. Noch ohne im Detail den kantischen Systembegriff entwickelt und mit jenem der Zweckmäßigkeit zusammengeführt zu haben, hat die Explikation des Zweckbegriffs demnach bereits auf das Spannungsverhältnis im Systembegriff verwiesen. Gleichzeitig kommt dem Zweckbegriff damit ein im Rahmen der *Kritik der reinen Vernunft* nur schwer fassbarer Status zu – der gesondert anhand der Frage nach der Möglichkeit bzw. Durchführung einer transzendentalen Deduktion zu thematisieren sein wird.[17]

---

17 Siehe zur Frage des Status die Ausführungen zur Möglichkeit einer transzendentalen Deduktion in Kapitel 6.1.

4.2 Zweck und System

Aufbauend auf den Überlegungen zur Ambiguität der Vernunft entwickelt Kant den Systembegriff der *Kritik der reinen Vernunft*. Eine Auseinandersetzung mit dem Systembegriff im Rahmen der *Kritik der reinen Vernunft* bringt dabei zwei Schwierigkeiten mit sich:

Erstens wurde in der direkten Nachfolge Kants der Systemcharakter der *Kritik der reinen Vernunft* überhaupt bestritten. In diesem Sinne argumentieren einerseits J. G. Fichte und K. L. Reinhold, die den Systemgedanken hinter dem inhärenten Dualismus von Sinnlichkeit und Verstand bzw. Rezeptivität und Spontaneität vermissen (vgl. Frank 1996, S. XXXIV). Andererseits haben andere Zeitgenossen der kantischen Philosophie zwar ein System unterstellt, allerdings dessen konkrete Ausarbeitung und Entwicklung bemängelt. In diesem Sinne hat bereits Ch. Garve 1798 formuliert: „Es scheinen in dem kantischen Systeme mehrere Begriffe und Sätze ohne Beweise, bloß um des Systems willen angenommen" (Garve 1789, S. 349). Diese Einschätzungen prägen eine grundsätzliche Ausrichtung der Forschung, die den Blick auf den spezifischen Systementwurf der *Kritik der reinen Vernunft* versperrt und eine textimmanente Analyse erschwert (vgl. Brandt 2016, S. 681 f.).

Eine zweite Schwierigkeit in der Frage nach dem Systembegriff der *Kritik der reinen Vernunft* liegt darin, dass die Problemstellung, wird sie doch explizit am kantischen Text aufgenommen, mit einer enormen Fixierung auf die *Transzendentale Analytik* – insbesondere mit Fokus auf die metaphysische und transzendentale Deduktion – einhergeht. In diesem Sinne argumentiert u. a. D. Henrich, dass Kant in der transzendentalen Deduktion „die letzten Grundlagen seiner theoretischen Philosophie entwickelt" (Henrich 1976, S. 39) hat. In dieser werde sogar „entschieden, daß es keine über das Gebiet der Erfahrung hinausgehende Metaphysik geben kann, und somit ist der negative Teil des Programms der Vernunft ausgeführt" (Henrich 1976, S. 39), ohne das Urteil des Gerichtshofs der *Transzendentalen Dialektik* abwarten zu müssen. Von der *Transzendentalen Dialektik* sind dann nur noch eine Durchführung und ein Explizitmachen der schon in der *Transzendentalen Analytik* grundgelegten Grenzen zu erwarten. Auch M. Baum schlägt – wenngleich mit differenter Zielsetzung – in diese Kerbe, indem er hervorhebt, dass der Leitfaden der Systembildung der kritischen Philosophie die Kategorientafel ist. Diese wiederum sei nicht in einer „Art von empirischer Selbsterkenntnis der Vernunft" (Baum 2001, S. 36) gewonnen, sondern vom System der Urteilsfunktionen abhängig.[18]

---

[18] Siehe dazu die Überlegungen zur Struktur der *Transzendentalen Dialektik* in Kapitel 2.2.4.

Diese beiden Grundeinstellungen haben die Forschung um den Systembegriff der *Kritik der reinen Vernunft* maßgeblich geprägt, sind aber aufgrund ihrer jeweiligen Vorentscheidungen zugunsten einer immanenten Lektüre der *Kritik der reinen Vernunft* zurückzuweisen. Eine solche Lektüre erweist zweierlei: Es gibt einen spezifischen Systembegriff der *Kritik der reinen Vernunft*, der sich zudem in Form einer textimmanenten Exegese herausarbeiten lässt und keiner Ergänzung einer externen Theorie bedarf. Allerdings lässt sich der Systembegriff auf der Basis der *Transzendentalen Analytik* nicht erschöpfend darstellen, sondern findet seine spezifische Ausprägung im Anhang zur *Transzendentalen Dialektik* sowie in der *Transzendentalen Methodenlehre*.

Um den Systembegriff darzustellen, ist erstens Kants Konzept einer systematischen Einheit nach einem Prinzip zu entwickeln (Kap. 4.2.1) und zweitens in seiner jeweiligen Umsetzung (Kap. 4.2.2) anhand der Vernunftbegriffe Homogenität, Spezifikation und Kontinuität sowie Gott, Welt und Seele zu erläutern.

4.2.1 Der Systembegriff

Folgt man nur der Anzahl des Auftretens des Begriffs *System* in der kritischen Philosophie und insbesondere in der *Kritik der reinen Vernunft* wird deutlich, dass der Terminus einen zentralen Bestandteil der Argumentation Kants bildet: Kant spricht dort u. a. vom System der Kategorien (vgl. A 64 f./B 98), dem System der Grundsätze des reinen Verstandes (vgl. A 149/B 188), dem System der transzendentalen Ideen (vgl. A 340/B 390), insbesondere der kosmologischen Ideen (vgl. A 408/B 435), sowie dem System der Freiheit (vgl. A 815/B 843) und der Zwecke (vgl. A 816/B 844).

All diese Subsysteme müssen selbst wiederum ein System bilden, denn es gebe nur „eine menschliche Vernunft" (MS AA VI, S. 207) und diese bilde den Untersuchungsgegenstand der Kritik. Die Wissenschaftlichkeit aller ihrer Subsysteme sei dabei nur durch die systematische Verfasstheit nach einem Prinzip garantiert (vgl. B VIII-XV, B XIX, B XXIII). In diesem Sinne entwickelt Kant ein „System der reinen Vernunft" (A 841/B 869), für das die *Kritik der reinen Vernunft* Propädeutik ist (vgl. A 11; B 24 f.). Gleichzeitig bilde aber auch die *Kritik der reinen Vernunft* wiederum ein „System der Kritik der reinen Vernunft" (MAdN AA IV, S. 474).

Im Hinblick auf die obig differenzierten Subsysteme und die Unterscheidung zwischen Aggregat und systematischer Einheit formuliert Kant im Dritten Hauptstück der *Transzendentalen Methodenlehre* eine Kritik an Theorien, die sich als bloßes Aggregat von Systemen gebärden, um sich diesen gegenüber zu positionieren:

4.2 Zweck und System — 149

> Die Systeme scheinen, wie Gewürme, durch eine generatio aequivoca, aus dem bloßen Zusammenfluß von aufgesammleten Begriffen, anfangs verstümmelt, mit der Zeit vollständig, gebildet worden zu sein, ob sie gleich alle insgesamt ihr Schema, als den ursprünglichen Keim, in der sich bloß auswickelnden Vernunft hatten, und darum, nicht allein ein jedes für sich nach einer Idee gegliedert, sondern noch dazu alle unter einander in einem System menschlicher Erkenntnis wiederum als Glieder eines Ganzen zweckmäßig vereinigt sind, und eine Architektonik alles menschlichen Wissens erlauben, die jetziger Zeit, da schon so viel Stoff gesammelt ist, oder aus Ruinen eingefallener alter Gebäude genommen werden kann, nicht allein möglich, sondern nicht einmal so gar schwer sein würde. (A 835/B 863)

Noch 1789 tritt dieser Gedanke der Abgrenzung gegenüber anderen Konzepten in der *Kritik der Urteilskraft* auf, wenn es heißt, dass die „Systeme der Natur, die bisher verfaßt sind, richtiger wohl Aggregate der Natur" (KU AA IX, S. 160) zu nennen sind, „denn ein System setzt schon die Idee des Ganzen voraus, aus der die Mannigfaltigkeit der Dinge abgeleitet wird." (KU AA IX, S. 160) Dies führt Kant zu folgender Konklusion: „Eigentlich haben wir noch gar kein *Systema naturae*. In den vorhandenen sogenannten Systemen der Art sind die Dinge bloß zusammengestellt und an einander geordnet." (KU AA IX, S. 160) Die *generatio aequivoca* der Systeme aus bloßem Zusammenfassen von Begriffen, die Kant in der *Transzendentalen Methodenlehre* an den metaphysischen Lehrgebäuden kritisiert, führt ihn zur Überzeugung, alle Subsysteme unter einem System menschlicher Erkenntnis als Glieder eines Ganzen zweckmäßig zu vereinen und damit eine Architektonik alles menschlichen Wissens zu denken. In einer pointierten Bestimmung aus der *Transzendentalen Methodenlehre* formuliert Kant, diesen Punkt einlösend, wie folgt:

> Ich verstehe aber unter einem Systeme die Einheit der mannigfaltigen Erkenntnisse unter einer Idee. Diese ist der Vernunftbegriff von der Form eines Ganzen, so fern durch denselben der Umfang des Mannigfaltigen so wohl, als die Stelle der Teile untereinander, a priori bestimmt wird. Der szientifische Vernunftbegriff enthält also den Zweck und die Form des Ganzen, das mit demselben kongruiert. Die Einheit des Zwecks, worauf sich alle Teile und in der Idee desselben auch unter einander beziehen, macht, daß ein jeder Teil bei der Kenntnis der übrigen vermißt werden kann, und keine zufällige Hinzusetzung, oder unbestimmte Größe der Vollkommenheit, die nicht ihre a priori bestimmte Grenzen habe, stattfindet. Das Ganze ist also gegliedert (articulatio) und nicht gehäuft (coacervatio); es kann zwar innerlich (per intus susceptionem), aber nicht äußerlich (per appositionem) wachsen, wie ein tierischer Körper, dessen Wachstum kein Glied hinzusetzt, sondern, ohne Veränderung der Proportion, ein jedes zu seinen Zwecken stärker und tüchtiger macht. (A 832/B 860)

Den Ausgangspunkt in dieser Exposition bildet die starke Hervorhebung des Terminus System als „Einheit der mannigfaltigen Erkenntnis" (A 832/B 860). Dieser Bestimmung nach gehöre die Mannigfaltigkeit der Erkenntnis zum Umfang des Systems und Einheit sei daher nicht „äußerlich" (A 832/B 860) und „zufällig"

(A 832/B 860). Eine zentrale terminologische Unterscheidung findet sich dabei in der Differenzierung zwischen bloß zufälligem Aggregat oder Rhapsodie und der systematischen Einheit. Unter einem bloß zufälligen Aggregat versteht Kant eine beliebige, durch bloße Ansammlung (Häufung) entstandene Verbindung von Dingen oder Begriffen wie etwa von Geldstücken (vgl. A 170 f./B 212, A 65 f./B 89, A 163/B 204).[19] In gleicher Weise versteht Kant unter dem Begriff der Rhapsodie eine nicht unter der Idee eines Ganzen ausgeführte Sammlung (vgl. A 832 ff./ B 860 ff., A 64 f./B 89 f.). Die systematische Einheit hingegen beschreibe einen Zusammenhang aus einem Prinzip: Für eine solche systematische Einheit sei eine Idee nötig, unter der das Mannigfaltige der Erkenntnis gefasst werde. Die systematische Einheit sei damit dasjenige, „was gemeine Erkenntnis allererst zur Wissenschaft, d. i. aus einem bloßen Aggregat derselben ein System macht" (A 832/B 860). Jede Erkenntnis habe demnach eine unverfügbare „Stelle" (A 832/ B 860) und die „Stelle der Teile untereinander" (A 832/B 860) sei „a priori" (A 832/ B 860) bestimmt.

Der Systemanspruch Kants bildet dabei aber keine Neuheit im Rahmen der kritischen Philosophie: Kant formuliert vielmehr in der Einleitung zur *Kritik der reinen Vernunft* ganz offen, dass das „System der Metaphysik [...] der strengen Methode des berühmten Wolff, des größten unter allen dogmatischen Philosophen, folgen" (B XXXVI) muss. In dieser Bezugnahme auf Wolff ist Kant allerdings „Schuldner und [...] Kritiker" (Hinske 1990, S. 157) gleichermaßen. Dies wird besonders deutlich, wenn Kant, scheinbar in Widerspruch zur berühmten Formulierung in der Vorrede der zweiten Auflage der *Kritik der reinen Vernunft*, 1776 in der Reflexion 5053 formuliert, dass Wolff zwar „große Dinge in der philosophie" (Refl AA XVII, S 68) tat, dabei allerdings lediglich die Erkenntnis erweiterte, „ohne durch eine besondere Critick solche zu sichten, zu verändern und umzuformen. Seine Werke sind also als ein Magazin der Vernunft sehr nützlich, aber nicht als eine architectonic derselben." (Refl AA XVII, S. 68; vgl. PhilEnz AA XXIX, S. 8) Diese scheinbare Ambivalenz der Bezug- und Distanznahme gilt es im Folgenden, ausgehend von der 16-zeiligen Pointierung in der *Transzendentalen Methodenlehre* zu entwickeln. Eine Schwierigkeit bildet dabei die Tatsache, dass sich nicht eindeutig feststellen lässt, auf welche Texte Kant tatsächlich Bezug nimmt (vgl. Hinske 1990, S. 163). Obzwar Kant an besagter Passage lediglich auf Wolff verweist, ist zudem auf G. F. Meier hinzuweisen (vgl. Hinske 1990, S. 163), dessen

---

[19] Für eine quellenkritische Untersuchung des Begriffs, insbesondere in Kants Auseinandersetzung mit G. W. Leibniz und J. H. Lambert, vgl. Waibel 2001, S. 667–675; Bondeli 2010, S. 47.

Vernunftlehre (vgl. Refl AA XVI) Kant in Auszügen 40 Jahre lang seiner Logikvorlesung zugrunde gelegt hat.[20]

Wolff definiert den Systembegriff in seiner lateinischen Logik von 1728 wie folgt: „Systema [...] dicitur veritatum inter se & cum principiis suis connexarum congeries." (Wolff 1965–1986b, § 889, S. 634) Meier übernimmt diese Bestimmung größtenteils, wenn es in der Vernunftlehre heißt: „[E]in Lehrgebäude (systema) ist eine Menge dogmatischer Wahrheiten, welche dergestalt mit einander verbunden werden, dass sie zusammengenommen eine Erkenntnis ausmachen, welche man als ein Ganzes betrachten kann." (Meier 1752, § 105, S. 276) Beide Denker berufen sich dabei auf eine demonstrative bzw. mathematische Methode, die eine universale Methode der Vernunft darstellen soll. Die *ratiocinatio polysyllogistica* der mathematischen Methode Wolffs weist dabei allen Prämissen und Folgerungen eine genaue Stelle zu. In der Schrift *De differentia intellectus systematici* heißt es:

> Quodsi quis alit sensu quodam vago & minus determinato appellare systema, quod per nostram notionem fixam & determinatam tam augustum nomen non meretur; per nos utatur sua loquendi libertate, se eadem nos quoque majore jure frui permit tat, qui per leges methodi philosophicae [...] a vago & indeterminate vocum significaatu abhorrere debemus. (Wolff 1983, § 3, S. 110)

Die Mathematik ist nach Wolff demnach jenes Instrument, das die systematische Verknüpfung auch in der Philosophie gewährleistet: Die „Regeln der philosophischen und der mathematischen Methode sind dieselben" (Wolff 1965–1986a, § 139, S. 116). Aber auch Meier stellt wie Wolff die mathematische Methode ins Zentrum, wenn er formuliert: „[Z]u der genauesten Wahrheit eines Lehrgebäudes wird erfordert: [...] dass alle Theile desselben [...] verbunden sind, indem ein jedweder entweder ein Grund der übrigen, oder eine Folge, oder beides zu gleicher Zeit ist" (Meier 1752, § 105, S. 277). Auf der Basis dieses Systembegriffs formuliert Wolff 1739 gegen die Urheber gewöhnlicher Systeme, d. i. gegen Systeme, die es nicht der Sache, sondern nur dem Namen nach sind, wie folgt: „systematum vulgarium, hoc est, non re, sed nomine talium conditiores" (Wolff 1983, § 3, S. 110).

Erst auf der Basis dieses historischen Hintergrunds erfährt Kants Zurückweisung des *Gewürms der Systeme* seine volle Reichweite – diese betrifft als Kritik an der *gerneratio aequivoca* auch die rationalistischen Systemansprüche: Explizit gegen Meiers dogmatische Wahrheit, nach der das gesamte Feld der Erfah-

---

[20] Für eine historische Analyse des Systembegriffs vgl. Manchester 2001, S. 622–630; Manchester 2008, S. 187–207; Hinske 1998, S. 107. Zum Verhältnis zwischen dem Systemgedanken bei Kant und Wolff vgl. Baum 2001, S. 26–29; Zöller 2001, S. 51–72.

rungserkenntnis ausgeschlossen ist (vgl. LBlomberg AA XXIV, S. 100), entwickelt er zum ersten Mal in der *Logik Blomberg* zwei Arten von Systemen, nämlich empirische Systeme, die durch Koordination, und rationale Systeme, die durch Subordination zustande kommen: „ein Jedwedes System muß also eine Einheit bey sich führen, doch kann diese Einheit entweder Coordination, wie bey Historischen Erkenntnißen oder die Subordination zum Grunde haben. Ein Systema aber ist A. Historisch B. rationalisch." (LBlomberg AA XXIV, S. 100) Ungeachtet dieser Differenzierung findet sich aber auch der Anspruch ihres Ineinanderfügens. D. h., Kant differenziert zwar wie folgt: „Die Menschen haben einen verschiedenen Verstande, derjenige, der gerne auf die Teile geht, ist Subtil. Derjenige, der auf das gantze geht, ist der große." (LBlomberg AA XXIV, S. 100) Gleichzeitig heißt es aber: „Ein rechtschaffenes Lehrgebäude muß nur ein einziger bauen. Es kann unmöglich ein Flickwerck, an dem einer das, der andere das hinzu setzet, seyn." (LBlomberg AA XXIV, S. 100) Die Differenzierung zwischen historischer und rationaler Erkenntnis ist damit eine Erweiterung über die dogmatische Wahrheit hinaus, allerdings mit Beibehaltung des systematischen Anspruchs.

Diese Erweiterung über die logische Verknüpfung hinaus führt gleichzeitig zu der bereits in der *Preisschrift* von 1763 formulierten Ablehnung der mathematischen Methode im Sinne Wolffs und Meiers: Kant formuliert dort in aller Deutlichkeit, „daß nichts der Philosophie schädlicher gewesen sei als die Mathematik, nämlich die Nachahmung derselben in der Methode zu denken, wo sie unmöglich kann gebraucht werden" (DG AA II, S. 283). Die bloß logische Verknüpfung ist damit nicht mehr die wichtigste Eigenschaft des Systembaus und die Metaphysik muss auf anderen Gründen als lediglich dem Satz vom Widerspruch aufbauen (vgl. Hinske 1990, S. 157). In der *Kritik der reinen Vernunft* unterscheidet Kant daran anschließend zwischen einer dogmatischen und einer systematischen Methode und weist erstere dezidiert zurück:

> Giebt es nun im speculativen Gebrauche der reinen Vernunft auch dem Inhalte nach gar keine Dogmate, so ist alle dogmatische Methode, sie mag nun dem Mathematiker abgeborgt sein, oder eine eigenthümliche Manier werden sollen, für sich unschicklich. Denn sie verbirgt nur die Fehler und Irrthümer und täuscht die Philosophie, deren eigentliche Absicht ist, alle Schritte der Vernunft in ihrem klärsten Lichte sehen zu lassen. Gleichwohl kann die Methode immer systematisch sein. (A 738/B 766)

Ausgehend von dieser Zurückweisung der mathematischen Methode im Rahmen der Philosophie und der Etablierung einer systematischen ist es das einheitsstiftende Prinzip des Systems, das Kants Konzeption maßgeblich vom Streit um die wahre Idee des Systems im 18. Jahrhundert unterscheidet (vgl. Hinske 1990, S. 157) und das er mit der Formulierung: „Ich verstehe aber unter [...]" (A 832/B 860), aus dem obigen Zitat ankündigt: Kants wesentliche Neuerung liegt dabei

4.2 Zweck und System — 153

im Begriff des „Zwecks" (A 832/B 860). Muss das Mannigfaltige der Erkenntnis, soll es ein System bilden, unter einer Idee stehen, so hat diese Idee den Zweck der mannigfaltigen Erkenntnis auszudrücken. Der Zweck als regulative Idee ist es, der den Umfang eines Systems bestimmt (vgl. Hinske 1990, S. 164; König 2001, S. 45). Nur wer auf den Zweck einer Wissenschaft schließt, weiß auch, was in den Umfang der Wissenschaft hineingehört. Die Idee des Zwecks als „szientifischer Vernunftbegriff" (A 832/B 860) bildet damit die Form des Ganzen.

Dementsprechend heißt es in der *Logik Pölitz* von 1788: „In jedem System muß eine Idee als das Ganze seyn, die die Einteilung und den Zweck bestimmt, und diese Idee macht die systematische Einheit aus." (LPölitz AA XXIV, S. 530) Nicht mehr die mathematische Methode mit ihrer Verknüpfung von Prämissen und Folgerungen, sondern die Reflexion auf den Zweck der Wissenschaft stiftet das einheitliche Prinzip des Systems (vgl. Hinske 1990, S. 164). Alle Teile sind dabei auf diese Einheit des Zwecks zu beziehen und stehen in dieser Beziehung auch untereinander in Bezug: Das Ganze ist gegliedert und nicht gehäuft und kann deshalb innerlich, aber nicht äußerlich wachsen. Als Beispiel dient Kant dabei ein „thierischer Körper" (A 833/B 861): Bei dessen Wachstum komme es zu Veränderungen der Proportionen der Glieder, wodurch jedes zu seinem Zweck stärker werden könne, aber niemals ein Glied hinzugesetzt werden könne, das den Zweck selbst verändern würde. Die Erweiterung eines Systems erwachse demnach aus der integrativen Vernunfteinheit.

Ein System steht demnach in der *Kritik der reinen Vernunft* für ein gegliedertes und zweckmäßiges Ganzes wie bei Wolff und Meier. Die Verknüpfung der Sätze bildet aber nicht mehr die wesentliche Eigenschaft des Systems. Dieses stellt vielmehr eine offene und integrative Einheit dar. Kants Systembegriff lässt sich folglich ausgehend von demjenigen Wolffs und Meiers rekonstruieren, unterscheidet sich aber in drei wesentlichen Punkten von seinen Vorgängern[21]:
1. Die Möglichkeit eines Systems beruht nicht auf dogmatischer Wahrheit, deren wesentliche Eigenschaft lediglich in der Verknüpfung von Sätzen besteht. Die dogmatische Methode wird vielmehr durch die systematische ersetzt.
2. In Kants Systemkonzeption hat das Ganze ein Primat vor den Teilen und ist nicht über die Verbindung der Teile erschlossen.
3. Die Idee des Zwecks bildet den regulativen Rahmen eines Systems, der den jeweiligen Teilen ihr Verhältnis und ihre Stellung a priori zuweist.

---

[21] Entgegen der Position Hinskes (1998, S. 107), der hier gefolgt wird, kommt Manchester (2001, S. 622–630; 2008, S. 187–207) zur Konklusion, dass Kants Systembegriff und sein Begriff der Architektonik nicht in Abgrenzung zur Philosophie Wolffs entstanden sind.

Dieser in der *Transzendentalen Methodenlehre* expressis verbis bestimmte Systembegriff wird in den verschiedenen idealtypischen Kontrastierungen der *Kritik der reinen Vernunft* angewandt, findet allerdings erst im Anhang zur *Transzendentalen Dialektik* seinen architektonischen Ort, an dem Kant mit der Unterscheidung zwischen „kollektive[r] Einheit" (A 644/B 672=1.3.) der Vernunft und „distributive[r] Einheit" (A 644/B 672=1.3) des Verstandes zwei Ordnungssysteme gegenüberstellt. Im Anhang zur *Transzendentalen Dialektik* wird der Systembegriff demnach nicht bloß zur Charakterisierung der Methode der *Kritik der reinen Vernunft* verwendet, sondern bildet selbst den Gegenstand der Untersuchung. Schon die Eingangsformulierung der 16-zeiligen Definition aus der *Transzendentalen Methodenlehre* weist in diesem Sinne auf besagte Textpassage hin. Im Folgenden ist daher zu zeigen, wie der obig in drei Punkten von Wolff und Meier differenzierte Systemgedanke aus der *Transzendentalen Methodenlehre* in Absatz 1.5. sowie den Absätzen 2.3., 2.11. und 2.17. expliziert ist, bevor in Kap. 4.2.2 dann dessen konkrete Strukturen ausgearbeitet werden.

4.2.1.1 Explikation in Absatz 1.5.

Im ersten Teil des Anhangs zur *Transzendentalen Dialektik* formuliert Kant den Wandel von der dogmatischen Methode zur systematischen – Punkt eins – wie folgt: „Übersehen wir unsere Verstandeserkenntnisse in ihrem ganzen Umfange, so finden wir, daß dasjenige, was Vernunft ganz eigenthümlich darüber verfügt und zu Stande zu bringen sucht, das Systematische der Erkenntniß sei, d. i. der Zusammenhang derselben aus einem Princip." (A 645/B 673=1.5.) Die Vernunft wird damit, ganz der systematischen Methode folgend, als ein System der Nachforschung nach Grundsätzen der Einheit verstanden, für die die Erfahrung den Stoff bereitzustellen habe (vgl. A 737f./B 765f.).

Die Systemkonzeption, nach der das Ganze den jeweiligen Teilen vorhergeht und nicht aus der Natur geschöpft ist, – Punkt zwei – findet sich im ersten Teil des Anhangs in folgender Passage wieder: „Man kann eigentlich nicht sagen, daß diese Idee ein Begriff vom Objecte sei, sondern von der durchgängigen Einheit dieser Begriffe, so fern dieselbe dem Verstande zur Regel dient." (A 645/B 673=1.5.) D. h., die Idee sei nicht wie der Verstandesbegriff auf eine von ihr differenzierte Mannigfaltigkeit der Anschauung bezogen. Sie sei vielmehr ein Begriff „der durchgehenden Einheit" (A 645/B 673=1.5.) von Begriffen und ihren Objekten und als solche diene sie dem Verstand zur Regel. Die Vernunft handle demnach nicht von der Gegenstandserkenntnis, sondern von der systematischen Einheit der Erkenntnis. Aus diesem Grund seien die Ideen nicht aus der Natur gewonnen, sondern diese werde anhand der Ideen untersucht: „Dergleichen Vernunftbegriffe werden nicht aus der Natur geschöpft, vielmehr befragen wir die

Natur nach diesen Ideen und halten unsere Erkenntniß für mangelhaft, so lange sie denselben nicht adäquat ist." (A 645/B 673=1.5.)

Punkt drei entwickelt Kant im ersten Teil des Anhangs zur *Transzendentalen Dialektik*, wenn er die Idee als Prinzip auffasst, das einen zweckmäßigen Zusammenhang schafft und damit den jeweiligen Teilen ihre Position zuweist. „Diese Vernunfteinheit setzt jederzeit eine Idee voraus, nämlich die von der Form eines Ganzen der Erkenntniß" (A 645/B 673=1.5.). Darauf aufbauend weise die Vernunft „jedem Teil seine Stelle und Verhältnis zu den übrigen a priori zu" (A 645/B 673=1.5.), wodurch die Systemforderung, dass das „Ganze gegliedert (articulatio) und nicht gehäuft (coacervatio)" (A 833/B 861) zu sein habe, erfüllt werde: „Diese Idee postuliert demnach vollständige Einheit der Verstandeserkenntniß, wodurch diese nicht bloß ein zufälliges Aggregat, sondern ein nach nothwendigen Gesetzen zusammenhängendes System wird." (A 645/B673=1.5.) Die vorausgesetzte systematische Einheit bilde demnach den Zweck, durch den „jeder Teil bei der Kenntnis der übrigen vermißt werden kann, und keine zufällige Hinzusetzung, oder unbestimmte Größe der Vollkommenheit, die nicht ihre a priori bestimmte Grenzen habe, stattfindet" (A 833/B 861).

4.2.1.2 Explikation in den Absätzen 2.3., 2.11. und 2.17.

Im zweiten Teil des Anhangs zur *Transzendentalen Dialektik* findet sich keine abgeschlossene Passage, in der Kant den Systembegriff wie in Absatz 1.5. entwickelt. Dieser spielt aber in gleicher Weise wie im ersten Teil eine zentrale argumentative Rolle und wird in den obig angeführten drei Punkten explizit in den Absätzen 2.3., 2.11. und 2.17. dargestellt.

Die Wende von der dogmatische Methode zur systematischen – Punkt eins – findet sich im zweiten Teil des Anhangs in Absatz 2.17. wieder: Die Vernunftbegriffe schaffen „zweckmäßige Einheit der Dinge" (A 686 f./B 714 f.=2.17.). Diese eröffne „unserer auf das Feld der Erfahrung angewandten Vernunft ganz neue Aussichten, nach teleologischen Gesetzen die Dinge der Welt zu verknüpfen, und dadurch zu der größten systematischen Einheit derselben zu gelangen." (A 686 f./B 714 f.=2.17.) Abermals wird die Vernunft als ein System der Nachforschung nach Grundsätzen der Einheit, für die Erfahrung den Stoff gebe, bestimmt (vgl. A 737 f./B 765 f.).

Punkt zwei, nach dem das Ganze der bestimmten Erkenntnis der Teile vorhergeht und nicht aus der Natur geschöpft ist, formuliert Kant u. a., wenn es heißt: „Statt des Erfahrungsbegriffs also [...], der uns nicht weit führen kann, nimmt die Vernunft den Begriff der empirischen Einheit alles Denkens und macht dadurch, daß sie diese Einheit unbedingt und ursprünglich denkt, aus demselben einen Vernunftbegriff (Idee)" (A 683/B 710=2.14.). D. h., die Vernunft ist „in der That mit nichts als sich selbst beschäftigt und kann auch kein anderes Geschäfte haben, weil ihr nicht die Gegenstände zur Einheit des Erfahrungsbegriffs, sondern die Verstandeserkenntnisse zur Einheit des Vernunftbegriffs, d. i. des Zusammenhanges in einem Princip, gegeben werden." (A 680/B 708=2.11.)

Auf der Basis dieser Positionierung der Vernunftbegriffe schaffen die Ideen – Punkt drei – einen zweckmäßigen Zusammenhang aus Prinzipen: „Die Vernunfteinheit ist die Einheit des Systems, und diese systematische Einheit dient der Vernunft nicht objectiv zu einem Grundsatze, um sie über die Gegenstände, sondern subjectiv als Maxime, um sie über alles mögliche empirische Erkenntniß der Gegenstände zu verbreiten." (A 680/B 708=2.11.) Durch diesen systematischen Zusammenhang wird wiederum den jeweiligen Teilen eine spezifische Funktion und Stellung zugeschrieben: Die regulativen Ideen dienen dazu, „um die größte systematische Einheit im empirischen Gebrauche unserer Vernunft zu erhalten" (A 670/B 698=2.3.).

Kant greift außerdem im zweiten Teil des Anhangs zur *Transzendentalen Dialektik* auf das Beispiel des tierischen Körpers zurück, wenn es wie folgt heißt:

> Daher erweitert auch die Physiologie (der Ärzte) ihre sehr eingeschränkte empirische Kenntniß von den Zwecken des Gliederbaues eines organischen Körpers durch einen Grundsatz, welchen bloß reine Vernunft eingab, so weit, daß man darin ganz dreist und zugleich mit aller Verständigen Einstimmung annimmt, es habe alles an dem Thiere seinen Nutzen und gute Absicht (A 688/B 716=2.17.).

Dabei handelt es sich um eine Voraussetzung, auf deren Basis – wird sie regulativ gebraucht – eine Menge von Entdeckungen gemacht werden können.

4.2.2 Die reziproke Beziehung

Die Entwicklung des Systembegriffs in der *Transzendentalen Methodenlehre* und dem Anhang zur *Transzendentalen Dialektik* haben erwiesen, dass für Kant die Vernunftideen in einem Verhältnis zu den Gegenständen im Feld möglicher Erfahrung stehen. Mit dieser Feststellung führt Kant aber noch nicht in concreto aus, wie diese Beziehung zu denken ist.

Mit Blick auf die Spiegelmetapher im Anhang zur *Transzendentalen Dialektik* handelt es sich demnach um die Frage nach dem Verhältnis zwischen dem Gegenstand möglicher Erfahrung (A), den der Beobachter (E, F, G) über die Spiegelfläche sieht, und dem Gegenstand hinter der Spiegelfläche (a), d. i. den regulativen Ideen. Noch vor der konkreten Analyse des Spannungsfelds dieser beiden Gegenstände steht bereits, ausgehend von der Widerlegung des transzendentalen Scheins in den drei Hauptstücken der *Transzendentalen Dialektik* sowie der Kritik an der faulen und verkehrten Vernunft in den Absätzen 2.18.–2.20., fest, dass das in Frage stehende Verhältnis kein im logischen Sinne verstandenes Deduzieren aus diesem höchsten Punkt (a) sein kann. Damit wäre zwar Kants Forderung, dass das Ganze den Teilen vorhergeht, erfüllt, ein solches Deduzieren würde aber der kritischen Grenzziehung der *Kritik der reinen Vernunft* zwischen Verstandes- und Vernunftbegriffen, die sich in der Spiegelmetapher in der Spiegelfläche wiederfindet, nicht adäquat sein und deshalb ebenfalls von der transzendentalen Kritik betroffen sein. Kant entwickelt vielmehr ein wechselseitiges Verhältnis von Ordnung der Mannigfaltigkeit der Erkenntnis und dem systematischen Vorgepräge durch die Vernunft: Der Verstand liefert erstens der Vernunft Erkenntnis, die diese ordnet. Die Vernunft greift diese Erkenntnisse aber nicht bloß aggregativ auf, sondern bildet eine systematische Einheit, die den Teilen als Ganzes vorausgeht und denen die jeweilige spezifische Erkenntnis zugeordnet ist.

Kant entwickelt im Anhang zur *Transzendentalen Dialektik* diese reziproke Beziehung zwischen den Vernunft- und den Verstandesbegriffen und kann dadurch die Struktur seines Systembegriffs im Detail darstellen. Dabei findet sich diese reziproke Beziehung sowohl im ersten als auch im zweiten Teil des Anhangs zur *Transzendentalen Dialektik* formuliert. Im Kontext der Vernunftprinzipien Homogenität, Spezifikation und Kontinuität spricht Kant dabei vom hypothetischen Vernunftgebrauch. Im Kontext der Vernunftideen Gott, Welt und Seele vom Als-ob-Gebrauch der Vernunft.

4.2.2.1 *Der hypothetische Vernunftgebrauch (Absätze 1.6.–1.8.)*
Ausgehend von dem in Absatz 1.5. entwickelten Systembegriff expliziert Kant dessen Struktur anhand der Vernunftprinzipien Homogenität, Spezifikation und Kontinuität. Dafür unterscheidet er zwischen dem apodiktischen und dem hypothetischen Vernunftgebrauch.

Beim apodiktischen Gebrauch der Vernunft sei das Allgemeine „an sich gewiss und gegeben" (A 646/B 674=1.6.) und das Besondere werde davon ausgehend durch die Subsumtion der Urteilskraft „notwendig bestimmt" (A 646/B 674=1.6.). Ein solcher Vernunftschluss wird von Kant in der *Logik* wie folgt charakterisiert: „Ein Vernunftschluß ist das Erkenntniß der Nothwendigkeit eines Satzes durch die Subsumtion seiner Bedingung unter eine gegebene allgemeine Regel" (Log AA IX, S. 120; vgl. Refl AA XVI, S. 709). Auf die obig dargestellte Spiegelmetapher übertragen würde dies bedeuten, dass der Gegenstand hinter der Spiegelfläche an sich gegeben ist und das Besondere im Feld möglicher Erfahrung unter diese allgemeine Regel subsumiert wird und dadurch notwendig bestimmt ist.

Dem apodiktischen Vernunftgebrauch stellt Kant den hypothetischen gegenüber: Dabei sei das Besondere gewiss – allerdings das im apodiktischen Vernunftgebrauch vorausgesetzte Allgemeine nur „problematisch angenommen" (A 646/B 674=1.6.). Für Kant bildet der hypothetische Vernunftgebrauch aber keine Kontradiktion zum apodiktischen Vernunftgebrauch, sondern integriert vielmehr ein mehrstufiges Modell. Er formuliert wie folgt:

> [S]o werden mehrere besondere Fälle, die insgesammt gewiß sind, an der Regel versucht, ob sie daraus fließen; und in diesem Falle, wenn es den Anschein hat, daß alle anzugebende besondere Fälle daraus abfolgen, wird auf die Allgemeinheit der Regel, aus dieser aber nachher auf alle Fälle, die auch an sich nicht gegeben sind, geschlossen. Diesen will ich den hypothetischen Gebrauch der Vernunft nennen. (A 646/B 674f.= 1.6.)

In diesem mehrstufigen Konzept des hypothetischen Vernunftgebrauchs werde ausgehend von „mehreren besonderen Fälle[n], die insgesamt gewiss sind" (A 646/B 674=1.6.) anhand des Prinzips der Homogenität auf eine allgemeine Regel geschlossen. Das „Besondere ist gewiß, aber die Allgemeinheit der Regel zu dieser Folge ein Problem" (A 646/B 674=1.6.). Beabsichtigt werde dabei, über die Erfahrung hinaus „Einheit in die besondere Erkenntnis zu bringen" (A 647/B 675=1.7.). Daran anknüpfend werde ausgehend vom Prinzip der Spezifikation von dieser erschlossenen allgemeinen Regel wiederum auf die Fälle geschlossen. Das Ziel bestehe darin, die einzelnen Fälle von ihrer allgemeinen Regel her zu prüfen und Zusammenhänge sichtbar zu machen. Das Prinzip der Kontinuität setze dabei einen systematischen Zusammenhang zwischen der allgemeinen Regel und ihren Fällen, wodurch ausgehend von der allgemeinen Regel auch auf jene Fälle, „die auch an sich nicht gegeben sind" (A 646/B 675=1.6.), geschlossen werden könne.

Der hypothetische Vernunftgebrauch umfasst daher drei Schlüsse: In einem ersten Schritt, in dem „mehrere besondere Fälle, die insgesamt gewiss sind, an der Regel versucht" (A 646/B 675=1.6.) werden, entspricht das hypothetische Vernunftverfahren dem herkömmlichen Schlussverfahren der Induktion: „[W]as vielen Dingen einer Gattung zukommt, das kommt auch den übrigen zu" (Log AA IX, S. 133), wie Kant in der *Logik* formuliert. Die Induktion beruhe demnach auf dem Prinzip der „Allgemeinmachung" (Log AA IX, S. 133) und steige daher vom Mannigfaltigen (dem Besonderen) zur Einheit (zum Allgemeinen) auf. Im zweiten Schritt des hypothetischen Vernunftgebrauchs werde von der Allgemeinheit der Regel wieder auf einzelne Fälle geschlossen. Es handle sich dabei, isoliert betrachtet, um den Vernunftschluss, wie er auch im apodiktischen Verfahren angewandt werde: Dabei werde ein Fall – ausgehend von der Differenzierung in einen hypothetischen, einen disjunktiven und einen kategorischen Schluss – unter eine allgemeine Regel subsumiert. Der dritte Schritt, der einen Schluss von der allgemeinen Regel auf Fälle, „die auch an sich nicht gegeben sind" (A 647/B 674=1.6.), ermöglichen soll, entspreche dem in der *Logik* sogenannten Analogieschluss: In diesem Schlussverfahren werde „von partikularer Ähnlichkeit zweier Dinge auf totale" (Log AA IX, S. 132) Ähnlichkeit geschlossen: „Dinge von einer Gattung, von denen man vieles Übereinstimmende kennt, stimmen auch in dem Übrigen überein, was wir in einigen dieser Gattung kennen, an andern aber nicht wahrnehmen." (Log AA IX, S. 133) Die Analogie leiste damit schlusslogisch das Prinzip der Verwandtschaft, indem sie „die gegebenen Eigenschaften eines Dinges auf mehrere" (Log AA IX, S. 133) erweitere.²²

Das hypothetische Vernunftverfahren postuliert damit eine reziproke Beziehung zwischen dem Allgemeinen und dem Besonderen und lässt sich in Form der Schlüsse der Induktion, der Analogie und der Deduktion wie folgt skizzenhaft darstellen:

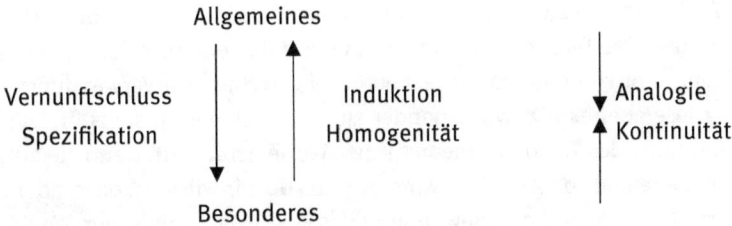

Abbildung 9

Kant entwickelt damit eine reziproke Beziehung zwischen einer allgemeinen Regel und besonderen Fällen. Das Unbedingte wird dabei problematisch aus der Mannigfaltigkeit der Verstandeserkenntnis erschlossen, um für diese wiederum einen „Probierstein der Wahrheit" (A 647/B 675=1.8.) zu bilden. Systematisierung ist damit nicht ein zweiter Schritt nach dem Sammeln und Bestimmen von Fakten, sondern ein gemeinsamer Prozess, in dem die Fakten durch das Verfahren der

---

22 Neben der *Jäsche-Logik* findet sich der Analogieschluss auch in der *Dohna-Wundlacken Logik* formuliert (vgl. LDohna AA XXIV, S. 777). Außerdem charakterisiert Kant den Analogieschluss etwas ausführlicher in § 90 der teleologischen Urteilskraft der *Kritik der Urteilskraft*. Dort heißt es: „Analogie (in qualitativer Bedeutung) ist die Identität des Verhältnisses zwischen Gründen und Folgen (Ursachen und Wirkungen), sofern sie ungeachtet der specifischen Verschiedenheit der Dinge, oder derjenigen Eigenschaften an sich, welche den Grund von ähnlichen Folgen enthalten (d. i. außer diesem Verhältnisse betrachtet), statt findet" (KU AA V, S. 464 f.; vgl. dazu Dörflinger 2000, S. 27–32).

Konstruktion, Integrierung und Überprüfung gefunden werden (vgl. Krausser 1987, S. 185).

Für Kant bildet der hypothetische Vernunftgebrauch demnach keine Kontradiktion zum apodiktischen Vernunftgebrauch, sondern trägt einerseits den Ansprüchen einer ars inveniendi Rechnung und andererseits der notwendigen Gültigkeit der ars demonstrandi. Oder anders formuliert, Kant wendet sich damit explizit gegen die ars demonstrandi der Schulmetaphysik, aber auch gegen den rein induktiven Schluss der Empiristen: Der focus imaginarius ist weder bloß über eine empirische Evidenz erschlossen noch schlicht als Axiom vorausgesetzt.

4.2.2.2 *Die Als-ob-Funktion der Ideen (Absätze 2.3.–2.6./2.11./2.17./2.27.)*

Die systematische Struktur, die Kant im ersten Teil des Anhangs zur *Transzendentalen Dialektik* mit dem Terminus hypothetischer Vernunftgebrauch beschreibt, findet sich im zweiten Teil des Anhangs unter der sogenannten Als-ob-Struktur wieder. Der Terminus Als-ob beschreibt dabei ein Theorieelement aller drei Kritiken. Kant kennt dementsprechend drei verschiedene Verwendungsweisen, ohne diese aber explizit voneinander zu unterscheiden: Erstens findet sich die Redewendung des Als-ob in theoretischer Weise gebraucht, wenn sie auffordert, so zu denken, als ob x der Fall wäre bzw. als ob wir wüssten, dass x der Fall ist. Zweitens findet sich die Redewendung des Als-ob in praktischer Weise angewandt, wenn sie auffordert, so zu handeln, als ob x der Fall wäre bzw. als ob wir wüssten, dass x der Fall ist. Drittens findet sich die Redewendung des Als-ob in einer reflektierenden Weise angewandt, wenn sie auffordert, einen Begriff so zu verwenden, als ob mit ihm eine Beschaffenheit der Welt beschrieben werde.[23]

In der *Kritik der reinen Vernunft* tritt die Als-ob-Formulierung als terminus technicus insgesamt 34-mal auf. Davon finden sich im Rahmen des zweiten Teils des Anhangs zur *Transzendentalen Dialektik* 16 Formulierungen. Diese Textpassage bildet damit den locus classicus der Als-ob-Argumentation. Dabei wird die Formulierung aber nicht nur in theoretischer Weise verwendet, sondern findet sich im Kontext der Idee der Welt auch in praktischer Hinsicht. Der praktische Aspekt, der im Anhang zur *Transzendentalen Dialektik* seinen Ausdruck in Absatz 2.15. findet, wird wiederum im *Kanon der reinen Vernunft* (vgl. A 805/B 833, A 826/B 854) aufgegriffen. Der theoretische Aspekt findet sich bereits in der *Entdeckung und Erklärung des dialektischen Scheins* des Idealkapitels (vgl. A 615/

---

[23] Für eine Übersicht zu den verschiedenen Formen des Als-ob bei Kant vgl. La Rocca 2011, S. 29–46; Förster 2000, S. 1–11.

B 643-A 620/B 648) formuliert und nimmt dabei die Als-ob-Formulierung der Idee Gottes vorweg.

Hat der erste Teil des Anhangs zur *Transzendentalen Dialektik* die logische Struktur des systematischen Ganzen komprimiert auf nur wenige Absätze eingeführt, findet sich diese Struktur im zweiten Teil nicht nur unter einer neuen Begrifflichkeit, sondern auch verstreut auf verschiedene Textpassagen: Zentral sind dabei die Absätze 2.3.–2.6., 2.11., 2.17. und 2.27. Den argumentativen Kern bilden dabei die Absätze 2.3.–2.6., da Kant dort nicht nur die Struktur zum ersten Mal einführt, sondern zudem auch auf die drei Vernunftideen Gott, Welt und Seele anwendet und spezifiziert.

Eine Eigenheit der Ausführung im zweiten Teil des Anhangs zur *Transzendentalen Dialektik* stellt außerdem die Tatsache dar – dies sei hier vorweggenommen –, dass Kant alle drei Ideen (Gott, Welt und Seele) gleichwertig zu entwickeln scheint, allerdings über weite Passagen des Textes nur auf die Idee Gottes reflektiert, die dabei exemplarisch für die beiden anderen fungiert.

In Absatz 2.3., d. i. die siebte Sinneinheit des Anhangs zur *Transzendentalen Dialektik*, formuliert Kant demnach mit Bezug auf den Begriff einer höchsten Intelligenz, dass die Idee „ein nach Bedingungen der größten Vernunfteinheit geordnetes Schema, von dem Begriffe eines Dings überhaupt" (A 670/B 698=2.3.) ist. Der Gegenstand in der Idee sei „nach Bedingungen der größten Vernunfteinheit" (A 670/B 698=2.3.) geordnet, da er die Mannigfaltigkeit der Verstandeserkenntnis zur größten Vernunfteinheit bündle, wodurch der „Gegenstand in der Idee" (A 670/B 698=2.3.) zu einem „Begriff überhaupt" (A 670/B 698=2.3.) werde. Zweck dieses „Gegenstandes in der Idee" (A 670/B 698=2.3.) sei es, „die größte systematische Einheit im empirischen Gebrauche unserer Vernunft zu erhalten" (A 670/B 698=2.3.). Ausgehend vom Feld möglicher Erfahrung wird demnach in Form einer Abstraktion auf den Gegenstand hinter der Spiegelfläche, der hier als Gegenstand in der Idee oder als Begriff überhaupt auftaucht, geschlossen. Ausgehend von diesem Gegenstand hinter der Spiegelfläche könne dann der Gegenstand der Erfahrung „vermittelst der Beziehung auf diese Idee nach ihrer systematischen Einheit, mithin indirekt" (A 670/B 698=2.3.) vorgestellt werden. Dabei werde der „Gegenstand der Erfahrung gleichsam von dem eingebildeten Gegenstand dieser Idee als seinem Grund, oder Ursache, abgeleitet." (A 670/B 698=2.3.)

Kant formuliert damit erneut, wenn auch unter neuer terminologischer Bestimmung, eine reziproke Beziehung zwischen der Mannigfaltigkeit der Verstandeserkenntnis und der ihr vorausgesetzten Vernunftideen, die sich anhand von Abbildung 10 skizzieren lässt:

```
        Gegenstand in der Idee
     der Seele, der Welt und Gottes
              │     ▲
              │     │
              │     │
              ▼     │
            Gegenstand
         möglicher Erfahrung
   Mannigfaltigkeit der Verstandeserkenntnis
```
Abbildung 10

Den Grund und die Ursache des „Gegenstand[es] der Erfahrung" (A 670/ B 698=2.3.) bilde der „Gegenstand in der Idee" (A 670/B 698=2.3.) dabei nicht als ostentativer Begriff, sondern lediglich als heuristischer. Der „Gegenstand in der Idee" (A 670/B 698=2.3.) könne nicht „von der Wahrheit" (A 789/B 817) überzeugen, indem er „Einsicht in die Quellen derselben" (A 789/B 817) gebe, sondern die Dinge müssten vielmehr „so betrachtet werden, als ob sie von einer höchsten Intelligenz ihr Dasein hätten" (A 670/B 698=2.3.). Oder anders formuliert, der „Gegenstand in der Idee" (A 670/B 698=2.3.) zeige aufgrund seines heuristischen Charakters nicht an, wie ein Gegenstand beschaffen sei, sondern nur, wie wir unter „der Leitung" (A 671/B 699=2.3.) der Ideen „die Beschaffenheit und Verknüpfung der Gegenstände der Erfahrung überhaupt suchen sollen" (A 671/ B 699=2.3.).

Bevor auf die Spezifizierung dieser Struktur anhand der Vernunftideen Gott, Welt und Seele in Absatz 2.4. reflektiert wird, werden die Absätze 2.5., 2.12.–2.13., 2.17. und 2.27. herangezogen, in denen Kant diese Struktur wiederholt und in differenzierter Weise beleuchtet.

In Absatz 2.5. reflektiert Kant dieses Verhältnis dezidiert in drei Schritten: Erstens sind von dem Gegenstand der Idee alle seine Bedingungen aufzuheben. Dabei handelt es sich um jene Bedingungen, die die Verstandesbegriffe restringieren und damit auf die Sinnlichkeit einschränken, wodurch ein bestimmter Begriff ermöglicht wird. Zweitens wird damit „ein Etwas" (A 674/B 702=2.5.) gedacht, das an sich selbst völlig unbestimmt ist. Dieses Etwas, von dem es keinen Begriff gibt, lässt sich aber als ein Verhältnis zu dem „Inbegriffe der Erscheinungen" (A 674/B 702=2.5.) denken. Kant formuliert in Absatz 2.5. zudem, dass das Verhältnis von diesem gedachten „Etwas" (A 674/B 702=2.5.) zum „Inbegriffe der Erscheinungen" (A 674/B 702=2.5.) dem Verhältnis „analogisch" (A 674/B 702=2.5.) ist, das die Erscheinungen unter sich haben.

In Absatz 2.12.–2.13., d. i. die neunte Sinneinheit, bestimmt Kant die Struktur dieser Als-ob-Beziehung anhand der Differenzierung von ens rationis ratiocinantis und ens rationis ratiocinatae: Dabei bilden die Vernunftideen nicht bloße Gedankendinge (ens rationis ratiocinantis), die mit den Gedanken selbst verschwinden, da sie kein Fundament in der Sache selbst haben. Die Vernunftideen sind zwar von den Gedanken abhängig und diesen unterworfen, haben aber doch in der Sache selbst ein gewisses Fundament. Kant formuliert wie folgt: „Dieses Vernunftwesen (*ens rationis ratiocinatae*) ist nun zwar eine bloße Idee und wird also nicht schlechthin und an sich selbst als etwas Wirkliches angenommen" (A 681/B 709=2.12.). Dieses ens rationis ratiocinatae werde vielmehr der Verstandeserkenntnis

> problematisch zum Grunde gelegt [...], um alle Verknüpfung der Dinge der Sinnenwelt so anzusehen, als ob sie in diesem Vernunftwesen ihren Grund hätten, lediglich aber in der Absicht, um darauf die systematische Einheit zu gründen, die der Vernunft unentbehrlich, der empirischen Verstandeserkenntniß aber auf alle Weise beförderlich und ihr gleichwohl niemals hinderlich sein kann. (A 681/B 709=2.12.)

Und in gleicher Weise heißt es kurz danach, man lasse

> gänzlich unausgemacht, was der unseren Begriffen sich entziehende Grund derselben an sich für Beschaffenheit habe und setzt sich nur eine Idee zum Gesichtspunkte, aus welchem einzig und allein man jene der Vernunft so wesentliche und dem Verstande so heilsame Einheit verbreiten kann; mit einem Worte: dieses transscendentale Ding ist bloß das Schema jenes regulativen Princips, wodurch die Vernunft, so viel an ihr ist, systematische Einheit über alle Erfahrung verbreitet. (A 681 f./B 709 f.=2.13.)

Die Vernunftideen werden demnach vom *ens rationis ratiocinantis* zum *ens rationis ratiocinatae* aufgrund der reziproken Beziehung zwischen den Gegenständen im Feld möglicher Erfahrung und dem Gegenstand hinter der Spiegelfläche.

In Absatz 2.17., d. i. die zehnte Sinneinheit, formuliert Kant, die Struktur des Systems weiter differenzierend, dass es das „speculative Interesse der Vernunft" (A 686/B 714=2.17.) notwendig macht, „alle Anordnung in der Welt so anzusehen, als ob sie aus der Absicht einer allerhöchsten Vernunft entsprossen wäre. Ein solches Princip eröffnet nämlich unserer auf das Feld der Erfahrungen angewandten Vernunft ganz neue Aussichten, nach teleologischen Gesetzen die Dinge der Welt zu verknüpfen und dadurch zu der größten systematischen Einheit derselben zu gelangen." (A 686/B 714=2.17.) Und in gleicher Weise formuliert Kant auch in Absatz 2.27., d. i. die elfte Sinneinheit:

> [D]as regulative Gesetz der systematischen Einheit will, daß wir die Natur so studiren sollen, als ob allenthalben ins Unendliche systematische und zweckmäßige Einheit bei der größtmöglichen Mannigfaltigkeit angetroffen würde. Denn wiewohl wir nur wenig von dieser Weltvollkommenheit ausspähen oder erreichen werden, so gehört es doch zur Gesetzgebung unserer Vernunft, sie allerwärts zu suchen und zu vermuthen; und es muß uns jederzeit vortheilhaft sein, niemals aber kann es nachtheilig werden, nach diesem Princip die Naturbetrachtung anzustellen. (A 700 f./B 728 f.=2.27.)

Nachdem die Struktur des Als-ob im Rahmen des zweiten Teils des Anhangs zur *Transzendentalen Dialektik* skizziert ist, gilt es im Folgenden, deren konkrete Ausarbeitung anhand der jeweiligen Ideen zu rekonstruieren: Kant beginnt den Absatz 2.4. mit der Formulierung: „Ich will dieses deutlich machen" (A 672/B 700=2.4.). Er bezieht sich damit direkt auf die obig bereits entwickelte Als-ob-Struktur des Absatzes 2.3. Bereits im Aufbau des Absatzes finden sich dabei für die Analyse wichtige Hinweise. Kant schreibt: „Wir wollen den genannten Ideen als Prinzipien zu Folge erstlich [...], zweitens [...], und drittens" (A 672/B 700=2.4.). Damit gliedert er den Absatz in drei Hauptpunkte. Jeder dieser Punkte thematisiert dabei eine Idee – der erste die Seele, der zweite die Welt und der dritte Gott. Kant beginnt seine Ausführung dazu jeweils mit der Formulierung: „Wir müssen" (A 672/B 700=2.4.). Lediglich in der Umschreibung der Disziplin der Psychologie fehlt diese Formulierung, da sie mit dem „Wir wollen" (A 672/B 700=2.4.) zusammenfällt.

Vor dem Hintergrund der Disziplin der Psychologie entwickelt Kant den systematischen Zusammenhang zwischen dem Feld möglicher Erfahrung und der Vernunftidee der Seele, wenn es heißt, dem Prinzipien- bzw. dem Maximenbegriff der Vernunft folgend seien erstens

> alle Erscheinungen, Handlungen und Empfänglichkeit unseres Gemüths an dem Leitfaden der inneren Erfahrung so [zu] verknüpfen, als ob dasselbe eine einfache Substanz wäre, die mit persönlicher Identität beharrlich (wenigstens im Leben) existirt, indessen daß ihre Zustände, zu welchen die des Körpers nur als äußere Bedingungen gehören, continuirlich wechseln. (A 672/B 700=2.4.)

Zu dieser dichtgedrängten Formulierung und der sich daraus ergebenden Komplexität kommt in diesem Falle eine zusätzliche Schwierigkeiten, die in der grammatikalischen Struktur liegt: Das Demonstrativpronomen *dasselbe* in der Als-ob-Formulierung kann weder auf die Formulierung „alle Erscheinungen, Handlungen und Empfänglichkeit unseres Gemüths" (A 672/B 700=2.4.) verweisen, da es als solches *dieselben* lauten müsste, noch auf den „Leitfaden der inneren Erfahrung" (A 672/B 700=2.4.), da es in diesem Fall *derselbe* heißen müsste. Das Demonstrativpronomen *dasselbe* bezieht sich demnach auf das Gemüt. In diesem Sinne lässt sich die Als-ob-Formulierung wie folgt wiedergeben: „[U]nser

Gemühte" (A 672/B 700=2.4.) ist „an dem Leitfaden der inneren Erfahrung so [zu] verknüpfen, als ob dasselbe eine einfache Substanz wäre [...]." (A 672/B 700=2.4.)[24] Kant argumentiert demnach dafür, dass das menschliche Gemüt so zu betrachten ist, als ob es eine einfache Substanz bildet und zudem als persönliche Identität beharrlich existiert. Dieser beharrlichen Substanz können Zustände inhärieren, sodass neben deren kontinuierlichen Wechsel auch eine Identität gegeben sei. Der Körper – dies betont Kant explizit – ist dabei nur die äußere Bedingung des kontinuierlichen Wechsels der Zustände und bildet damit nicht die beharrliche Substanz. Eine solche einfache Substanz ist aber nicht bloß aggregativ aus der inneren Erfahrung zu gewinnen, sondern bildet zugleich eine der Vernunfteinheit vorausgesetzte Idee. D. h., ausgehend von den Erscheinungen, Handlungen und Empfänglichkeiten des Gemütes wird auf das Gemüt selbst als einfache Substanz geschlossen, womit aber wiederum den Erscheinungen, Handlungen und Empfänglichkeiten dieses Gemütes a priori ihre Stellung und ihr Verhältnis untereinander zugewiesen wird. Mit der Idee der Seele ist damit ein systematischer Rahmen gewonnen, ohne dabei aber in einen Paralogismus zu geraten. Das Gemüt, als einfache Substanz vorgestellt, bildet einen focus imaginarius, durch den die Gegenstände möglicher Erfahrung in einem systematischen Ganzen gefasst werden können und der in der Bezugnahme auf diese Erfahrung integrativ wirkt.[25]

Vor dem Hintergrund der Disziplin der Kosmologie entwickelt Kant den systematischen Zusammenhang zwischen dem Feld möglicher Erfahrung und der Vernunftidee der Welt. Dem Prinzipien- bzw. dem Maximenbegriff der Vernunft folgend seien zweitens

> die Bedingungen, der inneren sowohl als der äußeren Naturerscheinungen, in einer solchen nirgend zu vollendenden Untersuchung [zu] verfolgen, als ob dieselbe an sich unendlich und ohne ein erstes oder oberstes Glied sei, obgleich wir darum, außerhalb aller Erscheinungen, die bloß intelligiblen ersten Gründe derselben nicht leugnen, aber sie doch niemals in den Zusammenhang der Naturerklärungen bringen dürfen, weil wir sie gar nicht kennen. (A 672/B 700=2.4.)

Nach Kants Ausführungen ist die Untersuchung der Bedingungen der inneren und äußeren Naturerscheinungen demnach so zu betrachten, als ob sie unendlich fortlaufen würden. D. h., die Untersuchung der Bedingungen der Naturerscheinungen ist so zu „verfolgen" (A 672/B 700=2.4.), als ob sich eine unendlich aus-

---

[24] Vgl. dazu Kants Argumentation in Absatz 2.15. sowie im ersten Teil des Anhangs zur *Transzendentalen Dialektik* die Absätze 1.10.–1.12.
[25] Zum Verhältnis von Gegenstandsbewusstsein und Selbstbewusstsein vgl. Thiel 2007, S. 383 ff.

differenzierbare Bedingungskette bilden ließe, die nicht durch ein „erstes oder oberstes Glied" (A 672/B 700=2.4.) vollendet sei.

Kant wiederholt damit in Absatz 2.4. Entscheidungen, wie sie sich bereits in der *Antinomie der reinen Vernunft* finden: Während Kant noch in den Ausführungen *Von dem Interesse der Vernunft bei diesem ihrem Widerstreit* sowohl ein Interesse an der Thesis als auch der Antithesis skizziert, entwickelt er die Vernunftidee der Welt anhand der Frage der Nützlichkeit der Idee im Rahmen der theoretischen Philosophie lediglich mit Bezug auf die Antithesis.[26] Regulativ gebraucht sei der Grundsatz der Vernunft „nur eine Regel, welche in der Reihe der Bedingungen gegebener Erscheinungen einen Regressus bietet, dem es niemals erlaubt ist bei einem Schlechthinunbedingten stehen zu bleiben" (A 508f./B 536f.). Es sei demnach „ein Grundsatz der größtmöglichen Fortsetzung und Erweiterung der Erfahrung, nach welchem keine empirische Grenze für absolute Grenze" (A 509/B 537) gelten dürfe. Die Vernunftidee der Welt schreibe „der regressiven Synthesis in der Reihe der Bedingungen eine Regel vor[...], nach welcher sie vom Bedingten vermittelst aller einander untergeordneten Bedingungen zum Unbedingten fortgeht, obgleich dieses niemals erreicht wird." (A 510/B 538)

Eine solche unendlich ausdifferenzierte Bedingungskette von Bedingungen lässt sich allerdings nicht – wie auch die Substanzialität und persönliche Identität (Seele) – durch die Erfahrung gewinnen, da in dieser stets nur endlich aneinander gereihte Bedingungen aufgefunden werden können. Die ins Unendliche verlaufende Untersuchung der Bedingungen der Naturerscheinungen bildet vielmehr eine regulative Idee und fungiert damit als Maxime der Vernunft und ordnet als solche die inneren wie äußeren Naturerscheinungen systematisch, indem sie eine der Vernunfteinheit vorausgesetzte Idee darstellt.

Bildet demnach im Rahmen der Psychologie die Idee der Seele einen Gegenstand, von dem die Erscheinungen, Handlungen und Empfänglichkeit unseres Gemütes betrachtet werden können, als ob sie eine einfache Substanz hätten, so bildet im Rahmen der Kosmologie gerade das Fehlen einer Idee der Welt als Ganzheit aller Erscheinungen eine regulative Idee der Erforschung der „inneren sowohl als der äußeren Naturerscheinungen" (A 672/B 700=2.4.). Dies bedeute wiederum nicht „die bloß intelligiblen ersten Gründe" (A 672/B 700=2.4.) au-

---

[26] Hier nicht untersucht wird die in Absatz 2.15. sowie im Kanon-Kapitel formulierte Als-ob-Struktur für die praktische Philosophie, in der „die Vernunft als bestimmende Ursache betrachtet wird (in der Freiheit)" (A 685/B 713=2.15.). Dabei dient im Unterschied zur theoretischen Philosophie die Thesis-Position als regulative Idee, wenn es heißt: „Die Welt muß als aus einer Idee entsprungen vorgestellt werden, wenn sie mit demjenigen Vernunftgebrauch, ohne welchen wir uns selbst der Vernunft unwürdig halten würden, nämlich dem moralischen, als welcher durchaus auf der Idee des höchsten Guts beruht, zusammenstimmen soll." (A 815f./B 843f.)

ßerhalb der Erscheinung zu leugnen. Die Naturerklärung verbiete es aber, solche Gründe in diesen Zusammenhang zu bringen, da sie nicht gewusst werden und daher lediglich den Fortgang der Naturerklärung behindern würden.

Vor dem Hintergrund der Disziplin der Theologie entwickelt Kant das Prinzip der regulativen Idee Gottes, wenn es heißt, dem Prinzipien- bzw. dem Maximenbegriff der Vernunft folgend sei drittens

> alles, was nur immer in den Zusammenhang der möglichen Erfahrung gehören mag, so [zu] betrachten, als ob diese eine absolute, aber durch und durch abhängige und immer noch innerhalb der Sinnenwelt bedingte Einheit ausmache, doch aber zu gleich als ob der Inbegriff aller Erscheinungen (die Sinnenwelt selbst) einen einzigen obersten und allgenugsamen Grund außer ihrem Umfange habe, nämlich eine gleichsam selbstständige, ursprüngliche und schöpferische Vernunft, in Beziehung auf welche wir allen empirischen Gebrauch unserer Vernunft in seiner größten Erweiterung so richten, als ob die Gegenstände selbst aus jenem Urbilde aller Vernunft entsprungen wären (A 672f./B 700f.=2.4.).

Kant entwickelt damit im Rahmen der Theologie eine zweifache Als-ob-Formulierung. In der ersten Als-ob-Formulierung weist das Demonstrativpronomen *diese* auf den Begriff der „möglichen Erfahrung" (A 672/B 700=2.4.). Die zweite Als-ob-Formulierung hingegen bezieht sich auf den „Inbegriff aller Erscheinungen (die Sinnenwelt selbst)" (A 672/B 700=2.4.) Es gibt demnach zwei Als-ob-Perspektiven:
1. Die mögliche Erfahrung sei so zu betrachten, als ob diese eine absolute Einheit bilde, die aber zugleich immer noch innerhalb der Sinnenwelt bedingt sei.
2. Der Inbegriff der Erscheinung (die Sinnenwelt selbst) sei so zu betrachten, als ob sie einen einzigen obersten und allgenugsamen Grund bilde, der außerhalb des Umfangs der Erscheinungen liege und damit eine selbstständige, ursprüngliche und schöpferische Vernunft bilde.

Die beiden Als-ob-Formulierungen sind dabei nicht isoliert voneinander zu betrachten, sondern aufeinander angewiesen. Das deutet Kant an, indem er in den zwei Als-ob-Formulierungen von einem „zugleich" (A 672/B 700=2.4.) spricht.

Die absolute, aber innerhalb der Sinnenwelt bedingte Einheit, die den focus imaginarius der ersten Als-ob-Perspektive bildet, steht damit für die Gesamtheit der Erfahrung. In der *Transzendentalen Methodenlehre* charakterisiert Kant diese anhand der Metapher des Horizonts[27], wenn er formuliert: „Der Inbegriff aller möglichen Gegenstände für unsere Erkenntniß scheint uns eine ebene Fläche zu

---

[27] Zur Horizont-Metapher bei Kant und ihrem historischen Hintergrund vgl. Hutter 2003, S. 73. Siehe dazu auch Absatz 1.22.

sein, die ihren scheinbaren Horizont hat, nämlich das, was den ganzen Umfang derselben befaßt, und ist von uns der Vernunftbegriff der unbedingten Totalität genannt worden." (A 759/B 787) Der Horizont umschließe demnach eine Fläche möglicher Gegenstände und mache damit mögliche Erfahrung zu einem Ganzen. Dieses Ganze möglicher Erfahrung sei dabei nicht ohne Erfahrung denkbar und daher eine in der Sinnenwelt bedingte Einheit. Deshalb stellt Kant fest: „Empirisch denselben zu erreichen, ist unmöglich, und nach einem gewissen Princip ihn *a priori* zu bestimmen, dazu sind alle Versuche vergeblich gewesen." (A 759/B 787) Empirisch sei der Inbegriff aller möglichen Gegenstände nicht erreichbar, da eine bloße Kumulation dafür nicht ausreiche. Als Prinzip a priori sei er nicht erreichbar, da auf diese Weise die sinnliche Bedingtheit verlustig ginge.

Der obersten Grund, der außerhalb von der möglichen Erfahrung zu denken ist und den focus imaginarius der zweiten Als-ob-Perspektive bildet, wird von Kant auch als „ursprüngliche und schöpferische Vernunft" (A 672/B 700=2.4., vgl. A 686/B 714=2.16., A 619/B 647) konzipiert. Der empirische Gebrauch unserer Vernunft wird, nach Kant, auf diesen obersten Grund gerichtet, als ob deren Gegenstände aus „jenem Urbilde aller Vernunft entsprungen wären" (A 672f./B 700f.=2.4.). Der Konjunktiv in dieser Formulierung deutet dabei wiederum auf das spezifische Muster des Schließens auf einen focus imaginarius und von diesem wieder zurück auf das Feld möglicher Erfahrungen hin und distanziert sich damit von jeglichem dogmatischen Verständnis. Die mögliche Erfahrung soll dabei nicht abgeleitet werden von dem obersten Grund, sondern deren Verhältnis unter Verweis auf ein regulatives Prinzip untereinander erklärt werden. Ziel ist es nicht, so Kant, von einer „höchsten Intelligenz die Weltordnung und systematisch Einheit derselben abzuleiten" (A 673/B 701=2.4.). Ziel sei es vielmehr, von der „Idee einer höchsten Ursache die Regel herzunehmen" (A 673/B 701=2.4.), durch welche die Vernunft bei der Verknüpfung von Ursache und Wirkung am besten zu gebrauchen sei.

Kant entwickelt in Absatz 2.4. die Als-ob-Formulierung als Spezifizierung des Systemgedankens für alle Disziplinen der metaphysica specialis. Dabei stehen jeweils die reziproke Beziehung zwischen dem Feld möglicher Erfahrung und dem jeweiligen focus imaginarius im Vordergrund. Diese Beziehungen lassen sich überblicksartig wie folgt darstellen:

Psycho-logie	Erscheinungen, Handlungen und Empfänglichkeit des Gemüts	am Leitfaden der inneren Erfahrung	verknüpfen,	als ob	es eine Substanz mit persönlicher Identität bilde.
Kosmo-logie	Bedingungen der inneren u. äußeren Naturerscheinungen	in der Untersuchung	verfolgen,	als ob	sie unendlich und ohne ersten Grund seien.

Theo-logie	Alles	im Zusammenhang möglicher Erfahrung	betrachten,	als ob	es eine absolute, aber in der Sinnenwelt bedingte Einheit bilde.
Theo-logie	Alles	als Inbegriff möglicher Erfahrung	betrachten,	als ob	es einen obersten Grund außerhalb ihres Umfangs bilde.

4.2.3 Status des Systembegriffs

Auch wenn Kant in der Teleologie der *Kritik der Urteilskraft* anders als in der *Kritik der reinen Vernunft* das Verhältnis der beiden Vermögen Verstand und Vernunft als Momente der reflektierenden Urteilskraft bestimmt, so findet sich in der Differenzierung von hypothetischem und apodiktischem Vernunftgebrauch bzw. von Als-ob-Struktur und konstitutivem Vernunftgebrauch eine strukturelle Überschneidung zum Verhältnis von reflektierender und bestimmender Urteilskraft. Dies wird deutlich, wenn es wie folgt heißt:

> Urtheilskraft überhaupt ist das Vermögen, das Besondere als enthalten unter dem Allgemeinen zu denken. Ist das Allgemeine (die Regel, das Princip, das Gesetz) gegeben, so ist die Urtheilskraft, welche das Besondere darunter subsumirt, (auch wenn sie als transscendentale Urtheilskraft *a priori* die Bedingungen angiebt, welchen gemäß allein unter jenem Allgemeinen subsumirt werden kann) bestimmend. Ist aber nur das Besondere gegeben, wozu sie das Allgemeine finden soll, so ist die Urtheilskraft bloß reflectirend. (KU AA V, S. 179)

Kant entwickelt damit in der *Kritik der Urteilskraft* die reflektierende Urteilskraft der teleologischen Urteilskraft parallel zu den Überlegungen im Anhang der *Transzendentalen Dialektik* (vgl. Düsing 1968, S. 43; Stadler 1874, S. 40–43; Peter 1992, S. 32). Da der erste Teil des Anhangs zur *Transzendentalen Dialektik* mit den Prinzipien der Homogenität, der Spezifikation und der Kontinuität nicht wie der zweite Teil des Anhangs mit den Ideen Gott, Welt und Seele die höchste Einheit selbst entwickelt, sondern die Prinzipien, durch die von den besonderen Fällen auf die allgemeine Regel und von dieser wieder auf die Fälle, die auch an sich nicht gegeben sind, geschlossen werden kann[28], findet sich in diesem Zusammenhang eine ganz besondere konzeptuelle Nähe zur reflektierenden Urteilskraft. Dabei ist hervorzuheben, dass Kant in den 80er Jahren die logische Struktur der *Transzendentalen Dialektik* zunehmend fallen lässt und damit auch die Vernunftideen Gott, Welt und Seele (vgl. Düsing 1968, S. 39). Gleichzeitig hält er aber

---

28 Siehe dazu die Ausführungen zur Binnendifferenzierung der Vernunftbegriffe in Kapitel 3.3.

an den Vernunftprinzipien der Homogenität, der Spezifikation und der Kontinuität fest, wenn er ihnen auch nicht mehr dieselbe Bedeutung beimisst wie noch im ersten Teil des Anhangs zur *Transzendentalen Dialektik*, sondern sie als Maximen der Urteilskraft wie folgt charakterisiert:

> Die Natur nimmt den kürzesten Weg (*lex parsimoniae*); sie thut gleichwohl keinen Sprung, weder in der Folge ihrer Veränderungen, noch der Zusammenstellung specifisch verschiedener Formen (*lex continui in natura*); ihre große Mannigfaltigkeit in empirischen Gesetzen ist gleichwohl Einheit unter wenigen Principien (*principia praeter necessitatem non sunt multiplicanda*); u.d.g.m. (KU AA V, S. 182, vgl. EEKU AA XX, S. 214 f.)[29]

Das Kürzel „u. d. g. m." (KU AA V, S. 182) führt dabei zur Auflösung der im Anhang zur *Transzendentalen Dialektik* in den Absätzen 1.14.–1.21. explizit eingeführten Dreiteilung, ohne allerdings Prinzipien anzuführen, die tatsächlich dergleichen mehr wären.[30]

Der im Anhang zur *Transzendentalen Dialektik* anhand des hypothetischen Vernunftgebrauchs bzw. der Als-ob-Struktur entwickelte Systembegriff weist damit wesentliche Überschneidungen mit dem Konzept der reflektierenden Urteilskraft auf. In diesem Sinne formuliert Kant auch in der Vorrede zur *Kritik der Urteilskraft*, dass die reflektierende Urteilskraft „dem theoretischen Theile der Philosophie sammt einer kritischen Einschränkung derselben hätte angehängt werden können." (KU AA V, S. 170) Und tatsächlich ist „unschwer zu erkennen [...], [dass] die Lehre vom regulativen Vernunftgebrauch die Thematik der reflektierenden, insbesondere der teleologischen Urteilskraft vorweg[nimmt]" (Zeidler 2006, S. 46; vgl. Giordanetti 2008, S. 210; Bartuschat 1972, S. 39). Dieser Zusammenhang darf allerdings nicht dazu verleiten, die beiden Konzeptionen als identisch aufzufassen, wie dies u. a. Liedtke formuliert, wenn es heißt, dass die „drei transzendentalen Vernunftideen [...] in ihrem regulativen Gebrauch identisch mit dem Prinzip der reflektierenden Urteilskraft" (Liedtke 1964, S. 31) sind.[31] Neben der *Breite der Ausführungen* (vgl. Frost 1906, S. 134) in der *Kritik der Urteilskraft* ist es vor allem die logische Struktur der *Transzendentalen Dialektik*, die

---

[29] Noch in einem Brief an Beck vom 18. 8. 1793 erwähnt Kant diese drei Prinzipen mit Bezug auf die Einleitung der *Kritik der Urteilskraft* (vgl. Br AA XI, S. 441).

[30] Zur Dreiteilung der Prinzipien vgl. Düsing 1968, S. 55; Zocher 1959, S. 64 ff., Liedtke 1964, S. 134.

[31] Eine solche Position wird auch von Zocher formuliert: „Und die Fortbildung erfolgt anscheinend stillschweigend [...], doch ist sie in der Sache offenbar vorhanden." (Zocher 1959, S. 87) In gleicher Weise formuliert Schiemann: „Wenngleich diese Teleologisierung der im ‚Anhang zur transzendentalen Dialektik' aufgetretenen Problematik gerecht wird, führt sie im Resultat nicht über ihn hinaus." (Schiemann 1992, S. 294; vgl. Stadler 1874, S. 43)

den Systembegriff der *Kritik der reinen Vernunft* von jenem der *Kritik der Urteilskraft* unterscheidet. Dieser Struktur ist es in der ersten Kritik auch geschuldet, dass sich die Vernunft auf den Verstand bezieht. Thematisch ist dabei das Verhältnis des auf mögliche Vernunfteinheit sich transzendierenden Verstandes: „[E]s geht um die Einheit der besonderen Erkenntnis, nicht jedoch um eine einheitliche Erkenntnis des Besondern." (Bartuschat 1972, S. 51; vgl. Peter 1992, S. 8) Die Einleitung zur *Kritik der Urteilskraft* muss deshalb als die Einführung in eine Untersuchung verstanden werden, welche die Ideenlehre nicht bloß ergänzt, sondern diese vielmehr auf der Grundlage der Struktur des Reflexionsvermögens korrigiert und neu konzipiert (vgl. Peter 1992, S. 9; Bartuschat 1972, S. 51; Horstmann 1997b, S. 166–180).

Aufgrund der angestellten Erwägungen lässt sich feststellen, dass sich in der *Kritik der reinen Vernunft* erstens ein spezifischer Systembegriff findet, der zweitens nicht zwischen dem Dualismus von Verstand und Sinnlichkeit zerrieben wird. Kant hat sowohl eine positive Vernunftkonzeption als auch einen spezifischen Systembegriff. Dieser wird entgegen den Vorwürfen Garves nicht nur postuliert, sondern bereits in der *Kritik der reinen Vernunft* anhand von Beweisen untermauert und ausgearbeitet. Aber auch gegen M. Baum und D. Henrich ist festzuhalten, dass sich das von Kant gedachte System nicht auf die inhaltlichen Bedingungen der Urteilsfunktionen und ihrer Kategorien reduzieren lässt (vgl. Brandt 2016, S. 681 ff.). In diesem Sinne hat u. a. P. König explizit gegen M. Baum ins Feld geführt, dass „Bedeutung und Eigenständigkeit der kantischen Vernunfttheorie stärker hervorgehoben werden" (König 2001, S. 44) müssen – eine Forderung, der sich auch G. Zöller anschließt, wenn er hervorhebt, dass das „Hauptmerkmal von Kants kritischem Systembegriff [...] die Vorgängigkeit der Idee im Ganzen gegenüber den Teilen" (Zöller 2001, S. 63) ist.[32]

4.2.4 Zwischenergebnis

In der *Kritik der reinen Vernunft* treten eine Vielzahl verschiedener Subsysteme auf, die, dem Anspruch Kants folgend, selbst wiederum ein System zu bilden haben. Die Subsysteme haben demnach einen wissenschaftlichen Charakter nur durch die systematische Verfasstheit nach einem Prinzip. Dieses Prinzip formuliert Kant ausgehend vom Begriff der Zweckmäßigkeit und anhand einer rezi-

---

[32] König und Zöller antworten auf die Ausführungen Baums im selben von Fulda und Stolzenberg herausgegebenen Band *Architektonik und System in der Philosophie Kants* (vgl. dazu Peter 1992, S. 17).

proken Beziehung zwischen den Vernunft- und den Verstandesbegriffen im Rahmen des Anhangs zur *Transzendentalen Dialektik*. Der Systembegriff findet sich dabei sowohl im ersten als auch im zweiten Teil des Anhangs zur *Transzendentalen Dialektik* formuliert. Im Kontext der Vernunftprinzipien Homogenität, Spezifikation und Kontinuität spricht Kant vom hypothetischen Vernunftgebrauch und im Kontext der Vernunftideen Gott, Welt und Seele vom Als-ob-Gebrauch der Vernunft. Kant entwickelt mit dem an die Vernunftbegriffe gebundenen Systembegriff der *Kritik der reinen Vernunft* eine Gesetzmäßigkeit, die sich erstens von jener der *Transzendentalen Analytik* differenziert und zweitens bereits auf die Gesetzmäßigkeit, wie sie sich in der *Kritik der Urteilskraft* findet, verweist.

4.3 Ergebnisse

Der Anhang zur *Transzendentalen Dialektik* entwickelt eine Engführung von System und Zweckmäßigkeit.

Der Zweckbegriff steht dabei in einem engen Zusammenhang mit dem Begriff des Scheins (Kap. 4.1). Die Ausgangsbasis bildet der natürliche Hang der Vernunft, die Grenzen möglicher Erfahrungen zu überschreiten. Der dadurch entstehende transzendentale Schein lässt sich aus diesem Grund im Rahmen der *Transzendentalen Dialektik* zwar aufweisen, aber nicht vermeiden (Kap. 4.1.1.1). Dabei steht für Kant fest, dass alles, was in der Natur unserer Kräfte gründet, zweckmäßig ist – ein Postulat, das uns allererst in den inneren Plan der Vernunft vordringen lässt (Kap. 4.1.1.2). Kant führt aus diesem Grund den transzendentalen Schein und die natürliche Dialektik nicht auf die Vernunft selbst, sondern auf einen gewissen *Missverstand* bzw. eine *Unbehutsamkeit* im Vernunftgebrauch zurück (Kap. 4.1.2). Diese führt zu zwei Fehlern: erstens denjenigen der faulen und zweitens denjenigen der verkehrten Vernunft. Beides sind Fehler der Verkennung der eigentlichen Richtung des Vernunftgebrauchs, d. i. der Verwechslung von distributiver und kollektiver Einheit. Der transzendentale Schein und die natürliche Dialektik entstehen demnach nicht aufgrund der Vernunft selbst, sondern aufgrund einer Subreption der Urteilskraft (Kap. 4.1.2.1). Werden die Vernunftbegriffe nicht konstitutiv, sondern regulativ gebraucht, bilden sie Formen des Erschließens des Unbedingten bzw. Formen des Unbedingten selbst, auf das der Verstand sich regulativ hin orientieren kann. Mit dem Begriff der Zweckmäßigkeit wird demnach ein spezifisches Verhältnis bzw. eine Spannung zwischen zwei Vorstellungen beschrieben (Kap. 4.1.3).

Das Konzept der Zweckmäßigkeit bildet gleichzeitig den Ausgangspunkt für Kants Systembegriff (Kap. 4.2). In der *Kritik der reinen Vernunft* treten dabei eine Vielzahl verschiedener Subsysteme auf, die Kant als ein System der Vernunft zu begreifen beabsichtigt (Kap. 4.2.1). Die Wissenschaftlichkeit aller Subsysteme ist dabei nur durch die systematische Verfasstheit nach einem Prinzip garantiert. Dieses Prinzip wiederum weist jeder Erkenntnis eine spezifische Stelle zu und bestimmt damit die Stellung der Teile untereinander a priori. Kant entwickelt diesen Systembegriff (Kap. 4.2.1) mit Bezug auf die *Transzendentale Methodenlehre* sowohl im ersten als auch im zweiten Teil des Anhangs zur *Transzendentalen Dialektik*. Dabei kommt es zu einem wechselseitigen Verhältnis von Verstand und Vernunft: Der Verstand liefert erstens der Vernunft Erkenntnisse, die diese ordnet. Die Vernunft greift diese Erkenntnisse zweitens aber nicht bloß aggregativ auf, sondern bildet eine systematische Einheit, die den Teilen als Ganzes vorausgeht und denen die jeweilige spezifische Erkenntnis zugeordnet ist. Diese reziproke Beziehung (Kap. 4.2.2) findet sich dabei sowohl im ersten als auch im zweiten Teil des Anhangs zur *Transzendentalen Dialektik* formuliert: als hypothetischer Vernunftgebrauch im Rahmen der Vernunftprinzipien Homogenität, Spezifikation und Kontinuität sowie als Als-ob-Gebrauch der Vernunft im Rahmen der Vernunftideen Gott, Welt und Seele. Kant entwickelt mit den an die Vernunftbegriffe gebundenen Systembegriff eine Gesetzmäßigkeit, die sich von allen Subsystemen unterscheidet und diese in sich fasst.

Die Engführung von Zweck und System im Anhang zur *Transzendentalen Dialektik* wird besonders deutlich anhand der Spiegelmetapher des Absatzes 1.4.: Wird der Gegenstand hinter der Spiegelfläche nicht als Ausgangspunkt, unter dem das Bedingte im Feld möglicher Erfahrung subsumiert werden kann, verstanden, sondern als focus imaginarius vorgestellt, dann kann sowohl der Fehler der faulen wie der verkehrten Vernunft vermieden werden und die Vernunftbegriffe bilden ein regulatives Prinzip der systematischen Einheit einer teleologischen Verknüpfung, auf das sich der Verstand hin ausrichten kann. Ausgehend von der Zweckmäßigkeit der Vernunftbegriffe entwickelt der Systembegriff anhand des hypothetischen Vernunftgebrauchs bzw. des Als-ob-Gedankens ein Spannungsverhältnis zwischen dem Feld möglicher Erfahrung (A), das der Beobachter (E, F, G) über die Spiegelfläche sieht, und dem Gegenstand hinter der Spiegelfläche (a).

5 Einige objektive Gültigkeit – eine transzendentale Deduktion der Vernunftbegriffe

Bereits der Ursprung der Vernunftbegriffe sowie der an die Vernunft gebundene Zweck- und Systembegriff lösen die regulativ gebrauchten Vernunftprinzipien wie die Vernunftideen aus dem transzendentalen Geltungsbereich konstitutiver Begriffe. Für Kant stellt sich daher im Rahmen des ersten Teils des Anhangs zur *Transzendentalen Dialektik* folgende Frage: „Wenn ich nun von einem solchen empirischen Gebrauch derselben als constitutiver Grundsätze abgehe, wie will ich einen regulativen Gebrauch und mit demselben einige objective Gültigkeit sichern, und was kann derselbe für Bedeutung haben?" (A 664/B 692=1.29.) Parallel dazu formuliert Kant im zweiten Teil des Anhangs zur *Transzendentalen Dialektik* die Frage, wie die „Ideen der reinen Vernunft [...] einige, wenn auch nur unbestimmte, objective Gültigkeit haben" (A 669/B 697=2.2.) können.

Um diesen Herausforderungen zu begegnen, muss der konkreten Analyse der Durchführung einer transzendentalen Deduktion die Frage nach ihrer Rolle (Kap. 5.1) und ihrer prinzipiellen Möglichkeit bzw. Notwendigkeit (Kap. 5.2) vorausgehen. Auf dieser Basis lassen sich ausgehend vom Text differente Argumentationsstrategien separieren und analysieren (Kap. 5.3).

5.1 Die Rolle einer transzendentalen Deduktion der Vernunftbegriffe

In der Frage nach der Rolle einer transzendentalen Deduktion im Rahmen des Anhangs zur *Transzendentalen Dialektik* ist es vor allem der Deduktionsbegriff selbst, der erhebliche Schwierigkeiten mit sich bringt: Neben der *Transzendentalen Analytik*, in der der Nachweis der Rechtmäßigkeit der Kategorien deduziert wird, führt Kant im kritischen System eine transzendentale Deduktion auch in der *Grundlegung der Metaphysik der Sitten* zum Nachweis der Rechtmäßigkeit des kategorischen Imperativs (vgl. GMS AA IV, S. 453–455), in der *Kritik der praktischen Vernunft* zum Nachweis der Grundsätze der reinen praktischen Vernunft (vgl. KpV AA V, S. 42–50) sowie der Rechtmäßigkeit des höchsten Guts (vgl. KpV AA V, S. 113, 124–132) und in der *Kritik der Urteilskraft* zum Nachweis der Rechtmäßigkeit der ästhetischen Urteile (vgl. KU AA V, S. 279–336) durch. Er äußert sich dabei allerdings nur marginal über sein methodisches Verfahren. Die wichtigsten Hinweise finden sich rund um die Kategoriendeduktion von 1781 und 1787: Das zentrale Merkmal eines Deduktionsverfahrens ist dabei, dass es stets im Sinne eines „rechtlichen Beweises" (A 794/B 822) aufgefasst wird (vgl. A 712–737/B 740–

765). Kant orientiert sich dabei an den historischen Deduktionsschriften, die Rechtsgutachten waren und in denen Territorialansprüche der Länder behandelt wurden, und folgt zudem dem klassischen Muster und Aufbau einer solchen Schrift (vgl. Henrich 1989, S. 32f.; Henrich 1981, S. 84ff.; Klemme 1996, S. 140–180).

Die Deduktionsstrategie im Anhang zur *Transzendentalen Dialektik* wird zudem von Kant in direkten Bezug zur *Transzendentalen Analytik* gestellt. Dabei evoziert bereits die Kategoriendeduktion selbst eine Vielzahl von Interpretationsschwierigkeiten, die nicht geringer werden, wenn das Konzept der Deduktion aus dem üblichen Rahmen herausgerissen und im Zuge eines analogischen Verfahrens in einem anderen Abschnitt neu aufgerollt wird.

Ausgehend von der Unschärfe im Deduktionsbegriff im Rahmen der *Transzendentalen Dialektik* ist die Debatte der Forschung geprägt durch die spezifische Fokussierung einzelner Interpretinnen und Interpreten auf verschiedene Textpassagen des Anhangs zur *Transzendentalen Dialektik*, in denen Kant eine Rechtfertigung der Vernunftbegriffe durchgeführt haben soll. Wird das Deduktionsproblem der Vernunftbegriffe vom Text aus aufgegriffen, so zeigt sich, dass sich im gesamten zweiteiligen Anhang zur *Transzendentalen Dialektik* neben der Fragestellung der prinzipiellen Möglichkeit bzw. Notwendigkeit einer transzendentalen Deduktion in den Absätzen 1.28. und 2.2. nur eine explizite Stelle findet, in der Kant konkret behauptet, eine transzendentale Deduktion durchzuführen – es ist der Absatz 2.3. Alle weiteren Stellen, in denen Kant eine Rechtfertigung der Vernunftbegriffe geleistet haben soll, haben gegenüber dieser Textpassage den interpretatorischen Nachteil, nicht als dezidiert von Kant autorisierte Passage zu gelten.

Im Zentrum der Aufmerksamkeit bezüglich der Frage nach zusätzlichen Textstellen für eine Legitimierung der Vernunftbegriffe stehen im zweiten Teil des Anhangs zur *Transzendentalen Dialektik* und der darin thematisierten Vernunftideen Gott, Welt und Seele die Ausführungen der Absätze 2.4.–2.11. (=achte Sinneinheit). Dies ist die Textpassage direkt nach der Erwägung der Möglichkeit einer transzendentalen Deduktion in Absatz 2.2. und der Kriterien ihrer methodischen Durchführung in Absatz 2.3. Im ersten Teil des Anhangs zur *Transzendentalen Dialektik* und der darin thematisierten Vernunftprinzipien Homogenität, Spezifikation und Kontinuität richtet sich der Fokus der Aufmerksamkeit auf die Argumentation von Absatz 1.13. (=dritte Sinneinheit) sowie die Ausdifferenzierung des Generalarguments in den Folgeabsätzen 1.14.–1.21. (=vierte Sinneinheit). Aber auch die Textpassage 1.30. (=sechste Sinneinheit), in der Kant expressis verbis einen Schematismus der Vernunftbegriffe entwickelt, lässt sich als ein Teil der Rechtfertigung der Vernunftbegriffe lesen, was insbesondere an der thematischen Nähe zu den Ausführungen der Absätze 2.4.–2.11. (=achte Sinneinheit) liegt. Zudem argumentiert Kant in ähnlicher Weise in Absatz 1.3. Die genannten Textpassagen bilden demnach argumentative Abschnitte, die zwar nicht von Kant als Deduktion ausgewiesen sind, allerdings einer objektiven, aber unbestimmten Gültigkeit der Vernunftbegriffe gerecht zu werden scheinen.

Aus der Vielzahl dieser Textabschnitte lassen sich wiederum zwei grundsätzlich differente Argumentationsstrategien destillieren, die als metaphysisch-ontologische bzw. epistemologisch-methodische Rechtfertigungen bezeichnet werden können. Dabei handelt es sich um eine Differenzierung, die ausschließlich für die Interpretation des regulativen Vernunftgebrauchs herangezogen und in kritischer Bezugnahme auf die Überlegungen R. Zochers (1958, S. 58), G. Buchdahls (1984a, S. 11), M. Griers (2001, S. 263–301), H. E. Allisons (2004, S. 438), K. W. Zeidlers (2004, S. 9) und Th. E. Wartenbergs (1992, S. 232) vorgeschlagen und entwickelt (vgl. Kap. 5.3.1) wird.

Mit Blick auf die Spiegelmetapher des Absatzes 1.4.[1] lässt sich der Problemkomplex der transzendentalen Deduktion der Vernunftbegriffe wie folgt darstellen: In der metaphysischen Deduktion der Vernunftbegriffe wird ausgehend vom Grundsatz der Vernunft vom Erkennen des Bedingten auf ein Unbedingtes geschlossen. Vom Felde möglicher Erfahrung wird demnach ein Gegenstand hinter der Spiegelfläche erschlossen. Die Vernunftideen (Gott/Welt/Seele) bilden dabei transzendentale Formen des Unbedingten und die Vernunftprinzipien (Homogenität/Spezifikation/Kontinuität) transzendentale Funktionen des Schließens auf ein Unbedingtes.[2] Dabei hat sich erwiesen, dass die Zweckmäßigkeit, durch welche die Systematizität der Erkenntnis (Grundsätze des Verstandes) geleistet wird, aufgrund eines reziproken Spannungsverhältnisses von Bedingtem im Feld möglicher Erfahrung und Unbedingtem zu denken ist.[3] Das Problemfeld einer transzendentalen Deduktion der Vernunftbegriffe wiederum liegt in der Rechtfertigung des absteigenden Gebrauchs vom Unbedingten auf das Feld möglicher Erfahrung im Rahmen des Systembegriffs der *Kritik der reinen Vernunft*. Zu rechtfertigen ist demnach die Geltung des Gegenstands hinter der Spiegelfläche für das Feld möglicher Erfahrung bzw. die Geltung der Prinzipien im Schließen vom Gegenstand hinter der Spiegelfläche auf das Feld möglicher Erfahrung. Die Überlegungen zur *Antinomie der reinen Vernunft* haben dabei bereits erwiesen, dass das Unbedingte nicht direkt auf das Feld möglicher Erfahrung bezogen werden kann, wenn die Pattstellung des transzendentalen Realismus und empirischen Idealismus durch einen kritischen Idealismus und empirischen Realis-

---

1 Siehe dazu die Ausführungen zum Tribunal der Vernunft in Kapitel 2.2.
2 Siehe dazu die Ausführungen zur Herleitung der Vernunftbegriffe in Kapitel 3.2.
3 Siehe dazu die Ausführungen zur reziproken Beziehung in Kapitel 4.2.2.

mus ersetzt werden soll. Sowohl die epistemologisch-methodische als auch die metaphysisch-ontologische Rechtfertigung des Unbedingten bilden davon unterschiedene Strategien. Dabei legitimiert Kant das Unbedingte im Rahmen der epistemologisch-methodischen Rechtfertigung über eine Kompatibilitätsreflexion der Vernunftbegriffe mit der Erfahrungserkenntnis. In der metaphysisch-ontologischen Rechtfertigung hingegen koppelt Kant die bloße Legitimation über die Kompatibilität mit einem Gegenstandskonzept der Vernunftbegriffe. Beide unterscheiden sich allerdings von dem konstitutiven Verstandesgebrauch der *Transzendentalen Analytik*.

5.2 Möglichkeit und Notwendigkeit einer transzendentalen Deduktion der Vernunftbegriffe

Im Anhang zur *Transzendentalen Dialektik* thematisiert Kant die Frage nach der Möglichkeit bzw. Notwendigkeit einer transzendentalen Deduktion der Vernunftbegriffe. Bevor daher die konkreten Argumentationsstrategien untersucht werden können, gilt es, diese Problemstellung zu explizieren und damit einhergehend die Frage nach dem Status eines solchen Rechtsverfahrens im Rahmen der *Transzendentalen Dialektik* zu klären.

Aus diesem Grund wird im Folgenden (Kap. 5.2.1) auf die in den Absätzen 1.28. und 2.2. formulierten Unterschiede in der Einschätzung der Möglichkeit einer transzendentalen Deduktion eingegangen. Dabei fällt auf, dass die Vernunftbegriffe in beiden Abschnitten identisch charakterisiert werden, allerdings daraus einmal auf die Unmöglichkeit und einmal auf die Notwendigkeit einer transzendentalen Deduktion geschlossen wird. Zudem ist frappierend (Kap. 5.2.2), dass Kant in Absatz 1.28., d. i. in der Ablehnung der Möglichkeit einer transzendentalen Deduktion, auf ein schon bewiesenes Argument rekurriert. Es ist allerdings nicht klar entscheidbar, auf welche Textpassage Kant tatsächlich Bezug nimmt, weshalb eine Kontexualisierung sowohl mit der transzendentalen Deduktion der Kategorien (Kap. 5.2.2.1) als auch mit der prosyllogistischen Herleitung der Vernunftbegriffe (Kap. 5.2.2.2) vorgenommen wird. Eine Lösung wird dabei einerseits im Rahmen von editorischen Überlegungen zur *Transzendentalen Dialektik* und andererseits anhand einer terminologischen Untersuchung der begrifflichen Differenzierung *objektive Deduktion* und *subjektive Ableitung* (Kap. 5.1.2.3) vorgeschlagen. Auf der Basis dieser Kontextualisierungen und Rekonstruktionen kann die Frage nach der Möglichkeit und der Art und Weise einer transzendentalen Deduktion der Vernunftbegriffe neu gestellt werden (Kap. 5.2.3).

5.2.1 Explikation in Absatz 1.28. und Absatz 2.2.

Im Anhang zur *Transzendentalen Dialektik* finden sich zwei Textpassagen, welche explizit die Möglichkeit einer transzendentalen Deduktion der Vernunftprinzipien thematisieren – es handelt sich dabei um die Absätze 1.28. und 2.2.

Wurde bis Absatz 1.28. im Anhang zur *Transzendentalen Dialektik* die Frage nach der Möglichkeit einer transzendentalen Deduktion nur implizit behandelt, nimmt Kant sie dort in den Fokus, wenn er in einer enorm kompakten Form – der ganze Absatz besteht nur aus einem einzigen Satz – folgendes Spannungsverhältnis der Vernunftprinzipien diskutiert:

> Was bei diesen Principien merkwürdig ist und uns auch allein beschäftigt, ist dieses: daß sie transscendental zu sein scheinen, und, ob sie gleich bloße Ideen zur Befolgung des empirischen Gebrauchs der Vernunft enthalten, denen der letztere nur gleichsam asymptotisch, d.i. bloß annähernd, folgen kann, ohne sie jemals zu erreichen, sie gleichwohl als synthetische Sätze *a priori* objective, aber unbestimmte Gültigkeit haben und zur Regel möglicher Erfahrung dienen, auch wirklich in Bearbeitung derselben als heuristische Grundsätze mit gutem Glücke gebraucht werden, ohne daß man doch eine transscendentale Deduction derselben zu Stande bringen kann, welches, wie oben bewiesen worden, in Ansehung der Ideen jederzeit unmöglich ist. (A 663f./B 691f.=1.28.)

Die Vernunftprinzipien bilden „synthetische Sätze a priori" (A 663/B 691=1.28.), dienen „zur Regel möglicher Erfahrung" (A 663/B 691=1.28.) und scheinen dadurch „transscendental zu sein" (A 663/B 691=1.28.). Gleichzeitig stellen sie aber auch in der Bearbeitung möglicher Erfahrung lediglich „heuristische Grundsätze" (A 663/B 691=1.28.) dar, durch die, so Kant, der empirische Gebrauch angeleitet wird, indem er sich asymptotisch daran annähert. In diesem doppelten Status haben die Vernunftprinzipien „objective, aber unbestimmte Gültigkeit" (A 663/B 691=1.28.) bzw., wie Kant in Absatz 1.29. formuliert, „einige objective Gültigkeit" (A 664/B 692=1.29.), sie lassen sich aber lediglich *mit gutem Glücke* gebrauchen. Mit gutem Glück heißt ohne juristische Rechtmäßigkeit, wie Kant dezidiert anführt, wenn er schreibt, dass eine transzendentale Deduktion derselben nicht zu Stande zu bringen ist (vgl. A 663/B 691=1.28.).

Im zweiten Teil des Anhangs zur *Transzendentalen Dialektik* formuliert Kant wie folgt:

> Man kann sich eines Begriffes *a priori* mit keiner Sicherheit bedienen, ohne seine transscendentale Deduction zu Stande gebracht zu haben. Die Ideen der reinen Vernunft verstatten zwar keine Deduction von der Art, als die Kategorien; sollen sie aber im mindesten einige, wenn auch nur unbestimmte, objective Gültigkeit haben und nicht bloß leere Gedankendinge (*entia rationis ratiocinantis*) vorstellen, so muß durchaus eine Deduction derselben möglich sein, gesetzt daß sie auch von derjenigen weit abweiche, die man mit den

Kategorien vornehmen kann. Das ist die Vollendung des kritischen Geschäftes der reinen Vernunft, und dieses wollen wir jetzt übernehmen. (A 669 f./B 697 f.=2.2.)

Kant kommt demnach in Absatz 2.2. abermals zu dem Ergebnis, dass die Vernunftideen „einige, wenn auch nur unbestimmte, objective Gültigkeit" (A 669/B 697=2.2.) haben und beschreibt sie in Absatz 2.11. zudem als „principium vagum" (A 680/B 708=2.11.). Davon ausgehend stellt er fest, dass für die sichere Verwendung „eines Begriffes a priori [...] seine transscendentale Deduction zu Stande" (A 669/B 697=2.2.) zu bringen ist und diese „die Vollendung des kritischen Geschäftes der reinen Vernunft" (A 669/B 697=2.2.) bildet.

Zudem findet sich daran anschließend in Absatz 2.3. eine Formulierung, in der Kant expressis verbis auf eine schon geleistete transzendentale Deduktion Bezug nimmt: „Und dieses ist die transscendentale Deduction aller Ideen der speculativen Vernunft" (A 671/B 699=2.3.). In Absatz 2.11. wiederum spricht Kant davon, „das Resultat der ganzen transscendentalen Dialektik deutlich vor Augen [zu] stellen und die Endabsicht der Ideen der reinen Vernunft [...] genau [zu] bestimmen." (A 679 f./B 707 f.=2.11.)

Ausgehend von diesen Textpassagen ist außerdem hervorzuheben, dass die Vernunftbegriffe im zweiten Teil des Anhangs zur *Transzendentalen Dialektik* wie schon im ersten Teil anhand eines zweifachen Status entwickelt werden: Nach Absatz 2.2. bildet die Vernunftidee einen transzendentalen Begriff, der aber nur ein „heuristischer und nicht ostensiver" (A 671/B 699=2.3.) ist, da er nicht anzeigt, „wie ein Gegenstand beschaffen ist, sondern wie wir unter der Leitung desselben die Beschaffenheit und Verknüpfung der Gegenstände der Erfahrung überhaupt suchen sollen." (A 671/B 699=2.3.)

Genau in diesem doppelten Status – als bloße Idee, aber mit transzendentaler Gültigkeit – liegt die von Kant in der Einleitungsformulierung von Absatz 1.28. hervorgehobene *Merkwürdigkeit* der Vernunftbegriffe, die sich in beiden Teilen des Anhangs zur *Transzendentalen Dialektik* ausgeprägt findet. Obwohl Kant im ersten Teil des Anhangs zur *Transzendentalen Dialektik* die Rechtmäßigkeit der Vernunftprinzipien (Homogenität/Spezifikation/Kontinuität) und im zweiten Teil die Rechtmäßigkeit der Vernunftideen (Gott/Welt/Seele) thematisiert, werden beide Vernunftbegriffe expressis verbis in gleicher Weise systematisch charakterisiert. Es handelt sich daher bei der Frage nach der Möglichkeit einer transzendentalen Deduktion auf rein formaler Ebene nicht um einen Widerspruch zwischen der in Absatz 1.28. konstatierten Unmöglichkeit einer transzendentalen Deduktion und der in Absatz 2.2. konstatierten Notwendigkeit einer solchen, da das Satzsubjekt einmal als Vernunftprinzip und das andere Mal als Vernunftidee unterschiedlich bestimmt ist. Gleichzeitig handelt es sich aufgrund des obig entwickelten Spannungsverhältnisses in beiden Vernunftbegriffen aber um mehr als bloß eine begriffliche Inkonsistenz. Wird der Anhang zur *Transzendentalen Dialektik* mit seinen beiden Teilen als einheitliches Lehrstück interpretiert[4], zeigt sich darin vielmehr ein ungeklärtes systematisches Problem der Vernunftkritik: Klar ist, dass transzendentale Prinzipien, die zudem synthetische Sätze a priori und Regeln möglicher Erfahrung bilden, gemäß den Kriterien der *Kritik der reinen Vernunft* einer transzendentalen Deduktion bedürfen. Klar ist aber auch, dass Prinzipien, denen sich der empirische Gebrauch der Vernunft bloß annähert, d. i., die bloße heuristische Grundsätze bilden, nicht im strengen Sinne transzendental deduzierbar sind. Im Text lassen sich dann auch (Kap. 5.3) zwei verschiedene Rechtfertigungsstrategien (d. i. eine metaphysisch-ontologische bzw. epistemologisch-methodische) isolieren, die einmal auf den bloß heuristischen Status und einmal auf den transzendentalen Status der Vernunftbegriffe zielen.

Die uneinheitliche Charakterisierung der Möglichkeit bzw. Notwendigkeit einer transzendentalen Deduktion führt auch in der Forschung zu zahlreichen Kontroversen. Autorinnen und Autoren, die eine transzendentale Deduktion für unmöglich erklären, beziehen sich dabei zumeist auf den Absatz 1.28. des ersten Teils des Anhangs zur *Transzendentalen Dialektik*[5], in dem Kant eine Deduktion ablehnt. Autorinnen und Autoren, die hingegen eine transzendentale Deduktion für möglich oder nötig halten, beziehen sich dabei zumeist auf den Absatz 2.2. des Anhangs zur *Transzendentalen Dialektik*[6], in dem Kant eine Deduktion für notwendig erklärt. In beiden Positionen dieser Gegenüberstellung wird aber zumeist der enge Zusammenhang zwischen den beiden Textpassagen verkannt.[7] Denn Kant lehnt zwar eine Deduktion der Vernunftbegriffe im Rahmen des Absatzes 1.28. ab, er bestreitet aber keinesfalls den transzendentalen Charakter der Vernunftprinzipien und führt nur zwei Absätze später einen Schematismus der Vernunftbegriffe aus. In gleicher Weise gibt die Befürwortung einer transzen-

---

[4] Spekulationen um die unterschiedliche Entstehungszeit der beiden Teile des Anhangs zur *Transzendentalen Dialektik* (vgl. Vaihinger 1925, S. 619; Zocher 1958, S. 57), wonach beide nur aufgrund einer *Schlussredaktion* (vgl. Zocher 1958, S. 57) zusammengestellt wurden, verlaufen, wie sich zunehmend erweist (vgl. Adickes 1927, S. 81–100; Stark 2013, S. 29–60), ins Leere und werden daher auch in der Forschung nicht gesondert thematisiert.
[5] Vgl. dazu Thöle 2000, S. 113–148; Horstmann 1997a, S. 109–130; Liebrucks 1979, S. 226 ff.; Bondeli 1996, S. 166–183.
[6] Vgl. dazu Piché 1984, S. 92; Bazil 1995, S. 18; Klimmek 2005, S. 178; Krämling 1985, S. 125; Zöller 2011, S. 13 ff.; Malter 1981, S. 189 ff.; Heimsoeth 1969, S. 586.
[7] Einen Zusammenhang zwischen den beiden Teilen des Anhangs zur *Transzendentalen Dialektik* haben u. a. Caimi (1995, S. 308–320) und La Rocca (2011, S. 29–46) entwickelt. Allerdings gehen sie nicht konkret auf die Absätze 1.28. und 2.2. ein. Beide Autoren skizzieren aber einen linearen Zusammenhang zwischen beiden Textpassagen und binden damit die beiden Teile thematisch eng aneinander.

dentalen Deduktion, wie sie in Absatz 2.2. zu finden ist, keine Antwort darauf, welchen Status eine solche transzendentale Deduktion im Detail innehat.

Soll die Forschungsdiskussion über das schlichte Für und Wider einer transzendentalen Deduktion der Vernunftbegriffe hinausführen, um dadurch die verhärteten Positionen aufzulösen[8], gilt es, die systematische Konstruktion, die Kant in beiden Absätzen vornimmt, zu kontextualisieren und zu analysieren.

5.2.2 Auf der Suche nach dem Beweisgrund

Im Kontext der Ablehnung der Möglichkeit einer transzendentalen Deduktion der Vernunftbegriffe in Absatz 1.28. fällt besonders auf, dass sich Kant dabei auf ein scheinbar schon bewiesenes Argument bezieht. Der Absatz behandelt demnach das Problem der Möglichkeit einer transzendentalen Deduktion der Ideen wie ein bereits erledigtes Problem. Dies legt insbesondere die Formulierung „wie oben bewiesen worden" (A 663/B 691=1.28.) nahe, die allerdings viele Möglichkeiten der Interpretation offen lässt: Eindeutig ist dabei nur, dass sich dieser Verweis nicht auf den Anhang zur *Transzendentalen Dialektik* beziehen kann, da Kant in diesem Textabschnitt besagtes Thema noch nicht explizit erläutert hat, wie die Eingangsformulierung – „Was bei diesen Prinzipien merkwürdig ist und uns auch allein beschäftigt ist dies" (A 663f./B 691f.=1.28.) – nahelegt. Wenn Kant von *beschäftigen* spricht, suggeriert dies, dass er nicht unbedingt apodiktisch gewisse Ergebnisse seiner Überlegungen vorzustellen beabsichtigt, sondern vielmehr einen Problemhorizont zu skizzieren versucht, für den er dann eine Lösung zu entwickeln trachtet. Gleichzeitig lässt sich der Begriff *allein* in diesem Zitat als Fokussierung lesen: Kant stellt alle weiteren eventuell offenen Fragen in den Hintergrund, um sich nur mit einem einzigen Aspekt, dem des Status, auseinanderzusetzen.

Um die Bezugsstellen des Absatzes 1.28. zu klären und den Status der Vernunftbegriffe sowie die Frage nach der Unmöglichkeit bzw. Möglichkeit einer Deduktion näher zu charakterisieren, gibt es zwei Wege: Einerseits kann die von Kant gelegte Spur in das Erste Buch der *Transzendentalen Analytik* führen, andererseits in das Erste Buch der *Transzendentalen Dialektik*.

---

[8] Insbesondere ist dabei zu verweisen auf die Kontroverse zwischen M. Grier (2001, S. 283) und H. E. Allison (2004, S. 52ff.), zwischen R.-P. Horstmann (1997a, S. 109–130) und B. Thöle (2000, S. 113–148), zwischen M. Caimi (1995, S. 308–320) und G. Schiemann (1992, S. 294–303) sowie zwischen H. Krings (1996, S. 91–103), G. Buchdahl (1984b, S. 104–114) und P. Guyer (1984, S. 115–122).

5.2.2.1 Die Spur zur Transzendentalen Analytik

Der spezifische Aufbau des Anhangs zur *Transzendentalen Dialektik* – in dem Kant immer wieder Bezüge zur *Transzendentalen Analytik* herstellt (vgl. u. a. A 644/B 672=1.3., A 664f./B 692f.=1.30., A 666/B 694=1.31., A 670/B 698=2.2., A 677/B 705=2.9.), diese dann aber für den regulativen Ideengebrauch stets korrigiert und ihre Bedeutung verschiebt – legt es nahe, dass Kant eine transzendentale Deduktion der Vernunftprinzipien in Absatz 1.28. in Bezug zur transzendentalen Deduktion der Verstandesbegriffe ablehnt.

Schon in Absatz 1.29. stellt er einen über den Anhang zur *Transzendentalen Dialektik* hinausgehenden Bezug zur *Transzendentalen Analytik* her. Er spezifiziert darin die Frage nach der Rechtmäßigkeit der Kategorien von der Frage nach der Rechtmäßigkeit der Vernunftprinzipien, indem er die bereits in der „transscendentalen Analytik unter den Grundsätzen des Verstandes" (A 664/B 692=1.29.) getroffene Differenz zwischen „constituitv[en]" und „regulative[n] Principien der Anschauung" (A 664/B 692=1.29.), d. i. jene zwischen mathematischen und dynamischen Kategorien bzw. Grundsätzen, von der Unterscheidung zwischen konstitutiven Verstandesbegriffen und regulativen Vernunftbegriffen differenziert (vgl. A 664/B 692=1.29.)[9].

Kant greift dabei ein spezifisches Strukturelement der *Transzendentalen Analytik* auf und wendet es in zweckentfremdeter Weise zur Klärung eines anderen und neuen Sachverhalts an.

Aber auch der Absatz 2.2. stellt einen Bezug zur *Transzendentalen Analytik* her, indem er eine Deduktion der Vernunftbegriffe expressis verbis nur in einer dezidierten Unterscheidung zur Deduktion der Kategorien fordert: Von den Ideen der reinen Vernunft „muß durchaus eine Deduction [...] möglich sein, gesetzt daß sie auch von derjenigen weit abweiche, die man mit den Kategorien vornehmen kann." (A 670/B 698=2.2.)

5.2.2.2 Die Spur zum Ersten Buch der Transzendentalen Dialektik

Mit der Unterscheidung des Status von Vernunft- und Verstandesbegriffen und damit einhergehend des Status einer möglichen transzendentalen Deduktion ist noch nicht geklärt, inwiefern Kant bereits einen Beweis dafür geliefert hat, dass eine Deduktion der Vernunftbegriffe nicht *zu Stande zu bringen* sei. Für eine solche dezidierte Bezugsstelle ist bis zum Ersten Buch der *Transzendentalen Dialektik* zurückzugehen, wenn nicht die gesamte *Transzendentale Analytik* als

---

[9] Siehe dazu die Überlegungen zur Differenzierung zwischen regulativem und konstitutivem Vernunftgebrauch in Kapitel 4.1.2.2.

5.2 Möglichkeit und Notwendigkeit einer transzendentalen Deduktion — 183

Beweis aufgefasst werden soll. Nur dort thematisiert Kant expressis verbis eine Ablehnung einer Deduktion der Vernunftbegriffe, worauf sich demnach die Formulierung: „welches wie oben bewiesen worden" (A 663/B 691=1.28.), beziehen muss. Besagte Passage im Ersten Buch der *Transzendentalen Dialektik* lautet wie folgt:

> Von diesen transscendentalen Ideen ist eigentlich keine objective Deduction möglich, so wie wir sie von den Kategorien liefern konnten. Denn in der That haben sie keine Beziehung auf irgend ein Object, was ihnen congruent gegeben werden könnte, eben darum weil sie nur Ideen sind. Aber eine subjective Ableitung derselben aus der Natur unserer Vernunft konnten wir unternehmen; und die ist im gegenwärtigen Hauptstücke auch geleistet worden. (Hervorhebung R. M.; A 336/B 393)

An dieser Stelle wird ebenfalls eine Deduktion der Ideen mit Verweis auf die Kategorien abgelehnt – was die zuvor schon entwickelte Argumentation und Kontextualisierung mit der *Transzendentalen Analytik* stützt.

Diese Formulierungen stellen die Analyse allerdings vor nicht wenige weitere textimmanente Probleme. Auf der Suche nach der Verweisstelle von A 771/B 799=1.28. fiel die Aufmerksamkeit auf die hier zitierte Textpassage A 336/B 393 – in der aber für ein adäquates Verständnis ein weiterer Verweis zu klären ist: Das Problem des Verweises *im gegenwärtigen Hauptstücke* liegt darin, dass das Erste Buch der *Transzendentalen Dialektik*, in dem Kant eine *subjektive Ableitung* der Ideen zu leisten vorgibt, in Abschnitte geteilt ist und nicht in Hauptstücke, wie das obige Zitat behauptet. Aus diesem Grund führt der Verweis augenscheinlich ins Leere.

Um diese Interpretationsschwierigkeiten aufzulösen, zeigen sich zwei bzw. drei Strategien, die unter den Unterpunkten eins bis drei skizziert werden, um zu klären, worin der Beweis der Unmöglichkeit einer transzendentalen Deduktion der Vernunftprinzipien tatsächlich liegt.

Die erste Möglichkeit (i.), diese Unstimmigkeiten zu beheben, besteht darin, in der Formulierung Hauptstück lediglich einen Druck- oder Schreibfehler zu sehen. Kant hätte demnach statt *gegenwärtiges Hauptstück* gegenwärtiges Buch schreiben oder drucken lassen müssen. Dass es sich dabei um einen Fehler handelt, ist aufgrund des mehrmaligen Auftretens im Ersten Buch (vgl. A 309/B 366, A 335/B 392) allerdings nicht plausibel.

Viel plausibler scheint hingegen (ii.) zu sein, dass die Gliederung der *Transzendentalen Dialektik* in zwei Bücher, von denen das zweite in drei Hauptstücke geteilt ist, mit einer früheren Einteilung der gesamten *Transzendentalen Dialektik* in zwei Hauptstücke korreliert. Dies wiederum würde die Einleitung der *Transzendentalen Dialektik* belegen, in welcher ihr *Geschäft* in zwei Hauptstücke gegliedert und wie folgt charakterisiert wird:

> [D]as wird unser Geschäft in der transscendentalen Dialektik sein, welche wir jetzt aus ihren Quellen, die tief in der menschlichen Vernunft verborgen sind, entwickeln wollen. Wir werden sie in zwei Hauptstücke theilen, deren ersteres von den transscendenten Begriffen der reinen Vernunft, das zweite von transscendenten und dialektischen Vernunftschlüssen derselben handeln soll. (A 309/B 366)

Dabei bezieht Kant das *Geschäft der Transzendentalen Dialektik* nicht auf die sich darin befindenden zwei Bücher, sondern auf zwei Hauptstücke, die inhaltlich allerdings mit diesen zusammenfallen. So wird im Ersten Buch *Von Begriffen der reinen Vernunft* und im Zweiten Buch *Von den dialektischen Schlüssen der reinen Vernunft* gehandelt, wie die Überschriften bereits ausdrücken. Dies wiederum legt den obig geäußerten Verdacht nahe, dass Kant in einer späteren Bearbeitung die Hauptüberschriften der *Transzendentalen Dialektik* von Erstes und Zweites Hauptstück in Erstes und Zweites Buch transformiert, dabei allerdings den Text im Einzelnen nicht an diese Korrektur angepasst hat. Die Rede von *im gegenwärtigen Hauptstücke* in der Textpassage von A 336/B 393 im Dritten Abschnitt des Ersten Buches könnte sich daher noch auf diese frühere Teilung beziehen.

Ein weiterer Beleg für eine solche Korrektur findet sich ebenfalls im Dritten Abschnitt des Ersten Buches, wenn es wie folgt heißt: „Was unter diesen drei Titeln aller transscendentalen Ideen für *modi* der reinen Vernunftbegriffe stehen, wird in dem folgenden Hauptstücke vollständig dargelegt werden." (A 335/B 392) Dabei werden die hier erwähnten transzendentalen Ideen aber nicht im *folgenden Hauptstücke* abgehandelt, sondern in den nächsten drei Hauptstücken des Zweiten Buches. Der Singular in der Formulierung *dem folgenden Hauptstücke* spricht daher ebenfalls für die Interpretation der nur teilweise umgesetzten Korrektur der Gliederung der *Transzendentalen Dialektik*.

Eine solche Interpretation klingt augenscheinlich durchaus plausibel, löst allerdings nicht alle Problem- und Fragestellungen, die sich rund um dieses Zitat bilden. Insbesondere spricht gegen eine solche Interpretation einer bloßen Verwechslung von Buch und Hauptstück im obig angeführten Zitat von A 336/B 393, dass es sich dabei vielmehr um eine Behauptung der Unmöglichkeit als um einen Beweis handelt. Der Absatz von A 336/B 393 bildet einen Fremdkörper im Textverlauf des Dritten Abschnittes des Ersten Buches: Im vorangehenden Absatz spricht Kant vom hypothetischen und disjunktiven Schluss und bezieht sich darauf erneut im ersten Satz des nachstehenden Absatzes. „Man sieht leicht, daß die reine Vernunft nichts anders zur Absicht habe, als die absolute Totalität der Synthesis auf der Seite der Bedingungen (es sei der Inhärenz, oder der Dependenz, oder der Concurrenz)" (A 336/B 393). Besagte Textpassage fügt demnach völlig andere Themen, nämlich jene einer objektiven Deduktion und einer subjektiven Ableitung, in einen ansonsten kohärenten Verlauf ein.[10]

Gegen diese Interpretation spricht demnach, dass damit zwar die philologischen und editorischen Schwierigkeiten im Verweis *im gegenwärtigen Hauptstück* behoben wären, es sich dabei allerdings nicht tatsächlich um einen Beweis handelt. Absatz 1.28. des Anhangs zur *Transzendentalen Dialektik* verweist aber mit der Formulierung *wie obig bewiesen worden* gerade auf einen solchen Beweis der Unmöglichkeit einer transzendentalen Deduktion der Vernunftprinzipien. Damit sind also die architektonischen und systematischen Schwierigkeiten noch nicht berührt oder zumindest ist für sie noch keine adäquate Lösung gefunden.

Aus diesem Grund wird eine weitere Interpretation (iii.) der Formulierung *im gegenwärtigen Hauptstücke* gegeben: Die Formulierung könnte daher rühren, dass der Text ursprünglich an einer anderen Stelle der *Transzendentalen Dialektik* positioniert war. Mit Blick auf den strukturellen und thematischen Aufbau der *Transzendentalen Dialektik* würde sich dafür eine Position am Ende des Ideal-Kapitels anbieten. Dort formuliert Kant resümierend und schon auf den Anhang zur *Transzendentalen Dialektik* verweisend, dass das höchste Wesen für den „speculativen Gebrauch der Vernunft ein bloßes, aber doch fehlerfreies Ideal [ist], ein Begriff, welcher die ganze menschliche Erkenntniß schließt und krönt [und] dessen objective Realität auf diesem Wege zwar nicht bewiesen, aber auch nicht widerlegt werden kann" (A 671/B 669). Wird dies hypothetisch angenommen, würde sich der Verweis *im gegenwärtigen Hauptstücke* auf das Dritte Hauptstück *Das Ideal der reinen Vernunft* beziehen und damit a.) die philologischen Schwierigkeiten ausräumen (vgl. Zocher 1958, S. 45 f.). Zudem wäre damit b.) der Bezug auf einen Beweis in der Formulierung *wie oben bewiesen worden* aus zwei Gründen nachvollziehbarer: Erstens würde der Textabstand zwischen den Verweisen nicht mehr 300, sondern bloß etwa 25 Seiten betragen.[11] Zweitens würde die Ablehnung einer Deduktion der Vernunftprinzipien aus Absatz 1.28. auf die dreifache, in den drei Hauptstücken der *Transzendentalen Dialektik* durchgeführte Widerlegung des Scheins verweisen – insbesondere auf das Dritte Hauptstück *Ideal der reinen Vernunft* –, wodurch der Anspruch eines Beweises gerechtfertigt wäre. Dieser bestünde darin, dass die Vernunftbegriffe bloße Denkbegriffe bilden und daher nicht wie die Kategorien auf Erscheinungen restringiert werden können, was die drei Hauptstücke an den Begriffen Gott, Welt und Seele deutlich gemacht haben.

---

10 Siehe dazu die Analyse zur Einheitlichkeit des Dritten Abschnitts des Ersten Buches in Kapitel 3.3.1.2.
11 Siehe dazu die Überlegungen zur Frage, wovon der Anhang der *Transzendentalen Dialektik* einen Anhang bildet in Kapitel 2.1.1.

Als Fazit zeigt sich daher: Beide Interpretationen (ii.) und (iii.) – aus der Interpretation (i.) lässt sich kein zusätzlicher Erkenntnisgewinn ziehen – haben zur Folge, dass die Ablehnung einer transzendentalen Deduktion der Vernunftprinzipien im Verweis auf die transzendentale Deduktion der Verstandesbegriffe formuliert worden ist.

Für die Interpretation (iii.) spricht, dass diese explizit die dreifache Widerlegung des Scheins im Zweiten Buch der *Transzendentalen Dialektik* als Beweisführung in Anspruch nehmen kann, auch wenn sie rein philologisch einen größeren Eingriff in die Textgestaltung der *Transzendentalen Dialektik* vornimmt als die zweite (ii.). Eine eindeutige Entscheidung für oder wider eine dieser Interpretationslinien lässt sich nicht treffen. Aber schon der gemeinsame Nenner aller drei Interpretationslinien legt ebenso wie die Absätze 1.28. und 2.2. fest, dass eine transzendentale Deduktion der Vernunftbegriffe im Vergleich zur transzendentalen Deduktion der Kategorien nicht möglich ist, schließt aber eine Rechtfertigung der Vernunftbegriffe damit nicht prinzipiell aus. Um diese offene Möglichkeit im Detail zu klären, braucht es eine inhaltliche Problematisierung des Beweisgrundes der kantischen Ablehnung der Möglichkeit einer transzendentalen Deduktion von Absatz 1.28. Dabei werden sich zudem weitere Gründe für die Lösungsstrategie (iii.) erweisen.

5.2.2.3 Subjektive Ableitung – eine Äquivokation

Der Absatz von A 336/B 393 stellt in der *Kritik der reinen Vernunft* eine Schnittstelle von verschiedenen Forschungsinteressen und Schwerpunkten dar und bildet als solcher einen Kulminationspunkt offener Interpretationsfragen. So beziehen sich auf besagte Textpassage Forschungen zur transzendentalen Deduktion der Kategorien in der *Transzendentalen Analytik* ausgehend von der in der Vorrede dazu verfassten Unterscheidung von subjektiver und objektiver Deduktion (vgl. Klemme 1996, S. 142; Carl 1992, S. 53f.; Moledo 2015, S. 418–429). Zudem findet sich die Textpassage gleich im Anschluss an die in der Einleitung und im Ersten Buch zur *Transzendentalen Dialektik* durchgeführte prosyllogistische Herleitung der Ideen, mit der sie sich ebenfalls koppeln lässt (vgl. Klimmek 2005, S. 10ff.; Pissis 2012, S. 65ff.; Engelhard 2005, S. 29f.; Allison 2004, S. 320f.). Nicht zuletzt scheint die Passage von A 336/B 393, wie bereits nachgewiesen, auch in einem engen Zusammenhang mit den Ausführungen des Anhangs zur *Transzendentalen Dialektik* zu stehen. Dabei ist dieser Zusammenhang in den Diskussionen um eine transzendentale Deduktion im Rahmen des Anhangs zur *Transzendentalen Dialektik* fast zur Gänze unbekannt, es finden sich lediglich verstreute Hinweise einzelner Autorinnen und Autoren dazu (vgl. Zocher 1958, S. 45f.; Bazil 1995, S. 150ff.; Engelhard 2005, S. 30). In den gängigen Analysen zum Ersten Buch der

Transzendentalen Dialektik wird hingegen sehr wohl auf den Zusammenhang mit dem Anhang zur *Transzendentalen Dialektik* verwiesen (vgl. Klimmek 2005, S. 10 ff.; Engelhard 2005, S. 29 f.).

Um Kants Ringen in der Frage nach einem regulativen Gebrauch der Vernunftbegriffe und der damit zu sichernden objektiven, aber unbestimmten Gültigkeit genauer zu explizieren, ist es hilfreich, die in A 336/B 393 eingeführte, dreiteilige Differenzierung zwischen subjektiver Ableitung, objektiver Deduktion und subjektiver Deduktion genauer zu analysieren. Nur so kann deutlich werden, was Kant in Absatz 1.28. als schon bewiesen voraussetzt, was in der in Bezug stehendenden Textpassage von A 336/B 393 tatsächlich behauptet wird und wie dies in Einklang mit Absatz 2.2. steht.

5.2.2.3.1 Subjektive Ableitung und metaphysische Deduktion

Unter dem Begriff der subjektiven Ableitung einen Terminus zu fassen, der sich auf die prosyllogistische Herleitung der Vernunftideen bezieht, scheint die einfachste und augenscheinlichste Lösung des Problems im Rahmen des Ersten Buches der *Transzendentalen Dialektik* zu sein (vgl. Zocher 1958, S. 46; Engelhard 2005, S. 29). Dabei steht der Begriff der Ableitung in Bezug zum methodischen Verfahren der metaphysischen Deduktion der Kategorien aus der Urteilstafel.[12] Kant selbst hebt diese Parallele im Rahmen des Ersten Buches der *Transzendentalen Dialektik* hervor, wenn er betont, dass er die Vernunftbegriffe nach dem Beispiel der Verstandesbegriffe ausgehend von ihrer logischen Struktur herleitet – im Rahmen der *Transzendentalen Analytik* in Bezug zu den Urteilsformen, im Rahmen der *Transzendentalen Dialektik* in Bezug zu den drei Schlussformen.[13] Dabei ist allerdings zu bedenken, dass die Akademieausgabe der *Kritik der reinen Vernunft* den Terminus subjektive Ableitung nicht im Original, sondern in einer Korrektur G. S. A. Mellins angibt – Kant formuliert in beiden Auflagen „subiective Anleitung" (Hartknoch (Hrsg.) 1781, S. 662). Dieser Begriff erinnert wiederum viel weniger an das methodische Verfahren einer metaphysischen Deduktion.

Eine einfache Identifikation des Terminus subjektive Ableitung mit einer metaphysischen Deduktion der Vernunftideen ist daher nicht sinnvoll. Die Herleitung eines Begriffes betrifft vielmehr die quid facti Frage, die, nach Kant, „die Erklärung des Besitzes einer reinen Erkenntnis" (A 87/B 119) thematisiert, aber nicht deren Rechtsfrage. Die Gegenüberstellung von objektiver Deduktion und

---

[12] In diesem Sinne argumentieren Klimmek 2005, S. 11; Sallis 1983, S. 55 f.; Pissis 2012, S. 63; Horstmann 1997a, S. 122.
[13] Siehe dazu die Ausführungen zur Möglichkeit und Struktur einer metaphysischen Deduktion der Vernunftbegriffe in Kapitel 3.2.1.

subjektiver Ableitung, wie sie sich in der Passage von A 336/B 393 findet, hat daher nur Sinn, wenn sie sich auf eine transzendentale Deduktion bezieht, in der die quid juris Frage, d. i. eine Rechtfertigung von zuvor anhand der quid facti Frage festgestellten Begriffen, entwickelt wird (vgl. A 84/B 117). Nur eine transzendentale Deduktion kennt zwei Seiten, die von Kant als subjektiv und objektiv angesprochen werden. Die Frage nach der Möglichkeit einer transzendentalen Rechtfertigung der Vernunftbegriffe, die hier gestellt wird, hat demnach nichts gemein mit der Frage nach der prosyllogistischen Herleitung der Vernunftideen aus den drei Schlussformen.[14] Dies wiederum bildet einen weiteren inhaltlichen Grund dafür, dass die Textpassage von A 336/B 393 im Ersten Buch der *Transzendentalen Dialektik* disloziert ist und spricht damit für die in Kapitel 5.2.2.2 entwickelte Argumentationsstrategie (iii.). Die Passage A 366/B 393 nimmt nicht Bezug auf die prosyllogistische Herleitung der Vernunftbegriffe, die aber in diesem Abschnitt thematisch ist und bildet dadurch einen Fremdkörper im Textverlauf.

5.2.2.3.2 Objektive versus subjektive Deduktion

Da Kant in negativer Form von einer objektiven Deduktion spricht und diese mit der subjektiven Ableitung parallelisiert, ist zu fragen, inwiefern die terminologische Unterscheidung von subjektiver und objektiver Deduktion als zwei Seiten einer transzendentalen Deduktion in diesem Zusammenhang relevant wird. Kant hat diese Differenzierung in der ersten Auflage der *Kritik der reinen Vernunft* in der *Vorrede* eingeführt. Dort schreibt er, dass „die Untersuchungen" (A XVI), welche er „unter dem Titel der Deduktion der reinen Verstandesbegriffe, angestellt habe [...], zwei Seiten" (A XVI) inkludieren:

> Diese Betrachtung, die etwas tief angelegt ist, hat aber zwei Seiten. Die eine bezieht sich auf die Gegenstände des reinen Verstandes und soll die objective Gültigkeit seiner Begriffe *a priori* darthun und begreiflich machen; eben darum ist sie auch wesentlich zu meinen Zwecken gehörig. Die andere geht darauf aus, den reinen Verstand selbst nach seiner Möglichkeit und den Erkenntnißkräften, auf denen er selbst beruht, mithin ihn in subjectiver Beziehung zu betrachten; und obgleich diese Erörterung in Ansehung meines Hauptzwecks von großer Wichtigkeit ist, so gehört sie doch nicht wesentlich zu demselben, weil die Hauptfrage immer bleibt: was und wie viel kann Verstand und Vernunft, frei von aller Erfahrung, erkennen? und nicht: wie ist das Vermögen zu denken selbst möglich? (A XVII)

Nach der *etwas tief angelegten Betrachtung* Kants hat eine objektive Deduktion folglich die objektive Gültigkeit der reinen Verstandesbegriffe darzutun und be-

---

14 Dies wird u. a. behauptet von Zocher 1958, S. 45 f.; Engelhard 2005, S. 29 f.

5.2 Möglichkeit und Notwendigkeit einer transzendentalen Deduktion — 189

greiflich zu machen (vgl. A XVI, B 142). Eine subjektive Deduktion hingegen frage danach, „wie das Vermögen zu denken selbst möglich" (A XVII) sei. Untersucht werde dabei der Zusammenhang, der gegeben sein müsse, wenn die Kategorien objektive Gültigkeit beanspruchen.

Für eine Analyse dieser Differenzierung im Rahmen der *Transzendentalen Dialektik* ist festzustellen, dass Kant sie darin nicht explizit adaptiert. In der Unterscheidung handelt es sich demnach um eine Strukturierung der A-Deduktion der *Transzendentalen Analytik*. Dabei ist die Vorrede erst entstanden, nachdem Kant die A-Deduktion zu Papier gebracht hat und sie ist daher „dem Plan der Deduktion nicht zugrunde gelegen" (Klemme 1996, S. 142f.). Außerdem hat Kant diese Unterscheidung in der zweiten Auflage der *Kritik der reinen Vernunft* fallengelassen. Schon diese Aspekte evozieren eine enorm komplexe Forschungslage bezüglich dieser Differenzierung im Rahmen der *Transzendentalen Analytik*[15] und erschweren eine Adaption für die *Transzendentale Dialektik*.

Gleichzeitig gibt Kant aber nicht zu übersehende Hinweise, die ein gewisses Lösungspotential für den bereits entwickelten Problemhorizont bieten und die eine Entwicklung dieser Differenzierung im Rahmen der *Transzendentalen Dialektik* durchaus sinnvoll erscheinen lassen. So spricht Kant in der Einführung der Unterscheidung zwischen objektiver und subjektiver Deduktion in der Vorrede zur A-Auflage der *Kritik der reinen Vernunft* stets von Verstand und Vernunft in einem Atemzug. Auch wenn der kantische Begriffsgebrauch diesbezüglich nicht immer scharf unterschieden ist, lässt sich dies doch als Hinweis für eine mögliche Verwendung auch in der *Transzendentalen Dialektik* verstehen. Dieser Hinweis wird zudem durch folgende Formulierung Kants in der Vorrede bestärkt:

> Da das letztere [die subjektive Deduktion] gleichsam eine Aufsuchung der Ursache zu einer gegebenen Wirkung ist, und in sofern etwas einer Hypothese Ähnliches an sich hat (ob es gleich, wie ich bei anderer Gelegenheit zeigen werde, sich in der Tat nicht so verhält), so scheint es, als sei hier der Fall, da ich mir die Erlaubnis nehme, zu meinen, und dem Leser also auch frei stehen muss, anderes zu meinen. (A XVII)

Kant postuliert demnach in der Vorrede lediglich die Gültigkeit der subjektiven Deduktion und stellt in den Raum, bei anderer Gelegenheit nachweisen zu wollen, dass diese nicht bloß einer Hypothese ähnlich ist, die auf bloßem Meinen beruht, sondern ebenso wie die objektive Deduktion überzeugt. Dieses Versprechen könnte von Kant durchaus mit Blick auf das Erste Buch der *Transzendentalen Dialektik* gegeben worden sein. In diesem Sinne hat u. a. H. Klemme behauptet,

---

[15] Vgl. dazu Baumanns 1997, S. 397–451, insbesondere den auf den Seiten 439–451 skizzierten Forschungsstand.

dass Kant die auf der Grundlage der A-Deduktion formulierte *Vorrede* der ersten Auflage der *Kritik der reinen Vernunft* mit Bezug auf die Textpassage A 333 f./ B 390 ff. formuliert hat (vgl. Klemme 1994, S. 123; Klemme 1996, S. 142). Klemme kommentiert plausibel, indem er hervorhebt, dass Kant die Differenzierung zwischen subjektiver und objektiver Deduktion an keiner Stelle der *Kritik der reinen Vernunft* wieder aufgreift, allerdings eine analoge Unterscheidung bezüglich der transzendentalen Ideen in der Textpassage von A 336/B 393 einführt: „Wenn es richtig ist [...], daß die Unterscheidung zwischen subjektiver und objektiver Deduktion der Kategorien im Deduktionskapitel nicht aufgenommen wird, weil Kant die Vorrede verfaßte, nachdem er das Deduktionskapitel bereits zu Papier gebracht hatte, dann wird ihm nichtsdestoweniger A 336/B 393 vor Augen gestanden haben." (Klemme 1996, S. 143)[16]

Die subjektive Ableitung kann daher als subjektive Deduktion aus der Natur unserer Vernunft näher charakterisiert werden. Die Rechtfertigung der Vernunftbegriffe ist subjektiv, da sich die Gültigkeit der Vernunftbegriffe nicht durch die Konstitution von Gegenständen rechtfertigt, sondern aus der Natur unserer Vernunft. In diesem Sinne bringt auch Klemme die subjektive Ableitung der Vernunftbegriffe mit der in der Vorrede eingeführten, subjektiven Deduktion in Zusammenhang: „[D]ie subjektive Ableitung [bezeichnet] eine Überlegung, die systematisch der subjektiven Deduktion der Kategorien nahesteht." (Klemme 1996, S. 142)[17]

Eine solche Analyse stellt nun abermals besagte Textpassage von A 336/B 393 in engen Bezug zum Anhang zur *Transzendentalen Dialektik* und der in den Absatzen 1.28. und 2.2. geforderten objektiven, aber unbestimmten Gültigkeit der Vernunftbegriffe.

---

16 Zudem stellt Klemme eine Beziehung zu Absatz 2.2. und der dort geforderten objektiven, aber unbestimmten Gültigkeit der Ideen her. Eine objektive Deduktion von den Vernunftbegriffen ist unmöglich, so Klemme, aber eine subjektive Deduktion bzw. subjektive Ableitung nicht ausgeschlossen und in besagter Textpassage sogar expressis verbis in den Raum gestellt (vgl. Klemme 1996, S. 143).

17 Vgl. dazu Pissis 2012, S. 66 f.; Moledo 2015, S. 425. Auch Klimmek lehnt eine Interpretation der subjektiven Ableitung als metaphysische Deduktion ab und spricht ebenfalls von einer subjektiven Deduktion. Er versteht diese aber nicht als eine Seite der transzendentalen Deduktion, sondern als Ableitung des Besonderen aus dem Allgemeinen (vgl. Klimmek 2005, S. 10 ff.).

5.2.3 Wiederaufnahme der Problemstellung aus den Absätzen 1.28. und 2.2.

Wird die subjektive Deduktion als Rechtfertigungsverfahren gesehen, in dem die Einschränkung aufgehoben wird, dass, wenn gedacht wird, etwas gedacht wird (vgl. Klemme 1996, S. 142 ff.; Königshausen 1977, S. 160), dann erweisen sich enorme systematische Überschneidungen mit der Aufgabenstellung des regulativen Vernunftgebrauchs in der *Transzendentalen Dialektik* (vgl. Klemme 1996, S. 144).

Als solche bildet die subjektive Deduktion in der *Transzendentalen Analytik* neben der objektiven eine Seite der transzendentalen Deduktion. Dabei hängt, wie Kant explizit formuliert, die Überzeugungskraft der objektiven Deduktion nicht von dem Erfolg oder Misserfolg der subjektiven Deduktion ab (vgl. A XVII). In der *Transzendentalen Dialektik* hingegen, in der die objektive Gültigkeit, d. i. die Objektkonstitution, schon aufgrund der terminologischen Fixierung der Vernunftideen (vgl. A 320/B 376 f.) für Kant irrelevant ist, rückt diese ins Zentrum der Aufmerksamkeit. Dabei wird im regulativen Vernunftgebrauch wie auch in der subjektiven Deduktion der Zusammenhang untersucht, der gegeben sein muss, wenn die Begriffe objektive Gültigkeit beanspruchen. Im Anhang zur *Transzendentalen Dialektik* gibt Kant die Aufgabe der Vernunftbegriffe wie folgt an: Vernunftbegriffe haben „einen vortrefflichen und unentbehrlichnotwendigen regulativen Gebrauch" (A 644/B 672=1.4.), in dem sie dazu dienen, dem Verstand „größte Einheit neben der größten Ausbreitung zu verschaffen" (A 644/B 672=1.4.). Sie setzen eine „kollektive Einheit zum Ziel der Verstandeshandlungen [...], welche sonst nur mit der distributive[n] Einheit beschäftigt sind." (A 645/B 673=1.3., vgl. A 674/B 702=2.5., A 680/B 708=2.11.) Sowohl die Frage, wie das Vermögen selbst zu denken sei (vgl. AXVII), als auch die Frage nach der Begründung des Systematischen der Erkenntnis (vgl. A 645/B 673=1.5.) bzw. der zweckmäßigen Einheit (vgl. A 687/B 715=2.17.), können nicht wie in der *Transzendentalen Analytik* in Form einer Gegenstandserkenntnis gestellt werden, wie Kant schreibt: „Nun ist zwar sehr einleuchtend: daß ich dasjenige, was ich voraussetzen muß, um überhaupt ein Object zu erkennen, nicht selbst als Objekt erkennen" (A 402; vgl. B 423) kann. In Form einer transzendentalen Deduktion der Vernunftbegriffe wie auch im Rahmen der subjektiven Deduktion wird daher gerade das „Andere des Gegenständlichen, d. h. dasjenige, was die Gegenstandskonstitution selber nicht aus sich hergibt, aber doch immer schon in ihr enthalten ist" (Theis 2004, S. 108; vgl. Hutter 2003, S. 75), thematisiert. In beiden Argumentationsstrategien entwickelt Kant Lösungen für ein und dasselbe systematische Problem: die Rechtfertigung von Begriffen, die transzendental zu sein scheinen, aber nicht über ihre Gegenstandsbestimmung deduziert werden. Im Konzept einer subjektiven Deduktion und der Frage nach der Möglichkeit einer transzendentalen Deduktion des regulativen Vernunftgebrauches finden sich demnach Überlegungen, mit denen Kant auf eine nicht-gegenstandskonstitutive Weise Begriffen apriorische Gültigkeit zu verleihen beabsichtigt.

Der Widerspruch zwischen den Absätzen 1.28. und 2.2. ergibt sich daher aus folgender Konstellation: Einerseits entwickelt Kant den Deduktionsbegriff in Bezug auf die *Transzendentale Analytik*. Das Ziel einer solchen transzendentalen Deduktion bestehe demnach, den Kriterien der *Kritik der reinen Vernunft* folgend, im Nachweis, „wie diese Begriffe sich auf Objecte beziehen können [...]. Ich nenne daher die Erklärung der Art, wie sich Begriffe *a priori* auf Gegenstände beziehen können, die transscendentale Deduction" (A 85/B 117). Andererseits erkennt Kant die Notwendigkeit von transzendentalen Begriffen, die nicht auf die Sinnlichkeit restringiert sind, aber auch keine *vernünftelnden Begriffe* bilden und daher einer transzendentalen Rechtfertigung bedürfen. Zudem hat Kant mit der Unterscheidung von subjektiver und objektiver Deduktion bereits ein Instrumentarium, eine nicht gegenstandsbezogene Deduktion zu denken. Im konkreten Fall zieht Kant dann aus derselben Problemstellung in den Absätzen 1.28. und 2.2. die konträren Konsequenzen bezüglich der Möglichkeit einer transzendentalen Deduktion.

Abschließend sei noch einmal hervorgehoben, dass mit der Charakterisierung der Frage nach der Möglichkeit einer transzendentalen Deduktion der Ideen noch keine Deduktion selbst geleistet ist. Kant hat in den Absätzen 1.28. und 2.2. lediglich die Begrifflichkeit und die Bedingungen für eine transzendentale Deduktion entwickelt und besprochen. Wie aber die Formulierung „und diese wollen wir jetzt übernehmen" (A 670/B 698=2.2) am Ende von Absatz 2.2. bereits suggeriert, hat Kant eine solche Deduktion noch nicht durchgeführt. Aber auch der Konditionalsatz in Absatz 2.3. – „Wenn man nun zeigen kann, daß [...], so ist es" (A 671/B 699=2.3.) – macht deutlich, dass es sich in den besprochenen Passagen nicht um eine durchgeführte Deduktion handelt, sondern lediglich um deren Bedingungen.

5.2.4 Zwischenergebnis

Ausgehend von den Absätzen 1.28. und 2.2. ergibt sich, wenn auch nicht auf formaler Ebene, so doch inhaltlich betrachtet, ein Widerspruch im Rahmen des Anhangs zur *Transzendentalen Dialektik* in der Frage nach der Möglichkeit einer transzendentalen Deduktion der Vernunftbegriffe. Kant charakterisiert dabei sowohl die Vernunftprinzipien als auch die -ideen als transzendental, aber gleichzeitig als bloß heuristische Begriffe. Er kommt aber einmal zum Ergebnis, dass eine transzendentale Deduktion nicht möglich und das andere Mal, dass eine transzendentale Deduktion nötig ist. In Form einer Kontextualisierung mit dem

Ersten Buch der *Transzendentalen Analytik* sowie dem Ersten Buch der *Transzendentalen Dialektik* erweist sich, dass Kant im Anhang zur *Transzendentalen Dialektik* vom Deduktionsbegriff der *Transzendentalen Analytik* ausgeht, dessen Funktion aber im Rahmen des regulativen Vernunftgebrauchs reformiert. Diese Reformierung führt einerseits dazu, dass Kant eine transzendentale Deduktion im Vergleich mit der Kategoriendeduktion ablehnt, andererseits aber eine Deduktion nicht per se ausschließt. Vernunftbegriffe sind nicht gegenstandskonstitutiv, weshalb eine objektive Deduktion unmöglich ist. Eine subjektive Deduktion, in welcher der Zusammenhang untersucht wird, der gegeben sein muss, wenn die Begriffe objektive Gültigkeit beanspruchen, ist jedoch denkbar.

5.3 Die Deduktionsstrategien

Die vorangegangene Analyse zur Frage nach der prinzipiellen Möglichkeit einer transzendentalen Deduktion hat – wenn sie auch nicht das methodische Verfahren einer transzendentalen Rechtfertigung im Einzelnen klären konnte – einige Ergebnisse bezüglich deren Status aufgewiesen. Ausgehend davon gilt es im Folgenden, die konkreten Deduktionsstrategien, die sich im Text finden, zu isolieren und ihre Durchführung zu lokalisieren, um damit den aufgewiesenen Status einer solchen Deduktion auch inhaltlich auszufüllen.

Schon die Uneindeutigkeit in der Einschätzung der Möglichkeit bzw. Notwendigkeit einer transzendentalen Deduktion der Vernunftbegriffe, aber noch viel mehr die Frage nach ihrer konkreten Durchführung, d. i. nach dem Wo und dem Wie der Rechtfertigung der Vernunftbegriffe, stellt ein offenes Problem in der Interpretationsgeschichte des Anhangs zur *Transzendentalen Dialektik* dar. Klar ist dabei aus den vorangegangenen Analysen nur, dass die Rechtmäßigkeit der Vernunftbegriffe, d. i. deren objektive, aber unbestimmte Gültigkeit, nicht in gleicher Weise wie die Rechtfertigung der Verstandesbegriffe durchzuführen ist. Gleichzeitig kann aber auch nicht völlig auf eine Rechtfertigung verzichtet werden.

Die folgende Analyse der konkreten Deduktionsstrategien erfolgt daher in drei Schritten: Erstens wird ausgehend von den Absätzen 2.3. und 1.13. eine epistemologisch-methodische (Kap. 5.3.1.1) und ausgehend von den Absätzen 2.5. und 1.30. (Kap. 5.3.1.2) eine metaphysisch-ontologische Rechtfertigungsstrategie im Text isoliert und entwickelt. Daran anschließend gilt es, in Form einer methodischen Reflexion das Für und Wider beider Argumentationsstrategien im Rahmen des Anhangs zur *Transzendentalen Dialektik* abzuwägen (Kap. 5.3.1.3). Auf der Basis einer Problemanalyse beider Argumentationsstrategien kann ausgehend vom Dritten Abschnitt des Ersten Buches und den Absätzen 1.22.–1.27.,

d. i. die fünfte Sinneinheit des Anhangs zur *Transzendentalen Dialektik*, der logische Zusammenhang, den Kant zwischen den Vernunftbegriffen skizziert, als eine weitere aus dem Text entwickelbare Rechtfertigungsstrategie (Kap. 5.3.2) rekonstruiert werden.

5.3.1 Janusköpfige Lehre der Deduktion

Die Vernunftbegriffe nehmen im Rahmen des Anhangs zur *Transzendentalen Dialektik* eine janusköpfige Stellung ein: Einerseits sind sie bloße Ideen, die in der Bearbeitung möglicher Erfahrung heuristische Grundsätze und nicht ostensive Begriffe (vgl. A 671/B 699=2.3.) bilden. Diese heuristischen Grundsätze leiten den empirischen Gebrauch an, sich in der Bearbeitung möglicher Erfahrung asymptotisch an die Ideen anzunähern. (vgl. A 663/B 691=1.28.). In dieser Weise stellen die Vernunftbegriffe ein bloßes Hilfsmittel in der Organisation von Erkenntnis dar und haben daher bloß instrumentalistischen Charakter bzw. eine wissenschaftlich-praktische Funktion (vgl. Bondeli 1996, S. 172) inne. Andererseits werden sie von Kant charakterisiert als „synthetische Sätze a priori" (A 663/B 691=2.28.), die „zur Regel möglicher Erfahrung" (A 663/B 691=2.28.) dienen und dadurch „transscendental zu sein" (A 663/B 691=2.28.) scheinen bzw. transzendentale Begriffe (vgl. A 669/B 697=2.2.) bilden. Die Vernunft wird dabei als „ursprüngliche und schöpferische" (A 672/B 700=2.4.) und die Vernunftbegriffe „als objectiv und hypostatisch" (A 673/B 701=2.5.) gedacht.

Dieser prekäre Status der Vernunftbegriffe im Rahmen der *Kritik der reinen Vernunft* führt auch im Rahmen der konkreten Durchführung einer Rechtfertigung der Vernunftbegriffe zu zwei separierbaren Argumentationsstrategien, die sich in beiden Teilen isolieren und lokalisieren lassen (vgl. Blackburn 1980, S. 353 ff.). Diese können, wie bereits in Kapitel 5.1 erwähnt, als metaphysisch-ontologische bzw. epistemologisch-methodische Rechtfertigungsstrategie bezeichnet werden. Im Rahmen der epistemologisch-methodischen Rechtfertigung legitimiert Kant die Vernunftbegriffe über eine Kompatibilitätsreflexion, in der die Verträglichkeit bzw. Vereinbarkeit der Vernunftbegriffe mit der Erfahrungserkenntnis untersucht wird. In der metaphysisch-ontologischen Rechtfertigung hingegen koppelt er die Legitimation der Vernunftbegriffe über die Kompatibilitätsthese hinausgehend mit den Gedanken der Objektivierung und der Hypostasierung der Vernunftbegriffe. Beide Argumentationsstrategien unterscheiden sich wesentlich von einer transzendentalen Deduktion der Kategorien und erfüllen den in Kapitel 5.2.3 entwickelten Status als subjektive Deduktion der Vernunftbegriffe.

In dieser methodische Differenzierung handelt es sich inhaltlich betrachtet um eine Charakterisierung, die sich in verschiedenen terminologischen Ausprägungen bereits in der Forschung findet: So entwickelt R. Zocher die hier als metaphysisch-ontologisch bzw. epistemologisch-methodisch bezeichneten Deduktionsstrategien als „Doppelsinn der Gültigkeit der Idee, der dem Doppelsinn der Idee" (Zocher 1958, S. 55) als quasi-gegenständliche Idee und als Idee, die einen bloßen Richtungssinn hat, entspricht (vgl. Zocher 1958, S. 58). M. Caimi folgt Zocher in dieser Unterscheidung, auch wenn seine Interpretation eine völlig andere Richtung nimmt (vgl. Caimi 1995, S. 315). Unabhängig von dieser Diskussion identifiziert G. Buchdahl einen dreifachen Sinn in der Frage nach der Gültigkeit des regulativen Ideengebrauchs, davon sind zwei hier zentral: „Man bemerke [...] den Unterschied zwischen dem phänomenologischen und dem ontologischen Momente: laut dem ersten ist natürlich die Einheit immer etwas ‚problematisches', eine ‚Aufgabe' für die Wissenschaft; dagegen laut dem letzteren die Möglichkeit der Erkenntnis solcher Einheiten wenigstens im Prinzip ‚apodiktisch' gesichert ist." (Buchdahl 1984a, S. 11) Bondeli wiederum unterscheidet zwischen einer transzendental-instrumentalistischen Deutung der Ideen und einer transzendentalen und differenziert diese ebenfalls anhand ihres Status der Notwendigkeit: Ersterer komme dabei eine bloß hypothetische Notwendigkeit, zweiterer hingegen eine strenge Notwendigkeit zu (vgl. Bondeli 1996, S. 172).[18] Diese hier skizzierten Positionen werden wiederum von einer Vielzahl der Interpretinnen und Interpreten bezogen, wenn auch nicht immer explizit eingeführt. In diesem Sinn reduziert u. a. G. Zöller den regulativen Vernunftgebrauch auf die epistemologisch-methodischen Aspekte (vgl. Zöller 1984, S. 257–271). Ihm folgt weitgehend N. F. Klimmek in seiner Interpretation des *Systems der transzendentalen Ideen* (vgl. Klimmek 2005, S. 64; siehe auch Miles 1978, S. 288) sowie U. Majer (1993, S. 51–77) und M. Bondeli (1996, S. 172). Die überwiegende Mehrzahl der Interpretinnen und Interpreten streicht allerdings den von Kant intendierten metaphysisch-ontologischen Aspekt des regulativen Vernunftgebrauchs heraus, ohne sich dabei aber in der Einschätzung des Gelingens einig zu sein. In diesem Sinne argumentieren u. a. G. Buchdahl (1984a, S. 97–142, 109f.), M. Caimi (1995, S. 315), M. Grier (2001, S. 263–301), H. E. Allison (2004, S. 438) und K. Engelhard (2005, S. 406).

---

18 Für weitere Positionen zu dieser Differenzierung vgl. Allison 2004, S. 438; Wartenberg 1992, S. 232; Grier 2001, S. 263–301.

5.3.1.1 Die epistemologisch-methodische Rechtfertigung

Im zweiten Teil des Anhangs zur *Transzendentalen Dialektik* entwickelt Kant die epistemologisch-methodische Rechtfertigung in Absatz 2.3. Dabei gibt er das Verfahren einer transzendentalen Deduktion der Vernunftbegriffe wie folgt an:

> Wenn man nun zeigen kann, daß, [...] die dreierlei transscendentalen Ideen (psychologische, kosmologische und theologische) [...] auf systematische Einheit führen und die Erfahrungserkenntniß jederzeit erweitern, niemals aber derselben zuwider sein können: so ist es eine nothwendige Maxime der Vernunft, nach dergleichen Ideen zu verfahren. Und dieses ist die transscendentale Deduction aller Ideen der speculativen Vernunft (A 671/B 699=2.3.).

Kant bezeichnet demnach expressis verbis den Nachweis, dass die transzendentalen Ideen die Erfahrungserkenntnis erweitern, ihr aber nicht widersprechen, mit dem terminus technicus „transcendentale Deduction aller Ideen der speculativen Vernunft" (A 671/B 699=2.3.), die diese als notwendige Maxime der Vernunft ausweist. Für diese positive Charakterisierung einer transzendentalen Deduktion der Vernunftbegriffe lässt sich folgende schlusslogische Struktur rekonstruieren:

OS: Wenn A, dann B.
US: Es ist der Fall, dass A.

SS: Es ist der Fall, dass B.

Die aus dem Text gewonnenen Terme lassen sich wie folgt zusammenfassen:

A: Transzendentale Ideen bilden Regeln des empirischen Gebrauchs, indem sie auf systematische Einheit führen und damit die Erfahrungserkenntnis erweitern, ohne ihr jemals zuwider sein zu können.
B: Es ist eine notwendige Maxime der Vernunft, nach Ideen zu verfahren.

Der Schluss lässt sich ausgehend von Kants Formulierungen folgendermaßen darstellen:

OS: Wenn transzendentale Ideen Regeln des empirischen Gebrauchs bilden, indem sie auf systematische Einheit führen und damit die Erfahrungserkenntnis erweitern, ohne ihr jemals zuwider sein zu können, dann ist es eine notwendige Maxime der Vernunft, nach Ideen zu verfahren.
US: Es ist der Fall, dass transzendentale Ideen Regeln des empirischen Gebrauchs bilden und damit die Erfahrungserkenntnis erweitern, ohne ihr jemals zuwider sein zu können.

SS: Es ist der Fall, dass es eine notwendige Maxime der Vernunft ist, nach Ideen zu verfahren.

Transzendental gerechtfertigt seien die Vernunftbegriffe demnach als „regulative[] Principien der systematischen Einheit des Mannigfaltigen der empirischen Erkenntniß überhaupt" (A 671/B 699=2.3.), wenn durch sie die empirische Erkenntnis überhaupt „in ihren eigenen Grenzen mehr angebaut und berichtigt wird, als es ohne solche Ideen, durch den bloßen Gebrauch der Verstandesgrundsätze, geschehen könnte." (A 671/B 699=2.3.)

Parallel dazu argumentiert Kant die epistemologisch-methodische Rechtfertigung der Vernunftbegriffe im ersten Teil des Anhangs zur *Transzendentalen Dialektik* für die Prinzipien der Homogenität, der Spezifikation und der Kontinuität. Neben der Argumentation, dass die transzendentalen Prinzipien den logischen vorhergehen, durch die Kant bereits eine Herleitung der Vernunftprinzipien geleistet hat, führt er im Rahmen des Absatzes 1.13. auch ihre Rechtfertigung durch. Kant fragt darin nämlich mit welchem Recht, das heißt mit welcher „Befugnis" (A 651/B 679=1.13.), festgestellt werden muss, dass „ein logisches Prinzip der Vernunfteinheit" (A 650/B 678=1.13.) nur stattfinden könne, „wenn ein transzendentales vorausgesetzt würde" (A 650/B 678=1.13.). Die Argumentation beschränkt sich wiederum auf eine epistemologisch-methodische, da Kant die Beweislast lediglich in der Konsistenz der Vernunft selbst sucht, wenn es heißt: „[D]ie Vernunft [...] würde gerade [...] wider ihrer Bestimmung verfahren, indem sie sich eine Idee zum Ziele setzte, die der Natureinrichtung ganz widerspräche." (A 651/B 679=1.13.) Der Vernunft stehe es demnach nicht frei anzunehmen, „alle Kräfte wären ungleichartig und die systematische Einheit ihrer Ableitung der Natur nicht gemäß" (A 651/B 679=1.13.). Die Vernunftbegriffe haben demnach Geltung, da die Vernunft nicht wider ihrer Bestimmung verfahren könne.[19]

Sowohl in Absatz 2.3. als auch in Absatz 1.13. legt Kant damit eine Argumentationsstruktur vor, in der er – trotz der spezifischen Unterschiede hinsichtlich der jeweiligen Formulierungen und der konkreten Durchführung – in Form einer epistemologisch-methodischen Rechtfertigung argumentiert. Das argumentative Gewicht in Absatz 2.3. liegt auf der Beweisführung, dass die Vernunftbegriffe den Verstandesgebrauch mehr berichtigen und mehr befestigen, als dies ohne Vernunftbegriffe der Fall wäre. Diese sind als notwendige Maximen der Vernunft anzunehmen, da sie zur systematischen Einheit führen und damit die Erfahrungserkenntnis erweitern, ohne ihr jemals zuwider sein zu können. In der Frage nach der Befugnis transzendentaler Prinzipien des Absatzes 1.13. kehrt

---

[19] Siehe dazu die Beweisführung zur Herleitung der Vernunftbegriffe in Kapitel 3.2.4.

dieser Punkt wieder. Der zentrale Aspekt der Argumentation liegt darin, dass sich die Vernunft keine Idee zum Ziel setzen könne, die ihrer Natureinrichtung ganz widerspräche. Die Vernunftbegriffe sind demnach als den logischen Begriffen vorausgesetzt legitimiert, da es der Vernunft sonst freistünde, wider der Natureinrichtung zu verfahren. In beiden Textpassagen deduziert Kant die Vernunftbegriffe anhand ihrer Kompatibilität mit den Verstandesbegriffe bzw. der Erfahrungserkenntnis.

5.3.1.2 Die metaphysisch-ontologische Rechtfertigung

Im ersten Teil des Anhangs entwickelt Kant die metaphysisch-ontologische Rechtfertigung, wenn es heißt, dass „nicht das Mindeste [ist], das uns hindert, diese Ideen auch als objectiv und hypostatisch anzunehmen, außer allein die kosmologische" (A 673/B 701=2.5.). „Gleichwohl" (A 673/B 701=2.5.) – und hier liegt nun die grundlegende Erweiterung gegenüber der vorhergehenden Rechtfertigungsstrategie – „ists, um etwas anzunehmen, noch nicht genug, daß keine positive Hinderniß dawider ist" (A 673/B 701=2.5.). Für eine Rechtfertigung der Vernunftbegriffe reicht demnach noch nicht das bloße Ausbleiben von Widersprüchen bzw. der Nachweis der Kompatibilität der Vernunftbegriffe mit der Erfahrungserkenntnis, wie im Rahmen der epistemologisch-methodischen Rechtfertigung. Aus diesem Grund könne es „uns nicht erlaubt sein, Gedankenwesen, welche alle unsere Begriffe übersteigen, obgleich keinem widersprechen, auf den bloßen Credit der ihr Geschäfte gern vollendenden speculativen Vernunft als wirkliche und bestimmte Gegenstände einzuführen." (A 673/B 701=2.5.) Die Vernunftideen seien vielmehr unter der Setzung eines „Gegenstand[s] in der Idee" (A 670/B 698=2.3.) zu rechtfertigen. Nach Kant ist man deshalb „nicht allein befugt, sondern auch genötigt [...], diese Idee zu realisieren, d. i. ihr einen wirklichen Gegenstand zu setzen, aber nur als ein Etwas überhaupt, das ich an sich selbst gar nicht kenne, und dem ich nur, als einem Grunde jener systematischen Einheit, in Beziehung auf diese letztere solche Eigenschaft gebe" (A 677/B 705=2.9., vgl. A 681/B 709=2.12., Refl AA XVIII, S. 227). Die Idee der systematischen Einheit wird demnach realisiert, indem ihr ein *Gegenstand* korrespondierend gesetzt wird, wodurch ihre objektive Gültigkeit nachgewiesen werden soll. Kant geht demnach über die Kompatibilitätsprüfung hinaus, wenn er die Vernunftbegriffe, zwar nicht auf „Gegenstände schlechthin" (A 670/B 698=2.2.), aber auf einen „Gegenstand in der Idee" (A 670/B 698=2.2.) restringiert.

Der hier als metaphysisch-ontologischen Rechtfertigungsstrategie bezeichneten Argumentation folgend kommt den Ideen nicht „an sich selbst" (A 674/B 702=2.5.) objektive Realität zu. Diese können daher nicht wie die Kategorien in der *Transzendentalen Analytik* deduziert werden. Nicht die Idee, sondern vielmehr

„ihre Realität als ein[] Schema des regulativen Princips der systematischen Einheit aller Naturerkenntniß" (A 674/B 702=2.5.) könne objektive Gültigkeit haben. Kant veranschaulicht dieses Verhältnis in Absatz 2.3. anhand der Idee Gottes:

> So sage ich, der Begriff einer höchsten Intelligenz ist eine bloße Idee, d. i. seine objective Realität soll nicht darin bestehen, daß er sich geradezu auf einen Gegenstand beziehe (denn in solcher Bedeutung würden wir seine objective Gültigkeit nicht rechtfertigen können), sondern er ist nur ein nach Bedingungen der größten Vernunfteinheit geordnetes Schema von dem Begriffe eines Dinges überhaupt (A 670/B 698=2.3.).

Die bloße Idee eines höchsten Wesens erhalte ihre objektive Realität demnach nicht dadurch, dass sie sich auf einen Gegenstand schlechthin beziehe bzw. diesen konstituiere. Die Idee sei vielmehr ein nach Bedingungen der größten Vernunfteinheit geordnetes Schema, von dem Begriffe eines Dings überhaupt. Zweck dieses „Gegenstandes in der Idee" (A 670/B 698=2.3.) sei es, „die größte systematische Einheit im empirischen Gebrauche unserer Vernunft zu erhalten" (A 670/B 698=2.3.). Dafür werde der „Gegenstand der Erfahrung gleichsam von dem eingebildeten Gegenstande dieser Idee als seinem Grunde oder Ursache ab[ge]leitet." (A 670/B 698=2.3.)

Bereits in der *Antinomie der reinen Vernunft* hat Kant diesen Gedanken eines Gegenstands in der Idee konzipiert: Es bleibe im Rahmen der regulativen Vernunftbegriffe nichts anderes übrig „als die Analogie, nach der wir die Erfahrungsbegriffe nutzen, um uns von intelligibelen Dingen, von denen wir an sich nicht die mindeste Kenntniß haben, doch irgend einigen Begriff zu machen." (A 566/B 594). Die Idee ermögliche es demnach der Einbildungskraft, schemaanaloge Objekte zu entwerfen, die ihre Gültigkeit sichern (vgl. A 677/B 705=2.9.).

Aber auch im ersten Teil des Anhangs zur *Transzendentalen Dialektik* argumentiert Kant parallel dazu. Allerdings richtet sich die metaphysisch-ontologische Rechtfertigung dabei nicht direkt auf die Vernunftprinzipien der Homogenität, Spezifikation und Kontinuität, sondern auf das durch die Vernunftbegriffe erschlossene Unbedingte bzw. die durch die Vernunftprinzipien erschlossene systematische Einheit. Dabei gibt Kant in Absatz 1.9. den Rahmen einer solchen transzendentalen Deduktion wie folgt an:

> Ob aber die Beschaffenheit der Gegenstände oder die Natur des Verstandes, der sie als solche erkennt, an sich zur systematischen Einheit bestimmt sei, und ob man diese *a priori* auch ohne Rücksicht auf ein solches Interesse der Vernunft in gewisser Maße postuliren und also sagen könne: alle mögliche Verstandeserkenntnisse (darunter die empirischen) haben Vernunfteinheit und stehen unter gemeinschaftlichen Principien, woraus sie unerachtet ihrer Verschiedenheit abgeleitet werden können: das würde ein transscendentaler Grundsatz der Vernunft sein, welcher die systematische Einheit nicht bloß subjectiv- und logisch-, als Methode, sondern objectiv nothwendig machen würde. (A 648/B 676=1.9.)

In einer metaphysisch-ontologischen Rechtfertigung stellt sich demnach die Frage, ob die Beschaffenheit der Gegenstände oder die Natur des Verstandes, das ist das Feld möglicher Erfahrung, an sich zur „systematischen Einheit" (A 648/ B 676=1.9.) bzw. zur „Vernunfteinheit" (A 648/B 676=1.9.) bestimmt sei. Wenn man die systematische Einheit der Gegenstände und der Natur des Verstandes a priori und ohne Rücksicht auf das Interesse der Vernunft postulieren könne, dann handle es sich bei der systematische Einheit um einen transzendental legitimierten Grundsatz der Vernunft im Sinne einer metaphysisch-ontologischen Rechtfertigung.

In Absatz 1.30. konstatiert Kant einen systematischen Zusammenhang zwischen Vernunfteinheit und Verstandeshandlungen. Demnach „kann und muß" (A 664 f./B 692 f.=1.30.) es in einer Analogie zum Schema des Verstandes auch ein Schema der Vernunft geben. „Die Verstandeshandlungen aber ohne Schemate der Sinnlichkeit sind unbestimmt; eben so ist die Vernunfteinheit [...] an sich selbst unbestimmt." (A 664 f./B 692 f.=1.30.) Die Vernunfteinheit sei unbestimmt ohne „Ansehung der Bedingungen, unter denen, und des Grades, wie weit der Verstand seine Begriffe systematisch verbinden soll" (A 664 f./B 692 f.=1.30.). Beide Aspekte seien nötig, um die Vernunfteinheit in Analogie zum Schematismus der reinen Verstandesbegriffe nicht unbestimmt zu lassen, sondern konkret zu machen. Das Analogon eines Schemas der Verstandesbegriffe sei dabei die Idee selbst als „Maximum der Abtheilung und der Vereinigung der Verstandeserkenntniß in einem Princip" (A 664 f./B 692 f.=1.30.). Kant identifiziert demnach in der Umschreibung Maximum der Abteilung und Vereinigung der Verstandeserkenntnis in einem Prinzip die systematische Einheit aller Verstandesbegriffe mit dem Schema selbst.[20]

Der von Kant in beiden Teilen des Anhangs zur *Transzendentalen Dialektik* entwickelten metaphysisch-ontologischen Rechtfertigungsstrategie liegt demnach trotz aller begrifflich-terminologischen Diversität die Hierarchisierung von Abbildung 11 zugrunde:

---

[20] Dabei ist es eine offene Frage der Forschung, was konkret als Analogon eines Schemas gilt. Erstens kann der Verstand als Schema der Vernunft aufgefasst werden (vgl. Zocher 1958, S. 54 f.; Bartuschat 1972, S. 43 f.; Krings 1996, S. 95 f.; Dörflinger 2011, S. 104). Gleichzeitig kann aber auch die Vernunft selbst als Schema gedacht werden, wobei zweitens das Schema die Vernunft selbst sein kann (vgl. Caimi 1995, S. 318; Zöller 2010, S. 24) oder drittens einen Gegenstand in der Idee bildet (vgl. Camartin 1971, S. 121–151; Bazil 1995, S. 30 ff.; Schmitz 1989, S. 249; Wundt 1924, S. 254; Malter 1981, S. 201). In der letzten hier genannten Interpretationsvariante wird auf das Thema des Schematismus der Vernunft Bezug genommen. Für die beiden anderen Auslegungen siehe die Ausführungen zur reziproken Beziehung im hypothetischen Vernunftgebrauch in Kapitel 4.2.2.1.

Das Unbedingte als dreifache Ideen der Vernunft (A 672/B 700=2.4.)
Systematische Einheit der Vernunft (A 648/B 676=1.9.1.30./1.3.)
„regulatives Prinzip der systematischen Einheit" (A 691/B 719=2.19.)

↓

Schema der Idee als Analogon der Dinge
„Gegenstand in der Idee" (A 670/B 698=2.3.)
„ein bloßes Etwas" (A 679/B 707=2.10.)
„bloß intelligibelen Gegenstand" (A 565/B 593)
„transscendentales Object" (A 565/B 593)
„eingebildete[r] Gegenstand[]" (A 570/B 698=2.3.)
„Wesen in der Idee" (A 698/B 726=2.25.)
„Analogon eines [...] Schema" (A 665/B 693=1.30.)
„Analogon von einem Schema der Sinnlichkeit" (A 665/B 693=1.30.)

↓

„Mannigfaltigkeit der Begriffe" (A 664/B 672= 1.3.) des Verstandes
„Verstandeshandlungen" (A 664/B 692=1.30.)
Grundsätze des Verstandes

Abbildung 11

In beiden Teilen des Anhangs zur *Transzendentalen Dialektik* entwickelt Kant demnach die obig als metaphysisch-ontologisch gekennzeichnete Rechtfertigungsstruktur der Vernunftbegriffe. Neben der Kompatibilität des Unbedingten kommt es dabei zu einer Hypostasierung der Vernunftbegriffe und einer Restriktion auf einen Gegenstand in der Idee bzw. ein Schema der Idee. Dabei ist hervorzuheben, dass im Rahmen des ersten Teils des Anhangs zur *Transzendentalen Dialektik* nicht die Vernunftprinzipien (Homogenität, Spezifikation und Kontinuität) direkt anhand dieser Deduktionsstrategie legitimiert werden, sondern das durch sie erschlossene Unbedingte bzw. die durch sie erschlossene Vernunfteinheit.

5.3.1.3 *Methodisch-systematische Abwägung*

Die epistemologisch-methodische Rechtfertigung der Vernunftbegriffe etabliert diese anhand der Kompatibilität mit der Erfahrungserkenntnis. Gerechtfertigt wird dabei allerdings weniger ihre unentbehrliche Notwendigkeit, sondern vielmehr ihre unentbehrliche Nützlichkeit (vgl. Bondeli 1996, S. 171f.) zum Zweck der Produktion von Erkenntnis. Dabei ist die bestimmte Verstandeserkenntnis stets vorausgesetzt und die Vernunftbegriffe ordnen sie zu einem systematischen Ganzen. Dieses systematische Ganze wiederum ist bloß instrumentalistisch und pragmatisch und unterscheidet sich damit von der Geltung der *Transzendentalen Analytik:* Die Vernunftbegriffe sind als heuristische Begriffe gerechtfertigt, wenn sie den Verstandesbegriffen nicht dawider sind. Als solche komplementieren sie die Verstandeserkenntnis. Die Rechtfertigung ist dabei aber nicht kategorisch. An der dadurch deduzierten Regel kann daher nur solange festgehalten werden, bis Verschiedenheiten und Unstimmigkeiten auftreten.

Eine solche Rechtfertigungsstrategie evoziert im Rahmen der *Kritik der reinen Vernunft* allerdings zwei Problemkomplexe. Der erste betrifft das Auswahlkriterium eines regulativ gesetzten Unbedingten als Forschungsmaxime: Dabei ist es durchaus denkbar, dass verschiedene, miteinander aber unverträgliche Prinzipien als ein Regulativ angenommen werden. Eine Forschungsgruppe könnte sich demnach von diesen, eine andere von jenen Maximen in der Untersuchung des Forschungsgegenstandes leiten lassen. Zusätzlich zum synchronen Problem der Entscheidung für eine regulative Maxime kommt ein diachrones. Nicht nur die Wissenschaft, sondern auch deren methodische Maximen und Prinzipien unterliegen einem historisch bedingten Wandel (vgl. Buchdahl 1984b, S. 109). Fehlt aber ein über die bloße Kompatibilität hinausgehendes Kriterium, bleibt es eine offene Frage, warum gerade diese und nicht jene Systematik zur Anwendung kommt bzw. gekommen ist. Ein zweiter Problemkomplex liegt in der Abgrenzung des regulativ Unbedingten zur konstitutiven Gesetzmäßigkeit des Verstandes, d. i. die Abgrenzung von Forschungsmaximen und erfahrungskonstitutiven Begriffen. In einer lediglich auf Kompatibilität basierenden Rechtfertigung der Vernunftbegriffe mit der Erfahrungserkenntnis bleibt es stets offen, wieviel in der Natur als System bzw. Regulativ und wieviel als Gegenstand der Erkenntnis gelten kann. In diesem Sinn ließe sich frage, ob die Sonne ein Gegenstand der Verstandeserkenntnis sei, Sonne und Planten aber wiederum ein regulatives System bilden, in dem es zu einer gegenständlichen Erkenntnis über die Sonne kommen könne (vgl. Buchdahl 1984b, S. 111).

Um solche Problemstellungen zu vermeiden, ist es ein Dictum der Transzendentalphilosophie Kants immer auf „directe oder ostensive" (A 789/B 817) Beweise zurückgreifen, in denen „mit der Überzeugung von der Wahrheit zugleich Einsicht in die Quellen derselben" (A 789/B 817) verbunden werden – ein Kriterium, dem eine epistemologisch-methodische Rechtfertigung nicht gerecht wird.

Die metaphysisch-ontologische Rechtfertigung der Vernunftbegriffe hingegen deduziert diese über ihre Kompatibilität mit der Erfahrungserkenntnis hinausgehend anhand einer Hypostasierung und Restriktion auf einen Gegenstand in der Idee. Kant löst darin den Anspruch auf einen „directe[n] oder ostensive[n]" (A 789/B 817) Beweis ein, indem er eine ursprüngliche schöpferische Vernunft konzipiert und deren Status über eine parallel zur *Transzendentalen Analytik* verlaufende Argumentation rechtfertigt. Gleichzeitig attestieren die Grundsätze der Vernunft damit den Grundsätzen des Verstandes einen Mangel an möglicher Erfahrungserkenntnis, der nur durch die Vernunftbegriffe zu überwinden sei (vgl. A 648/B 676=1.9.; sowie Dörflinger 2000, S. 104; Krings 1996, S. 92).

Die Konzeption des Gegenstandes in der Idee im Anhang zur *Transzendentalen Dialektik* beruht dabei auf der Voraussetzung, dass die Vernunft systematische Einheit nur denken könne, wenn ihrer Idee ein Gegenstand gegeben sei: „Die Vernunft kann aber diese systematische Einheit nicht anders denken, als daß sie ihrer Idee zugleich einen Gegenstand gibt" (A 681/B 709=2.12.). Diese im Text vorausgesetzte Annahme geht wiederum auf Kants Diktum zurück, dass der Gegenstand der höchste Begriff in der Transzendentalphilosophie ist, wie Kant in der *Amphibolie der Reflexionsbegriffe* der *Transzendentalen Analytik* formuliert:

> Der höchste Begriff, von dem man eine Transzendentalphilosophie anzufangen pflegt, ist gemeiniglich die Eintheilung in das Mögliche und Unmögliche. Da aber alle Eintheilung einen eingetheilten Begriff voraussetzt, so muß noch ein höherer angegeben werden, und dieser ist der Begriff von einem Gegenstande überhaupt (problematisch genommen und unausgemacht, ob er Etwas oder Nichts sei) (A 290/B 346).

Der höchste Begriff der Transzendentalphilosophie sei demnach der „Begriff von einem Gegenstand überhaupt" (A 290/B 346). Ausgehend von dieser Annahme ist es auch im Rahmen des Anhangs zur *Transzendentalen Dialektik* der Gegenstand, der die für die „Vernunft so wesentliche und dem Verstande so heilsame Einheit" (A 681/B 709=2.13.) schaffen soll. Dabei sind es zwei Aspekte, die die Deduktion der Vernunftbegriffe über einen Gegenstand in der Idee im Rahmen der metaphysisch-ontologischen Rechtfertigung so *wesentlich* und *heilsam* machen: Erstens kann Kant mit der Differenzierung eines Gegenstandes in der Idee von einem Gegenstand schlechthin die vernünftelnden Begriffe, die vorgeben, auf einen Gegenstand schlechthin zu gehen, von den richtig geschlossenen, die sich lediglich auf einen Gegenstand in der Idee beziehen, dezidiert unterscheiden. Der regulative Gebrauch der Vernunftbegriffe kann dadurch in Abgrenzung zu einem konstitutiven Gebrauch spezifiziert und verdeutlicht werden. Der zweite Grund ist den konzeptuellen Vorgaben des Begriffes der transzendentalen Deduktion im Rahmen der *Kritik der reinen Vernunft* geschuldet. Auch wenn Kant immer wieder die Unterscheidung zwischen einer transzendentalen Deduktion der Kategorien und einer transzendentalen Deduktion der Vernunftbegriffe betont, hat er keinen eigenständigen Deduktionsbegriff im Rahmen der *Transzendentalen Dialektik* entwickelt, sondern jenen aus der *Transzendentalen Analytik* vielmehr in transformierter und neu positionierter Form aufgegriffen. Eine transzendentale Deduktion ist aus diesem Grund für Kant nur denkbar als Nachweis einer gegenstandskonstitutiven Beziehung, die nicht über die Erfahrung gewonnen ist. Der Unterschied einer Deduktion der Vernunftbegriffe zu einer Deduktion der Verstandesbegriffe liegt demnach lediglich in der Art und Weise des Gegenstandes, auf den die Begriffe restringiert sind.

Eine solche Argumentation kann damit die Unterscheidung von konstitutivem und regulativem Vernunftgebrauch auch positiv entwickeln, führt aber gleichzeitig auch zu schwerwiegenden Problemstellungen: Die Trennung zwischen Verstandes- und Vernunftbegriffen, d. i. zwischen *bloßen Ideen*, die Denkbegriffe bilden, und Begriffen, die auf die Sinnlichkeit restringiert sind, bildet den *Schlüssel zur Auflösung der transzendentalen Dialektik* und zur Auflösung des *Streits der Vernunft mit sich selbst*. Als Konsequenz folgt daraus, dass das Unbedingte im Grundsatz der Vernunft nicht mehr als gegeben, sondern für den Verstand als bloß aufgegeben bestimmt wird. Die metaphysisch-ontologische Rechtfertigung dieser aufgegebenen Begriffe veranlasst Kant, im Anhang zur *Transzendentalen Dialektik* einen neuen Gegenstandsbereich zu kreieren. Ist aber das Unbedingte wieder als Gegenstand gegeben – wenn auch nicht als Gegenstand schlechthin, sondern als Gegenstand in der Idee –, ist Kant erneut mit dem Quaternio-Terminorum-Vorwurf konfrontiert, da das Unbedingte in der ersten Prämisse nicht mehr nur aufgegeben, sondern eben als Gegenstand in der Idee auch gegeben ist.[21]

Aus dem Syllogismus folgt demnach, dass das Unbedingte als Gegenstand in der Idee gegeben ist. Klar ist dabei, dass dieser Gegenstand in der Idee von einem Gegenstand schlechthin abzugrenzen ist, wie Kant immer wieder im Anhang zur *Transzendentalen Dialektik* betont. Viel weniger ausführlich sind dabei allerdings Kants Bemerkungen zum tatsächlichen Status dieses Gegenstands in der Idee.

Zusammenfassend lässt sich demnach ausgehend von der in Kapitel 5.2 gewonnenen Kennzeichnung des Status einer transzendentalen Deduktion der Vernunftbegriffe folgendes festhalten: Sowohl die metaphysisch-ontologische als auch die epistemologisch-methodische Argumentation lassen sich als subjektive Deduktion interpretieren. Die epistemologisch-methodische Rechtfertigung bleibt dabei allerdings aufgrund der bloßen Kompatibilitätsprüfung weitgehend unbestimmt. Die metaphysisch-ontologische Rechtfertigung wiederum kopiert lediglich die Argumentationsstrategie der objektiven Deduktion und transformiert sie mit dem Konzept des Gegenstandes in der Idee in eine subjektive.

---

21 Siehe dazu die Ausführungen zum Tribunal der Vernunft in Kapitel 2.2.

5.3.2 Der (schluss-)logische Zusammenhang zwischen den Vernunftbegriffen

Der Anhang zur *Transzendentalen Dialektik* weist ausgehend von der unpräzisen Bestimmung des Deduktionsbegriffes und trotz nur einer explizit gekennzeichneten Stelle verschiedene Textpassagen auf, in denen Kant eine transzendentale Rechtfertigung der Vernunftbegriffe durchzuführen scheint. Zudem hat die obige Rekonstruktion der epistemologisch-methodischen und metaphysisch-ontologischen Argumentationsstrategien in besagten Textpassagen erwiesen, dass die jeweiligen Teilargumente an vielen Stellen erheblich voneinander abweichen, insbesondere was die Geltung der zu legitimierenden Vernunftbegriffe und die dazu verwendeten Beweisschritte betrifft. Dabei erweist sich ausgehend von textimmanenten Kriterien der *Kritik der reinen Vernunft* der Beweisanspruch in der metaphysisch-ontologischen Rechtfertigung der Vernunftbegriffe als zu viel und in der epistemologisch-methodischen als zu wenig.

Eine transzendentale Rechtfertigung der Vernunftbegriffe bilde demnach eine „noch zu lösende Aufgabe[]" (Prol AA IV, S. 362) bzw. eine der „Nachforschung würdige Aufgabe" (Prol AA IV, S. 362) der ersten Kritik, die Kant im Zuge der 80er Jahre bis hin zur *Kritik der Urteilskraft* intensiv beschäftigt (vgl. Prol AA V, S. 362; WDO AA VIII, S. 131–148; ÜGTP AA VIII, S. 182; KU AA V, S. 294f.) und die erheblichen Umbrüche im Verständnis des Begriffes des Transzendentalen evoziert (vgl. Thöle 2000, S. 119; Horstmann 1997b, S. 170). Aber schon im Anhang zur *Transzendentalen Dialektik* finden sich zusätzlich zu den obig entwickelten Argumentationsstrategien Lösungsvorschläge formuliert und in ihrer Durchführung mehr oder weniger angedeutet sowie ausgearbeitet. Um ausgehend von dem offenen Problem der Rechtfertigung der Vernunftbegriffe Kants eigene Überlegungen aufzugreifen, ist es hilfreich, noch einmal einen Blick in das Erste Buch der *Transzendentalen Dialektik* zu werfen. Dort formuliert Kant drei wesentliche Aspekte in der Erörterung der transzendentalen Begriffe der Vernunft:

> Wir haben vorläufig unsern Zweck schon erreicht, da wir die transscendentalen Begriffe der Vernunft, die sich sonst gewöhnlich in der Theorie der Philosophen unter andere mischen, ohne daß diese sie einmal von Verstandesbegriffen gehörig unterscheiden, aus dieser zweideutigen Lage haben herausziehen, ihren Ursprung und dadurch zugleich ihre bestimmte Zahl, über die es gar keine mehr geben kann, angeben und sie in einem systematischen Zusammenhange haben vorstellen können, wodurch ein besonderes Feld für die reine Vernunft abgesteckt und eingeschränkt wird. (A 338/B 396)

Die zentrale Überlegung in dieser Passage liegt demnach darin, die Vernunftbegriffe aus der Vermischung der Begriffe in den Theorien der Philosophen herauszuziehen und von den Verstandesbegriffen zu unterscheiden. Aus diesem Grund hat Kant im Ersten Buch der *Transzendentalen Dialektik* erstens den Ursprung der Vernunftideen und zweitens ihre bestimmte Zahl angegeben. Drittens sind die Vernunftbegriffe auch in ihrem systematischen Zusammenhang vorzustellen. Waren die beiden ersten Punkte zentraler Bestandteil der Herleitung der Vernunftbegriffe, kann in diesem systematischen Zusammenhang wiederum eine spezifische Strategie gesehen werden, die Vernunftbegriffe in Form einer subjektiven Deduktion zu rechtfertigen.

5.3.2.1 *Argumentation*
Wird Kants Zielsetzung nach seinen eigenen Einschätzungen bewertet, hat er in der Einleitung und im Ersten Buch tatsächlich alle drei Aspekte, d. i. den Ursprung, die bestimmte Zahl und den Zusammenhang unter den Begriffen, entwickelt, wie in der Eingangsformulierung des Zitats von A 338/B 396 – *wir haben vorläufig unsern Zweck schon erreicht* – deutlich wird. Dabei bleibt aber der Zusammenhang der Vernunftideen in den Ausführungen zum *System der transzendentalen Ideen* nur marginal (vgl. A 337 f./B 394 f.) angedeutet: „Zuletzt wird man auch gewahr: daß unter den transscendentalen Ideen selbst ein gewisser Zusammenhang und Einheit hervorleuchte, und daß die reine Vernunft vermittelst ihrer alle ihre Erkenntnisse in ein System bringe." (A 337/B 394) Kant vergleicht dabei den Zusammenhang der Ideen als „systematische Vorstellung der Ideen" (A 337/B 395) mit dem „logischen Fortgange der Vernunft von den Prämissen zum Schlußsatze" (A 337/B 394 f.). Er postuliert damit am Ende des Ersten Buches der *Transzendentalen Dialektik* ein Verhältnis zwischen den Vernunftbegriffen, das er mit der schlusslogischen Struktur in Verbindung setzt. Dabei differenziert er zwischen einer analytischen und einer synthetischen Ordnung unter den Vernunftbegriffen, die er mit der theoretischen und der praktischen Philosophie identifiziert. In ersterer solle von „der Erkenntniß seiner selbst (der Seele) zur Welterkenntniß und vermittelst dieser zum Urwesen" (A 337/B 394) geschlossen werden. In der synthetischen Ordnung hingegen solle der Freiheitsbegriff (Welt) verbunden mit dem Gottesbegriffe als ein notwendiger Schluss auf den Begriff der Unsterblichkeit (Seele) führen. Dabei bleibt es aber bei einem postulierten Zusammenhang, erst der Fortgang der Untersuchung habe zu klären, ob „nun hier wirklich eine Verwandtschaft von der Art, als zwischen dem logischen und transscendentalen Verfahren, insgeheim zum Grunde liege" (A 337/B 395).

Kant greift allerdings diesen logischen Zusammenhang zwischen den Ideen im Rahmen des Anhangs zur *Transzendentalen Dialektik* nicht mehr explizit auf. Er räumt aber der Vernunftidee Gottes den Vorgaben der analytischen Ordnung folgend eine übergeordnete Funktion ein (vgl. A 672/B 700=2.4.). Zudem entwickelt er den logischen Zusammenhang im ersten Teil des Anhangs zur *Tran-*

szendentalen Dialektik (=fünfte Sinneinheit) anhand der Vernunftprinzipien Homogenität, Spezifikation und Kontinuität.

Dabei ist Kant in Absatz 1.25. darum bemüht, eine Rechtfertigung des transzendentalen Status dieser Vernunftbegriffe zu entwickeln. Dies wird deutlich, wenn die Konklusion, auf die die Argumente führen sollen, vorangestellt wird: Kant formuliert als Ergebnis seiner Beweisführung, dass sich mit den Grundsätzen der Sparsamkeit der Grundursachen (Homogenität), der Mannigfaltigkeit der Wirkungen (Spezifikation) und der Verwandtschaft der Glieder der Natur (Kontinuität) „an sich selbst [...] vernunftmäßig und der Natur angemessen urteilen" (A 661/B 689=1.25.) lässt. Diese führen demnach „nicht bloß als Handgriff der Methode ihre Empfehlung bei sich" (A 661/B 689=1.25.). Mit einer solchen Konklusion gibt Kant claris verbis das Ergebnis einer transzendentalen Rechtfertigung an, indem er den Status der Vernunftprinzipien als Bedingung der Möglichkeit von Erfahrung hervorhebt.

Neben Kants Bemerkung, dass dieser transzendentale Charakter den Prinzipien deutlich anzusehen ist – darauf ist nachstehend noch zu rekurrieren –, argumentiert er wie folgt: Ausgehend von einem „sinnlich machen" (A 659/B 687=1.22.) der „systematische Einheit unter den drei logischen Principien" (A 659/B 687=1.22.) weist er auf, dass ihr Zusammenhang einen „mächtigen Grund abgiebt, die hypothetisch ausgedachte Einheit für gegründet zu halten" (A 661/B 689=1.25.).

In Absatz 1.22. behilft sich Kant dabei mit einer Metapher, indem er die systematische Einheit der Begriffe anhand von Punkten und deren Umfang als Horizont eines Zuschauers darstellt. Jeder Begriff könne als ein „Punkt angesehen" (A 659/B 687=1.22.) werden. Als solcher nehme er einen gewissen Platz ein und habe wie ein Zuschauer dadurch einen gewissen Horizont, d. i. eine gewisse perspektivische Möglichkeit, die zugleich eine Einschränkung bilde. Wie der Zuschauer aus einer gewissen Perspektive eine „Menge von Dingen" (A 658/B 686=1.22.) vorstelle und überschaue, genauso könne sich auch ein Begriff auf eine Menge von Dingen erstrecken. Der „Horizont" (A 658/B 686=1.22.) des Begriffes bildet demnach dessen Umfang oder Extension. Dabei müsse die Menge von Punkten in einem Horizont ins Unendliche angegeben werden, da der logische Horizont aus immer weiteren Punkten bestehe. In der ins Unendliche fortgesetzten Begriffspyramide gebe es demnach keinen Punkt, der ein Individuum (d. i. ein species infima) bilden könnte, sodass jede Art weitere Unterarten aufweise: „[D]er logische Horizont besteht nur aus kleineren Horizonten (Unterarten), nicht aber aus Punkten, die keinen Umfang haben (Individuen)." (A 658/B 686=1.22.) Gleichzeitig lasse sich aber zu den „verschiedenen Horizonten" (A 658/B 686=1.22.) ein „gemeinschaftlicher Horizont" (A 658/B 686=1.22.) finden, in dem alles „insgesamt aus einem Mittelpunkte überschauet" (A 658/B 686=1.22.)

werde. Aus jenem Mittelpunkt lasse sich „der allgemeine und wahre Horizont" (A 658/B 686=1.22.) über alle Gattungen und deren Begriffe „gezogen denken" (A 659/B 687=1.22.). Ein solcher höchster Begriff sei dahingehend ausgezeichnet, dass er in allen Dingen indeterminiert ist.

Die in Absatz 1.22. „sinnlich [ge]mach[te]" (A 658/B 686=1.22.) Begriffspyramide – oder, besser formuliert, die Dynamik in der so charakterisierten Begriffspyramide zwischen den einzelnen Begriffen – thematisiert Kant anhand der transzendentalen Prinzipien der Homogenität, Spezifikation und Kontinuität: Das Gesetz der Homogenität leite dabei das Denken an, auf den „höchsten Standpunkt" (A 659/B 687=1.23.) zu schließen, das Gesetz der Spezifikation zu „allen niedrigen und deren größte Varietät" (A 659/B 687=1.23.) und das Gesetz der Kontinuität zu einem unendlichen Übergang zwischen den Gattungen und Arten. Sie bilden demnach das Band zwischen den einzelnen Fällen und der Allgemeinheit der Regel des hypothetischen Vernunftgebrauchs. Dabei ist es genau eine solche Probe, die „einen mächtigen Grund" (A 661/B 689=1.25.) abgebe, eine dreifache „Einheit für gegründet zu halten" (A 660/B 688=1.24.). Für gegründet zu halten ist der hypothetische Vernunftgebrauch daher aufgrund des systematischen Zusammenhangs der drei transzendentalen Prinzipien.[22]

Im hypothetischen Vernunftverfahren wird damit ein systematischer Zusammenhang der transzendentalen Prinzipien hergestellt, der gleichzeitig eine Rechtfertigung dieser hypothetisch ausgedachten Einheit bildet. Kant rechtfertigt damit in der Sinneinheit fünf die Vernunftprinzipien über ihren logischen Zusammenhang. Ohne diesen im Detail zu skizzieren, verhilft er sich mit einem Sinnlichmachen dieser systematischen Einheit unter den drei logischen Prinzipien. Daran anschließend ist es, so Kant, den drei Prinzipien deutlich anzusehen, dass durch sie über die Natur angemessen geurteilt wird: „[M]an sieht es ihnen deutlich an, daß sie die Sparsamkeit der Grundursachen, die Mannigfaltigkeit der Wirklichkeit, und eine daher rührende Verwandtschaft der Glieder der Natur an sich selbst für vernunftmäßig und der Natur angemessen urteilen" (A 661/B 689=1.25.). Ein solches Argument, wenn es überhaupt als Argument akzeptiert wird, ist dabei aber nur wenig plausibel, denn wäre den Prinzipien ihr transzendentaler Charakter tatsächlich anzusehen, wäre das mühsame Unterfangen einer transzendentalen Deduktion, das die *Kritik der reinen Vernunft* für die Rechtfertigung metaphysischer Begriffe im Gegensatz zu mathematischen und physikalischen leisten muss, überflüssig (vgl. A 720/B 748). Eine solche Stel-

---

[22] Siehe zum logischen Zusammenhang zwischen den Vernunftprinzipien die Ausführungen zur Herleitung der Vernunftbegriffe in Kapitel 3.2.3.

lungnahme weist daher eher auf eine gewisse Unsicherheit in der Argumentation hin als auf einen inhaltlich relevanten Aspekt.

5.3.2.2 Methodisch-systematische Abwägung

Kant formuliert mit dem logischen Zusammenhang sowohl der Vernunftprinzipien als auch der Vernunftideen eine weitere Rechtfertigungsstrategie der Vernunftbegriffe. Dabei kann er sowohl das im Rahmen des metaphysisch-ontologischen Rechtfertigungsanspruchs konstatierte Zuviel als auch das im Rahmen des epistemologisch-methodischen Rechtfertigungsanspruchs konstatierte Zuwenig vermeiden. Kants Rechtfertigung mittels des logischen Zusammenhangs basiert nicht auf einer bloßen Kompatibilitätsprüfung, sondern liefert vielmehr einen direkten Beweis ihrer Gültigkeit. Kant muss dabei aber nicht auf einen eigenen Gegenstandsbereich rekurrieren, sondern erweist die Gültigkeit der jeweiligen Vernunftbegriffe in ihrem logischen Zusammenhang.

Wenn Kant auch an verschiedenen Stellen auf die Bedeutung des Zusammenhangs der Vernunftbegriffe reflektiert, bleiben die konkreten Ausführungen dazu im Rahmen der Vernunftideen Gott, Welt und Seele sehr vage und unbestimmt. Dabei ist hervorzuheben, dass Kant am Ende des Ersten Buches der *Transzendentalen Dialektik* eine ausführliche Problematisierung des Zusammenhangs der Vernunftideen Gott, Welt und Seele ankündigt, diese Thematik aber nicht mehr dezidiert aufgreift. Im Rahmen der Vernunftprinzipien Homogenität, Spezifikation und Kontinuität hingegen wird der Zusammenhang zwischen den jeweiligen Vernunftprinzipien viel ausführlicher thematisiert, allerdings nur implizit als Rechtfertigungsstrategie akzeptiert.[23]

5.3.3 Zwischenergebnis

Sowohl die epistemologisch-methodische Rechtfertigungsstrategie, die auf einer bloßen Kompatibilitätsprüfung basiert, als auch die metaphysisch-ontologische Rechtfertigung, die neben der Kompatibilität auch eine Objektivierung und Hy-

---

[23] In der Nachfolge Kants sind es insbesondere G. W. F. Hegel und Ch. S. Peirce, die diese Überlegung der Vermittlung der Begriffe weiter entwickeln: Hegel, indem er in der subjektiven Logik der *Wissenschaft der Logik* den Begriff in Allgemeines, Besonderes und Einzelnes auffächert und schlusslogisch vermittelt (vgl. Hegel 1986, S. 243). Peirce wiederum unterteilt, weitgehend unabhängig von Hegel, seinen Zeichenbegriff dreifach, indem er ihn in die Kategorien der Erstheit, der Zweitheit und Drittheit und den jeweiligen Schlüssen der Deduktion, der Induktion und der Hypothese gliedert und vermittelt (vgl. Peirce 1931–1960, 5.41–5.66).

postasierung der Vernunftbegriffe vornimmt, lassen sich in beiden Teilen des Anhangs zur *Transzendentalen Dialektik* isolieren und feststellen. Dabei bringen beide Deduktionsstrategien für sich betrachtet ein gewisses Lösungspotential mit sich, weisen allerdings gleichzeitig auch erhebliche Schwierigkeiten auf. Ausgehend von dem Zuviel im Anspruch der Rechtfertigung in der metaphysisch-ontologischen und dem Zuwenig in der epistemologisch-methodischen lässt sich im Text der *Transzendentalen Dialektik* der Versuch nachweisen, die Vernunftbegriffe in ihrem jeweiligen logischen Zusammenhang zu rechtfertigen.

5.4 Ergebnisse

Der Deduktionsbegriff des Anhangs zur *Transzendentalen Dialektik* ist zum einen sehr vage und zum anderen bleibt es eine offene Frage, wo konkret eine Rechtfertigung der Vernunftbegriffe durchgeführt wird. Die wichtigsten Hinweise zum Rechtfertigungsverfahren finden sich in der Abgrenzung zur Kategoriendeduktion der *Transzendentalen Analytik*. Im Zentrum stehen dabei die Textpassagen 2.3.–2.11. sowie der Abschnitt 1.13. und die daran anschließende Argumentation in den Absätzen 1.14.–1.21. Außerdem lässt sich auch der Schematismus der Vernunft in Absatz 1.30. sowie der in Bezug dazu stehende Absatz 1.3. als ein Teilargument der Deduktion interpretieren (Kap. 5.3). Dieser Vielzahl von Textpassagen, in denen Kant eine Rechtfertigung der Vernunftbegriffe thematisiert, liegen wiederum zwei grundlegende Argumentationsstrategien, die als metaphysisch-ontologische bzw. epistemologisch-methodische Rechtfertigung bezeichnet werden können, zugrunde (Kap. 5.3). In beiden handelt es sich – mit Bezug auf die Spiegelmetapher gesprochen – um eine Rechtfertigung der Geltung des Gegenstands hinter der Spiegelfläche für das Feld möglicher Erfahrung bzw. die Geltung der Prinzipien im Schließen vom Gegenstand hinter der Spiegelfläche auf das Feld möglicher Erfahrung.

Kant führt im Rahmen des Anhangs zur *Transzendentalen Dialektik* aber nicht nur verschiedene Argumentationsstrategien aus, sondern reflektiert zudem über die Stellung und die Durchführung einer solchen transzendentalen Deduktion (Kap. 5.3). Dabei ergibt sich in der Frage nach der Möglichkeit einer transzendentalen Deduktion der Vernunftbegriffe mit Blick auf die Absätze 1.28. und 2.2., wenn auch nicht auf formaler Ebene, so doch inhaltlich betrachtet, ein Widerspruch im Rahmen des Anhangs zur *Transzendentalen Dialektik*. Dieser Widerspruch entsteht aufgrund Kants Charakterisierung der Vernunftprinzipien wie der Vernunftideen als transzendentale und gleichzeitig bloß heuristische Begriffe. Auf der Basis dieses Status kommt Kant einmal zu dem Ergebnis, dass eine transzendentale Deduktion nicht möglich und das andere Mal, dass eine transzendentalen Deduktion nötig sei (Kap. 5.2.1).

Bereits der spezifische Aufbau des Anhangs zur *Transzendentalen Dialektik*, in dem Kant immer wieder Analogien zur *Transzendentalen Analytik* herstellt, aber insbesondere der Verweis in Absatz 1.28. auf ein schon ausgeführtes Argument für die Möglichkeit einer transzendentalen Deduktion der Vernunftbegriffe, zwingen zu einer Kontextualisierung der Frage nach der Möglichkeit einer transzendentalen Deduktion der Vernunftbegriffe (Kap. 5.2.2) erstens mit dem Ersten Buch der *Transzendentalen Analytik* (Kap. 5.2.2.1) und zweitens mit dem Ersten Buch der *Transzendentalen Dialektik*. Dabei zeigt sich, dass Kant im Anhang zur *Transzendentalen Dialektik* vom Deduktionsbegriff der *Transzendentalen Analytik* ausgeht, dessen Funktion aber im Rahmen des regulativen Vernunftgebrauchs reformiert. Die Textpassage A 336/B 393, auf die der Absatz 1.28. mit dem angegebenen Beweis rekurriert, erlaubt es zudem, einen solchen Beweis der Rechtfertigung der Vernunftbegriffe als eine subjektive Deduktion zu bezeichnen. In dieser wird die Gültigkeit der Vernunftbegriffe nicht durch die Konstitution von Gegenständen legitimiert, sondern aus der Natur unserer Vernunft (Kap. 5.2.2.3). In beiden Teilen des Anhangs zur *Transzendentalen Dialektik* kann damit eine objektive, aber unbestimmte Gültigkeit bzw. eine unbestimmte, objektive Gültigkeit der Vernunftbegriffe legitimiert werden. Die Differenzierung zwischen objektiver und subjektiver Deduktion löst damit auch den inhaltlichen Widerspruch zwischen den Absätzen 1.28. und 2.2. auf: Kant lehnt eine objektive Deduktion der Vernunftbegriffe ab, schließt aber eine subjektive Deduktion nicht aus. Im konkreten Fall zieht er in Absatz 1.28. mit Blick auf die Möglichkeit einer objektiven Deduktion und in Absatz 2.2. mit Blick auf eine subjektive Deduktion die konträren Konsequenzen bezüglich der Möglichkeit einer transzendentalen Deduktion (Kap. 5.2.3).

Ausgehend vom prekären Status der Vernunftbegriffe im Rahmen der *Kritik der reinen Vernunft* lassen sich sowohl die metaphysisch-ontologische als auch die epistemologisch-methodische Rechtfertigungsstrategie in beiden Teilen des Anhangs zur *Transzendentalen Dialektik* separieren und isolieren. Die epistemologisch-methodische Rechtfertigungsstrategie basiert dabei auf einer Kompatibilitätsprüfung. Sind die Vernunftbegriffe mit der Erfahrungserkenntnis vereinbar bzw. verträglich, dann sind diese legitimiert (Kap. 5.3.1). Eine solche Rechtfertigung findet sich in den Absätzen 2.3. und 1.13. (Kap. 5.3.1.1). In der metaphysisch-ontologischen Rechtfertigung hingegen koppelt Kant die Frage der Legitimation der Vernunftbegriffe über ihre Kompatibilität hinausgehend mit den Gedanken der Objektivierung und der Hypostasierung der Vernunftbegriffe. Diese sind nicht auf einen Gegenstand schlechthin, aber auf einen Gegenstand in der Idee bzw. auf ein Analogon von einem Schema der Sinnlichkeit restringiert (Kap. 5.3.1). Eine solche Rechtfertigung findet sich in den Absätzen 2.5., 2.3., 1.9, 1.30. und 1.3. sowie bereits in der *Schlussanmerkung zur ganzen Antinomie* (Kap. 5.3.1.2).

Beide Deduktionsstrategien bringen für sich betrachtet ein gewisses Lösungspotential mit sich, weisen allerdings gleichzeitig auch erhebliche Schwierigkeiten auf: Eine bloße Rechtfertigung der Vernunftbegriffe über ihre Kompatibilität mit der Erfahrungserkenntnis (epistemologisch-methodische Rechtfertigung) ermöglicht es, die Vernunftbegriffe als argumentativen Zusatz zur *Transzendentalen Analytik* zu installieren. Die Argumentation basiert dabei aber nicht auf einem direkten Beweis und evoziert daher Probleme in der Frage nach dem Auswahlkriterium von regulativen Begriffen bzw. der Abgrenzung zwischen regulativen Maximen und gegenstandskonstitutiver Erkenntnis (Kap. 5.3.1.3). Eine Rechtfertigung über die Restriktion der Vernunftbegriffe auf einen Gegenstand in der Idee (metaphysisch-ontologische Rechtfertigung) löst wiederum den Anspruch eines direkten und ostensiven Beweises ein. Durch dieses Argumentationskonzept können die richtig geschlossenen und regulativ gebrauchten Vernunftbegriffe dezidiert von den falschen und konstitutiv gebrauchten unterschieden werden. Zudem kann Kant damit dem Deduktionsbegriff, wie er ihn aus der *Transzendentalen Analytik* aufgreift, gerecht werden. Kant konzipiert dabei allerdings eine ursprünglich schöpferische Vernunft, die als solche den Grundsätzen des Verstandes einen Mangel attestiert. Mit dem Gegenstand in der Idee ist zudem das Unbedingte wiederum nicht nur aufgegeben, sondern in einem spezifischen, d. i. von der Sinnlichkeit unterschiedenen, Sinne gegeben, was wiederum den Quaternio-Terminorum-Vorwurf der *Antinomie der reinen Vernunft* auch für den regulativen Vernunftgebrauch virulent macht (Kap. 5.3.1.3).

Ausgehend von dem Zuviel im Rechtfertigungsanspruch der metaphysisch-ontologischen und dem Zuwenig der epistemologisch-methodischen Rechtfertigung lässt sich im Text der *Transzendentalen Dialektik* der Versuch nachweisen, die Vernunftbegriffe in ihrem jeweiligen logischen Zusammenhang zu rechtfertigen. Einen solchen logischen Zusammenhang der Vernunftideen Gott, Welt und Seele skizziert Kant bereits am Ende des Ersten Buches sowohl für den praktischen als auch den theoretischen Gebrauch. Zudem thematisiert Kant in der Sinneinheit fünf die Vernunftprinzipien in ihrem (transzendental-)logischen Zusammenhang und knüpft an diesen die Geltung als vernunftmäßige Prinzipien, mit denen sich über die Natur angemessen urteilen lässt.

Dritter Teil:
Dimension und Reichweite

Ein solches Princip [der zweckmäßigen Einheit der Dinge] eröffnet nämlich unserer auf das Feld der Erfahrungen angewandten Vernunft ganz neue Aussichten, nach teleologischen Gesetzen die Dinge der Welt zu verknüpfen und dadurch zu der größten systematischen Einheit derselben zu gelangen.
(A 686 f./B 714 f.=2.17.)

6 Aussichten auf das Feld möglicher Erfahrung – der transzendentale Grundsatz der Vernunft

Kant hat im Rahmen der *Antinomie der reinen Vernunft* der *Transzendentalen Dialektik* den falsch gebrauchten Grundsatz der Vernunft zurückgewiesen und auf der Basis dieser Kritik im Rahmen des Anhangs zur *Transzendentalen Dialektik* eine regulative Interpretation vorgeschlagen. Ausgehend vom regulativen Vernunftgebrauch, wie er in den drei Hauptkapiteln des zweiten Teils der Arbeit rekonstruiert wurde, sind nun die konkreten Funktionen des regulativen Grundsatzes der Vernunft zu analysieren. Kant selbst formuliert wie folgt:

> Ein solches Princip [der zweckmäßigen Einheit der Dinge] eröffnet nämlich unserer auf das Feld der Erfahrungen angewandten Vernunft ganz neue Aussichten, nach teleologischen Gesetzen die Dinge der Welt zu verknüpfen und dadurch zu der größten systematischen Einheit derselben zu gelangen. (A 686 f./B 714 f.=2.17.)

Kant entwickelt diese „ganz neue[n] Aussichten" (A 687/B 715=2.17.) auf das „Feld der Erfahrungen" (A 687/B 715=2.17.) sowohl im ersten als auch im zweiten Teil des Anhangs zur *Transzendentalen Dialektik* anhand verschiedener Fallbeispiele: Dabei stehen im ersten Teil Überlegungen zu Subdisziplinen der Naturlehre im Vordergrund und im zweiten Teil Überlegungen zu einer transzendentalen Theologie. Diese Ausblicke sind im Einzelnen aufzugreifen und als Resultate der „Betrachtungen über die Dialektik" (A 695/B 723=2.23.) und des darin für das System der spekulativen Vernunft gewonnenen regulativen Vernunftgebrauchs darzustellen. Damit kann Kants Anspruch, alle Fragen der Vernunft auf der Basis ihres regulativen Gebrauchs und der Zurückweisung ihrer konstitutiven Interpretation schlechterdings zu beantworten (vgl. A 695/B 723=2.23.), Rechnung getragen werden.

In einem ersten Schritt wird daher (Kap. 6.1) auf der Basis der Überlegungen zum Grundsatz der Vernunft aus dem ersten Teil der Arbeit und den textimmanenten Analysen aus dem zweiten Teil dessen transzendentaler Status rekonstruiert. Daran anschließend sind in einem zweiten Schritt (Kap. 6.2) die naturwissenschaftlichen Beispiele des Anhangs zur *Transzendentalen Dialektik*, d. i. der Chemie, der physiologischen Anthropologie und der Astronomie und Bewegungslehre, zu thematisieren. In einem dritten Kapitel (Kap. 6.3) sind die konkreten Fragen einer transzendentalen Theologie aufzurollen.

6.1 Transzendentaler Grundsatz der Vernunft

Im *System aller Grundsätze des reinen Verstandes* der *Transzendentalen Analytik* definiert Kant ganz allgemein Grundsätze a priori als Urteile, die „die Gründe anderer Urteile in sich enthalten" (A 148/B 188) und „selbst nicht in höhern und allgemeinen Erkenntnissen gegründet sind" (A 148/B 188). In gleicher Weise heißt es in der *Jäsche-Logik*, wenn Kant formuliert, dass „unmittelbar gewisse Urtheile a priori" (Log AA IX, S. 110) Grundsätze heißen, „sofern andere Urtheile aus ihnen erwiesen, sie selbst aber keinem anderen subordiniert werden können" (Log AA IX, S. 110). Der Begriff Grundsatz wird zudem immer wieder gleichbedeutend mit dem Begriff Prinzip bzw. dem Lateinischen *Princip* und *Principium* verwendet. Ein Prinzip steht dabei wie ein Grundsatz a priori für eine Bedingung, die als Grund oder Basis für anderes dient, und die Spezifizierung als oberstes Prinzip für eine Bedingung, die nicht weiter ableitbar ist.

In der theoretischen Philosophie[1] wird mit dem Grundsatz der Vernunft die Ausgangsbasis der *Transzendentalen Dialektik* benannt. Der Grundsatz der Vernunft bildet dabei den gemeinsamen Nenner zwischen der alten, von Kant im zweiten Buch der *Transzendentalen Dialektik* kritisierten Metaphysik und seiner eigenen, auf der Basis der Vernunftkritik neu etablierten.

Im Rahmen der Analyse des Anhangs zur *Transzendentalen Dialektik* der *Kritik der reinen Vernunft* ist der Grundsatz der Vernunft daher in dreifacher Hinsicht zu spezifizieren: Erstens ist er vom obersten Grundsatz aller synthetischen Urteile (vgl. A 154–158/B 193–197) zu unterscheiden, der in der *Transzendentalen Analytik* einen Grundsatz der Erfahrung bildet. Zweitens ist der Grundsatz der Vernunft als synthetischer Grundsatz vom bloß logischen zu unterscheiden. Drittens ist er als regulativer vom konstitutiven Grundsatz abzuheben.

Die erste Differenzierung hat Kant insbesondere in den Reflexionen der 70er Jahre (vgl. Refl AA XVII, S. 99–713) entwickelt (vgl. Birken-Bertsch 2006, S. 145–154; Guyer 1997a, S. 391–396). Dort unterscheidet er einen empirischen bzw. physischen und einen metaphysischen bzw. hyperphysischen Grundsatz:

> 1. Grundsatz. Die principien der Moglichkeit der Erfahrungen sind auch principien der Moglichkeit der Gegenstände der Erfahrung. Exempel. 2. Grundsatz: In allem, was die Grentze der Erfahrung übersteigt, können wir nur principien der [synthesis] absoluten Einheit der synthesis a priori annehmen (d. i. der Einheit des Gebrauchs der Vernunft a priori). (Refl AA XVII, S. 706)

---

[1] In der praktischen Philosophie bezeichnet Kant im Rahmen der *Kritik der praktischen Vernunft* den kategorischen Imperativ als „Grundsatz der reinen praktischen Vernunft" (KpV AA V, S. 39).

Der hyperphysische Grundsatz geht dabei auf die „collektive allgemeinheit der Synthesis und die des physischen auf die distributive." (Refl AA XVII, S. 706) Der erste Grundsatz nimmt damit den obersten Grundsatz aller synthetischen Urteile der *Transzendentalen Analytik* vorweg und der zweite den Grundsatz der Vernunft (vgl. Birken-Bertsch 2006, S. 145 ff.). Im *Duisburgerschen Nachlass* spezifiziert Kant den Grundsatz der reinen Vernunft und sein Verhältnis zu den Grundsätzen des Verstandes wie folgt: „[A]lle[] bedingte Erkenntnis steht nicht allein unter Bedingungen, sondern endlich unter solchen, die selbst unbedingt" (Refl AA XVIII, S. 222, vgl. Refl AA XVIII, S. 357, 380, 389) sind (vgl. Friedman 1992b, S. 161–199). Auch wenn beide Grundsätze nicht konfligieren, bestehe zwischen ihnen ein „subjectiver wiederstreit der partialitaet der Sinnlichkeit und der totalitaet der Vernunft in Bestimmung der Erkenntnisse" (Refl AA XVII, S. 710).

Außerdem ist zweitens der Grundsatz der Vernunft als synthetischer Grundsatz vom bloß logischen zu unterscheiden. Diese Unterscheidung entwickelt Kant expressis verbis in der Einleitung der *Transzendentalen Dialektik* unter dem Titel *Von dem reinen Gebrauche der Vernunft*. Darin bestimmt Kant den „eigenthümliche[n] Grundsatz der Vernunft überhaupt (im logischen Gebrauche)" (A 307/B 364) als logische Maxime oder subjektives Gesetz, „zu dem bedingten Erkenntnisse des Verstandes das Unbedingte zu finden, womit die Einheit desselben vollendet wird" (A 307/B 364). Eine solche Maxime sei demnach nur ein „Gesetz der Haushaltung mit dem Vorrat unseres Verstandes" (A 306/B 362). Mit einem solchen werde keine substanzielle Aussage über Gegenstände der Erfahrung gemacht. Der Grundsatz der reinen Vernunft als „oberste[s] Prinzip der reinen Vernunft" (A 308/B 365) hingegen besagt: „[W]enn das Bedingte gegeben ist, so sei auch die ganze Reihe einander untergeordneter Bedingungen, die mithin selbst unbedingt ist, gegeben" (A 307 f./B 364). Dabei handle es sich um einen synthetischen Grundsatz, da sich das Bedingte nicht nur wie im analytischen Grundsatz auf eine Bedingung beziehe, sondern „aufs Unbedingte" (A 308/B 364). Der Unterschied zwischen dem analytischen Grundsatz der Vernunft und dem synthetischen besteht demnach darin, dass im ersten das Bedingte nur auf seine Bedingung und im zweiten auch auf das Unbedingte bezogen ist.

Drittens ist hervorzuheben, dass dieser synthetische Grundsatz der reinen Vernunft sowohl für den Dogmatismus der Vernunft und den reinen Empirismus als auch für Kants regulative Interpretation die Ausgangsbasis bildet. Die Unterscheidung zwischen den in der Antinomie aufgerollten Positionen und Kants eigener liegt demnach nicht im Grundsatz der Vernunft selbst, sondern lediglich in der bestimmten Interpretation des darin thematisierten Unbedingten. Kant kritisiert in allen drei Disziplinen der metaphysica specialis die konstitutive Verwendung des Grundsatzes der Vernunft im Rahmen des transzendentalen Realismus und des empirischen Idealismus. Im Gegensatz zu diesem konstitutiven

Vernunftgebrauch entwickelt der Anhang zur *Transzendentalen Dialektik* einen regulativen, in dem die Vernunftbegriffe nicht als Axiom vorausgesetzt, sondern als Problem für den Verstand interpretiert werden.²

Um den im Anhang zur *Transzendentalen Dialektik* thematisierten Grundsatz der Vernunft vom obersten Grundsatz aller synthetischen Urteile zu unterscheiden und um ihn in seiner synthetischen und nicht bloß analytischen Funktion sowie in seiner regulativen und nicht konstitutiven Interpretation abzuheben, setzt ihn Kant terminologisch gleich mit dem Begriff *Maxime der Vernunft*. Damit greift Kant einen Begriff auf, den er insbesondere in den 70er Jahren spezifiziert und der über die *Kritik der reinen Vernunft* hinaus eine tragende Rolle spielt. In der *Metaphysik Pölitz* führt Kant den Terminus Maxime der gesunden Vernunft wie folgt ein:

> Die Maxime der gesunden Vernunft ist aber diese: alle solche Erfahrungen und Erscheinungen nicht zu erlauben, sondern zu verwerfen, die so beschaffen sind: daß, wenn ich sie annehme, sie den Gebrauch meiner Vernunft unmöglich machen, und die Bedingungen, unter denen ich meine Vernunft allein gebrauchen kann, aufheben. (MPölitz AA XXVIII, S. 300)

In dieser Maxime der gesunden Vernunft klingt bereits Kants Konzept der verkehrten Vernunft aus Absatz 2.20. des Anhangs zur *Transzendentalen Dialektik* an. Über die *Kritik der reinen Vernunft* hinausgehend findet der Begriff in beinahe demselben Wortlaut sowohl in der *Jäsche-Logik*, der Reflexion 454, der *Anthropologie in pragmatischer Hinsicht* als auch in der *Kritik der Urteilskraft* jeweils in Zusammenhang mit den Vernunftprinzipien wieder Verwendung: Die in diesen Stellen thematisierten Prinzipien der Vernunft nennt Kant dabei einmal „allgemeine Regeln und Bedingungen der Vermeidung des Irrtums" (Log AA IX, S. 84), einmal „Maximen der Vernunft" (Refl AA XV, S. 186 f.), aber auch zur „Weisheit [...] führende Maximen" (Anthrop AA VII, S. 200). Außerdem finden sich diese Prinzipien auch in § 40 der *Deduktion der reinen ästhetischen Urteile* in der *Kritik der Urteilskraft*, wo sie als „Maximen des gemeinen Menschenverstandes" (KU AA V, S. 294) bezeichnet werden.³

Im Anhang zur *Transzendentalen Dialektik* kommt es zur obig angesprochenen Identifikation zwischen Grundsatz der Vernunft und Maxime der Vernunft in den Sinneinheiten sechs und sieben sowie neun. In Absatz 1.32. heißt es: „Ich nenne alle subjective Grundsätze, die nicht von der Beschaffenheit des Objects,

---

2 Siehe dazu die Ausführungen zum Tribunal der Vernunft in Kapitel 2.2.
3 Für den hier nicht thematisierten Zusammenhang zwischen den Maximen der praktischen Philosophie und den Maximen der spekulativen Vernunft vgl. Schwartz 2006.

sondern dem Interesse der Vernunft in Ansehung einer gewissen möglichen Vollkommenheit der Erkenntniß dieses Objects hergenommen sind, Maximen der Vernunft." (A 666/B 694=1.31., vgl. A 666./B 694 f.=1.32.f., A 668/B 696=1.34.) In gleicher Weise heißt es im zweiten Teil des Anhangs, dass die systematische Einheit „nicht als constitutives Princip" (A 680/B 708=2.11.), sondern als „bloß regulativer Grundsatz und Maxime" (A 680/B 708=2.11.) zu betrachten ist.

Auch thematisch greift Kant den Grundsatz der Vernunft als Maxime der Vernunft im Anhang zur *Transzendentalen Dialektik* sowohl im ersten Teil als auch im zweiten Teil auf:

In der Textpassage *Von dem regulativen Gebrauch der Ideen* findet sich der Grundsatz der Vernunft insbesondere in der fünften und sechsten Sinneinheit entwickelt. Diesen Abschnitten vorgeordnet ist aber bereits in Absatz 1.9. (=dritte Sinneinheit) eine terminologische Bestimmung des Begriffes „transzendentaler Grundsatz der Vernunft" (A 648/B 676=1.9.): Transzendental sei der Grundsatz der Vernunft, wenn er „die systematische Einheit nicht bloß subjectiv und logisch=, als Methode, sondern objectiv nothwendig machen würde." (A 648/B 676=1.9.) Dieser Definition folgt in Absatz 1.30. die Feststellung, dass die „Grundsätze der reinen Vernunft" (A 665/B 693=1.30.) objektive Realität haben, wenn sie auch von jener des Verstandes unterschieden sind. Kant definiert außerdem in Absatz 1.25. die Prinzipien der Sparsamkeit der Grundursachen (Homogenität), der Mannigfaltigkeit der Wirkungen (Spezifikation) und der Verwandtschaft der Glieder der Natur als „Grundsätze" (A 661/B 689=1.25.), die „vernunftmäßig und der Natur angemessen" (A 661/B 689=1.25.) sind (vgl. A 657/B687=1.21., A 654/B 682=1.16.). In den Absätzen 1.28., 1.29., 1.31. und 1.32. differenziert Kant den Grundsatz der Vernunft weiter, indem er ihm terminologisch jeweils eine spezifische Ergänzung zuschreibt. In diesem Sinne bilden die Vernunftprinzipien „heuristische Grundsätze" (A 663/B 691=1.28.) und „subjective[] Grundsätze" (A 666/B 694=1.31.) oder „regulative Grundsätze" (A 666/B 694=1.32.).

In der Textpassage *Von der Endabsicht der natürlichen Dialektik* hat der terminus technicus *Grundsatz der Vernunft* nicht diese zentrale Stellung wie im ersten Teil. Kant greift darin allerdings verstärkt auf den Begriff der Maxime zurück (vgl. A 671/B 699=2.3., A 680/B 708=2.11.). Der Begriff des Grundsatzes der Vernunft findet sich aber in den Sinneinheiten neun und zehn thematisch entwickelt: In Absatz 2.11. wird das Prinzipium der systematischen Einheit als „regulativer Grundsatz und Maxime" (A 680/B708=2.11.) charakterisiert. In Absatz 2.17. wiederum spricht Kant in der Erweiterung der Grundsätze des Verstandes von einem „Grundsatz, welchen bloß reine Vernunft" (A 688/B 716=2.17.) eingibt. Das Konzept der faulen Vernunft wird als ein Fehler in der Subreption des Grundsatzes der Vernunft charakterisiert (vgl. A 689/B717=2.19.). Außerdem stehen die Explikationen zum Grundsatz der Vernunft im Rahmen des Ersten Buches der *Transzendentalen Dialektik* (vgl. A 332/B 388f., A 331/B 388) sowie der *Antinomie der reinen Vernunft* (vgl. A 508/B 536, A 648/B 676) in direktem Bezug zum zweiten Teil des Anhangs.

Trotz der unterschiedlichen Interpretation des Grundsatzes der Vernunft – als regulativer bzw. transzendentaler und nicht konstitutiver bzw. transzendenter – erhebt Kant einen starken Anspruch an den Grundsatz der Vernunft. Er verweist in diesem Zusammenhang auf die *Antinomie der reinen Vernunft*, wenn er in Absatz 2.23. formuliert:

> Wir haben bei Gelegenheit der Antinomie der reinen Vernunft gesagt: daß alle Fragen, welche die reine Vernunft aufwirft, schlechterdings beantwortlich sein müssen, und daß die Entschuldigung mit den Schranken unserer Erkenntniß, die in vielen Naturfragen ebenso unvermeidlich als billig ist, hier nicht gestattet werden könne, weil uns hier nicht von der Natur der Dinge, sondern allein durch die Natur der Vernunft und lediglich über ihre innere Einrichtung die Fragen vorgelegt werden. Jetzt können wir diese dem ersten Anscheine nach kühne Behauptung in Ansehung der zwei Fragen, wobei die reine Vernunft ihr größtes Interesse hat, bestätigen und dadurch unsere Betrachtung über die Dialektik derselben zur gänzlichen Vollendung bringen. (A 695/B 723=2.23.)

Im Unterschied zu vielen Fragen der Naturforschung handelt es sich bei den Fragen, die die Vernunft in Form einer Selbstbefragung aufwirft – seien sie nun regulativ oder konstitutiv aufgefasst –, um Problemstellungen, die schlechterdings beantwortbar sein müssen. Der Unterschied zwischen Naturforschung und Selbstbefragung der Vernunft liegt darin, dass es sich im ersten Fall um eine Untersuchung der Natur der Dinge und im zweiten Fall um eine Untersuchung der Natur der Vernunft handelt. Um diese „dem ersten Anscheine nach kühne Behauptung" (A 695/B 723=2.23.) unter Beweis zu stellen, thematisiert Kant im Anhang zur *Transzendentalen Dialektik* verschiedene spezifische Fragestellungen, bei denen „die reine Vernunft ihr größtes Interesse hat" (A 695/B 723=2.23.). Dabei handelt es sich um zwei separate Problembereiche: Der zweite Teil des Anhangs zur *Transzendentalen Dialektik*, also jener, der im obigen Zitat direkt angesprochen wird, befasst sich mit den Fragen nach der Möglichkeit einer transzendentalen Theologie. Der erste Teil des Anhangs zur *Transzendentalen Dialektik* befasst sich hingegen mit der Frage nach der Möglichkeit von empirischen Gesetzen ausgehend von naturwissenschaftlichen Fallbeispielen.

Die Beispiele dienen dabei, wie Kant in der *Metaphysik der Sitten* ganz allgemein formuliert, „zur Verständlichkeit eines Ausdrucks" (MS AA VI, S. 479). Durch sie soll begrifflich Abstraktes durch anschaulich Konkretes dargestellt werden: „[E]in Beispiel ist nur das Besondere (concretum), als unter dem Allgemeinen" (MS AA VI, S. 479) stehend. Der Nutzen der Beispiele liege demnach darin, „die Urteilskraft zu schärfen" (A 134/B 173). Die Beispiele dürfen nach Kant aber nicht die Einsicht in die allgemeinen Regeln ersetzen (vgl. Heidemann 1966, S. 21–39). Um die Beispiele nicht zum „Gängelwagen der Urteilskraft" (A 134/ B 173) werden zu lassen, muss der anschaulichen Konkretion, so Kant in der *Transzendentalen Analytik*, stets die Einsicht in das begrifflich Allgemeine vorausgehen. Ganz in diesem Sinne haben die nachstehend entwickelten Beispiele aus der Naturlehre und der transzendentalen Theologie kein Vetorecht gegen den in begrifflich abstrakter Weise entwickelten regulativen Vernunftgebrauch in den Kapiteln 3 bis 5. Sie sollen vielmehr die dort dargestellten Gedankengänge konkretisieren, indem sie die „Betrachtung über die Dialektik" (A 695/B 723=2.23.) der reinen Vernunft „zur gänzlichen Vollendung bringen" (A 695/B 723=2.23.), um damit der Urteilskraft die Dimension und Reichweite des regulativen Vernunftgebrauchs zu veranschaulichen. Um dies zu leisten, sind die Beispiele ausgehend von ihrem konkreten wissenschaftshistorischen Hintergrund, aus dem Kant sie entlehnt, aufzugreifen und darzustellen.

6.2 Der transzendentale Grundsatz der Vernunft und die Naturwissenschaft

Die kantische Auseinandersetzung mit der Naturforschung findet im Rahmen des kritischen Systems eine zweifache Ausprägung: Kant rekurriert auf die Naturwissenschaft erstens metaphorisch. Dabei bildet sie ein Vorbild, eine Analogie oder ein Modell für die kritische Philosophie. In diesem Sinne verweist Kant in der zweiten *Vorrede* der *Kritik der reinen Vernunft* auf die Naturforschungen G. Galileis, E. Torricellis und E. Stahls, um das Verhältnis von Prinzipien und den danach ausgedachten Experimenten zu verdeutlichen (vgl. B XIII). Zweitens ist die Naturwissenschaft aber auch Untersuchungsgegenstand seines kritischen Systems: Ausgehend von der Frage, wie reine Naturwissenschaft möglich sei, bestimmt Kant a.) den Status der verschiedenen Naturwissenschaften (vgl. u. a. MAdN AA IV, S. 468, 470 f.) und stellt b.) konkrete naturwissenschaftliche Analysen an (vgl. u. a. A 653/B 680 f., A 645 f./ B 673 f). Diese beiden Bezugnahmen auf die Naturwissenschaft stehen dabei in einer reziproken Beziehung zueinander: Einerseits dient die Naturwissenschaft als Vorbild für die kritische Philosophie und ist andererseits ihr Gegenstand.[4] Im Anschluss an die *Kritik der reinen Vernunft* entwickelt Kant diese Bezüge insbesondere in den *Prolegomena* sowie den *Metaphysischen Anfangsgründen der Naturwissenschaft*.

---

4 Zum Verhältnis von Transzendentalphilosophie und Naturwissenschaft vgl. u. a. Pollok 2001, S. 28 ff.; Watkins 2000, S. 70–89.

Naturwissenschaft bildet für Kant einen Spezialfall von Wissenschaft, deren Gegenstand eine Natur besitzt. Damit steht sie im Gegensatz zu anderen Disziplinen wie der Logik, der Mathematik oder auch der Transzendentalphilosophie. Naturwissenschaft wiederum zerfalle gemäß „der Hauptverschiedenheit unserer Sinne" (MAdN AA IV, S. 467), d. i. des äußeren und des inneren, in eine „Körperlehre oder Seelenlehre" (MAdN AA IV, S. 468).[5] Natur wiederum bestimmt Kant anhand von zwei sich ergänzenden Aspekten: Erstens sei die Natur formal betrachtet der „Zusammenhang der Bestimmungen" (A 419/B 446) eines Dings bzw. als das Dasein der Dinge nach allgemeinen Gesetzen bestimmt (vgl. Prol AA IV, S. 294; MAdN AA IV, S. 467). Zweitens sei Natur materiell betrachtet der Inbegriff aller Vorstellungen bzw. empirischen Gegenstände (vgl. A 419/B 446; Prol AA IV, S. 296; MAdN AA IV, S. 467). Eine Wissenschaft bilde dabei, ganz den Grundlegungen im Anhang zur *Transzendentalen Dialektik* sowie den Überlegungen aus der *Transzendentalen Methodenlehre* folgend, ein „nach Principien geordnetes Ganzes der Erkenntniß" (MAdN AA IV, S. 467; vgl. A 647/B 675, A 842f./B 870f.) und sei in diesem Sinne vom bloßen Aggregat zu unterscheiden. Folgen diese Prinzipien dabei Grundsätzen der empirischen Verknüpfung, ergebe dies eine „historische Naturlehre" (MAdN AA IV, S. 468). Diese bestehe sowohl aus Naturbeschreibungen als auch aus Naturgeschichte, in der „systematisch geordnete Facta der Naturdinge" (MAdN AA IV, S. 468) wiedergegeben werden. Folgen diese Prinzipien Grundsätzen der rationalen Verknüpfung, dann ergebe dies eine „rationale Naturwissenschaft" (MAdN AA IV, S. 468). Eine solche rationale Naturwissenschaft könne wiederum „eigentlich, oder uneigentlich so genannte Naturwissenschaft sein" (MAdN AA IV, S. 468). Unter einer eigentlichen, rationalen Naturwissenschaft sei eine Lehre zu verstehen, in welcher der Untersuchungsgegenstand „gänzlich nach Principien a priori" (MAdN AA IV, S. 468) behandelt wird und deren „Gewißheit apodiktisch ist" (MAdN AA IV, S. 468). In einer uneigentlichen, rationalen Naturwissenschaft hingegen werde der Untersuchungsgegenstand „nach Erfahrungsgesetzen behandelt" (MAdN AA IV, S. 468) und die Erkenntnis enthalte daher „blos empirische Gewißheit [...], ist ein nur uneigentlich so genanntes Wissen" (MAdN AA IV, S. 468). Die kantische Gliederung der Naturlehre lässt sich wie folgt skizzieren:

---

[5] Kant differenziert Naturwissenschaft hier zweifach, entwickelt aber in den *Metaphysischen Anfangsgründen der Naturwissenschaft* nur die Körperlehre (vgl. MAdN AA IV, S. 468).

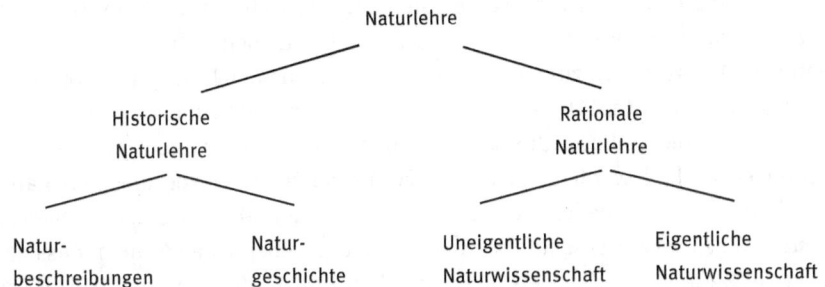

Abbildung 12

Dieselbe Differenzierung entwickelt Kant bereits in der *Danziger-Physik-Nachschrift* von 1785, wenn es heißt:

> Unsere Natur Erkentniß ist historisch oder physica empirica und rational oder physica rationalis. Unsre Natur Erkentniß ist rational wenn wir die Gründe zur Erklerung der Erscheinungen der Natur blos a priori nehmen oder sie müßte mathematisch oder metaphysisch sein. – Unsere Natur Erkentniß ist historisch oder empirisch wenn wir diese Gründe aus der Erfahrung nehmen. (DP AA XXIX, S. 99)

Systematische Erkenntnis und rationale Verknüpfung ist sowohl in einer uneigentlichen als auch in einer eigentlichen Naturwissenschaft gegeben – in erster ist der Zusammenhang von Gründen und Folgen bloß empirisch, in zweiter aber rational.

Mit diesem Blick auf die Gliederung der Naturlehre zeigt sich, dass Kant im Anhang zur *Transzendentalen Dialektik* Disziplinen in den Fokus seiner Aufmerksamkeit nimmt, die seiner eigenen Gliederung nach nicht als eigentliche Wissenschaften aufgefasst werden. Die wichtigsten Beispiele des Anhangs sind dabei das Chemiebeispiel aus den Absätzen 1.5. und 1.15., das Beispiel zur physiologischen Anthropologie in den Absätzen 1.33.–1.34. und das Beispiel zur Theorieentwicklung der Astronomie und Bewegungslehre aus dem Absatz 1.27. Zudem ist darauf hinzuweisen, dass Kant auch im zweiten Teil zwei naturwissenschaftliche Beispiele erwähnt: eines aus der Erdgeschichte bzw. physischen Geographie und eines aus der Physiologie der Ärzte, die sich beide in Absatz 2.17. befinden (vgl. Heimsoeth 1956, S. 10–85; Grier 2001, S. 263–313; Buchdahl 1992, S. 317–338). Beide Beispiele stehen dabei aber dezidert im Kontext der Theologie und sind daher gesondert zu entwickeln.

Während in den *Metaphysischen Anfangsgründen der Naturwissenschaft* – deren vier Hauptstücke anhand der Tafel der Kategorien der *Transzendentalen Analytik* strukturiert und aufgebaut sind – die metaphysischen Anfangsgründe der rationalen Physik im Vordergrund stehen[6], rücken im Anhang zur *Transzendentalen Dialektik* Disziplinen in den Fokus, denen nicht der Status einer eigentlichen Wissenschaft zukommt, die aber doch „ein nach Principien geordnetes Ganze[s] der Erkenntniß" (MAdN AA IV, S. 476) bilden und Grundsätzen rationaler Verknüpfung folgen. Bevor die Beispiele in ihrer historisch-systematischen Konzeption entwickelt werden, ist daher jeweils nach ihrem spezifischen Status ausgehend von der Gliederung der Naturlehre in den *Metaphysischen Anfangsgründen der Naturwissenschaft* zu fragen. Hervorzugeben ist außerdem, dass das Augenmerk Kants in allen Beispielen auf dem Prinzip der Kontinuität bzw. der Affinität als vermittelnde Instanz zwischen Homogenität und Spezifikation liegt. Dabei kreist das Chemiebeispiel um das Konzept der Affinität und die Beispiele der physiologischen Anthropologie und der Theorieentwicklung in der Astronomie und Bewegungslehre um das Konzept der Kontinuität.

6.2.1 Reine Erde, reines Wasser, reine Luft etc. – das Chemiebeispiel

6.2.1.1 *Status der Chemie*

Auf der Basis der Unterscheidung zwischen historischen und rationalen Naturlehren sowie der weiteren Differenzierung in eine eigentliche und uneigentliche Naturwissenschaft kommt Kant in den *Metaphysischen Anfangsgründen der Naturwissenschaft* auf die Chemie zu sprechen. Darin heißt es: Wenn die Gründe oder Prinzipien,

> wie z. B. in der Chemie, doch zuletzt blos empirisch sind, und die Gesetze, aus denen die gegebene Facta durch die Vernunft erklärt werden, blos Erfahrungsgesetze sind, so führen sie kein Bewußtsein ihrer Nothwendigkeit bei sich (sind nicht apodiktisch=gewiß), und alsdann verdient das Ganze in strengem Sinne nicht den Namen einer Wissenschaft, und Chemie sollte daher eher systematische Kunst als Wissenschaft heißen. (MAdN AA IV, S. 468)

Kant hat bei dieser Einschätzung der Chemie die Affinitätstheorien des 18. Jahrhunderts vor Augen. Die zentralen Bezugspunkte bilden dabei I. Newton, J. Keill und T. O. Bergman.[7]

---

[6] Zum Verhältnis der *Kritik der reinen Vernunft* und den *Metaphysischen Anfangsgründen der Naturwissenschaft* vgl. u. a. Durner 1996, S. 308; Brittan 1986, S. 73 f.

[7] In den *Metaphysischen Anfangsgründen der Naturwissenschaft* von 1786 ist eine „auf messbare Größen und Eigenschaften gerichtete Chemie" (Stark 2013, S. 246) für Kant kein entscheidender Faktor, obwohl sich in der *Danziger-Physik-Nachschrift* von 1785 bereits einige Hinweise dazu finden. Diese Position Kants bricht allerdings im Zuge der 90er Jahre zunehmend auf. Kant wendet sich, wie aus Briefen und Reflexionen bekannt ist, zunehmend von Stahl ab und zu Lavoisier hin.

Ausgehend von einer auf Kräften basierenden Materietheorie ist es Newton, der in der 31. Query der *Opticks* von 1704 konzeptuelle Überlegungen zur Übertragung des Dynamismus in die Chemie entwickelt. Er wirft darin die Frage auf, warum nicht analog zur Mechanik ein Kräfteverhältnis auch zwischen sehr kleinen Teilchen bestehen kann: „Have not the small Particles of Bodies certain Powers, Virtues, or Forces by which they act at a distance, not only upon the Rays of Light for reflecting, refracting and inflecting them, but also upon one another for producing a great part of the Phaenomena of Nature?" (Newton 1730, S. 375 f.) Dabei geht Newton davon aus, dass Körper durch Anziehungen der Gravitation, des Magnetismus und der Elektrizität aufeinander einwirken und es aufgrund dessen wahrscheinlich ist, dass es auch noch andere Kräfte als die genannten gibt (vgl. Newton 1730, S. 376). Ausgehend von der Einheit der Natur überträgt Newton demnach das Kraftkonzept von der makroskopischen auch auf die mikroskopische Ebene: Dabei konzipiert er eine kurzreichende Anziehung, die für die Kohäsion und das chemische Verhalten verantwortlich ist (vgl. Newton 1730, S. 389) und fügt dieser repulsive Kräfte hinzu (vgl. Newton 1730, S. 388).[8] Für Newton bildet die Chemie demnach eine Teil- oder eine Subdisziplin der Mechanik. Auch Kant klassifiziert die Chemie nach diesem Vorbild als eine solche (vgl. MAdN AA IV, S. 471) – dabei sei „nach der Idee des Mechanismus die chemische Wirkung der Materien unter einander zu erklären" (A 646/B 674). Die Chemie handelt daher von den Fliehkräften und der Gravitation zwischen kleinen Körpern (vgl. Pollok 2001, S. 88 f.).

Obwohl die Kräfte in der Chemie analog zur Gravitation konzipiert sind, weisen sie nach Newton grundlegende Unterschiede auf – von denen zwei besonders hervorgehoben werden müssen: Erstens wirkt die Gravitation alleine aufgrund des Verhältnisses der Massen zwischen den Substanzen unterschiedlich. Die interpartikularen Kräfte hingegen bevorzugen substanzspezifische Stoffe (vgl. Newton 1730, S. 380). Zweitens findet sich ein Unterschied bezüglich der Sättigungskraft: Diese wird bei chemischen Teilchen abgeschwächt durch die Attraktion eines Partners. Einzelne Teilchen können daher nur mit einer be-

---

Dieser Prozess der Abkehr und Neuorientierung findet spätestens 1797 in der *Metaphysik der Sitten* eine pointierte Formulierung: „[E]s giebt nur Eine Chemie (die nach Lavoisier)" (MS AA VI, S. 206; vgl. auch: Anth AA VII, S. 326). Kants Abkehr von Stahl zu Lavoisier lässt sich demnach zwischen 1785 und 1797 festmachen und hat in der Forschung verschiedenste Positionen evoziert. Dabei stehen sich schematisch skizziert drei Lager gegenüber: Jene Positionen, die Kants Bekehrung zu Lavoisier bereits in den 80er Jahren verankern, jene, die die Wende noch vor dem Jahr 1795 datieren, und jene, die sie mit dem Jahr 1795 identifizieren (vgl. Friedman 1992a, S. 282–288; für einen Überblick zur Forschung vgl. Mösenbacher 2017, S. 72–77).

8 Vgl. dazu Carrier 1986, S. 329; Carrier 2001, S. 205–230; Berger 1998, S. 31

grenzten Zahl von Teilchen eine Verbindung aufrechterhalten (vgl. Newton 1730, S. 377). Chemische Teilchen weisen demnach einen Sättigungspunkt auf, über dem keine weitere Attraktion mehr erfolgt (vgl. Carrier 1986, S. 329). Je stärker die Affinität zwischen zwei Teilchen ist, umso mehr Teilchen eines Reaktionspartners kann ein Korpuskel an sich binden. Oder anders formuliert, je größer die Affinität ist, umso größer wird die zur Sättigung erforderliche Menge des Reaktionspartners (vgl. Carrier 1986, S. 329 f.). Damit deutet Newton bereits ein Kriterium an, anhand dessen die Stärke der Affinität bestimmt werden kann: „And is it not for the same reason that Iron requires more Aqua fortis to dissolve it than Copper, and Copper more than the other Metals; and that of all Metals, Iron is dissolved most easily, and is most apt to rust; and next after Iron, Copper?" (Newton 1730, S. 380)

Auf der Basis von Newtons Kriterium[9] veröffentlicht E. F. Geoffroy 1718 – nachdem er 1706 und 1707 an der Académie des sciences in Paris Newtons *Opticks* vorstellte – seine *Table des differents rapports observés en Chimie entre differentes substances* (vgl. Geoffroy 1718, S. 202).

---

9 Das Verhältnis zwischen Newton und Geoffroy ist Gegenstand einer intensiven Forschungsdiskussion: Insbesondere A. Thackray (1970, S. 90 – 95), aber auch I. Stengers (1998, S. 550 f.) und M. Carrier (1986, S. 329 f.) sehen die Tabelle Geoffroys in einer Entwicklungslinie zu Newton. Die beiden hervorgehobenen newtonschen Unterscheidungen zwischen makroskopischer und mikroskopischer Ebene sind demnach als zentrale Bestandteile in die Tabelle Geoffroys eingegangen. A. Duncan (1996, S. 37) hingegen hat Einwände gegen eine solche Linearisierung der Entwicklung eingebracht. Für eine Übersicht zur aktuellen Debatte und den Stand der Forschung vgl. Klein 1994a, S. 16 – 21; Holmes 1989, S. 39.

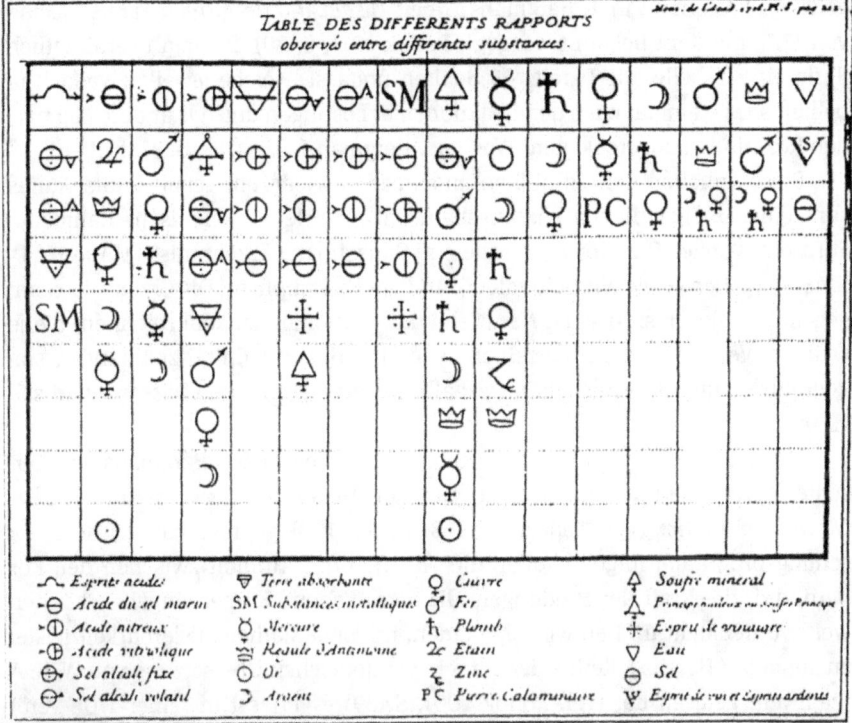

Abbildung 13

Diese Tabelle umfasst alle zu Beginn des 18. Jahrhunderts synthetisierbaren Substanzen.[10] Sie sind in der Reihenfolge ihrer abnehmenden Affinität angeordnet. Verdrängt ein Stoff einen anderen aus der Verbindung mit einer dritten Substanz, dann ist seine Affinität zu jener größer:

> Et j'ai crû qu'on pourroit déduire de ces observations la proposition suivante [...]. Toutes les fois que deux substances qui ont quelque disposition à se joindre l'une avec l'autre, se trouvent unies ensemble; s'il en survient une troisième qui ait plus de rapport avec l'une des deux, elle s'y unit en faisant lâcher prise à l'autre. (Geoffroy 1718, S. 202f.)

Geoffroys Tabelle bildet damit den Ausgangspunkt für ein Jahrhundert der chemischen Forschung, in der diese Tabelle auf der Basis empirischer Versuche weiter spezifiziert und ausgebaut wird. Einen Höhepunkt findet diese empirisch

---

10 Zur Entstehungsgeschichte der Tafel der Affinitäten und der Verwendung der Bezeichnung *Rapport* anstatt *Attraction* vgl. Klein 1994a, S. 12; Partington 1962, S. 53.

geleitete Forschung in T. Bergmans Arbeit *Disquisitio de Attractionibus Electivis* von 1775, die Kant bekannt war (vgl. Pollok 2011, S. 89). Bergman veröffentlicht darin eine Tabelle, die bereits 49 Spalten umfasst, welche jeweils zweifach tabelliert sind – einmal nach den Reaktionen in Lösungen und das andere Mal nach den Reaktionen auf trockenem Weg (vgl. Bergman 1782–1785, S. 371 f.).[11]

Diese Tabellen der Affinitäten entsprechen wiederum genau Kants Auffassung einer uneigentlichen Wissenschaft. Dabei ist der systematische Rahmen in Form eines „nach Prinzipien geordnete[n] Ganze[n] der Erkenntnis" (MAdN AA IV, S. 467) gegeben sowie ein rationaler Grund der Verknüpfung. Die Chemie ist damit gegenüber bloß historischen Naturlehren als rationale zu kennzeichnen, die jeweiligen Verhältnisse der einzelnen Teile, d. i. deren Affinität zueinander, sind aber nur empirisch erforschbar, weshalb sie keine eigentliche Wissenschaft sein kann.

Gleichzeitig ist aber mit der Tabelle Geoffreys bzw. Bergmans ein Forschungsprogramm formuliert, für das der Historiker Thackray den Begriff *Newtonian Dream* (vgl. Thackray 1968, S. 92–108) geprägt hat. Diesem Forschungsprogramm folgend sollen die Theorien der Affinität zwischen den Körpern, d. i. die Kraft der Bindungen, die verschiedene Körper eingehen können, weiter untersucht und entwickelt werden, um eine Mathematisierbarkeit leisten zu können.[12] Bereits J. Keill – den Kant in der deutschen Übersetzung von W. B. A. Steinwehr gelesen hat (vgl. Pollok 2001, S. 89) – verfasst in seiner 1708 veröffentlichten Arbeit *Epistola* auf der Basis der newtonschen Überlegungen mathematische Berechnungen des inneren und äußeren Zusammenhangs der Teilchen (vgl. Keill 1708, S. 100). Dabei handelt es sich allerdings mehr um eine vorläufige Spekulation als um ein tatsächlich mathematisch berechenbares Verhältnis: „erit fortasse aliquando Tempus, cum accuratiore adhibita diligentia innotescet" (Keill 1708, S. 100). In einigen der kantischen Formulierungen ist dieser newtonsche Traum einer mathematisierbaren Chemie zu hören, insbesondere dann, wenn Kant in Bezug auf die Wissenschaftlichkeit der Chemie von einem *noch nicht* (vgl. MAdN AA IV, S. 468, 470 f.) spricht. Gleichzeitig steht für Kant aber fest, dass die Gründe und Folgen des gesetzmäßigen Zusammenhangs in der Chemie bloß auf Erfahrungsgesetzen basieren. Sie seien daher nicht apodiktisch, weshalb die Chemie nicht den Namen einer eigentlichen Wissenschaft, sondern nur den einer uneigentlichen zugestanden bekommt. Chemie ist nach Kant *Kunst oder Experimentallehre*, weil ihr die Möglichkeit der Mathematisierbarkeit fehlt (vgl.

---

[11] Zur Geschichte der Tafeln der Affinitäten vgl. Duncan 1996, S. 110–176.
[12] Zur unterschiedlichen Entwicklung in England und Frankreich vgl. Berger 1998, S. 37–43; Klein 1994a, S. 245 ff.

DP AA XXIX, S. 97). Solange aber für die „chemischen Wirkungen der Materien auf einander kein Begriff ausgefunden wird, der sich construiren läßt [...], so kann Chemie nichts mehr als systematische Kunst oder Experimentallehre, niemals aber eigentliche Wissenschaft werden" (MAdN AA IV, S. 470 f.). Den Status einer eigentlichen Wissenschaft könne die Chemie nur bekommen, wenn sich ein „Gesetz der Annäherung oder Entfernung der Theile angeben läßt, nach welchem etwa in Proportion ihrer Dichtigkeiten u.d.g. ihre Bewegungen sammt ihren Folgen sich im Raume *a priori* anschaulich machen und darstellen lassen" (MAdN AA IV, S. 471). Die Gesetze der chemischen Wechselwirkung lassen sich aber nicht metphysisch bzw. mathematisch konstruieren, sondern werden nur durch Experimente der Affinitätsverhältnisse erschlossen. Eine solche Mathematisierbarkeit der Kräfte der Repulsion und Attraktion sei aber „eine Forderung, die schwerlich jemals erfüllt werden wird" (MAdN AA IV, S. 471).

Kant weist damit den newtonschen Traum einer quantifizierbaren Chemie explizit zurück, ohne aber die Idee des systematischen Ganzen und den spezifischen Status der Chemie als rationale Wissenschaft aufzugeben. Er entwickelt vielmehr ein eigenes systematisches Konzept, in dem er die Chemie als uneigentliche Wissenschaft etabliert. Das zentrale Lehrstück bildet dafür der Anhang zur *Transzendentalen Dialektik* der *Kritik der reinen Vernunft*, in dem Kant – beispielhaft an der Chemie – neben den konstitutiven Grundsätzen des Verstandes regulative Grundsätze der Vernunft entwickelt. Um die Chemie als systematische Erkenntnis, wenn auch mit empirischen Grundsätzen, zu denken, rekurriert Kant neben Newton auf die Prinzipienchemie Stahls. Der Anhang zur *Transzendentalen Dialektik* entwickelt dabei die Elemente bzw. Prinzipien der Phlogistonchemie als regulative Vernunftbegriffe und löst damit den Anspruch, den die *Metaphysischen Anfangsgründe der Naturwissenschaft* systematisch an die Chemie stellen, inhaltlich ein.

6.2.1.2 *Reine Erde, reines Wasser, reine Luft etc.*

Die newtonsche Orthodoxie in Frankreich – die sich in der Nachfolge von Geoffrey insbesondere um G.-L. L. Buffon etabliert – versucht, die Affinitätsverhältnisse zwischen den Körpern lediglich experimentell zu untersuchen und die Chemie als rein empirische Forschung zu etablieren (vgl. Carrier 1986, S. 337; Lange 1974, S. 360). Dem gegenüber geht Stahl davon aus, dass der chemische Körper ein intrinsisches Vermögen bildet, das sich in der chemischen Reaktion offenbart. Aus diesem Grund ist es nicht nötig, sämtliche Affinitäten nachzuweisen, es genügen diejenigen, welche die charakteristischsten Kräfte aufweisen (vgl. Stengers 1998, S. 538). Analysiert werden sollen in der Chemie demnach die Affinitätsverhältnisse zwischen den auf einzelne Elemente bzw. Prinzipien reduzierten Erscheinungen. Zudem erklären Stahl und die ihm folgenden Stahlianer die Affinität zweier Substanzen durch die Anziehung des Gleichartigen (Homogenie-Regel), was so viel besagt wie: „Gleich und gleich schickt sich zusammen" (Stahl 1720, S. 38).

Obwohl Stahl in den *Metaphysischen Anfangsgründen der Naturwissenschaften* nicht ein einziges Mal genannt wird, bildet er den zentralen Bezugspunkt Kants auf der Basis der durch Newton grundgelegten Affinitätstheorie. Dies wird besonders deutlich, wenn die theoretischen Ausführungen in den *Metaphysischen Anfangsgründen* in einen Zusammenhang mit jenen der *Danziger-Physik-Nachschrift* von 1785 und dem dabei zugrunde gelegten Kompendium *Anleitung zur gemeinnützlichen Kenntniß der Natur* von W. J. G. Karsten (1783, S. 172–590) gestellt werden. Darin findet sich eine Vielzahl von Beispielen, die die Überlegungen zum Status der Chemie in den *Metaphysischen Anfangsgründen der Naturwissenschaft* veranschaulichen und mit dem Chemiebeispiel aus dem Anhang zur *Transzendentalen Dialektik* der *Kritik der reinen Vernunft* kompatibel sind.

Kant rekonstruiert im Anhang zur *Transzendentalen Dialektik* die Prinzipienchemie Stahls, wenn er wie folgt formuliert: Die Begriffe *der reinen Erde, des reines Wasser, der reinen Luft etc.* habe man nötig,

> um den Antheil, den jede dieser Naturursachen an der Erscheinung hat, gehörig zu bestimmen; und so bringt man alle Materien auf die Erden (gleichsam die bloße Last), Salze und brennliche Wesen (als die Kraft), endlich auf Wasser und Luft als Vehikeln (gleichsam Maschinen, vermittelst deren die vorigen wirken), um nach der Idee eines Mechanismus die chemischen Wirkungen der Materien unter einander zu erklären. (A 646/B 674=1.5.)

Die Elemente der reinen Erde, des reinen Wassers, der reinen Luft etc., so Kant, werden gebraucht, um den Anteil, den jede dieser Naturursachen an den Erscheinungen hat, zu bemessen. Ziel sei es demnach, alle Materien auf die Erde, die Salze und brennliche Wesen sowie Wasser und Luft zu reduzieren, um dadurch die chemische Wirkung der Materie untereinander nach dem Vorbild des Mechanismus zu erklären.

Die stahlsche Konzeption ist dabei in einer Linie mit jener seines Lehrers, J. J. Becher, zu sehen: Becher unterscheidet in der 1667 veröffentlichten Schrift *Physica Subterranea* die mineralischen Stoffe von den Erden. Letztere gliedert er in die *terra fluida* (merkuralische Erde), die *terra pinguis* (fettige Erde) und die *terra lapidea* (glasartige Erde) (vgl. Becher 1703, S. 393).[13] Stahl übernimmt diese Unterscheidung weitgehend, ersetzt aber die terra pinguis durch das Phlogiston (vgl. Friedman 1992a, S. 266). Dabei fungiert der Begriff Phlogiston erst 1718 als

---

13 Vgl. auch Partington 1962, S. 646; Blomme 2015, S. 489.

terminus technicus, wenn Stahl in den *Zufälligen Gedancken* formuliert, dass das Phlogiston „das erste, eigentliche, gründliche brennliche Wesen [...] von seinen allgemeinen Würkungen benennt, die es in allerley [...] Vermischungen erweiset. Und dieser wegen habe ich es mit dem Griechischen namen Phlogiston, zu Teutsch brennlich belegt." (Stahl 1718, S. 80) Aber bereits im Anhang zum *Specimen Becherianum* verwendet Stahl das Konzept eines *brennlichen Wesens*, ohne es jedoch terminologisch als Phlogiston zu fixieren – er spricht vielmehr von *materia inflammabilis, substantia ignescens* und *portio ignescens* sowie vom *principium inflammabilis* (vgl. Ströker 1982, S. 97).

Kant selbst reflektiert im Anhang zur *Transzendentalen Dialektik* auf diese Unterscheidung zwischen Erden und Salzen und ihre chemiehistorische Entwicklung, wenn er wie folgt formuliert:

> Es war schon viel, daß die Scheidekünstler alle Salze auf zwei Hauptgattungen, saure und laugenhafte, zurückführen konnten, sie versuchen sogar auch diesen Unterschied bloß als eine Varietät oder verschiedene Äußerung eines und desselben Grundstoffs anzusehen. Die mancherlei Arten von Erden (den Stoff der Steine und sogar der Metalle) hat man nach und nach auf drei, endlich auf zwei zu bringen gesucht; allein damit noch nicht zufrieden, können sie sich des Gedankens nicht entschlagen, hinter diesen Varietäten dennoch eine einzige Gattung, ja wohl gar zu diesen und den Salzen ein gemeinschaftliches Princip zu vermuthen. (A 653 f./B 680 f.=1.15.)

Mit der klassischen Differenzierung des Salzes in zwei Hauptgattungen, d. i. Säuren und Laugen, rekurriert Kant hier direkt auf Stahl (vgl. auch DP AA XXIX, S. 163).[14] Aber auch hinsichtlich der Unterscheidung der Erde in die Stoffe Steine und Metalle bezieht er sich direkt auf Stahl. Nach Stahls Auffassung ist Metall eine Komposition aus Erde und Phlogiston, dabei wird letzteres bei der Verkalkung abgegeben, was Kant auch in der Vorrede zur *Kritik der reinen Vernunft* erwähnt (vgl. B XIIf.).[15] Aber auch in seiner abfälligen Bemerkung, dass in der Chemie dann noch eine Einheit von Erden (Stein und Metall) und Salzen gesucht wurde, ist das Verhältnis zu Stahl klar ersichtlich. Nach Stahl ist nämlich ein Salz, wie z. B. die Säure, eine Verbindung von Erde und Wasser.[16]

---

[14] Lavoisier spricht stets von neutralem Salz oder vom Salz als Zusammensetzung aus Säure und Base (vgl. Friedman 1992a, S. 267).

[15] Zum völlig anderen Gebrauch des Begriffs Metall bei Lavoisier, der darin einen einfachen Körper sieht, zu dem bei der Verkalkung Sauerstoff hinzugefügt wird, vgl. Friedman 1992a, S. 267.

[16] Noch in der *Kritik der Urteilskraft* reflektiert Kant auf diesen Aspekt: „Viele Salze, imgleichen Steine, die eine krystallinische Figur haben, werden eben so von einer im Wasser, wer weiß durch was für Vermittelung aufgelöseten Erdart erzeugt." (KU AA V, S. 348)

Die Einteilung der Salze und Erden, so Kant, ist durchaus legitim und wichtig, um systematische Einheit zu erzeugen. Diese Klassifizierungen dürfen aber nicht zum Selbstzweck, sondern müssen in Bezug auf ihre Varietät gebraucht werden. Diese Warnung spricht Kant vor dem historischen Hintergrund aus, dass es spätestens seit Paracelsus in der Chemie übliche Praxis gewordenen ist, sich ständig mit noch grundlegenderen Elementen und Prinzipien zu überflügeln.

Die Phologistonchemie Stahls bewahrt damit die Vorstellung von Urelementen wie Wasser, Erde, Luft und Feuer[17], die als Prinzipien bzw. Elemente fungieren. Unter Elementen werden dabei einfache, ungemischte Körper verstanden, aus denen die gemischten Körper zusammengesetzt werden. Dabei handelt es sich um eine Definition, die seit Boyles *Sceptical Chymist* von 1661 üblich ist und mit der Boyle bereits beabsichtigte, eine gängige Ansicht in der Chemie zu fixieren (vgl. Klein 1994b, S. 63–106).

Während Becher sein System der Elemente und Prinzipien noch in Bezug auf die *Genesis* entwickelt, ersetzt Stahl diese Bezüge zur Genesis durch eine korpuskulartheoretische Fundierung, in der er die Elemente mit Atomen identifiziert: „Was wir jetzund von den allerkleinesten natürlichen Corpusculis gesagt haben, deutet an, daß die anfänglichen einfachen Corpuscula, welche man vulgo principien nennet, eben die undurchdringliche und würckliche dichten Theile sind, weil sie weiter in sich keine Resolution zulassen können." (Stahl 1720, S. 17)[18] Die Prinzipien bzw. die Elemente in der stahlschen Theorie fungieren dabei als Träger von allgemeinen Eigenschaften. Die gewöhnlichen Substanzen erhalten diese allgemeinen Eigenschaften durch die Teilhabe an diesen Prinzipien. Damit führt Stahl die Vielfalt der empirisch ausweisbaren Eigenschaften auf wenige Elemente zurück (vgl. Stahl 1718, S. 73). Diese sind, wie auch Kant exakt wiedergibt, das Wasser und die drei Erden, Salz, Schwefel sowie Quecksilber (vgl. Stahl 1718, S. 69–71, 35). Das Salz gebe dabei die „cörperliche Größe, Schwehre, Dichte und Festigkeit, Feuerbeständigkeit und Schmeltzlichkeit" (Stahl 1718, S. 73). Das Schwefelprinzip sei für die Farbe und Verbrennung zuständig. Das Phlogiston wiederum sei die Ursache aller Verbrennung und Verkalkung. Das Quecksilber sei

---

[17] Die Sauerstoffchemie Lavoisiers hingegen eliminiert alle Elemente. Luft bestehe demnach aus Stickstoff und Sauerstoff, Wasser aus Wasserstoff und Sauerstoff und anstatt von Feuer spricht Lavoisier von Wärme, Licht und Rauch (vgl. Perrin 1990, S. 264).

[18] Kant wiederum argumentiert sowohl gegen die Annahme von absolut leeren Räumen und absolut harten Teilchen anhand seines Plenismus und seiner Kontinuitätstheorie der Materie und stellt sich damit zum einen gegen Newton und zum anderen gegen Stahls Atomismus und Korpuskulartheorie (vgl. MAdN AA IV, S. 523–535). Zum Kontext von Kants Materie- und Chemiekonzeption vgl. Mösenbacher 2017, S. 25–55.

verantwortlich für die metallischen Eigenschaften, d. i. „Schmeidigkeit" (Stahl 1718, S. 73) und „Zähigkeit" (Stahl 1718, S. 73).

Kant wiederholt aber auch Stahls Differenzierung von Elementen und Instrumenten: Elemente bilden in den Dingen bzw. empirischen Gegenständen eigenschaftstragende Prinzipien. Instrumente hingegen seien bloße Hilfsmittel in der Reaktion (Verbindung), gingen aber nicht selbst in die Verbindung mit ein. Unüblich in der Rekonstruktion der stahlschen Theorie ist lediglich, dass Kant Wasser nicht als Element, sondern als Instrument anführt (vgl. Friedman 1992a, S. 280). Typisch für Stahl ist allerdings, dass die Luft als Instrument genannt wird: So heißt es in der *Einleitung zur Grund-Mixtion*: „Die Luft ingredirt die mixtiones nicht" (Stahl 1720, S. 48). Wenn die Luft mit Phlogiston gesättigt ist, die der verbrennende Körper abgegeben hat, dann erlischt die Flamme.[19]

Für Kant wird an diesem Beispiel aus der Chemie deutlich, dass sein Konzept des regulativen Vernunftgebrauchs keine bloß metaphysische Begriffskonstruktion ist, sondern dass mit diesem vielmehr der tatsächliche wissenschaftstheoretische Umgang mit empirischen Stoffen und mit ihrer Klassifizierung beschrieben ist. Gleichzeitig betont er, dass das Schwergewicht nicht auf der Rekonstruktion des Beispiels liegen soll, sondern auf der durch das Beispiel entwickelten Konzeption für Elemente: „Denn wiewohl man sich nicht wirklich so ausdrückt, so ist doch ein solcher Einfluß der Vernunft auf die Eintheilungen der Naturforscher sehr leicht zu entdecken." (A 646/B 674) Mit der Formulierung: „wiewohl man sich nicht wirklich so ausdrückt" (A 646/B 674), deutet Kant eine gewisse Unsicherheit bezüglich chemischer Forschungspraktiken an und nimmt damit seine Rekonstruktion des Beispiels in Schutz. Er verweist die Leserin und den Leser auf das mit dem Beispiel illustrierte transzendentallogische Konzept, das im Folgenden genauer analysiert wird.

6.2.1.3 Nonoperational view versus operational understanding der Elemente

Die Klassifizierung der Elemente und ihr spezifischer Status sind seit den antiken Lehren des Empedokles und des Aristoteles unklar und bleiben es bis in die Naturforschung der (frühen) Neuzeit. Während die Elementarstoffe in den antiken Lehren schlicht und zumeist aus der Natur geschöpft werden, werden sie in den Lehren der frühen Neuzeit beliebig spezifiziert, ohne dass ihr Status genauer erläutert wird (vgl. Carrier 1990, S. 198; Klein 1994a, S. 46). Noch in der Phlogistonchemie des 18. Jahrhunderts herrscht Unklarheit über den ontologischen

---

[19] Für einen Überblick zu den Experimenten zur Fixierung der Luft in Körpern und der pneumatischen Chemie vgl. Friedman 1992a, S. 280.

Status solcher Prinzipien. Wird dieser aber genauer geprüft, erweisen sich zwei Optionen, die sich als *nonoperational view* und als *operational understanding* der Elemente näher charakterisieren lassen. Im *nonoperational view* auf die Elemente wird davon ausgegangen, dass diese unabhängig von der wissenschaftlichen Untersuchung gegeben sind. Die Elemente sind demnach die Bedingung jeglicher Operation, d. i., ohne sie als gegeben vorauszusetzen, könne es kein empirisches Experiment geben. Im Zuge eines *operational understanding* hingegen wird der Begriff des Elements durch die wissenschaftliche Untersuchung selbst standardisiert und präzisiert – es handelt sich demnach bei Elementen um verfahrensbedingte Entitäten und die Bedeutung des Begriffes besteht nur in einer Reihe von Operationen.

Werden diese beiden Optionen an der Phlogistonchemie Stahls angewandt, zeigt sich ein Schwanken. Dies wird besonders deutlich, wenn Stahl wie folgt formuliert:

> Ein principium oder Anfang wird so wohl a priori dasselbe genannt, das es dasjenige sey, woraus eigentlich und am ersten dessen Wesen bestehet, als auch a posteriori, worin zuletzt der vermischte Cörper wiederum resolvirt wird. Beide Beschreibungen sind wahr. (Stahl 1720, S. 4)

Stahl fasst die Prinzipien demnach als apriorische Elemente, als Wesen oder als Substanzen auf. Gleichzeitig fordert er aber, dass diese a posteriori aufweisbar sein müssen und damit Gegenstände der chemischen Analyse bilden. Als solche wiederum sind sie gewöhnliche Stoffe und empirisch identifizierbar (vgl. Stroker 1982, S. 88). Dabei gewinnt die zweite der beiden Beschreibungen der Prinzipien in Stahls Entwicklung zunehmend an Bedeutung und drängt die Deutung der Elemente als apriorische Prinzipien zurück (vgl. Carrier 1990, S. 198; Klein 1994a, S. 46). Dieser Wandel in der Auffassung Stahls ist dabei dem im 18. Jahrhundert zunehmenden Druck geschuldet, die Chemie von nicht empirisch überprüfbaren Bestandteilen zu befreien. In der Forschung wurde jener zweite Standpunkt Stahls immer wieder besonders hervorgehoben (vgl. Ströker 1982, S. 88, 126 f., 168 ff.).

Kant hat genau auf diese Unsicherheit im ontologischen Status des Elementbegriffs eine Antwort. Nach seiner Auffassung der Chemie werden die Elemente der reinen Erde, des reinen Wassers, der reinen Luft etc. wie die Vernunftbegriffe nicht aus der Natur gewonnen, sondern bilden Prinzipen, mit denen die Natur befragt werden muss: Die Elemente „werden nicht aus der Natur geschöpft, vielmehr befragen wir die Natur nach diesen Ideen und halten unsere Erkenntniß für mangelhaft, so lange sie denselben nicht adäquat ist." (A 645 f./ B 673 f.=1.5.) Kant fasst die Elemente Erde, Wasser und Luft demnach – und entgegen vereinzelten Positionen in der Phlogistonchemie des 18. Jahrhunderts –

nicht als empirische Gegenstände auf: „Man gesteht: daß sich schwerlich reine Erde, reines Wasser, reine Luft etc. finde." (A 646/B 674=1.5.) Sie haben vielmehr, „was die völlige Reinigkeit betrifft, nur in der Vernunft ihren Ursprung" (A 646/B 674=1.5.).

Diese Position Kants wird besonders deutlich, wenn für ihre Illustration eine Formulierung aus der *Danziger-Physik-Nachschrift* herangezogen wird. Dort heißt es: „Reines Wasser, sagt der Autor, kann man gar nicht verlangen. Das ist nach unserer Idee aus dem Verstand, indem man zum reinen Wasser bloß das rechnet, was bloß vehiculum der Auflösung ist." (DP AA XXIX, S. 162f.) Zu beachten ist dabei, dass die studentische Mitschrift vom Autor spricht und damit nahelegt, dass sich Kant auf Karsten bezieht. Es zeigt sich aber in einer genaueren Lektüre des Kompendiums, dass Karsten nirgendwo eine solche Position vertritt. Dieser behauptet vielmehr, dass die Elemente nicht einfach aus der Natur zu nehmen sind, die Kunst der Chemie aber gerade darin besteht, diese doch zu isolieren:

> Ganz reine Erde, und ganz reines Wasser, gehören gewiß zu den für uns und für die chemische Kunst einfachen Grundstoffen. Man findet sonst nicht leicht einen einfachen Stoff in der Natur ganz rein und frey von der Vereinigung mit anderen Stoffen, wofern die Kunst nicht zu Hülfe kommt, und die fremden Stoffe davon trennt. (Karsten 1783, S. 275)

Kant entwickelt hier also seine eigene Position in der Frage nach dem Status der Elemente, wie sie sich auch in der *Kritik der reinen Vernunft* findet, und korrigiert jene von Karsten. Wird der studentischen Mitschrift Glauben geschenkt, dann nimmt er diese Korrekturen aber still und heimlich vor. Aber auch in einer Notiz aus dem *Handschriftlichen Nachlass* formuliert Kant ganz in diesem Sinne: „Es ist besonders (zu beachten), daß, obgleich, die ganze Welt von reinem Feuer, Wasser, Luft etc. redet, man doch gestehen muß, daß nichts rein ist. Wir [...] haben bloß Wirkungen in uns, auf die wir die Materien beziehen und in Ansehung derselben nennen wir sie rein." (Refl AA XIV, S. 385)

Mit dieser Position kann Kant das Für und Wider von *nonoperational view* und *operational understanding* klar aufzeigen und die jeweiligen Gründe, für einen der beiden Standpunkte zu votieren, miteinander vereinen. Mit der Charakterisierung der Elemente als Vernunftideen ist er nicht dazu gezwungen, diese als empirische Gegenstände aufzufassen, aber auch nicht als bloß abstrakte Entitäten zu klassifizieren. Ersteres würde zu dem Problem führen, dass sich in den chemischen Untersuchungen ein Zirkel einschleicht: Durch die Prinzipien sollen die Eigenschaften von Substanzen beschrieben werden, weshalb sie nicht selbst wiederum Untersuchungsgegenstand sein können (vgl. Carrier 1990, S. 198). Die zweite Alternative, in der die Elemente als bloß abstrakte Entitäten aufgefasst werden, führt zu dem Problem, die Verbindung zwischen den Elementen und den darunter fallenden Varietäten nicht explizieren zu können.

Während Newton und viele seiner Nachfolgerinnen und Nachfolger die Affinität von den Partikeln der Natur selbst abzulesen glaubten (vgl. Stengers 1998, S. 537ff.; Carrier 1986, S. 337), so ist es Kants Konzept des regulativen Vernunftgebrauchs im Anschluss an Stahl, das aus dem Scheitern dieser Selbsteinschätzung die Konsequenz zieht. Die Affinität zwischen Substanzen kann nur aufgrund von vorausgesetzten Prinzipien bestimmt werden. Diese bilden allerdings nicht selbst wieder Gegenstände möglicher Erfahrung, ihnen kommt vielmehr der Status regulativer Prinzipien zu.

6.2.2 Stufenleiter der Geschöpfe – das Anthropologiebeispiel

6.2.2.1 *Status der physiologischen Anthropologie*

Kant hält von 1772/73 bis 1796 jedes Semester abwechselnd mit der physischen Geographie eine Vorlesung über Anthropologie. Damit hat Kant als einer der ersten Professoren Vorlesungen dieser Art an der Universität angeboten und etabliert.

Für Kants Anthropologie lassen sich dabei zwei verschiedene Quellen separieren: Erstens die seit 1757 gehaltenen Vorlesungen zur physischen Geographie, in der er bereits „Neigungen der Menschen, die aus dem Himmelsstriche, darin sie leben, herfließen, die Mannigfaltigkeit ihrer Vorurtheile und Denkungsart, in so fern dieses alles dazu dienen kann, den Menschen näher mit sich selbst bekannt zu machen" (CpG AA II, S. 9; vgl. PG AA IX, S. 157), thematisiert.[20] Zweitens stellen Kants Vorlesungen zum Abschnitt über empirische Psychologie aus Baumgartens *Metaphysica* eine weitere wichtige Vorarbeit dar (vgl. Brandt 1999, S. 15; Hinske 1966, S. 31f.; Sturm 2009, S. 183–260). Diese Passage bildet seit 1755 einen Teil der Metaphysik-Vorlesung und war dann auch die Ausgangsbasis der Anthropologie-Vorlesungen (vgl. Stark 2013, S. 323–326).

Kant versteht unter Anthropologie „[e]ine Lehre von der Kenntniß des Menschen, systematisch abgefaßt (Anthropologie)" (AipH AA VII, S. 119). Anthropologie könne es dabei „entweder in physiologischer oder in pragmatischer Hinsicht" (AipH AA VII, S. 119) geben.

---

[20] Zum Einfluss der physischen Geographie auf die Anthropologie vgl. Brandt 1999, S. 7–19; Zammito 2001, S. 221–307.

> Die physiologische Menschenkenntniß geht auf die Erforschung dessen, was die Natur aus dem Menschen macht, die pragmatische auf das, was er als freihandelndes Wesen aus sich selber macht, oder machen kann und soll. (AipH AA VII, S. 119)

In der physiologischen Anthropologie sei demnach der „Charakter der Menschen" (AipH AA VII, S. 321) bzw. der „Mensch im System der lebenden Natur" (AipH AA VII, S. 321) thematisch. Kant hat dabei in erster Linie die Anthropologie E. Platners vor Augen.[21] Ziel sei die Erklärung der psychischen Phänomene auf der Basis einer Theorie physiologischer Bedingung. In der *Anthropologie in pragmatischer Hinsicht* stehe hingegen der Mensch als freihandelndes Wesen und das, was er aus sich selbst aus Klugheit zu machen im Stande ist, im Zentrum (vgl. AipH AA VII, S. 119).

Die *Anthropologie in pragmatischer Hinsicht* bildet für Kant die zentrale Ausrichtung seiner Anthropologie. Mit dieser setzt er sich spätestens seit den 1770er Jahren (Sturm 2009, S. 307 f.) sowohl gegen die empirische Psychologie der Wolff-Schule (vgl. Thiel 1997, S. 58 – 79; Thiel 2006, S. 216 f.; Thiel 2014, S. 963 – 983) als auch gegen die physiologische Anthropologie E. Platners ab. Als eine Kompilation der Vorlesungen veröffentlicht er 1804 die *Anthropologie in pragmatischer Hinsicht*. Die kritische Distanznahme führt zu einer paradoxen Situation: Kant akzeptiert und nutzt in seiner *Anthropologie* das psychologische Vermögensideom, stellt aber gleichzeitig in den *Metaphysischen Anfangsgründen der Naturwissenschaft* fest, dass die empirische Psychologie niemals Naturwissenschaft werden kann.[22] „Sie [die empirische Seelenlehre] kann daher niemals etwas mehr als eine historische und, als solche, so viel möglich systematische Naturlehre des inneren Sinnes, d. i. eine Naturbeschreibung der Seele, aber nicht Seelenwissenschaft, ja nicht einmal psychologische Experimentallehre werden" (MAdN AA IV, S. 471) Gleichzeitig weist Kant das theoretische Vokabular der physiologischen Anthropologie dezidiert zurück, behauptet aber nie, dass die Anthropologie nicht Wissenschaft im Sinne der *Metaphysischen Anfangsgründe der Naturwissenschaft* werden kann. Kant äußert sich über die physiologische Anthropologie und deren wissenschaftlichen Status noch weniger als über die Chemie oder die empirische Psychologie. Dies bedeutet für die Frage nach dem wissenschaftlichen Status der Stufenleiter der Geschöpfe entgegen gängigen Position der Forschung – wie etwa S. B. Kim (1994), A. W. Wood (1999, S. 196 f.; 2004, S. 39, 45 f.) und J. H. Zammito (2001, S. 298) –, dass Kants Ablehnung der physiologischen An-

---

[21] Vgl. dazu Herz' Rezension an Platners Anthropologie für Ärzte und Weltweise (vgl. Herz 1733, S. 25 – 51; dazu auch Thiel 2007, S. 139 – 161; Sturm 2009, S. 265).
[22] Vgl. dazu Sturm 2006, S. 353 – 377; Gouaux 1972; Hatfield 1998, S. 423 – 428; Leary 1982, S. 17 – 42; Mischel 1967, S. 599 – 622; Nayak/Sotnak 1995, S. 133 – 151.

thropologie nicht auf epistemologischen und methodologischen Gründen basiert: „Eben weil Kant die physiologischen Anthropologien nicht wirklich mit prinzipiellen epistemologischen oder methodologischen Einwänden angreift, bestreitet er auch nicht, dass sich dieser Ansatz irgendwann einmal zu einer Wissenschaft entwickeln kann." (Sturm 2010, S. 87) Es lässt sich demnach hervorheben, dass die Ablehnung der physiologischen Anthropologie auf die Irrelevanz für die im kantischen Denken zentrale *Anthropologie in pragmatischer Hinsicht* zurückzuführen ist (vgl. Sturm 2010, S. 87).[23]

Mit der Klassifizierung der *Metaphysischen Anfangsgründe der Naturwissenschaft* lassen sich die hier entwickelten Disziplinen rund um die physiologische Anthropologie wie folgt zusammenfassen: Der Gegenstand der empirischen Psychologie bildet als Gegenstand des inneren Sinnes zwar einen Teil der Natur, ist aber als Seelenlehre nicht nur als eigentliche Wissenschaft unmöglich, sondern überhaupt als rationale Wissenschaft und bildet damit eine bloß historische Naturlehre. Die *Anthropologie in pragmatischer Hinsicht* wiederum ist keine Naturwissenschaft, da ihre Experimente nicht unter kontrollierten Bedingungen im Labor vorgenommen werden können und außerdem eine Selbstbeobachtung, ohne sich dessen bewusst zu sein, unmöglich sei (vgl. AipH AA VII, S. 121, S. 143). Die Erhebung von Daten sei daher angewiesen auf Hilfsmittel wie „Weltgeschichte, Biographien, ja Schauspiel und Romane" (AipH AA VII, S. 121). Die Anthropologie bilde allerdings eine „Wissenschaft des Menschen" (V-Anth AA XXV, S. 7), die „systematisch abgefaßt" (AipH AA VII, S. 119) sei. Sie beruhe demnach nicht auf spezifischen Beobachtungen des Menschen – vielmehr gehe „die Generalkenntnis [...] immer vor der Lokalerkenntnis voraus, wenn jene durch Philosophie geordnet und geleitet werden soll" (AipH AA VII, S. 120; vgl. V-Anth AA XXV, S. 7; Br AA X, S. 146). Die Frage nach dem Status der physiologischen Anthropologie wird im Gegensatz zu derjenigen nach dem Status der *Anthropologie in pragmatischer Hinsicht* von Kant offengelassen und kann daher nur nachträglich mit den Kriterien der *Metaphysischen Anfangsgründe der Naturwissenschaft* klassifiziert werden (vgl. Sturm 2009, S. 286). Dabei lässt sich folgende denkbare Stellung plausibel machen und in den nachstehenden Analysen verfestigen: Mit der Stufenleiter der Geschöpfe in ihrer regulativen Funktion ist ein systematischer Rahmen und die Möglichkeit rationaler Verknüpfungen gegeben, mit dem die physiologische Anthropologie erstens nicht bloß historische Naturlehre, sondern rationale ist. Zweitens fehlt aber auf der Basis dieses nach einem Prinzip geordneten Ganzen – wie in den Affinitätstheorien der Chemie – jegliche

---

[23] Für eine entwicklungsgeschichtliche Darstellung der physiologischen Anthropologie Kants vgl. Sturm 2009, S. 289.

Mathematisierbarkeit der Verhältnisse der einzelnen Teile untereinander, weshalb auch der physiologischen Anthropologie der Status einer uneigentlichen Wissenschaft zugeschrieben werden kann.

6.2.2.2 Stufenleiter der Geschöpfe

Das transzendentale Prinzip der Kontinuität – als *lex continui in natura* – entspringt aus der Vereinigung von Homogenität und Spezifikation, d. i. indem „man sowohl im Aufsteigen zu höheren Gattungen, als im Herabsteigen zu niederen Arten den systematischen Zusammenhang in der Idee vollendet hat" (A 658/ B 686=1.21.).[24] Das Prinzip der Kontinuität löst damit auch den Widerstreit auf, der aufgrund eines einseitigen Methodenverständnisses entsteht: Bei manchem „Vernünftler" (A 666/B 694=1.33.), so Kant, mag „mehr das Interesse der Mannigfaltigkeit" (A 666/B 694=1.33.) vorherrschen, bei manchen anderen „das Interesse der Einheit (nach dem Prinzip der Aggregation)" (A 666/B 694=1.33.). Der Unterschied aber gründe lediglich auf einer „größeren oder kleineren Anhänglichkeit an einen von beiden Grundsätzen" (A 667/B 695=1.33.) und nicht „auf objektiven Gründen" (A 667/B 695=1.33.). Der Unterschied liege demnach lediglich darin, was dieser oder jener sich stärker „zu Herzen nimmt, oder auch affektiert" (A 667/B 695=1.33.) – bei dem einen stehe demnach das Prinzip der Spezifikation und bei dem anderen das Prinzip der Homogenität im Vordergrund: Dies äußere sich vor allem an der sehr

> verschiedenen Denkungsart der Naturforscher, deren einige (die vorzüglich spekulativ sind), der Ungleichartigkeit gleichsam feind, immer auf die Einheit der Gattung hinaussehen, die anderen (vorzüglich empirische Köpfe) die Natur unaufhörlich in so viel Mannigfaltigkeit zu spalten suchen, daß man beinahe die Hoffnung aufgeben müße, ihre Erscheinungen nach allgemeinen Prinzipien zu beurteilen. (A 655/B 683=1.17.)

Um die Gegenüberstellung dieser Denkungsarten zu verdeutlichen, führt Kant ein Beispiel aus der physiologischen Anthropologie an: Oft würden „einsehende Männer mit einander wegen der Charakteristik der Menschen, der Thiere oder Pflanzen, ja selbst der Körper des Mineralreichs im Streite" (A 667/B 695=1.33.) stehen. Jene *empirischen Köpfe*, die sich lediglich auf das Prinzip der Spezifikation stützen, behaupten dabei, dass es besondere, auf die Abstammung zurückführbare Volkscharaktere gebe sowie Unterschiede in den Familien und Rassen. Jene *spekulativen Köpfe*, die sich lediglich auf das Prinzip der Homogenität stützen,

---

24 Siehe dazu die Ausführungen zur Herleitung der Vernunftprinzipien in Kapitel 3.2.3.

behaupten hingegen, die Natur sei in diesen Dingen ganz gleich und die Unterschiede würden nur auf Zufällen beruhen.

Wird aber, so Kant, entgegen beiden Positionen die besondere „Beschaffenheit des Gegenstandes" (A 667/B 695=1.33.) dieses Disputs in Betracht gezogen, so wird leicht begreiflich, dass er für beide „viel zu tief verborgen liege, als daß [sie] aus Einsicht in die Natur des Objektes sprechen" (A 667/B 695=1.33.) könnten. Das heißt, nicht die jeweilige Ausrichtung der spekulativen oder empirischen Köpfe ist das Problem, vielmehr ist es ein falsches Konzept empirischer Gegenstände und der Anspruch, der damit verbunden ist.[25] Dieser falsche Gebrauch aber werde nicht nur „Hindernisse veranlassen" (A 667/B 695=1.33.), sondern „die Wahrheit [so] lange aufhalten, bis ein Mittel gefunden wird, das streitige Interesse zu vereinigen und die Vernunft hierüber zufrieden zu stellen." (A 667/B 695=1.33.)

Ausgehend von dem obig skizzierten Beispiel aus der physiologischen Anthropologie bringt Kant das Kontinuitätsprinzip mit der Stufenleiter der Geschöpfe von G. W. Leibniz und Ch. Bonnet in Zusammenhang, wenn er formuliert: Genauso wie die Verschiedenheit der Vernunftprinzipien Homogenität und Spezifikation, die, wenn sie für objektive Einsichten gehalten werden, nicht nur zu Streit führen, sondern gleichzeitig die Wahrheit verhindern, sei es mit der „Behauptung oder Anfechtung des so berufenen, von Leibniz in Gang gebrachten und durch Bonnet trefflich aufgestutzten Gesetzes der continuirlichen Stufenleiter der Geschöpfe bewandt" (A 668/B 696=1.34.). Kant rekurriert demnach in der Konzeption des Prinzips der Kontinuität als vermittelnde Instanz zwischen Homogenität und Spezifikation auf die philosophiehistorische Linie Leibniz Bonnet (vgl. Lovejoy 1985, S. 171–175), um mögliche Hindernisse, die durch einen falschen Gebrauch davon entstehen, in Lösungen zu verwandeln.

Für Leibniz bildet das Kontinuitätsprinzip der Natur ein Weltgesetz und geht damit über die erfahrbaren Stufenordnungen der Geschöpfe hinaus. Dieses garantiert einen Übergang zwischen den Lebensformen, wenn es heißt: „[I]l est nécessaire, que tous les ordres des Êtres naturels ne forment qu'une seule chaîne, dans laquelle les différentes classes, comme autant d'anneaux, tiennent [...] étroitement les unes aux autres" (Leibniz 1906, S. 558). Der vorkritische Kant folgt Leibniz in diesem Aspekt (vgl. GwS AA I, S. 181), wenn er aufgrund der Annahme einer „ewigen Harmonie, die alle Glieder aufeinander beziehend macht" (NTH AA I, S. 365), alles in der Natur in „einer ununterbrochenen Gradfolge" (NTH AA I, S. 365; vgl. BüO AA II, S. 29ff.) sieht. Der Mensch wiederum bilde dabei einen „gewissen Mittelstand zwischen der Weisheit und Unvernunft" (NTH AA I, S. 365).

---

[25] Vgl. dazu auch Kants Argumentation im sechsten Abschnitt der *Antinomie der reinen Vernunft* (A 490ff./B 519).

Bonnet, der dieses Gesetz der kontinuierlichen Stufenleiter „trefflich aufgestutzt[]" (A 668/B 696=1.34.) habe, ist Kants zweite Bezugsquelle. Aber auch Bonnet ist in verschiedenster Hinsicht maßgeblich durch die Philosophie Leibnizens beeinflusst (vgl. Weingarten 1981, S. 87–107; Radl 1913; Cheung 2005, S. 42f.). Wie aus einem Brief an A. v. Haller vom 8. Mai 1777 bekannt ist, hat Bonnet im Winter 1748 Leibniz' *Théodicée* und 1765 die *Nouveaux Essais* gelesen und auf der Basis dieses Studiums den kontinuierlichen Zusammenhang der Wesen wie folgt erläutert: „Im Universum ist [...] alles verbunden; alles steht in ihm in Beziehung; alles trägt zum gleichen Ziel bei. Bis zum geringsten Atom der physischen Welt und bis zur geringsten Idee der verstandesmäßigen Welt gibt es nichts, was nicht seine Verbindung mit dem ganzen System hätte." (Bonnet 1779–1783, S. 356; vgl. auch Bonnet 1754, Kap. 56) Jedes Individuum ist dabei durch die besondere Organisation seines organischen Körpers und durch das allgemeine System doppelt bestimmt (vgl. Cheung 2005, S. 33). Durch diese doppelte Bestimmung entsteht eine Stufenleiter mit zunehmender Komplexität, die von den Elementen zu den Pflanzen und Tieren über die Menschen bis zur Welt im Ganzen reicht (vgl. Cheung 2005, S. 33). Es herrscht darin eine Korrelation zwischen dem Komplexitätsgrad der zusammengesetzten Individuen und ihrer Vollkommenheit. Bereits 1745 hat er in seiner Studie über die Parthenogenese bei Blattläusen eine solche Stufenleiter der Wesen (vgl. Bonnet 1745, S. XXVIII) angefügt (siehe Abbildung 14).

An der Spitze dieser Klassifizierung steht der Mensch, von dem aus die Stufenleiter nach unten führt: Der Affe gehört, der Einteilung folgend, noch zu der Klasse der Menschen und bildet gleichzeitig den Übergang zu den vierfüßigen Tiere. Zu dieser Klasse zählt, nach Bonnet, auch der Vogelstrauß, der wiederum den Übergang zu den Vögeln bildet. Zu der Klasse der Vögel gehört auch der fliegende Fisch, von dem aus Bonnet einen Übergang zu den Fischen sieht. Von der Klasse der Fische kommt Bonnet über die Schlangen und Conchylien (dazu zählen u. a. die Schnecken und Würmer) zu den Klassen der Insekten, Pflanzen und Steine. Den Abschluss der Stufenleiter bilden die Stoffe Wasser, Feuer, Luft und weitere feinere Materien.

Trotz dieser Bezugnahmen bedeutet für Kant die *Kritik der reinen Vernunft* eine gänzliche Abkehr von dieser Welt- und Naturmetaphysik im Sinne Leibniz' und Bonnets. Der zuvor noch in einer ewigen Harmonie gedachten Natur wird nun der Platz eingeräumt, sich selbst in ihren besonderen Formen und Gesetzlichkeiten zu spezifizieren. Es wird ihr Platz geschaffen, indem die auf Abstammung gegründeten Unterschiede und Zusammenhänge für unser Erkenntnisvermögen als „viel zu tief verborgen" (A 667/B 695=1.33.) erkannt werden und nicht die „Existenz der Dinge unter Gesetzen" (Prol AA IV, S. 294; KpV AA V, S. 43) betreffen. Nur so kann die Natur, „was die Fortpflanzung betrifft, als selbst hervorbringend

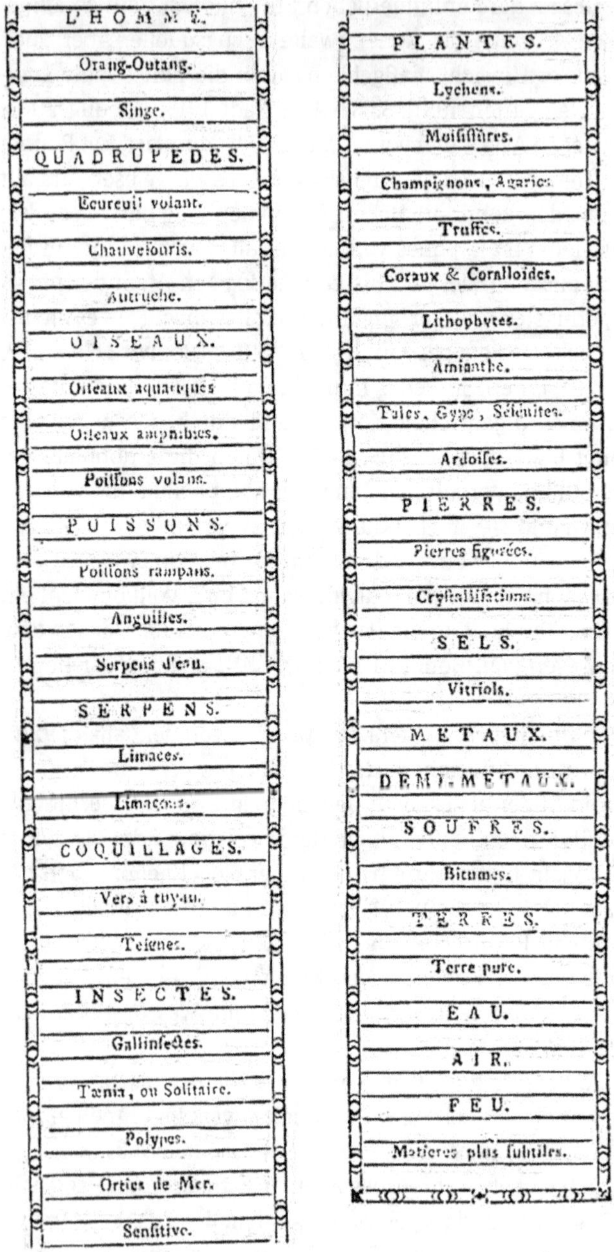

L'HOMME.	PLANTES.
Orang-Outang.	Lychens.
Singe.	Moisissûres.
QUADRUPEDES.	Champignons, Agarics.
Ecureuil volant.	Truffes.
Chauvesouris.	Coraux & Coralloides.
Autruche.	Lithophytes.
OISEAUX.	Amianthe.
Oiseaux aquatiques	Tales, Gyps, Selenites.
Oiseaux amphibies.	Ardoises.
Poissons volans.	PIERRES.
POISSONS.	Pierres figurées.
Poissons rampans.	Crystallisations.
Anguilles.	SELS.
Serpens d'eau.	Vitriols.
SERPENS.	METAUX.
Limaces.	DEMI-METAUX.
Limaçons.	SOUFRES.
COQUILLAGES.	Bitumes.
Vers à tuyau.	TERRES.
Teignes.	Terre pure.
INSECTES.	EAU.
Gallinsectes.	AIR.
Tænia, ou Solitaire.	FEU.
Polypes.	Matieres plus subtiles.
Orties de Mer.	
Senfitive.	

Abbildung 14

6.2 Der transzendentale Grundsatz der Vernunft und die Naturwissenschaft — 243

[und] nicht bloß als entwickelnd betrachtet" (KU AA V, S. 400, 424) werden, wie Kant dann in der *Kritik der Urteilskraft* formulieren wird. Aber bereits 1785 weist Kant in der Rezension von *Herders Ideen zur Philosophie der Geschichte der Menschen* ein solches Prinzip der kontinuierlichen Gradation der Geschöpfe und die Idee eines gemeinsamen Ursprungs als inakzeptabel zurück[26]: Die Verwandtschaft der Gattungen, nach der „alle aus einer einzigen Originalgattung oder etwa aus einem einzigen erzeugenden Mutterschooße entsprungen wären, würde auf Ideen führen, die aber so ungeheuer sind, daß die Vernunft vor ihnen zurückbebt" (RezHerder AA VIII, S. 54). Während Bonnet in der vorkritischen Periode des kantischen Denkens (mit Ausnahme von GUGR AA II, S. 381) keine systematische Rolle spielt, weist Kant 1788 im *Gebrauch der teleologischen Prinzipien in der Philosophie*, der eine Antwort auf die Kritik J. G. A. Försters darstellt, in einer Fußnote konkret auf ihn hin: Dabei macht er die „vornehmlich durch Bonnet sehr beliebt gewordene Idee" (ÜGTP AA VIII, S. 181) der „Verwandtschaft Aller in einer unmerklichen Abstufung vom Menschen zum Wahllfische und so weiter hinab" (ÜGTP AA VIII, S. 181) verantwortlich für Försters Behauptung, dass alle Naturbildungen, organische wie anorganische, aus der *kreißenden Erde* in allen ihren Varietäten hervorgegangen seien. Gegen solche „Ideen verdient des Hrn. Prof. Blumenbach Erinnerung (Handbuch der Naturgeschichte 1779. Vorrede § 7) gelesen zu werden" (ÜGTP AA VIII, S. 180). An besagter Passage entwickelt dieser eine Widerlegung der Evolutionshypothese (vgl. Blumenbach 1814, S. 13–16), die sich dann in der neuerlichen Aufnahme der physiologischen Anthropologie im § 81 der *Kritik der Urteilskraft* wiederfindet (vgl. KU AA V, S. 423 f.).

Kant bezieht sich demnach sowohl auf Leibnizens Konzept einer wesenhaft bzw. ontologisch aufgefassten kontinuierlichen Stufenleiter der Geschöpfe als auch auf Bonnets heuristisch interpretierte. Er refüsiert aber beide mit dem Verweis auf Lücken in der postulierten Kontinuität. Dabei sieht Kant ausgehend von der Trennung zwischen dem Vermögen der Sinnlichkeit und des Verstandes nicht nur eine Lücke zwischen Organischem und Anorganischem, sondern auch zwischen Mensch und Tier. Kant spricht in der *Kritik der reinen Vernunft* klar aus, dass

---

[26] In Herders Unternehmen erkennt Kant das Ziel, die „geistige Natur der menschlichen Seele [...] aus der Analogie mit den Naturbildungen der Materie vornehmlich in ihrer Organisation" (RezHerder AA VIII, S. 53) zu erklären. Herder bestimme darin den Menschen als „Schema der Vollkommenheit" (RezHerder AA VIII, S. 53), dem sich „alle Erdgeschöpfe von der niedrigsten Stufe an" (RezHerder AA VIII, S. 53) annähern. Der Tod bilde dabei kein Ende des Fortgangs und der Steigerung der Organisationen, „sondern vielmehr einen Überschritt der Natur zu noch mehr verfeinerten Operationen" (RezHerder AA VIII, S. 53), um den Menschen „dadurch zu künftigen noch höheren Stufen des Lebens und so fortan ins Unendliche zu fördern und zu erheben." (RezHerder AA VIII, S. 53)

die zwei Stämme der menschlichen Erkenntnis vielleicht aus einer gemeinschaftlichen Wurzel entspringen, diese aber für den Menschen völlig unbekannt bleiben muss (vgl. A 15/B 29, A 836/B 863) – womit wieder das Motiv des *Zu-tief-verborgen-Liegens* angesprochen wäre. Dementsprechend heißt es noch in der Schrift zum *Streit der Fakultäten* (1798) wie folgt: Es gibt keine durchgehende Stufenleiter der Wesen, weil der Mensch „im Besitz der Moralität, als freies Wesen, durchaus und wesentlich von den Thieren verschieden ist, auch von dem klügsten" (SF AA VII, S. 71).

Der entscheidende Gewährsmann Kants im Verweis auf diese Lücken ist dabei der schon erwähnte Naturforscher J. F. Blumenbach (vgl. Zammito 2007, S. 51–74), dem er Ende der 80er Jahre immer zentralere Bedeutung beimisst (vgl. Br AA XI, S. 184 f.; KU AA V, S. 424; ÜGTP AA VIII, S. 180). Auf der Basis dieser Überlegungen lassen sich die postulierten Lücken argumentativ gegen die individuellen Präformations- bzw. Evolutionstheorien (vgl. KU AA V, S. 423 f.) wenden, ohne Widersprüche mit der obig bereits entwickelten Kontinuitätskonzeption zu erzeugen. Sie heben sie vielmehr aus einer vorkritisch-ontologischen Rahmung: Die Vernunft könne die Natur nur mit Prinzipien befragen und sie im regulativen Gebrauch entwickeln, aber nicht aus ihr entnehmen (vgl. A 646/B 674=1.5., A 650 f./B 678 f.=1.13., B XII). Die Sprossen einer solchen durch den hypothetischen Vernunftgebrauch (vgl. A 647/B 675=1.7.) gewonnenen Leiter stünden dann aber „viel zu weit aus einander" (A 668/B 696=1.34.), sodass „unsere vermeintlich kleine[n] Unterschiede" (A 668/B 696=1.34.) in der „Natur selbst [...] weite Klüfte" (A 668/B 696=1.34.) bilden. Aus diesem Grund seien auf der Basis solcher Erfahrung nicht alle „Absichten der Natur" (A 668/B 696=1.34.) zu erschließen. Kant scheint demnach ausgehend von der kritischen Bezug- und Distanznahme auf Leibniz und Bonnet das Konzept des Kontinuitätsprinzips und der Stufenleiter der Geschöpfe klar vor Augen zu haben, wenn er formuliert: Die kontinuierliche Stufenleiter der Geschöpfe ist „nichts als eine Befolgung des auf dem Interesse der Vernunft beruhenden Grundsatzes der Affinität" (A 668/B 696=1.34.). Die Vernunftmaxime soll dabei die Suche nach Übergängen und Zwischengliedern beleben, aber die grundsätzliche Möglichkeit von Lücken offenhalten, denn in solchen Fragestellungen handelt es sich um Angelegenheiten, die besser einer „Jury [...] von bloßen Naturforschern" (ÜGTP AA VIII, S. 179; vgl. KU AA V, S. 424) vorgelegt werden, wie Kant gegen Förster argumentiert.

Eine solche Argumentation vereint damit sowohl eine Kontinuitätstheorie als auch – unter dem Verweis auf die Verborgenheit dieser für die menschliche Erkenntnis – Lücken und Klüfte. Mit der Stufenleiter der Geschöpfe ist damit ein „System, d. i. ein nach Prinzipien geordnetes Ganzes der Erkenntnis, gegeben" (MAdN AA IV, S. 467), das als regulative Idee auf dem Interesse der Vernunft beruht und dazu auffordert, in empirischer Forschung die vorhandenen Lücken und Klüfte zu erforschen. Den Ausführungen des Anhangs zur *Transzendentalen Dialektik* folgend ist die physiologische Anthropologie als ein nach einem Prinzip geordnetes Ganzes der Erkenntnis gefasst, deren jeweilige Teile allerdings der empirischen Forschung überlassen werden.

6.2.3 Kreis, Ellipse, Parabel und Hyperbel – das Astronomiebeispiel

6.2.3.1 *Status der Bewegungslehre und Astronomie*

Nach Kant bilden die im Weltall beobachtbaren Gestirne und Himmelskörper die Forschungsgegenstände der Astronomie. Diese untersucht die Umlaufbahnen der Planeten um die Sonne und deren spezifische Eigenschaften. Als solche bildet die Astronomie neben der Mechanik, Dioptrik, Hydrostatik, Hydraulik, Katoptrik etc. eine Teildisziplin der angewandten Mathematik bzw. Physik. Methodisch gesehen werden dabei einzelne Beobachtungen mit physikalischen Gesetzen wie der Gravitation verknüpft (vgl. AA XVI, S. 789). Die Astronomie bilde eine „empirische Wissenschaft" (FM AA XX, S. 259), da sie sowohl durch einen systematischen Rahmen apriorischer Begriffe und Prinzipien gestützt werde als auch einen empirischen Forschungsgegenstand habe. Die Grundlage dieser Disziplinen liege demnach in dem „Gesetz der wechselseitigen Attraction" (Prol AA IV, S. 321), mit dem sie die Planetenbewegungen beschreibe. Gleichzeitig enthält die Astronomie aber auch einen empirischen Teil, weshalb Kant feststellt, dass sie u. a. vom technischen Fortschritt des Teleskops abhängig ist (vgl. NTH AA I, S. 252f.). Damit umfasst die Astronomie – im Gegensatz zur Chemie und dem obig entwickelten Status der physiologischen Anthropologie – neben einer angewandten Vernunfterkenntnis auch einen reinen Teil, der die Prinzipien a priori aller übrigen Naturerklärungen enthält. Sie bilde daher als solche eine „eigentliche Naturwissenschaft" (MAdN AA IV, S. 469).

In § 38 der *Prolegomena* weist Kant diesen reinen Teil der Astronomie explizit auf, wenn er den Zusammenhang zwischen der Konstruktion von Kreisen, Ellipsen, Parabeln und Hyperbeln und der physischen Astronomie aufdeckt: Er stellt fest, dass zwei Linien, „die sich einander und zugleich den Cirkel schneiden" (Prol AA IV, S. 320), so regelmäßig sind, „daß das Rectangel aus den Stücken einer jeden Linie dem der andern gleich ist" (Prol AA IV, S. 320). Dabei liege diese Regelmäßigkeit alleine an der Bedingung, die „der Verstand der Construction dieser Figur zum Grunde" (Prol AA IV, S. 321) gelegt habe und nicht in der Figur selbst.[27] Selbst wenn der Zirkel als Kegelschnitt zu einer Ellipse, Parabel oder Hyperbel erweitert werde, zeige sich, dass die „Rectangel aus ihren Theilen zwar nicht gleich sind, aber doch immer in gleichen Verhältnissen gegen einander stehen." (Prol AA IV, S. 321) Und selbst wenn über diesen Kegelschnitt zu den Grundlehren der physischen Astronomie übergegangen werde, so „zeigt sich ein über die ganze materielle Natur verbreitetes physisches Gesetz der wechselseitigen Attraction" (Prol AA IV, S. 321). Diese nehme „umgekehrt mit dem Quadrat der Entfernungen von jedem anziehenden Punkt eben so ab[], wie die Kugelflächen, in die sich diese Kraft verbreitet, zunehmen" (Prol AA IV, S. 321). Das Gesetz der Attraktion beruhe demnach „blos auf dem Verhältnisse der Kugelflächen von verschiedenen Halbmessern" (Prol AA IV, S. 321). Aus diesem Grund können nicht nur alle möglichen Bahnen der Himmelskörper in Kegelschnitten dargestellt werden, sondern auch die jeweiligen Verhältnisse untereinander alleine durch das „Gesetz der Attraction als das des umgekehrten Quadratverhältnisses der Entfernungen zu einem Weltsystem als schicklich erdacht werden" (Prol AA IV, S. 321).

Kant weist in diesem Beispiel der *Prolegomena* einen Übergang von der Konstruktion des Kreises, der Ellipse, der Parabel und der Hyperbel, die verschiedene Schnitte des Kegels bilden, zur physischen Astronomie auf. Damit führt er den Ursprung aller Ordnung in der Natur im Rahmen der Astronomie auf den Verstand zurück, der der Grund der Einheit aller Konstruktionshandlungen ist: „[D]er Verstand schöpft seine Gesetze (a priori) nicht aus der Natur, sondern schreibt sie dieser vor." (Prol AA IV, S. 320) Daraus zieht Kant wiederum die Konsequenz, dass das von Newton beschriebene und „über die ganze materielle Natur verbreitete Gesetz der wechselseitigen Attraktion" (Prol AA IV, S. 321) aus Konstruktionshandlungen des Verstandes erklärt und a priori erkannt werden kann (vgl. Pollok 2001, S. 51; Koriako 1999, S. 289). Die Astronomie weise damit einen reinen Teil auf, der die Prinzipien a priori aller übrigen Naturerklärungen enthalte, und etabliere sich im Sinne der *Metaphysischen Anfangsgründe der Naturwissenschaft* als eigentliche Wissenschaft (vgl. MAdN AA IV, S. 470).

Neben diesen Ausführungen in den *Prolegomena* entwickelt Kant auch in der *Kritik der reinen Vernunft* an drei verschiedenen Stellen ein astronomisches Beispiel: Neben den Bezügen zu N. Kopernikus und I. Newton in der Vorrede der zweiten Auflage der *Kritik der reinen Vernunft* findet sich ein Beispiel zur Astronomie in der *Antinomie der reinen Vernunft*[28] und dem ersten Teil des Anhangs zur

---

27 Zum Status der Mathematik bzw. der Geometrie als synthetisch-apriorische Wissenschaft vgl. Büchel 1987; Friedman 1985, S. 455–506.
28 Siehe dazu die Überlegungen zum Keim der Anfechtung in Kapitel 2.2.2 und dem regulativen Vernunftgebrauch in Kapitel 2.2.3.

6.2 Der transzendentale Grundsatz der Vernunft und die Naturwissenschaft — 247

Transzendentalen Dialektik. Im Astronomiebeispiel des Anhangs zur *Transzendentalen Dialektik* versucht Kant den regulativen Vernunftgebrauch anhand der Prinzipien der Homogenität, der Spezifikation und der Kontinuität zu veranschaulichen[29]: Die Astronomie bildet aber, so wie sie in § 38 der *Prolegomena* skizziert wurde, eine eigentliche Wissenschaft mit konstitutiven Begriffen. Der regulative Vernunftgebrauch hingegen zeichnet sich gerade in der Abgrenzung zu den konstitutiven Begriffen des Verstandes aus. Kant greift demnach sowohl in der Frage *Wie ist reine Naturwissenschaft möglich?* als auch in der Erörterung *Von dem regulativen Gebrauch der Idee der reinen Vernunft* auf ein und dasselbe Beispiel aus der Astronomie und Bewegungslehre zurück: In § 38 expliziert er ausgehend von dem Beispiel der Kegelschnitte den reinen Teil der Astronomie und die konstitutive Funktion des Verstandes. Im Anhang zur *Transzendentalen Dialektik* beschreibt er das „Systematische der Erkenntnis" (A 646/B 674=1.5.) und die regulative Funktion der Vernunft.

Bevor Kant jedoch das Beispiel des Anhangs zur *Transzendentalen Dialektik* entwickelt, gibt er indirekt Auskunft über den Zusammenhang zwischen den beiden Funktionsweisen des Exempels: „Die Vernunft setzt die Verstandeserkenntnisse voraus, die zunächst auf Erfahrung angewandt werden, und sucht ihre Einheit nach Ideen, die viel weiter geht als Erfahrung reichen kann." (A 662/B 690=1.27.) Es herrscht demnach eine systematische Abfolge zwischen den beiden am Beispiel der Astronomie entwickelten Aspekte: Die Mathematik bildet den Teil, durch den die Astronomie zur eigentlichen Wissenschaft wird, aber gleichzeitig auch das Kriterium dafür, welche Planetenbahn (Kreis, Ellipse etc.) als systematischer Rahmen der Forschung ausgewählt und vorausgesetzt wird. Zeichnet die Geometrie des Kegels in § 38 die Astronomie als eigentliche Wissenschaft aus, so ist es dieselbe Mathematik, durch die im Anhang zur *Transzendentalen Dialektik* eine Theorie der Theorienentwicklung astronomischer Gesetze formuliert werden kann: Der kontinuierliche Übergang zwischen den einzelnen Schnitten (Kreis, Ellipse etc.) des Kegels sichert dabei den systematischen Zusammenhang und damit einen kalkulierbaren Fortschritt in der Wissenschaftsgeschichte. Aus diesem Grund handelt es sich im Planetenbeispiel aus dem Anhang zur *Transzendentalen Dialektik* dem Gegenstand nach um dasselbe Exempel aus der Astronomie und Bewegungslehre wie in § 38 der *Prolegomena*. Darin ist aber nicht mehr die Frage nach der Rolle der Konstruktionshandlungen des Verstandes thematisch, sondern die Frage nach dem Auswahlkriterium eines

---

[29] Dass Kant die Philosophie der Geschichte anhand regulativer Prinzipien entwickelt, ist im Einklang mit Wood 1999, S. 207–225; Kleingeld 1995, S. 19 ff., 29 sowie Sturm 2009, S. 361 und gegen Sakabe 1989, S. 190 hervorzuheben.

wissenschaftlichen Leitprinzips und der an den Wandel dieses Prinzips gebundene historische Fortschritt. Die Astronomie steht für Kant demnach im ersten Teil des Anhangs zur *Transzendentalen Dialektik* nicht im Kontext konstitutiver Naturbetrachtung, sondern im Kontext einer regulativ konzipierten Philosophie der Geschichte.

Im Anschluss an das Beispiel im Anhang zur *Transzendentalen Dialektik* greift Kant diesen Gedanken der Geschichtsentwicklung in mehreren Arbeiten wieder auf. Dabei wird dieser sowohl in theoretischer Hinsicht – insbesondere in der *Idee zu einer allgemeinen Geschichte in weltbürgerlicher Absicht* und den §§ 82–84 der *Kritik der Urteilskraft* – als auch in praktischer Hinsicht – insbesondere im *Gemeinspruch: Das mag in der Theorie richtig sein, taugt aber nicht für die Praxis* und *Zum ewigen Frieden* – von Kant ausdifferenziert. Eine Sonderstellung in der Ausarbeitung der Philosophie der Geschichte, wie sie im Anhang zur *Transzendentalen Dialektik* angelegt ist, findet sich im Zweiten Abschnitt des *Streits der Fakultäten*.[30] Dabei ist hervorzuheben, dass Kant in der *Idee zu einer allgemeinen Geschichte in weltbürgerlicher Absicht* von 1784 sowie im Zweiten Abschnitt des *Streits der Fakultäten* von 1798 nicht nur die Überlegungen zu einer Philosophie der Geschichte in theoretischer Hinsicht aufgreift, sondern darin außerdem auf das Planetenbeispiel rekurriert. So heißt es vor der konkreten Entwicklung der neun Leitsätze in der *Idee zu einer allgemeinen Geschichte* wie folgt:

> Wir wollen sehen, ob es uns gelingen werde, einen Leitfaden zu einer solchen Geschichte zu finden, und wollen es dann der Natur überlassen, den Mann hervorzubringen, der im Stande ist, sie darnach abzufassen. So brachte sie einen Kepler hervor, der die eccentrischen Bahnen der Planeten auf eine unerwartete Weise bestimmten Gesetzen unterwarf, und einen Newton, der diese Gesetze aus einer allgemeinen Naturursache erklärte. (IaG AA VIII, S. 18)

Kants Interesse gilt dabei nicht der geschichtswissenschaftlichen Methodik oder der Darstellung von Fakten. Sein Ziel ist vielmehr die Generierung eines „Leitfaden[s] a priori" (IaG AA VIII, S. 30), der zwei Aufgaben zu erfüllen hat: Er solle einerseits Auswahlkriterien geben, „um diese Menge des historischen Wissens, die Fracht von hundert Kameelen, durch die Vernunft zweckmäßig zu benutzen" (Anth AA VII, S. 227), da die Historiographie ansonsten unter der „Last der Geschichte" (IaG AA VIII, S. 30) ersticke. Andererseits beabsichtigt Kant mit diesem Leitfaden einen „regelmäßigen Gang" (IaG AA VIII, S. 17) zu entdecken, an dem die „stetig fortgehende, obgleich langsame Entwicklung der ursprünglichen Anlage" (IaG AA VIII, S. 17) der menschlichen Gattung sichtbar wird. Das Ziel eines

---

30 Zur Teilung der Philosophie der Geschichte in praktischer und theoretischer Hinsicht sowie zur Stellung des Streits der Fakultäten vgl. Kleingeld 1995, S. 11 ff.; Brandt 2003, S. 125 ff.

6.2 Der transzendentale Grundsatz der Vernunft und die Naturwissenschaft — 249

solchen Fortschritts ist, nach Kant, eine „vollkommen gerechte bürgerliche Verfassung" (IaG AA VIII, S. 22), in der die „größte Freiheit" (IaG AA VIII, S. 22) der Individuen verbunden ist mit der „genauste[n] Bestimmung und Sicherung der Grenzen dieser Freiheit, [...] damit sie mit der Freiheit anderer bestehen könne" (IaG AA VIII, S. 22).

Aber noch bevor Kant den „Leitfaden zu einer solchen Geschichte" (IaG AA VIII, S. 18) zu entwickeln beabsichtigt, stellt er fest, dass das Paradigma, an dem sich die Geschichtsphilosophie orientiert, die Astronomie ist (vgl. Brandt 2007, S. 190). Im *Streit der Fakultäten* wiederum heißt es, diese Parallele zwischen Geschichte und Planetenbewegung wieder aufnehmend, wie folgt:

> Vielleicht liegt es auch an unserer unrecht genommenen Wahl des Standpunkts, aus dem wir den Lauf menschlicher Dinge ansehen, daß dieser uns so widersinnisch scheint. Die Planeten, von der Erde aus gesehen, sind bald rückgängig, bald stillstehend, bald fortgängig. Den Standpunkt aber von der Sonne aus genommen, welches nur die Vernunft thun kann, gehen sie nach der Kopernikanischen Hypothese beständig ihren regelmäßigen Gang fort. Es gefällt aber einigen sonst nicht Unweisen, steif auf ihrer Erklärungsart der Erscheinungen und dem Standpunkte zu beharren, den sie einmal genommen haben: sollten sie sich darüber auch in Tychonische Cyklen und Epicyklen bis zur Ungereimtheit verwickeln. – Aber das ist eben das Unglück, daß wir uns in diesen Standpunkt, wenn es die Vorhersagung freier Handlungen angeht, zu versetzen nicht vermögend sind. (SF AA VII, S. 83)

Auch wenn Kant in dieser Interpretation des Astronomiebeispiels deutlich von jener in der *Idee einer allgemeinen Geschichte* und jener im Anhang zur *Transzendentalen Dialektik* abweicht[31], so verbindet sie doch die Beschreibung der Menschheitsgeschichte nach dem Vorbild des Theorienwandels der Planetenbahnen. Kant folgt in dieser Parallele einer Tradition, wie er sie insbesondere über G.-L. L. Buffon kennt[32], der ebenfalls die Epigenese der Menschheit in einer Parallele zur Astronomie denkt (vgl. Dougherty 1990, S. 261; Sturm 2009, S. 332–339). Buffon zufolge ist es wahrscheinlich,

> qu'une comète, tombant sur la surface du soleil, aura déplacé cet astre, et qu'elle en aura séparé quelques petites parties auxquelles elle aura communiqué un mouvement d'impulsion dans le même sens [...], en sorte que les planètes auroient autrefois appartenu au corps du soleil (Buffon 1835, S. 86).

Die Erde ist Buffon folgend ursprünglich ein glühendes Stück der Sonne gewesen, das sich aufgrund eines Aufschlags eines fremden Kometen von der Sonne ab-

---

31 Vgl. dazu Brandt 2003, S. 240 sowie den dort diskutierten Forschungsstand.
32 Zur Rezeptionsgeschichte von Buffon in Deutschland vgl. Dougherty 1990, S. 242 f.

getrennt hat. Die Rotation um die Sonne wiederum führe dazu, dass sich die Erde nach und nach abkühle – „peu à peu les planètes se sont refroidies" (Buffon 1835, S. 92; vgl. Motta 2015, S. 470 f.) –, wodurch neue, noch nicht ursprünglich angelegte Strukturen entstehen können.

Wird das Beispiel aus der Astronomie und Bewegungslehre in diesem spezifischen Zusammenhang mit der Geschichtsphilosophie gesehen, rückt die Thematik auch in den für den Anhang zur *Transzendentalen Dialektik* kennzeichnenden Kontext, ein systematisches Ganzes anhand regulativer Vernunftbegriffe zu thematisieren. In diesem Sinne entwickle die Philosophie der Geschichte keine wissenschaftlichen Feststellungen und konkurriere nicht mit der Geschichtswissenschaft (vgl. IaG AA VIII, S. 30). Sie handle vielmehr von regulativen Ideen, die uns „zum Leitfaden dienen, ein sonst planloses Aggregat menschlicher Handlungen wenigstens im Großen als ein System darzustellen" (IaG AA VIII, S. 29). Ziel ist es, die Perspektive anzugeben, durch die die Geschichte sinnvollerweise betrachtet werden kann, um deren Ordnungsstruktur zu finden. Eine solche Perspektive könne dann auch das scheinbar Zweckwidrige wie den Krieg, den Streit und die menschliche Unverträglichkeit als zweckmäßig einordnen. Neben der *Geschichte der reinen Vernunft* in der *Transzendentalen Methodenlehre* (vgl. A 852/B 880-A 856/B 884) ist damit der Anhang zur *Transzendentalen Dialektik* und insbesondere das Planetenbeispiel der systematische Ort einer Philosophie der Geschichte im Rahmen der *Kritik der reinen Vernunft*.[33]

Der Gegenstand der Philosophie der Geschichte ist dabei aber nicht ein Gegenstand, der eine Natur besitzt (vgl. MAdN AA IV, S. 467), weshalb auch die Klassifizierung aus den *Metaphysischen Anfangsgründen der Naturwissenschaft* nicht wie für die Chemie und physiologische Anthropologie greift. Parallel zu dieser Differenzierung der Naturlehre schreibt Kant seiner Philosophie der Geschichte aber folgenden Status zu: Es handelt sich dabei nicht um Wissen, sondern um einen heuristischen Entwurf, der nicht Wahrheit beansprucht, sondern Brauchbarkeit für die Ordnung des historischen Materials (vgl. IaG AA VIII, S. 29; RezHerder AA VIII, S. 65). Durch die Vernunftbegriffe ist damit ein systematisches Ganzes gegeben, durch das die historischen Fakten in einer rationalen Verbindung zueinander stehen.

---

[33] Zu Kants Philosophie der Geschichte vgl. Angehrn 2004, S. 328–351; Sturm 2009, S. 354–363; Linden 1988; Yovel 1980; Weyand 1963; Galston 1975; Despland 1973; Flach 2015a, S. 181–191; Flach 2015b, S. 193–207.

6.2.3.2 Kreis, Ellipse, Parabel und Hyperbel

Die Vernunftprinzipien der Homogenität (Einheit), der Spezifikation (Vielheit) und der Kontinuität (Verwandtschaft) sichern im hypothetischen Vernunftgebrauch die systematische Einheit. Diese betreffe „nicht bloß die Dinge, sondern weit mehr noch die bloßen Eigenschaften und Kräfte der Dinge" (A 662/ B 690=1.27.). Um diese spezifischen Kräfte der Dinge zu veranschaulichen, führt Kant im Anhang zur *Transzendentalen Dialektik* ein Beispiel aus der Betrachtung der Bahnen von Himmelskörpern an:

> Daher, wenn uns z.B. durch eine (noch nicht völlig berichtigte) Erfahrung der Lauf der Planeten als kreisförmig gegeben ist, und wir finden Verschiedenheiten: so vermuthen wir sie in demjenigen, was den Cirkel nach einem beständigen Gesetze durch alle unendliche Zwischengrade zu einem dieser abweichenden Umläufe abändern kann, d.i. die Bewegungen der Planeten, die nicht Cirkel sind, werden etwa dessen Eigenschaften mehr oder weniger nahe kommen, und fallen auf die Ellipse. Die Kometen zeigen eine noch größere Verschiedenheit ihrer Bahnen, da sie (soweit Beobachtung reicht) nicht einmal im Kreise zurückkehren, allein wir rathen auf einen parabolischen Lauf, der doch mit der Ellipsis verwandt ist und, wenn die lange Achse der letzteren sehr weit gestreckt ist, in allen unseren Beobachtungen von ihr nicht unterschieden werden kann. (A 662f./B 690f.=1.27.)

Die im Beispiel Kants dargestellten Theorien der Bewegung der Himmelskörper – als Kreis, Ellipse und Parabel – stammen dabei aus der Familie der Kegelschnitte und lassen sich wie folgt skizzieren (vgl. Maor 1989, S. 93):

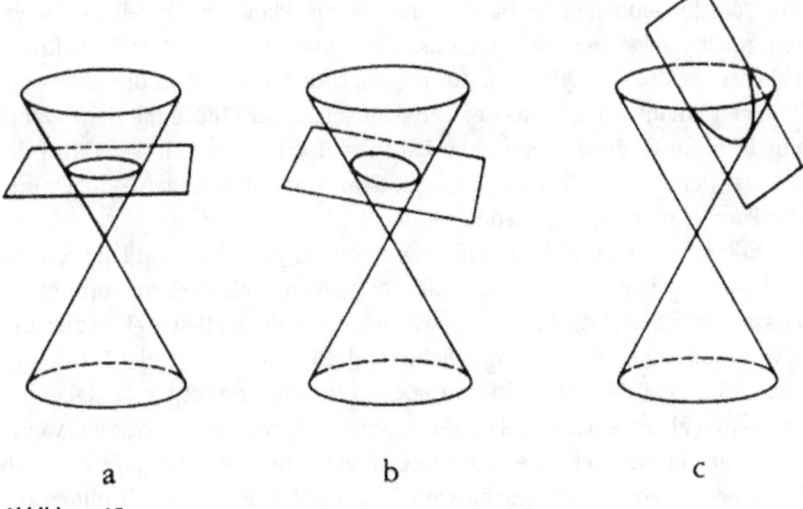

a b c

Abbildung 15

Der Kreis (a), die Ellipse (b) und die Parabel (c) werden unter verschiedenen Einfallswinkeln mit einer Ebene aus dem Kegel geschnitten. Der Kegel bilde demnach das „Systematische der Erkenntnis [...], d. i. de[n] Zusammenhang derselben aus einem Prinzip" (A 645/B 673=1.5.). Alle drei Kurven stehen somit in einem kontinuierlichen Verhältnis zueinander und können durch eine kontinuierliche Deformation gewonnen werden. Diese Kontinuität zwischen den Kurven ist wiederum die Basis für einen kontinuierlichen Fortschritt in der Geschichte der Astronomie, die Kant wie folgt entwickelt:

Eine naive, unvollständige und „noch nicht völlig berichtigte" (A 662/B 690=1.27.) Erfahrung lehre, dass Planeten sich kreisförmig bewegen. Dabei handelt es sich um eine Auffassung, die über die Schule der Pythagoreer, Ptolemaios bis hin zu Kopernikus Geltung hatte – sie überdauerte sogar den Wandel vom geozentrischen zum heliozentrischen Weltbild.

Finden sich aber Unstimmigkeiten in der Beobachtung der Kreisbewegung, werde dem Gesetz der Verwandtschaft nach vermutet, dass sich die Planeten nicht in Form von Kreisen, sondern in Form von Ellipsen bewegen. Der Grund sei darin zu sehen, dass die Ellipse den Eigenschaften des Zirkels „mehr oder weniger nahe komme" (A 662/B 690=1.27.) und der Zirkel durch „unendliche Zwischengrade" (A 662/B 690=1.27.), d. i. einen kontinuierlichen Übergang, zu einer Ellipse abgeändert werden könne. Wissenschaftshistorisch betrachtet, handelt es sich dabei um die Auffassung J. Keplers, nach der sich Planeten auf Ellipsenbahnen um die Sonne bewegen, wie das erste keplersche Gesetz festlegt.

Die Bewegung der Kometen weise gegenüber der Kreisbewegung eine noch größere Verschiedenheit ihrer Bahnen auf als die Planeten: Soweit die Beobachtung reiche, zeige sich nämlich, dass die Kometen „nicht einmal im Kreise zurückkehren" (A 662/B 690=1.27.). Aus diesem Grund werde, über die Bewegung der Planeten hinausgehend, aus der Verwandtschaft der Ellipse mit der Parabel hypothetisch auf einen parabolischen Lauf der Kometen geschlossen. Wird die lange Achse der Ellipse sehr weit gestreckt, dann kann diese in der Beobachtung von der Parabel nicht unterschieden werden.

Die Erkenntnis, dass sich die Planeten in einem parabolischen Lauf um die Sonne bewegen, wurde, so Kant, aufgrund des hypothetischen Vernunftgebrauchs gewonnen. Auf die Planetenbewegungen wurde in allen drei Stadien der Theorienbildung ausgehend von „mehrere[n] besondere[n] Fällen" (A 646/B 674=1.6.) im Feld möglicher Erfahrung geschlossen. Geprüft werde dabei, ob diese aus einer allgemeinen Regel erklärbar sind, so Kant. Wenn dem so sei, werde „auf die Allgemeinheit der Regel, aus dieser aber nachher auf alle Fälle, die auch an sich nicht gegeben sind, geschlossen." (A 647/B 675=1.6.) Damit bilden die Theorien zur Planetenbewegung, d. i. der Kreis, die Ellipse und die Parabel, jeweils einen focus imaginarius, von dem aus die Beobachtung ausgedehnt und

6.2 Der transzendentale Grundsatz der Vernunft und die Naturwissenschaft — 253

jede Abweichung aus demselben Prinzip zu erklären versucht werden kann, so weit, dass sogar, wie am Beispiel Kopernikus' gezeigt wurde, im Übergang vom geozentrischen Weltbild zum heliozentrischen an den Kreisbahnen der Planteten festgehalten werden kann.

Ausgehend von diesem Fortschritt der jeweiligen Theorien führt Kant das Planetenbeispiel des Anhangs wie folgt weiter aus:

> So kommen wir nach Anleitung jener Principien auf Einheit der Gattungen dieser Bahnen in ihrer Gestalt, dadurch aber weiter auf Einheit der Ursache aller Gesetze ihrer Bewegung (die Gravitation); von da wir nachher unsere Eroberungen ausdehnen und auch alle Varietäten und scheinbare Abweichungen von jenen Regeln aus demselben Princip zu erklären suchen, endlich gar mehr hinzufügen, als Erfahrung jemals bestätigen kann, nämlich uns nach den Regeln der Verwandtschaft selbst hyperbolische Kometenbahnen zu denken, in welchen diese Körper ganz und gar unsere Sonnenwelt verlassen und, indem sie von Sonne zu Sonne gehen, die entfernteren Theile eines für uns unbegrenzten Weltsystems, das durch eine und dieselbe bewegende Kraft zusammenhängt, in ihrem Laufe vereinigen. (A 663/B 691=1.27.)

Aufgrund der Anleitung der Prinzipien der Homogenität, der Spezifikation und der Kontinuität könne, auch wenn es sich um Schlüsse handle, welche die Erfragung weit überschreiten, auf die „Einheit der Gattungen dieser Bahnen in ihrer Gestalt" (A 663/B 691=1.27.) sowie auf „die Einheit der Ursache aller Gesetze ihrer Bewegung (Gravitation)" (A 663/B 691=1.27.) geschlossen werden, mit denen Newton die keplerschen Gesetze herleitet. Anhand des Gesetzes der Gravitation als focus imaginarius können, so Kant, sogar hyperbolische Kometenbahnen (d) gedacht werden. Diese lassen sich als Kegelschnitt wie folgt darstellen (vgl. Maor 1989, S. 93):

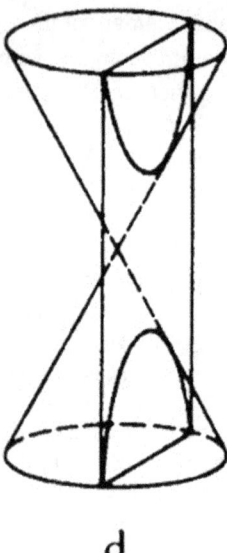

d

Abbildung 16

In solchen hyperbolischen Kometenbahnen werden die Planetenkörper wiederum so aufgefasst, als ob sie das Sonnensystem verlassen und von Sonne zu Sonne ziehen. Dabei gehen sie in unbekannte Weltsysteme, die allerdings „durch eine und dieselbe bewegende Kraft zusammenhäng[en]" (A 663/B 691=1.27.), und vereinigen diese in ihrem Laufe.

Alle vier Bewegungen der Himmelskörper um die Sonne lassen sich in einer geometrischen Skizze unter der Angabe ihrer mathematischen Deformation ausgehend vom Kreis wie folgt darstellen:

6.2 Der transzendentale Grundsatz der Vernunft und die Naturwissenschaft — 255

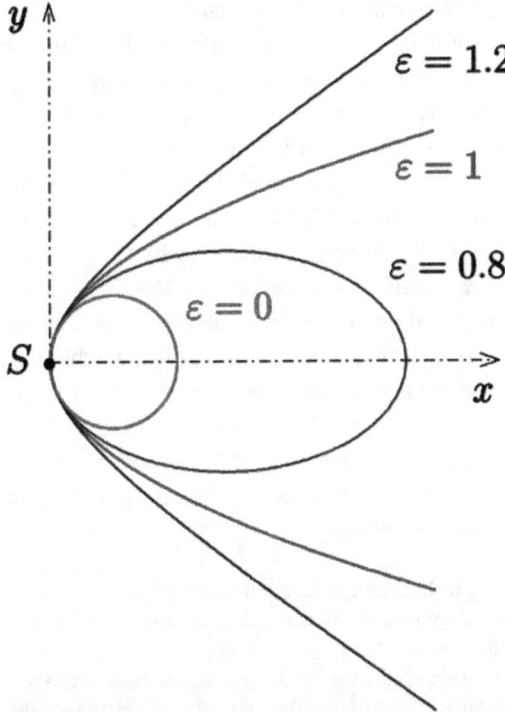

Abbildung 17

Eine historische Entwicklung vom Kreis zur Ellipse, zur Parabel und zur Hyperbel ist deshalb möglich, weil alle drei Bewegungen aus der Familie der Kegelschnitte stammen und nur durch kontinuierliche Deformationen – die in der Abbildung von 0,8 bei der Ellipse, 1 bei der Parabel und 1,2 bei der Hyperbel angegeben ist – entstehen. Der Kegel garantiert die systematische Einheit, aufgrund deren ein kontinuierlicher Übergang oder, anders formuliert, eine Verwandtschaft zwischen Kreis, Ellipse, Parabel und Hyperbel herrscht. Der kontinuierliche Übergang von der allgemeinen Regel und den besonderen Fällen, der durch das Prinzip der Kontinuität (Verwandtschaft) als vermittelnde Instanz zwischen der Homogenität (Einheit) und der Spezifikation (Vielheit) garantiert ist, eröffnet damit gleichzeitig einen Blick auf eine kontinuierliche Entwicklung der jeweiligen Theorien.

6.2.3.3 Die zwei Perspektiven der Philosophie der Geschichte

Im Planetenbeispiel des Anhangs zur *Transzendentalen Dialektik* führt Kant für sein Konzept einer Philosophie der Geschichte zwei Perspektiven bzw. Standpunkte zusammen: den Standpunkt der Erde als Standpunkt der empirischen Forschung und den Standpunkt der Sonne als den Standpunkt des Absoluten.

Es sind dies die beiden Standpunkte, die Kant auch im Mondbeispiel der vierten Antinomie in der Vorbereitung ihrer Auflösung unterscheidet und auf denen in der theoretischen Philosophie die Differenzierung zwischen Verstandes- und Vernunftbegriffen beruht: Einmal kann die Rotation des Mondes aus der Perspektive der Erde beurteilt werden und einmal aus der Perspektive der Sonne. Dem ersten Standpunkt nach drehe sich der Mond nicht um die eigene Achse und dem zweiten Standpunkt nach drehe er sich um die eigene Achse – beide Argumente beruhen dabei auf demselben Beweisgrund.[34] Außerdem finden sich die beiden Standpunkte bereits in der zweiten Vorrede der *Kritik der reinen Vernunft* angesprochen, in der Kant die Aufgaben der Metaphysik in eine Analogie zum „ersten Gedanken" (B XVI) des Kopernikus stellt:

> Man versuche es daher einmal, ob wir nicht in den Aufgaben der Metaphysik damit besser fortkommen, daß wir annehmen, die Gegenstände müssen sich nach unserem Erkenntniß richten, welches so schon besser mit der verlangten Möglichkeit einer Erkenntniß derselben *a priori* zusammenstimmt, die über Gegenstände, ehe sie uns gegeben werden, etwas festsetzen soll. Es ist hiemit eben so, als mit den ersten Gedanken des Copernicus bewandt, der, nachdem es mit der Erklärung der Himmelsbewegungen nicht gut fort wollte, wenn er annahm, das ganze Sternheer drehe sich um den Zuschauer, versuchte, ob es nicht besser gelingen möchte, wenn er den Zuschauer sich drehen und dagegen die Sterne in Ruhe ließ. (B XVI)

Kant nimmt in der Vorrede der *Kritik der reinen Vernunft* auf Kopernikus' *De revolutionibus orbium coelestium libri* von 1543 Bezug (vgl. Schönecker/Schulting/Strobach 2011, S. 497–518), in dem dieser die Auffassung argumentiert, dass nicht die Erde, sondern die Sonne im Mittelpunkt des Planetensystems steht und die Erde einer der um die Sonne kreisenden Planeten ist. Kant rekurriert dabei aber auf den „ersten Gedanken" (B XVI) des Kopernikus, nach dem dieser – der Analogie folgend – die Sterne (z. B. die Sonne) in Ruhe gelassen und die Bewegung in der Erde lokalisiert habe[35]: Die Bewegung des Sternheeres wird demnach auf die

---

34 Siehe dazu die Überlegungen zum Mondbeispiel aus der *Antinomie der reinen Vernunft* in Kapitel 2.2.2 und 2.2.3.
35 Entgegen einer weitreichenden Interpretationslinie – für die exemplarisch B. Russell steht, der behauptet, dass Kants Analogie zu Kopernikus schief ist, da Kant darin den Menschen an die Stelle der Sonne setze (Russell 1948, S. XI) –, wird im Folgenden in Übereinstimmung mit dem

Bewegung der Zuschauerin bzw. des Zuschauers zurückgeführt. Obwohl sich also die Sonne dem Augenschein nach bewegt, steht sie doch still und obwohl die Betrachtenden dem Augenschein nach still stehen, drehen sie sich doch aufgrund der Erdrotation. Der erste Gedanke des Kopernikus besteht demnach darin, dass nur diejenige Bewegung der Sterne astronomisch erkannt werden kann, die von der Betrachterin bzw. vom Betrachter durch Eigenbewegung erzeugt wird (vgl. Blumenberg 1981, S. 704). Dieser erste Gedanke der Eigenbewegung der Erde wird damit zur Bedingung für die Erklärung der Heliozentrik: Nur wenn „die Sterne in Ruhe" (B XVI) gelassen werden und die Erde in Bewegung gedacht wird, kann über den ersten Gedanken hinaus eine zweite Bewegung, jene der Erde um die Sonne, argumentiert werden. Das lateinische Wort *revolutio* im Titel der Arbeit von 1543 kann dabei beide Bewegungen meinen: die Rotation der Erde und die Umläufe der Planeten um die Sonne. „Es gibt zwei Kopernikanische Revolutionen, die der Achsendrehung der Erde und die der Planetenumläufe um die Sonne, jeweils als Hypothesen" (Brandt 2007, S. 228)[36].

Der Rekonstruktion Kants folgend schreibt Kopernikus damit in ein einheitliches Planetensystem eine Dualität ein, jene der Erdrotation und der Heliozentrik.[37] Demnach gibt es für die Erdbewohnerin bzw. den Erdbewohner zwei Bewegungen: erstens die der Erdrotation um die Erdachse (cotidiana revolutio), nach der sich der Tageszyklus bestimmt. Zweitens die Rotation um die Sonne (revolutiones orbium caelestium), die wiederum den Jahreszyklus bestimmt.[38]

In Analogie zum ersten Gedanken des Kopernikus entwickelt Kant keine Theorie von Dingen an sich selbst, sondern von unserer Erkenntnisart der Ge-

---

Autorenkollektiv Schönecker/Schulting/Strobach (2011, S. 505) dafür argumentiert, dass die Erdrotationshypothese der heliozentrischen Hypothese vorausgeht.

36 Brandt bezieht sich in seinen Ausführungen auf die Ausgabe der *Kritik der reinen Vernunft* von Erdmann, in der nicht von einem ersten Gedanken, sondern von den Gedanken im Plural die Rede ist (vgl. auch Brandt 2015, S. 3–36).

37 Diese Dualität von Erdrotation und Heliozentrik wiederholt sich zudem in der Theorieentwicklung von Kopernikus zu Newton, wenn Kant formuliert: „So verschafften die Centralgesetze der Bewegungen der Himmelskörper dem, was Copernicus anfänglich nur als Hypothese annahm, ausgemachte Gewißheit und bewiesen zugleich die unsichtbare den Weltbau verbindende Kraft (der Newtonischen Anziehung)" (B XXII). Kopernikus habe demnach die Heliozentrik in Form eines Versuches bloß als Annahme postuliert, um mit der Erklärung der Himmelskörper besser voranzukommen. Newton hingegen habe mit den Zentralgesetzen der Bewegung die Mittel, dieser Hypothese Gewissheit zu verschaffen. Kopernikus hat demnach die Heliozentrik aus der Perspektive der Erde lediglich angenommen, Newton hingegen erklärt sie mit ausgemachter Gewissheit aus der Perspektive der Sonne durch die Gravitation (vgl. Brandt 2007, S. 225f.; Gerhardt 1987, S. 134).

38 Beide Bewegungen finden sich bereits in Galileis *Dialogo sopra i due massimi sistemi del mondo* von 1632.

genstände (vgl. B 25) – diese erlaube es wiederum, apriorische Bedingungen vor der Erkenntnis bestimmter Gegenstände festzulegen. Damit schreibt auch Kant in die Vernunft eine Dualität ein – jene zwischen Erscheinungen und Dingen an sich –, aus der die Differenzierung von Erkennen und bloßem Denken erwächst.

In der geschichtsphilosophischen Reflexion führt Kant beide Standpunkte wieder zusammen, überschreitet damit aber nicht die von ihm in der *Kritik der reinen Vernunft*, insbesondere im Antinomie-Kapitel, gezogenen Grenzen.[39] Die Philosophie der Geschichte in theoretischer Hinsicht ist daher kein „major dogmatic error" (Yovel 1989, S. 155)[40], sondern setzt die Perspektive des Absoluten (die Sonne) als ein regulatives Prinzip neben die Perspektive des Bedingten (die Erde).

Genau in diesem Sinne spricht Kant in der *Idee zu einer allgemeinen Geschichte* von einem „Versuch" (IaG AA VIII, S. 18, 29, 30, 31) bzw. vom „Wählen" (IaG AA VIII, S. 30) eines „besonderen Gesichtspunkt[es] der Weltbetrachtung" (IaG AA VIII, S. 30). Die „vollkommen gerechte bürgerliche Verfassung" (IaG AA VIII, S. 22) sei demnach ein Regulativ, d. i. „nur ein Gedanke von dem, was ein philosophischer Kopf [...] noch aus einem anderen Standpunkte versuchen könnte" (IaG AA VIII, S. 30). Der Standpunkt der Sonne diene demnach als Leitfaden, „ein sonst planloses Aggregat menschlicher Handlungen wenigstens im Großen als ein System darzustellen" (IaG AA VIII, S. 29).[41]

Auch im *Streit der Fakultäten* nimmt Kant genau dieses Problem der Perspektiven wieder auf und macht es zum Ausgangspunkt der Frage nach der Möglichkeit einer Philosophie der Geschichte, wenn er schreibt: „Vielleicht liegt es auch an unserer unrecht genommenen Wahl des Standpunkts, aus dem wir den Lauf menschlicher Dinge ansehen, daß dieser uns so widersinnisch scheint." (SF AA VII, S. 83) Genauso wie die Planeten von der „Erde aus gesehen [...] bald rückgängig, bald stillstehend, bald fortgängig" (SF AA VII, S. 83) seien, sei es auch

---

39 Vgl. dazu Kleingeld (1995, S. 2ff.), die in ihrer Studie die Kritik an der kantischen Philosophie der Geschichte aufgreift und dabei aufweist, dass die „meisten Texte [...] durch den Stempel der ‚Kopernikanischen Wende' Kants geprägt" (Kleingeld 1995, S. 3) sind.
40 Vgl. dazu Despland 1973, S. 38; Medicus 1902, S. 9; Weyand 1963, S. 38.
41 Brandt weist zudem darauf hin, dass die Formulierung: „Man versuche es daher einmal, ob wir nicht in den Aufgaben der Metaphysik" (Hervorhebung R. M.; B XVI), aus der Vorrede der zweiten Auflage der *Kritik der reinen Vernunft* in Zusammenhang mit einer Formulierung aus der Präambel der *Idee zu einer allgemeinen Geschichte in weltbürgerlicher Absicht* zu sehen ist, in der Kant schreibt: „Es ist hier keine Auskunft für den Philosophen, als daß, da er bei Menschen und ihrem Spiele im Großen gar keine vernünftige eigene Absicht voraussetzen kann, er versuche, ob er nicht eine Naturabsicht in diesem widersinnigen Gange menschlicher Dinge entdecken könne; aus welcher von Geschöpfen, die ohne eigenen Plan verfahren, dennoch eine Geschichte nach einem bestimmten Plane der Natur möglich sei." (Hervorhebung R. M.; IaG AA VIII, S. 18)

mit der Geschichte, wenn sie vom Standpunkt des Einzelnen her betrachtet werde. Werde dagegen der „Standpunkt [...] von der Sonne aus genommen, welches nur die Vernunft thun kann, gehen sie nach der Kopernikanischen Hypothese beständig ihren regelmäßigen Gang fort." (SF AA VII, S. 83) D. h., nur unter der Akzeptanz der verschiedenen Standpunkte und der hypothetisch eingenommenen Perspektive der Sonne sei es Kopernikus gelungen, festzustellen, dass die Planeten „beständig ihren regelmäßigen Gang" (SF AA VII, S. 83) fortsetzen. Nur unter der Einnahme dieses absoluten Standpunkts ist es möglich, den Leitfaden der Geschichte aufzugreifen. Diejenigen, die steif auf ihrer Erklärungsart der Erscheinungen und dem Standpunkt, den sie einmal eingenommen haben, beharren, auch wenn sie sich dabei in „Tychonische Cyklen und Epicyklen bis zur Ungereimtheit verwickeln" (SF AA VII, S. 83), werden nicht die Einsichten erlangen, welche die kopernikanische Wende ermögliche.

Kant kommt demnach im *Streit der Fakultäten* zum selben systematischen Zusammenhang von Geschichte und der regulativen Idee ihres Fortschritts wie in der *Idee zu einer allgemeinen Geschichte in weltbürgerlicher Absicht* und dem Anhang zur *Transzendentalen Dialektik*. Während er im Anhang zur *Transzendentalen Dialektik* die transzendentallogische Struktur dieses regulativen Vernunftgebrauchs skizziert, führt er diese in der *Idee zu einer allgemeinen Geschichte* aus und kommt im *Streit der Fakultäten* zu einer die Philosophie der Geschichte negierenden Position, wenn es heißt: „Aber das ist eben das Unglück, daß wir uns in diesen Standpunkt, wenn es die Vorhersagung freier Handlungen angeht, zu versetzen nicht vermögend sind." (SdF AA VII, S. 83) Wenn es möglich wäre, sich in den Standpunkt der Sonne zu versetzen, dann läge die Gesamtgeschichte der Menschheit so vor Augen wie die Ellipsenbewegung der Planetenbahnen. Dieser im Planetenbeispiel des Anhangs zur *Transzendentalen Dialektik* entwickelte Gedankengang wird aber in den Ausführungen des *Streits der Fakultäten* als eine Perspektive klassifiziert, die der Mensch nicht einnehmen kann. Aus diesem Grund sei Geschichte für den Menschen stets Ereignisgeschichte und es könne weder einen Kepler noch einen Kopernikus, die ein Kontinuum der Freiheitsentfaltung entwickeln, und auch keinen Newton, der die moralische Gravitation als Ursache der Geschichte berechnet, geben (vgl. Brandt 2003, S. 125). Trotz dieser differenten Einschätzung in den 80er und 90er Jahren bezüglich der Frage nach der Möglichkeit einer Philosophie der Geschichte findet sich eine Kontinuität ausgehend vom Anhang zur *Transzendentalen Dialektik* bis hin zum *Streit der Fakultäten* in der prinzipiellen Struktur – d. i. dem Zusammenschluss aus zwei

Perspektiven, jener der Erde und jener der Sonne –, die eine solche Philosophie der Geschichte haben müsse.[42]

6.2.4 Zwischenergebnis

Im ersten Teil des Anhangs zur *Transzendentalen Dialektik* entwickelt Kant drei Beispiele, anhand deren die Rolle des Prinzips der Kontinuität bzw. Affinität als vermittelnde Instanz zwischen Homogenität und Spezifikation veranschaulicht werden soll. Dabei kreist das Chemiebeispiel um das Konzept der Affinität und die Beispiele der physiologischen Anthropologie und der Theorieentwicklung in der Astronomie und Bewegungslehre um das Konzept der Kontinuität.

Kant weist in den *Metaphysischen Anfangsgründen der Naturwissenschaft* den newtonschen Traum einer quantifizierbaren Chemie explizit zurück. Damit gibt er aber nicht die Idee des systematischen Ganzen und der rationalen Verknüpfung im Rahmen der Chemie auf. Er entwickelt vielmehr ein eigenes systematisches Konzept, in dem er die Chemie als uneigentliche Wissenschaft etabliert. Das zentrale Lehrstück bildet dafür der Anhang zur *Transzendentalen Dialektik* der *Kritik der reinen Vernunft*, in dem Kant – beispielhaft an der Chemie – neben den konstitutiven Grundsätzen des Verstandes regulative Grundsätze der Vernunft denkt. Der Anhang zur *Transzendentalen Dialektik* entwickelt dabei die Elemente bzw. Prinzipien der Phlogistonchemie als regulative Vernunftbegriffe und löst damit den Anspruch, den die *Metaphysischen Anfangsgründe der Naturwissenschaft* systematisch an die Chemie stellen, inhaltlich ein.

Kant scheint ausgehend von der kritischen Bezug- und Distanznahme auf Leibniz und Bonnet das Konzept des Kontinuitätsprinzips und der Stufenleiter der Geschöpfe klar vor Augen zu haben, wenn er formuliert: Die kontinuierliche Stufenleiter der Geschöpfe ist nichts als eine Befolgung des auf dem Interesse der Vernunft beruhenden Grundsatzes der Affinität. Die Vernunftmaxime soll dabei die Suche nach Übergängen und Zwischengliedern beleben, aber die grundsätzliche Möglichkeit von Lücken offenhalten. Damit kann die physiologische Anthropologie, ohne dass sie Kant in den *Metaphysischen Anfangsgründen der Naturwissenschaft* explizit thematisiert hat, als ein nach einem Prinzip geordnetes Ganzes der Erkenntnis gefasst werden, deren jeweilige Teile allerdings der empirischen Forschung überlassen werden.

---

[42] Zur Frage der Kontinuität der Philosophie der Geschichte im *Streit der Fakultäten* vgl. Brandt 2003, S. 127; Reich 1935, S. XXIV; Cheneval 2002, S. 401 ff.; Kleingeld 1995, S. 10 ff.

Neben dem Entwurf zu einer *Geschichte der reinen Vernunft* am Ende der *Transzendentalen Methodenlehre* ist der Anhang zur *Transzendentalen Dialektik* und darin insbesondere das Planetenbeispiel der systematische Ort einer Philosophie der Geschichte in theoretischer Hinsicht. Die Menschheitsgeschichte wird darin in Bezug zur Planetenbewegung und den verschiedenen astronomischen Theorien gesetzt. Der Kegel bildet den systematischen Rahmen, aus dem die verschiedenen Bewegungen von Planeten und Kometen gewonnen werden können. In Analogie zur Philosophie der Geschichte bildet dieser systematische Rahmen die Bedingung dafür, den Fortschritt der Menschheitsgeschichte als regulative Idee zu denken. Kant greift in den 80er und 90er Jahren den im Anhang zur *Transzendentalen Dialektik* entwickelten systematischen Zusammenhang von Philosophie der Geschichte und regulativen Ideen wieder auf. Er revidiert aber im *Streit der Fakultäten* seinen Standpunkt gegenüber der *Idee einer allgemeinen Geschichte*, in der die regulativ eingenommene Vogelperspektive als möglicher Gegenstand der theoretischen Geschichtsbetrachtung angesehen wurde.

Sowohl die Chemie als auch die physiologische Anthropologie und die Philosophie der Geschichte finden als Fallbeispiele im Anhang zur *Transzendentalen Dialektik* explizit eine systematische Grundlegung anhand der Vernunftprinzipien der Homogenität, der Spezifikation und der Kontinuität. Die Chemie wird in den *Metaphysischen Anfangsgründen der Naturwissenschaft* zudem als uneigentliche Wissenschaft klassifiziert, weshalb der regulative Vernunftgebrauch als das zentrale Lehrstück einer solchen rationalen, aber uneigentlichen Wissenschaft gelten kann. Die physiologische Anthropologie wird hingegen in den *Metaphysischen Anfangsgründen der Naturwissenschaft* nicht explizit klassifiziert – ihr kommt allerdings wie erwiesen ein ähnlicher Status wie der Chemie zu. Auch die Philosophie der Geschichte lässt sich anhand des Lehrstücks des hypothetischen Vernunftgebrauchs fassen, sie bildet allerdings keine Naturlehre, weshalb sie auch nicht mit der Klassifikation der *Metaphysischen Anfangsgründe der Naturwissenschaft* zu fassen ist.

6.3 Der regulative Grundsatz der Vernunft und die Theologie

6.3.1 Kants Bezugnahme auf die Theologie

Kant definiert Theologie als die „Erkenntniß des Urwesens" (A 631/B 659) bzw. als das „System unserer Erkenntniß vom höchsten Wesen" (V-Phil-Th/Pölitz AA XXIX, S. 995, vgl. S. 1134). Die Theologie handle vom „Ding, welches die oberste Bedingung der Möglichkeit von allem, was gedacht werden kann, enthält" (A 334/B 391), d. i. dem „Wesen aller Wesen" (A 334/B 391). Die auf diese Weise allgemein gefasste Disziplin der Theologie wird von Kant in eine Theologie aus „bloßer Vernunft (theologia rationalis)" (A 631/B 659) und eine Theologie „aus Offenbarung (relevata)" (A 631/B 659) differenziert. Die rationale Theologie wiederum zerfalle in die „transzendentale Theologie" (A 631/B 659) und die „natürliche Theologie" (A 631/B 659): Die transzendentale Theologie denke sich ihren Gegenstand nur durch „reine Vernunft vermittelst lauter transscendentaler Begriffe (*ens originarium, realissimum, ens entium*)" (A 631/B 659). Die natürliche Theologie denke ihren Gegenstand durch einen „Begriff, den sie aus der Natur (unserer Seele) entlehnt" (A 631/B 659) und steige auf diese Weise von der „Welt zur höchsten Intelligenz" (A 631/B 659) auf. Die transzendentale Theologie differenziert Kant weiter in eine Kosmotheologie, in der das Dasein des Urwesens „von einer Erfahrung überhaupt" (A 632/B 660) abgeleitet wird und eine Ontotheologie, in der es „durch bloße Begriffe, ohne Behülfe der mindesten Erfahrung" (A 632/B 660) abgeleitet wird. Die Ontotheologie gehe demnach bloß von Begriffen, die Kosmotheologie von der Erfahrungswelt aus. Die natürliche Theologie wiederum gliedere sich gemäß der Unterscheidung zwischen Kausalität nach Gesetzen der Natur und Kausalität durch Freiheit (vgl. A 444/B 472) in die Physikotheologie, in der die höchste Intelligenz als Prinzip des natürlichen, und die Moraltheologie, in der die höchste Intelligenz als Prinzip aller sittlichen Ordnung und Vollkommenheit erschlossen werde.

Auf der Basis dieser Binnendifferenzierung der rationalen Theologie unterscheidet Kant deren Anhänger: „Der, so allein eine transscendentale Theologie einräumt, wird Deist, der, so auch eine natürliche Theologie annimmt, Theist genannt." (A 631/B 659). Beide werden von Kant wie folgt näher charakterisiert:

> Der erstere giebt zu, daß wir allenfalls das Dasein eines Urwesens durch bloße Vernunft erkennen können, wovon aber unser Begriff bloß transscendental sei, nämlich nur als von einem Wesen, das alle Realität hat, die man aber nicht näher bestimmen kann. Der zweite behauptet, die Vernunft sei im Stande, den Gegenstand nach der Analogie mit der Natur näher zu bestimmen, nämlich als ein Wesen, das durch Verstand und Freiheit den Urgrund aller anderen Dinge in sich enthalte. Jener stellt sich also unter demselben bloß eine Welturursache (ob durch die Nothwendigkeit seiner Natur, oder durch Freiheit, bleibt unentschieden), dieser einen Welturheber vor. (A 631 f./B 659 f.)

Für den Deisten sei das höchste Wesen demnach bloß neutrale „Welturursache" (A 631/B 659) und es könne nicht entschieden werden, ob Gott durch die Notwendigkeit seiner Natur oder durch Freiheit wirke. Für den Theist hingegen stehe das höchste Wesen in Analogie zum menschlichen Erkenntnisvermögen und Willen und werde daher als „Welturheber" (A 632/B 660), der durch Verstand und Freiheit der Grund aller Dinge sei, gedacht. Ersterer glaube demnach an einen Gott, zweiterer nehme darüber hinaus einen „lebendigen Gott (summam intelligentiam)" (A 633/B 661) an.⁴³ Diese Differenzierung lässt sich in folgender Skizze darstellen:

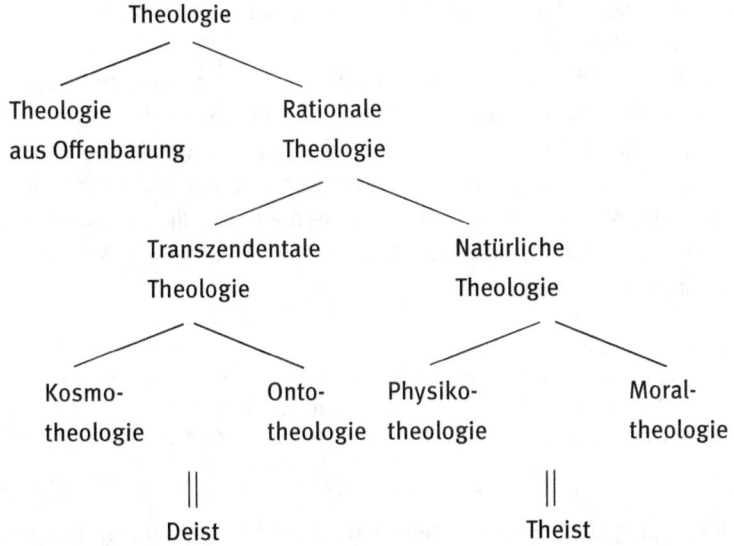

Abbildung 18

In der *Transzendentalen Dialektik* der *Kritik der reinen Vernunft* kommt Kant gegenüber der rationalen Theologie zu folgendem Ergebnis: „Ich behaupte nun, daß alle Versuche eines bloß speculativen Gebrauchs der Vernunft in Ansehung der Theologie gänzlich fruchtlos und ihrer inneren Beschaffenheit nach null und nichtig sind" (A 636 f./B 664 f.). Diese Zurückweisung, die sich in erste Linie gegen die transzendentale Theologie richtet, ergänzt Kant mit Blick auf die natürliche Theologie, indem er feststellt, „daß [...] die Principien ihres Naturgebrauchs ganz und gar auf keine Theologie führen" (A 636/B 664). In diesem Sinne ist Kant in der theoretischen Philosophie seinem Ruf als „Alleszermalmer" (Mendelssohn 1979, S. 5), der in Fragen der Theologie den „Terrorismus [...] Maximilian Robespierre weit übertraf" (Heine 1997, S. 94 f.), mehr als gerecht geworden. Gleichzeitig hat er aber gemäß dem Diktum der Vorrede der zweiten Auflage der *Kritik der reinen Vernunft* – „[i]ch mußte also das Wissen aufheben, um zum Glauben Platz zu bekommen" (A XXX) – eine Theologie, die „moralische Gesetze zum Grunde legt oder zum Leitfaden braucht" (A 636/B 664), von der Kritik der *Transzendentalen*

---

43 Zu den historischen Voraussetzungen der kantischen Unterscheidung vgl. Albrecht 1981, S. 475–484.

Dialektik ausgenommen. Er greift demnach die Moraltheologie im Kanon-Kapitel der *Transzendentalen Methodenlehre* erneut auf, lokalisiert diese dort allerdings nicht mehr als einen Teil der natürlichen Theologie, sondern neben der transzendentalen Theologie und der natürlichen Theologie als eine dritte eigenständige Unterart (vgl. A 814/B 842).

Mit Blick auf diese Kritik an der rationalen Theologie und ihrer praktischen Neubegründung rücken Kants eigene Versuche, auf der Basis der kritischen Grenzziehungen der *Kritik der reinen Vernunft* eine „transscendentale Theologie" (A 695/B 723=2.24.) in regulativer Hinsicht zu denken, zumeist in den Schatten dieser Überlegungen. Aber schon im Abschnitt über die *Kritik aller Theologie aus speculativen Principien* weist Kant auf eine theoretische „Theologie der Vernunft" (A 636/B 664) hin, wenn es heißt:

> Soll es uns erlaubt sein, bloß um in unserer Vernunft nichts Leeres übrig zu lassen, diesen Mangel der völligen Bestimmung durch eine bloße Idee der höchsten Vollkommenheit und ursprünglichen Nothwendigkeit auszufüllen: so kann dieses zwar aus Gunst eingeräumt, aber nicht aus dem Rechte eines unwiderstehlichen Beweises gefordert werden. (A 636/B 664)

Nach der Widerlegung der verschiedenen doktrinalen und rationalen Theologiekonzepte folgt für Kant demnach nicht eine Willkürlichkeit, aufgrund der verschiedene Glaubenspositionen zur freien Wahl gestellt wären (vgl. Fischer 1979, S. 163). Vielmehr wird der Mangel einer völligen Bestimmtheit durch die Idee der höchsten Vollkommenheit und ursprünglichen Notwendigkeit kompensiert. Die am Ende der *Lehre des Ideals* als Gunst eingeräumte – d. i. nicht aus dem Rechte eines unwiderstehlichen Beweises geforderte – Möglichkeit setzt die theoretische Vernunft damit in eine Wächterfunktion gegenüber allen Formen des Atheismus, Polytheismus etc. Kant begründet in der *Kritik der reinen Vernunft* damit trotz aller Kritik im Rahmen der *Transzendentalen Dialektik* ein *relatives Primat* der transzendentalen Theologie vor der Moraltheologie. Die theoretische Philosophie habe als Stütze der Moral zu fungieren, denn wenn es

> kein von der Welt unterschiedenes Urwesen giebt, wenn die Welt ohne Anfang und also auch ohne Urheber, unser Wille nicht frei und die Seele von gleicher Theilbarkeit und Verweslichkeit mit der Materie ist: so verlieren auch die moralischen Ideen und Grundsätze alle Gültigkeit und fallen mit den transscendentalen Ideen, welche ihre theoretische Stütze ausmachten. (A 468/B 496, vgl. A 828/B 856)

In der Reflexion 4582 heißt es dazu: „Die transscendentale theologie allein ist deistisch; die natürliche allein ist anthropomorphistisch; die Moralische allein ist nicht gnug gegen Eingriffe gesichert. Die transscendentale theologie sichert wieder sie." (HN AA XVII, S. 601; vgl. S. 742 f.; V-Phil-Th/Pölitz AA XXIIX, S. 1002)

6.3 Der regulative Grundsatz der Vernunft und die Theologie

Dieses relative Primat der theoretischen Philosophie vor der Moralphilosophie ist wiederum in der *Kritik der reinen Vernunft* durch den Gedanken der Zweckmäßigkeit der transzendentalen Illusion gedeckt: Der transzendentale Schein oder die natürliche Illusion entsteht aufgrund der falsch gebrauchten Vernunftideen[44] – d. i. ihrer konstitutiven Anwendung –, nicht aber aufgrund der Bildung der jeweiligen Ideen. Aus diesem Grund bleibe das höchste Wesen für den „speculativen Gebrauch der Vernunft ein bloßes, aber doch fehlerfreies Ideal, ein Begriff, welcher die ganze menschliche Erkenntnis schließt und krönt" (A 641/ B 669). Werde dieses fehlerfreie Ideal nicht konstitutiv, sondern regulativ gebraucht, dann könne

> dessen objektive Realität [...] zwar nicht bewiesen, aber auch nicht widerlegt werden [...] und wenn es eine Moraltheologie geben sollte, die diesen Mangel ergänzen kann, so beweiset alsdann die vorher nur problematische transscendentale Theologie ihre Unentbehrlichkeit durch Bestimmung ihres Begriffs und unaufhörliche Censur einer durch Sinnlichkeit oft genug getäuschten und mit ihren eigenen Ideen nicht immer einstimmigen Vernunft. (A 641/ B 669)

Dieses von Kant in der *Kritik der reinen Vernunft* offengelassen relative Primat der theoretischen Philosophie und die darin entwickelte kriteriologische Funktion der transzendentalen Theologie hat auch in den verschiedensten Interpretationen der Schlusspassage des Ideal-Kapitels und dem daran anschließenden zweiten Teil des Anhang zur *Transzendentalen Dialektik* für Unbehagen gesorgt. So stellt N. Kemp Smith fest: „These concluding remarks cannot be accepted as representing Kant's teaching. The Ideal, by his own showing, is by no means without a flaw." (Kemp Smith 1965, S. 541) In gleicher Weise formuliert G. B. Sala, dass eine solche Lehre für „die Transzendentalphilosophie unmöglich [ist], wenn der Leser die Schranken ernst nimmt, innerhalb deren Kant unsere Erkenntnis eingezäunt hat" (Sala 1990, S. 355; vgl. Schick 2011, S. 102). P. F. Strawson und J. Bennett lehnen den Gedanken einer regulativen transzendentalen Theologie überhaupt ab, wenn es heißt: „We should bury this, along with everything else Kant says about God in the Appendix" (Bennett 1974, S. 276; vgl. Strawson 1966, S. 207, 231). Und tatsächlich lässt Kant im Zuge der 80er Jahre diese Funktion der transzendentalen Theologie zunehmend fallen. In der *Kritik der Urteilskraft* bedarf die Moraltheologie keiner Zusatzargumente mehr aus der Transzendentaltheologie (vgl. KU AA V, S. 388): Die Moralphilosophie „gründet allererst eine Theologie" (KU AA V, S. 544). Der zweite Teil des Anhangs zur *Transzendentalen Dialektik* der *Kritik der reinen Vernunft* entwickelt hingegen die transzendentale Theologie,

---

44 Siehe dazu die Ausführungen zum Nutzen des Scheins in Kapitel 4.1.2.

wenn auch in regulativer Hinsicht, um die menschliche Erkenntnis zu schließen und zu krönen (vgl. A 641/B 669). Das Theologiebeispiel des zweiten Teils des Anhangs zur *Transzendentalen Dialektik* wirft zudem die Frage nach der inhaltlichen und systematischen Reichweite dieses fehlerfreien Ideals und der damit initiierten regulativen transzendentalen Theologie auf. Zumindest aus exegetischer Sicht auf die *Kritik der reinen Vernunft* behält demnach Natterer recht, wenn er behauptet, dass der Schlusspassage *der Lehre des Ideals* „Kants größtes Interesse" (Natterer 2003, S. 572) gebühre, „dem gegenüber jede Entschuldigung mit den Schranken unsere Erkenntnis unstatthaft ist" (Natterer 2003, S. 572; vgl. Puntel 1969, S. 310).

6.3.2 Ohne Zweifel – Topik einer regulativen transzendentalen Theologie

Nach einer allgemeinen Rechtfertigung der regulativen Idee Gottes und der Möglichkeit einer regulativen transzendentalen Theologie wirft Kant zwei Fragen auf, an denen „die reine Vernunft ihr größtes Interesse" (A 695/B 723=2.23.) habe. Die Entwicklung dieser Fragen soll wiederum die „Betrachtungen über die Dialektik derselben zur gänzlichen Vollendung bringen" (A 695/B 723=2.23.) und steht damit in direktem Bezug zu dem Ideal-Kapitel des Zweiten Buches der *Transzendentalen Dialektik*, in dem Kant das höchste Wesen als „fehlerfreies Ideal" (A 641/B 669) charakterisiert, das die „ganze menschliche Erkenntniß schließt und krönt" (A 641/B 669). Die dabei aufgeworfenen Fragen sind sehr direkt formuliert und scheinen die konkreten Absichten und Gesinnungen aufdecken zu wollen. Kant zwingt sich damit in der Schlusspassage des zweiten Teils des Anhangs zur *Transzendentalen Dialektik* selbst zu einem Bekenntnis auf die Gretchenfrage – „Nun sag, wie hast du's mit der Religion?" (Goethe 2000, V. 3415) –, das er bis dorthin noch nicht in dieser Deutlichkeit abzugeben bereit gewesen ist.

Die erste Frage lautet: Gibt „es etwas von der Welt Unterschiedenes […], was den Grund der Weltordnung und ihres Zusammenhanges nach allgemeinen Gesetzen enthalte" (A 695 f./B 723 f.=2.24.)? Kant gibt darauf die kategorische Antwort: „[O]hne Zweifel" (A 696/B 724=2.24.). Ohne Zweifel gebe es ein höchstes Wesen, da die Welt die Summe von Erscheinungen sei und als solche notwendigerweise einen transzendentalen Grund voraussetze. Dieses *ohne Zweifel* hänge aber an einer „ziemlich subtile[n]" (A 676/B 704=2.9.) Unterscheidung, die „gleichwohl in der Transzendentalphilosophie von großer Wichtigkeit ist" (A 676/B 704=2.9.). Es ist dies die Unterscheidung zwischen „suppositio relativa" (A 676/B 704=2.9.) und „suppositio absoluta" (A 676/B 704=2.9.) – eine Differenzierung, die Kant ausschließlich im Rahmen des Anhangs zur *Transzendentalen Dialektik* gebraucht. Unter einer Supposition versteht Kant nach dem üblichen Wortgebrauch eine Annahme bzw. Voraussetzung: Wenn es genügend Gründe gibt, etwas anzunehmen, aber dennoch die Berechtigung dazu fehlt, es tatsächlich anzunehmen, spricht Kant von einer „suppositio relativa" (A 676/B 704=2.9.) und versteht demnach darunter eine Annahme unter gewissen Bedingungen. Werde hingegen etwas schlechthin angenommen, d. h. auch „als existierend[er]" (A 676/B 704=2.9.) Gegenstand, dann handle es sich um eine „suppositio absoluta" (A 676/B 704=2.9.). Diese Differenzierung fixiere lediglich „Unterschiede der Denkungsart bei einer und derselben Voraussetzung" (A 676/B 704=2.9.). Gott, als suppositio absoluta verstanden, entspreche der Denkungsart der dogmatischen Theologie. Gott, als suppositio relativa aufgefasst, entspreche hingegen dem Als-ob-Gedanken der Transzendentalphilosophie. Um eine relative Supposition handle es sich, wenn zwar die „Notwendigkeit an sich selbst" (A 676/B 704=2.9.), aber nicht die Quelle der Notwendigkeit eingesehen werde. Der oberste Grund werde demnach bloß unter der Absicht angenommen, um „desto bestimmter die Allgemeinheit des Prinzips" (A 676/B 704=2.9.) zu denken. Das höchste Wesen sei demnach relativ zu der Erkenntnis der Sinnenwelt durch den Verstand zu fassen und als solches „zum Behufe der systematischen Einheit der Sinnenwelt" (A 679/B 707=2.10.) und nicht an sich selbst erkannt. Damit werde eine perversa ratio[45] vermieden, in der von einem anthropomorphistisch bestimmten Begriff einer höchsten Intelligenz gleichsam wie von oben und außen auf die Natur herangegangen werde, um ihr „Zwecke gewaltsam und dictatorisch" (A 692/B 720=2.20.) aufzudrängen.

Aus dieser Charakterisierung folgert Kant, dass die einzige Möglichkeit, einen „bestimmte[n] Begriff [...] von Gott" (A 675/B 703=2.7.) zu haben, ein deistischer Gottesbegriff ist. In einem solchen sei lediglich die Idee von etwas gegeben, auf das „alle empirische Realität ihre höchste und notwendige Einheit gründet" (A 675/B 703=2.7.). Der deistische Gottesbegriff bringe somit zweierlei: Er lasse bezüglich der Idee Gottes weder Schlüsse auf die „innere Möglichkeit seiner höchsten Vollkommenheit" (A 675/B 703=2.8.) noch auf die „Notwendigkeit seines Daseins" (A 675/B 703=2.7.) zu und beschränke damit alle schwärmerischen Hoffnungen. Gleichzeitig ermögliche ein solcher deistischer Gottesbegriff aber die „vollkommenste Befriedigung" (A 676/B 704=2.8.) der Vernunft: Er garantiere der Vernunft die größte Einheit in ihrem empirischen Gebrauch. Das heißt, der deistische Gottesbegriff könne allen Fragen der Vernunft Genüge tun, die Vernunft könne aber unter dieser Voraussetzung den deistisch angenommenen Gottesbegriff selbst nicht näher klären.

---

[45] Siehe dazu die Ausführungen in Kapitel 4.1.2.1.

Damit leistet Kant zwei Abgrenzungen: Erstens ist das fehlerfreie Ideal in diesem regulativ ausdifferenzierten Deismus als apersonale Weltursache geglaubt und nicht als lebendiger Gott und als Welturheber gedacht (vgl. A 631f./B 659f.; V-Phil-Th/Pölitz AA XXIIX, S. 452). Zweitens etabliert Kant mit diesem fehlerfreien Ideal zwar eine transzendentale Theologie, die aber besser als problematische transzendentale Theologie oder als regulative transzendentale Theologie bezeichnet ist, um sie von der dogmatischen zu unterscheiden.

Die zweite Frage, die Kant aufwirft, ist jene, ob dieses höchste „Wesen Substanz, von der größten Realität, notwendig usw. sei" (A 696/B 724=2.24.). Dabei aber handelt es sich um eine Frage, die auf der Basis der *Transzendentalen Dialektik* als bedeutungslos klassifiziert werden muss: Das höchste Wesen lässt sich als Vernunftbegriff nicht kategorial bestimmen und demnach auch nicht als Substanz fassen, da die Kategorien auf die Sinnlichkeit restringiert sind.

Kant schärft mit beiden Frage-Antwort-Komplexen damit die bereits im Ideal-Kapitel in Aussicht gestellte Möglichkeit einer transzendentalen Theologie zu. Gleichzeitig formuliert er an die beiden Fragen anschließend eine dritte Frage, in der es heißt, „ob wir nicht wenigstens dieses von der Welt unterschiedene Wesen nach einer Analogie mit den Gegenständen der Erfahrung denken dürfen" (A 696/B 724=2.24.). Die dritte Frage basiert demnach auf der Bejahung der ersten und der Einsicht der Unmöglichkeit einer kategorialen Bestimmung des höchsten Wesens und fragt – mit der Betonung auf das *Wenigstens* – nach einer alternativen inhaltlichen Bestimmbarkeit. Kant antwortet auf die dritte Frage mit einem gesperrt gesetzten: „allerdings" (A 696/B 724=2.24.). Dabei handelt es sich um ein *Allerdings*, das direkt durch die Ausführungen des zweiten Teils des Anhangs zur *Transzendentalen Dialektik* gesichert sein soll: Das höchste Wesen dürfe als „Gegenstand in der Idee" (A 696f./B 724f.=2.24.), niemals aber in der Realität gedacht werden, d. i. nur als „uns unbekanntes Substratum der systematischen Einheit, Ordnung und Zweckmäßigkeit der Welteinrichtung" (A 697/B 725=2.25.). Auf dieser Einschränkung basierend seien aber selbst „gewisse Anthropomorphismen" [...] ungescheut und ungetadelt [zu] erlauben" (A 697/B 725=2.25.) – zumindest wenn sie dem regulativen Prinzip beförderlich seien.

Während der Vorwurf des Anthropomorphismus zuvor noch als kritischer Einwand gegen eine natürliche Theologie galt, d. i. den Analogieschluss der Physikotheologie (vgl. A 583/B 611), so wird er im Anhang zur *Transzendentalen Dialektik* in einer spezifischen Ausprägung akzeptiert. Waren die beiden ersten Fragen – jene nach dem, ob es ein höchstes Wesen gibt, und jene nach dessen kategorialer Bestimmung – kurz und knapp auf der Basis des regulativen Vernunftgebrauchs beantwortbar, evoziert der in Antwort auf Frage drei zugestandene Anthropomorphismus weitere Fragekomplexe, wie Kant formuliert, wenn es heißt, so „wird man fortfahren zu fragen" (A 697/B 725=2.25.) und „ferner [wird man] fragen" (A 698/B 726=2.26.) müssen. Thematisch sind dabei Fragen nach dem konkreten Ausmaß des Anthropomorphismus, die Kant zu beantworten sucht:

Dabei gelte es zu klären, ob wir einen „einigen weisen und allgewaltigen Welturheber annehmen" (A 697/B 725=2.25.) können. Kants Antwort darauf lautet: „Ohne allen Zweifel" (A 697/B 725=2.25.). Ohne allen Zweifel könne man nicht nur, sondern müsse man einen so charakterisierten Welturheber annehmen. Durch eine solche Annahme werde das Feld der Erfahrung keineswegs überschritten, da nur ein Etwas vorausgesetzt sei (ein transzendentaler Gegenstand), wovon gar kein Begriff gefasst werde.

Außerdem formuliert Kant die Frage, ob „zweckähnliche Anordnungen als Absichten an[ge]sehen" (A 698/B 726=2.26.) werden dürfen, „indem ich sie vom göttlichen Willen, obzwar vermittelst besonderer dazu in der Welt darauf gestellten Anlagen, ableite?" (A 699/B 727=2.26.) Er antwortet beinahe besänftigend: „Ja, das könnt ihr auch tun" (A 699/B 727=2.26.). Dabei ist dieses *Ja* allerdings mit einem *Aber* verbunden: Werde die zweckmäßige Anordnung von einem höchsten Prinzip abgeleitet, müsse es egal sein, ob diese Ableitungen tatsächlich von der „göttlichen Weisheit" (A 699/B 727=2.26.) stammen oder die Idee der „höchsten Weisheit" (A 699/B 727=2.26.) bloß ein regulatives Prinzip in der Nachforschung der Natur sei. Jedem, der die zweckmäßige Anordnung als Absicht annehme, muss es egal sein – so Kants *Aber* in der Antwort auf die obig gestellte Frage –, ob Gott es weislich so gewollt hat oder die Natur.

Damit hat Kant seinem eigenen Anspruch gemäß einen „subtile[]n Anthropomorphism" (A 700/B 728=2.27.) skizziert, der dazu berechtigt, dem höchsten Wesen „Verstand, Wohlgefallen und Mißfallen" (A 700/B 728=2.27.) sowie eine gewisse „Begierde und Willen" (A 700/B 728=2.27.) zuzuschreiben. Ohne einen solchen Anthropomorphismus ließe sich gar nichts von dieser Idee denken. In gleicher Weise werde dem höchsten Wesen aber das Attribut der „unendliche[n] Vollkommenheit" (A 700/B 728=2.27.) beigelegt, auch wenn es sich dabei um eine Bestimmung, die weit über die empirische Kenntnis der Weltordnung hinausgehe, handle. In den *Prolegomena* charakterisiert Kant diesen Anthropomorphismus nachträglich als symbolischen und unterscheidet ihn vom dogmatischen:

> Denn alsdann eignen wir dem höchsten Wesen keine von den Eigenschaften an sich selbst zu, durch die wir uns Gegenstände der Erfahrung denken, und vermeiden dadurch den dogmatischen Anthropomorphismus; wir legen sie aber dennoch dem Verhältnisse desselben zur Welt bei und erlauben uns einen symbolischen Anthropomorphism, der in der That nur die Sprache und nicht das Object selbst angeht. (Prol AA IV, S. 357)

Der dogmatische Anthropomorphismus sei demnach vermieden, wenn dem höchsten Wesen keine Eigenschaften an sich zugesprochen werden. Der symbolische Anthropomorphismus betreffe lediglich die Sprache und nicht das Objekt selbst. In der Reflexion 6056 trifft Kant dieselbe Unterscheidung, allerdings differenziert er dort terminologisch zwischen einem konstitutiv und einem regulativ gedachten Anthropomorphismus, wenn es heißt:

> Der anthropomorphismus regulativ gedacht (ist die relation einer Unbekanten Ursache nach Gesetzen der Sinnlichkeit) ist nichts als die Bedingungen der Sinnlichkeit auf gottliche handlungen angewandt als ein Schema der Anwendung derselben im Erfahrungsgebrauch. Der anthropomorphismus constitutiv ist die absolute Vorstellung der gottlichen Eigenschaften nach Gesetzen der Sinnlichkeit. Der Letztere giebt den Gegnern Blößen; ohne den ersteren sind wir Deisten. (Refl AA XVIII, S. 439)

Der Anthropomorphismus wird in der Unterscheidung zwischen regulativem und konstitutivem bzw. zwischen symbolischem und dogmatischem mit dem Lehrstück des regulativen Vernunftgebrauchs kompatibel gemacht. Kant spitzt mit dem Zugeständnis in Frage drei die regulative transzendentale Theologie damit theistisch zu. Dabei wird bereits im *Ideal der reinen Vernunft* der physikotheologische Gottesbeweis trotz aller Kritik gegenüber dem ontologischen und kosmologischen besonders hervorgehoben: „Dieser Beweis verdient jederzeit mit Achtung genannt zu werden. Er ist der älteste, klärste und der gemeinen Menschenvernunft am meisten angemessene. Er belebt das Studium der Natur, so wie er selbst von diesem sein Dasein hat und dadurch immer neue Kraft bekommt." (A 623/B 651) Kant lehnt zwar die Ansprüche einer Physikotheologie ab, der Beweis selbst aber könnte, richtig interpretiert, doch das Studium der Natur beleben (vgl. Zeidler 2004, S. 5).

> Der physischtheologische Beweis könnte also vielleicht wohl anderen Beweisen (wenn solche zu haben sind) Nachdruck geben, indem er Speculation mit Anschauung verknüpft: für sich selbst aber bereitet er mehr den Verstand zur theologischen Erkenntniß vor und giebt ihm dazu eine gerade und natürliche Richtung, als daß er allein das Geschäfte vollenden könnte. (A 637/B 665)

Kant beschränkt den physischtheologischen Beweis damit auf ein Leitprinzip in der Beobachtung der Natur. Diese sei für die Naturforschung von Nutzen, es lasse sich aber darauf aufbauend kein objektiv gültiges Urteil über die zweckmäßige Anordnung der Natur treffen. Es sei die „größte systematische und zweckmäßige Einheit" (A 699/B 727=2.26.) gewesen, die der „Vernunft aller Naturforschung als regulatives Prinzip" (A 699/B 727=2.26.) zum Grunde liege, und dazu berechtige, die Idee einer höchsten Intelligenz als Schema des regulativen Prinzips zu setzen. Aus diesem Grund gilt folgende Regel: Soviel nun Zweckmäßigkeit in der Welt angetroffen werde, so viel „Bestätigung der Rechtmäßigkeit eurer Idee" (A 699/B 727=2.26.). Dies habe aber zur Konsequenz, dass die „allgemeinen Gesetze der

Natur als in Absicht auf welche die Idee nur zum Grunde gelegt wurde" (A 699/ B 727=2.26.) nicht außer Acht gelassen – oder, wie Kant formuliert, nicht an ihnen vorbeigegangen – werden kann, ohne in Widersprüche zu geraten. Es sei nicht möglich, ein Wesen über der Natur oder unabhängig von der Natur und deren Eigenschaften anzunehmen. Die durch die *Kritik der reinen Vernunft* geläuterte spekulative Vernunft gestatte bloß, die Idee eines höchsten Wesens zum Grunde zu legen.

Diese Überlegungen expliziert Kant konkret an einem Beispiel aus der physischen Geographie und einem aus der organischen Physik: Die Als-ob-Setzung einer obersten Intelligenz ermögliche auf dem Feld der physischen Geographie kein bloßes Sammeln und willkürliches Aufeinanderhäufen von Facta, sondern die systematische Erforschung der Figur der Erde. Das Konzept einer „obersten Intelligenz, als der alleinigen Ursache des Weltganzen" (A 687/B 715=1.17.) erläuternd, greift Kant das Problem der Abplattung der Erde auf: „Denn wenn wir in Ansehung der Figur der Erde (der runden, doch etwas abgeplatteten), der Gebirge und Meere etc. lauter weise Absichten eines Urhebers zum voraus annehmen, so können wir auf diesem Wege eine Menge von Entdeckungen machen." (A 687/ B 715=1.17.) Kant fügt zudem eine Fußnote zu der in der Klammer explizierten Beschreibung der Erde an, in der es heißt:

> Der Vortheil, den eine kugelichte Erdgestalt schafft, ist bekannt genug; aber wenige wissen, daß ihre Abplattung als eines Sphäroids es allein verhindert, daß nicht die Hervorragungen des festen Landes oder auch kleinerer, vielleicht durch Erdbeben aufgeworfener Berge die Achse der Erde continuirlich und in nicht eben langer Zeit ansehnlich verrücken, wäre nicht die Aufschwellung der Erde unter der Linie ein so gewaltiger Berg, den der Schwung jedes andern Berges niemals merklich aus seiner Lage in Ansehung der Achse bringen kann. Und doch erklärt man diese weise Anstalt ohne Bedenken aus dem Gleichgewicht der ehmals flüssigen Erdmasse. (A 687/B 715=1.17.)

Nur unter der Annahme, dass die Figuren der Erde, der Gebirge, der Meere unter weiser Absicht des Urhebers entstanden seien, könne Forschung betrieben werden, da es nur dadurch möglich sei, nach Zusammenhängen in der Natur zu suchen. So lasse sich unter der Annahme der zweckmäßig geformten Erde der Vorteil einer „kugelichte Erdgestalt" (A 687/B 715=1.17.) erklären oder zumindest nach einer Erklärung suchen. Durch diese sei daher auch entdeckt worden, dass „Abplattung" (A 687/B 715=1.17.) verhindere, dass die Achse der Erde aufgrund von Erdverschiebungen verrückt werde. In gleicher Weise steht es mit der organischen Physik bzw. Physiologie: Wieder schafft die Als-ob-Setzung eines zweckmäßigen Zusammenhangs die Möglichkeit systematischer Forschung. In diesem Sinne könne beim Zergliedern eines Tieres ein Fehler nachgewiesen werden. Nie aber könne an einem Fall bewiesen werden, dass dies oder jenes überhaupt keinen

Zweck habe – stets bleibe nur die Frage, welchem Zweck dieses oder jenes diene: Die Physiologie der Ärzte basiere auf einem „sehr eingeschränkte[n] empirische[n]" (A 688/B 716=2.17.) Wissen über die Zwecke des Gliederbaus eines organischen Körpers. Sie folge aber dem Grundsatz der reinen Vernunft, nach dem „alles an dem Tiere seinen Nutzen und gute Absicht" (A 688/B 716=2.17.) habe. Dies wäre, würde der Grundsatz konstitutiv betrachtet werden, völlig „dreist" (A 688/B 716=2.17.), da er viel weiter gehe, als die Beobachtungen jemals reichen könnten. Als regulatives Prinzip der Vernunft aber bilde die „Idee der zweckmäßigen Kausalität der obersten Weltursache" (A 688/B 716=2.17.) – betrachtet, als ob sie eine „höchste Intelligenz" (A 688/B 716=2.17.) sei – die Möglichkeit „zur höchsten systematischen Einheit" (A 688/B 716=2.17.). Der Gegenstand in der Idee Gottes bildet die Bedingung der Möglichkeit, einen zweckmäßigen Zusammenhang unter den einzelnen Teilen zu erkennen und mit ihnen unter diesem Grundsatz zu verfahren – so auch im Rahmen der organischen Physik.

6.3.3 Zwischenergebnis

Kants Fragen nach einer transzendentalen Theologie lassen sich samt ihren Antworten wie folgt zusammenfassen:

Fragen	Antworten
1. Gibt es etwas von der Welt Unterschiedenes, was den Grund der Weltordnung und ihres Zusammenhangs nach allgemeinen Gesetzen enthalte?	Ohne Zweifel
2. Ist das höchste Wesen Substanz, von der größten Realität, notwendig usw.?	—
(3.) Ist das von der Welt unterschiedene Wesen nach einer Analogie mit den Gegenständen der Erscheinung zu denken?	Allerdings
Ist ein einiger weiser und allgewaltiger Welturheber annehmbar?	Ohne allen Zweifel
Dürfen zweckähnliche Anordnungen als Absicht angesehen werden, indem sie vom göttlichen Willen – obzwar vermittelst besonderer in der Welt gegebener Anlagen – abgeleitet werden?	Ja

Kant bestreitet demnach die Beweisbarkeit der Existenz eines höchsten Urwesens, nicht aber die Existenz eines notwendigen Urgrunds (vgl. Natterer 2003, S. 573; Horstmann 1998, S. 539), wie bereits aus dem Ideal-Kapitel hervorgeht. Im Anhang zur *Transzendentalen Dialektik* hat er darüber hinaus eine minimale transzendentale Theologie skizziert. Diese oszilliert zwischen einem Deismus und einem Theismus und tut darin sowohl dem Bedürfnis nach inhaltlicher Fixierung als auch der Unmöglichkeit einer kategorialen Bestimmung des höchsten Wesens Genüge. Das am Ende des Ideal-Kapitels postulierte fehlerfreie Ideal wird damit nicht nur als kompatibel mit der theoretischen Vernunft aufgewiesen, sondern auch die inhaltlichen und systematischen Rahmenbedingungen und der Geltungsbereich einer regulativen transzendentalen Theologie abgesteckt.

6.4 Ergebnisse

Der Grundsatz der Vernunft bildet die Ausgangsbasis der *Transzendentalen Dialektik* und damit den gemeinsamen Nenner zwischen der alten, von Kant im zweiten Buch der *Transzendentalen Dialektik* kritisierten Metaphysik und seinem eigenen regulativ interpretieren Vernunftgebrauch. Als transzendentaler Grundsatz der Vernunft ist dieser sowohl vom obersten Grundsatz aller synthetischen Urteile sowie vom bloß logischen und konstitutiven Grundsatz der Vernunft unterschieden. Kant beschreibt den Grundsatz der Vernunft zudem in beiden Teilen des Anhangs zur *Transzendentalen Dialektik* als *Maxime der Vernunft* (Kap. 6.1).

Um den Anspruch zu verdeutlichen, der mit dem transzendentalen Grundsatz der Vernunft intendiert ist, bedient sich Kant einer der *Kritik der reinen Vernunft* unüblichen Praxis, die darin liegt, Bücher und Systeme zu zitieren (vgl. A XII, B 27). Er thematisiert dabei im ersten Teil des Anhangs zur *Transzendentalen Dialektik* ausgehend von naturwissenschaftlichen Fallbeispielen die Begründbarkeit von empirischen Gesetzen. Im zweiten Teil wird ausgehend vom transzendentalen Grundsatz der Vernunft die Möglichkeit einer transzendentalen Theologie entwickelt. In beiden Fällen greift Kant dezidert in aktuelle Debatten seiner Zeit ein und entwickelt Lösungsstrategien, die er in verschiedenster Weise in späteren Studien wieder aufgreift (Kap. 6.1).

Im Zentrum des ersten Teils des Anhangs zur *Transzendentalen Dialektik* stehen dabei das Chemiebeispiel, ein Beispiel aus der physiologischen Anthropologie und ein Beispiel aus der Astronomie und Bewegungslehre (Kap. 6.2). Das Chemiebeispiel des Anhangs zur *Transzendentalen Dialektik* (Kap. 6.2.1) steht dabei in einem engen Bezug zu den Überlegungen zur Chemie aus den *Metaphysischen Anfangsgründen der Naturwissenschaft*. Kant weist 1786 den newtonschen Traum einer quantifizierbaren Chemie explizit zurück (Kap. 6.2.1.1). Gleichzeitig gibt er aber nicht die Idee des systematischen Ganzen und der rationalen Verknüpfung im Rahmen der Chemie auf. Der Anhang zur *Transzendentalen Dialektik* stellt vielmehr ein Lehrstück dar, in dem eine Systematik entwickelt wird, welche die Chemie als uneigentliche Wissenschaft etabliert. Das Chemiebeispiel entwickelt dabei die Elemente bzw. Prinzipien der Phlogistonchemie als regulative Vernunftbegriffe und löst damit den Anspruch, den die

Metaphysischen Anfangsgründe der Naturwissenschaft systematisch an die Chemie stellen, inhaltlich ein (Kap. 6.2.1.2).

Schwieriger als im Rahmen der Chemie ist der Status der physiologischen Anthropologie (Kap. 6.2.2) zu bestimmen, da Kant sich dazu in den *Metaphysischen Anfangsgründen der Naturwissenschaft* nicht dezidiert äußert. Die an einigen Stellen formulierte Ablehnung einer physiologischen Anthropologie beruht dabei zumeist auf der Irrelevanz für die im kantischen Denken seit den 1770er Jahren zentrale *Anthropologie in pragmatischer Hinsicht* und weniger auf epistemologischen und methodologischen Gründen (Kap. 6.2.2.1). Kant scheint im Anhang zur *Transzendentalen Dialektik* ausgehend von der kritischen Bezug- und Distanznahme auf Leibniz und Bonnet das Konzept der Stufenleiter der Geschöpfe klar vor Augen zu haben. Dieses bildet nichts als eine Befolgung des auf dem Interesse der Vernunft beruhenden Grundsatzes der Affinität. Die Vernunftmaxime soll dabei die Suche nach Übergängen und Zwischengliedern beleben, aber die grundsätzliche Möglichkeit von Lücken offenhalten. Damit ist die physiologische Anthropologie als ein nach einem Prinzip geordnetes Ganzes der Erkenntnis gefasst, dessen jeweilige Teile allerdings der empirischen Forschung überlassen werden – eine Klassifizierung, die jener der Chemie als uneigentlicher Wissenschaft sehr nahe steht (Kap 6.2.2.2).

Im Rahmen des Beispiels zur Astronomie und Bewegungslehre (Kap. 6.2.3) setzt Kant die Planetenbewegungen und die historische Entwicklung ihrer Theorien in Analogie zur Menschheitsgeschichte. In der *Kritik der reinen Vernunft* ist demnach neben dem Entwurf zu einer *Geschichte der reinen Vernunft* am Ende der *Transzendentalen Methodenlehre* der Anhang zur *Transzendentalen Dialektik* der systematische Ort einer Philosophie der Geschichte in theoretischer Hinsicht. Das Planetenbeispiel im Anhang zur *Transzendentalen Dialektik* skizziert dabei dasselbe systematische Beispiel wie § 38 der *Prolegomena*, entwickelt aber mit den verschiedenen Kegelschnitten die regulative Funktion der Vernunft und nicht die konstitutive Funktion des Verstandes (Kap. 6.2.3.1). Der Kegel bildet darin den systematischen Rahmen, aus dem die verschiedenen Bewegungen von Planeten und Kometen gewonnen werden können. In der Analogie zur Philosophie der Geschichte bildet dieser die Bedingung dafür, den Fortschritt der Menschheitsgeschichte als regulative Idee zu denken (Kap. 6.2.3.2). Kant greift in den 80er und 90er Jahren den im Anhang zur *Transzendentalen Dialektik* entwickelten systematischen Zusammenhang zwischen der Philosophie der Geschichte und den regulativen Ideen an verschiedenen Stellen wieder auf (Kap. 6.2.3.3).

Mit Blick auf die Gliederung der Naturlehre in den *Metaphysischen Anfangsgründen der Naturwissenschaft* zeigt sich, dass Kant im Anhang zur *Transzendentalen Dialektik* Disziplinen in den Fokus seiner Aufmerksamkeit nimmt, die nicht als eigentliche Wissenschaften aufgefasst werden und damit ausgehend von der *Kritik der reinen Vernunft* einen Sonderstatus haben. Im Zentrum aller drei Beispiele steht das Prinzip der Kontinuität bzw. der Affinität.

Das Theologiebeispiel im zweiten Teil des Anhangs zur *Transzendentalen Dialektik* entwickelt die Frage nach der Möglichkeit einer transzendentalen Theologie. Ausgangspunkt ist dabei Kants Beweisführung im Rahmen des *Ideals der reinen Vernunft*, in dem er alle Versuche des spekulativen Gebrauchs der Vernunft in Ansehung der Theologie als gänzlich fruchtlos ausweist und sich damit sowohl gegen die natürliche als auch gegen die transzendentale Theologie als zwei Formen rationaler Theologie wendet. Aus der Widerlegung der verschiedenen doktrinalen und rationalen Theologiekonzepte folgt für Kant aber nicht eine Willkürlichkeit. Er kompensiert die Konzepte rationaler Theologie vielmehr mit der Idee einer suppositio relativa und etabliert damit 1781 ein relatives Primat der transzendentalen Theologie vor der Moraltheologie, die ihr als Stütze dienen soll (Kap. 6.3.1). Der zweite Teil des Anhangs zur *Transzendentalen Dialektik* greift genau in diesem Sinne die Frage nach der Möglichkeit einer transzendentalen Theologie erneut auf. Kant bestreitet dabei die Beweisbarkeit der Existenz eines höchsten Urwesens, nicht aber die Existenz eines notwendigen Urgrunds. Das höchste Wesen darf als Gegenstand in der Idee, niemals aber als ein Gegenstand in der Realität gedacht werden. Eine solche Einschränkung erlaubt zudem einen symbolischen Anthropomorphismus, zumindest wenn er dem regulativen Prinzip förderlich ist. Der Anhang zur *Transzendentalen Dialektik* weist damit das am Ende des Ideal-Kapitels postulierte fehlerfreie Ideal nicht nur als kompatibel mit der theoretischen Vernunft aus, sondern steckt auch die inhaltlichen und systematischen Rahmenbedingungen und den Geltungsbereich einer regulativen transzendentalen Theologie ab (Kap. 6.3.2).

Anhand dieser konkreten Fallbeispiele hat Kant den Einfluss des Gegenstands hinter der Spiegelfläche für das Feld möglicher Erfahrung aufgewiesen. Dabei sind in der Chemie die Elemente bzw. Prinzipien, in der physiologischen Anthropologie das Konzept der Stufenleiter der Geschöpfe und in der Astronomie- und Bewegungslehre die jeweiligen Konzepte der Planetenbewegungen als Gegenstände hinter der Spiegelfläche aufzufassen. In der transzendentalen Theologie wiederum wird Gott als ein solcher Gegenstand hinter der Spiegelfläche gedacht. In all diesen Fällen verhilft der Gegenstand hinter der Spiegelfläche dazu, die Forschung im Feld möglicher Erfahrungen zu beleben, ohne dabei aber konstitutiv einzugreifen.

Resümee

Die Leitfrage der Arbeit greift eine textimmanente Problemstellung der *Transzendentalen Dialektik* der *Kritik der reinen Vernunft* auf, indem nach der Möglichkeit eines regulativen Apriori im Rahmen der methodischen Vorgaben der *Kritik der reinen Vernunft* gefragt wird. Den Ausgangspunkt der Untersuchung bilden dabei der Anhang zur *Transzendentalen Dialektik* und seine Bezüge zum Ersten und Zweiten Buch der *Transzendentalen Dialektik*. Nachdem Kant in der Einleitung der *Transzendentalen Dialektik* explizit danach fragt, ob die reine Vernunft a priori synthetische Grundsätze und Regeln enthält und ob jene Grundsätze der Vernunft eine objektive Richtigkeit haben, d. h. nicht bloß eine logische Vorschrift bilden, fragt er im Anhang zur *Transzendentalen Dialektik* nach dem Wie solcher Vernunftgrundsätze. Um Kants regulativen Vernunftgebrauch als Antwort auf die Frage nach diesem Wie zu entwickeln, wurde in drei Teilen argumentiert:

Der erste Teil der Arbeit – *Problemfeld* – entwickelt immanente Kriterien, durch die das Lehrstück des Anhangs zur *Transzendentalen Dialektik* dargestellt und geprüft werden kann. Dabei wird erstens die innere Struktur des Anhangs freigelegt und zweitens der regulative Vernunftgebrauch gegenüber dem konstitutiven im Rahmen der *Antinomie der reinen Vernunft* expliziert.

Der Zweite Teil – *Analysen* – greift ausgehend von den im ersten Teil gewonnenen Kriterien die Leitfrage der Arbeit explizit auf. Diese zerfällt dabei in drei Unterfragen, anhand denen die zentralen Aspekte des regulativen Vernunftgebrauchs problematisiert werden können: Erstens stellt sich die Frage nach dem Ursprung der Vernunftbegriffe, zweitens die Frage nach dem durch die Vernunftbegriffe zu entwickelnden Zusammenhang von Zweck- und Systembegriff und drittens die Frage nach der Möglichkeit bzw. Durchführung einer transzendentalen Rechtfertigung der Vernunftbegriffe.

Im dritten Teil – *Dimension und Reichweite* – werden auf der Basis der textimmanenten Analyse von Teil zwei die konkreten Beispiele, die Kant im Anhang zur *Transzendentalen Dialektik* anführt, untersucht, um damit die begrifflich-abstrakten Gedankengänge an Fallbeispielen zu konkretisieren und Kants Anspruch, den er mit dem regulativen Vernunftgebrauch verbindet, auch im historischen Kontext zu verdeutlichen.

Leitendes Motiv in der Analyse ist die von Kant in Absatz 1.4. eingeführte Spiegelmetapher, in der er die Vernunftbegriffe in Analogie zum focus imaginarius charakterisiert. Newton, von dem Kant den Terminus focus imaginarius entlehnt, bestimmt mit dem Begriff einen *scheinbaren* Ort eines Gegenstandes auf der Sehachse eines vor einem Spiegel stehenden Wahrnehmungssubjekts, obwohl sich der Gegenstand hinter oder seitlich neben dem Subjekt befindet. Die Spiegelmetapher verdeutlicht in Kants Konzeption den transzendentalen Schein bzw. die unvermeidliche Illusion der Vernunft: Der Gegenstand im Spiegelbild scheint dem betrachtenden Auge so, als ob er von einem dahinterliegenden Gegenstand, der außerhalb des Feldes empirischmöglicher Erkenntnis liegt, herkommen würde bzw. ausgeflossen ist. Alle fünf Kapitel der drei Teile der Arbeit sind rund um diese von Kant skizzierte Analogie entwickelt und deuten sie in spezifischer Weise:

In Kapitel 2 *Im Hinterzimmer der Kritik der reinen Vernunft – der Grundsatz der Vernunft* zeigt sich, dass sich Kants Kritik an den Disziplinen der metaphysica specialis nicht gegen den Grundsatz der Vernunft selbst und auch nicht gegen das dadurch erschlossene Unbedingte wendet, sondern gegen den spezifischen Status des Unbedingten. Die Vernunftbegriffe sind als eingebildete Gegenstände hinter der Spiegelfläche aufgegeben, und nicht als Gegenstände möglicher Erfahrung gegeben.

In Kapitel 3 *Ursprung und bestimmte Zahl der Vernunftbegriffe – die metaphysische Deduktion* wird, ausgehend vom Grundsatz der Vernunft, vom Erkennen des Bedingten im Felde möglicher Erfahrung auf ein Unbedingtes als ein Gegenstand hinter der Spiegelfläche geschlossen. Die Vernunftideen (Gott/Welt/Seele) bilden dabei transzendentale Formen des Unbedingten, d. i. Gegenstände hinter der Spiegelfläche. Die Vernunftprinzipien (Homogenität/Spezifikation/Kontinuität) sind wiederum transzendentale Funktionen des Schließens auf ein Unbedingtes als Gegenstand hinter der Spiegelfläche.

In Kapitel 4 *Schule und Grundlage des Gebrauchs der Menschenvernunft – das Systematische der Erkenntnis* erweist sich, dass die Zweckmäßigkeit, durch welche die Systematizität der Erkenntnis (Grundsätze des Verstandes) geleistet wird, aufgrund eines reziproken Spannungsverhältnisses von Bedingtem im Feld möglicher Erfahrung und Unbedingtem als Gegenstand hinter der Spiegelfläche zu denken ist.

In Kapitel 5 *Einige objektive Gültigkeit – eine transzendentale Deduktion der Vernunftbegriffe* wird das Problemfeld einer transzendentalen Deduktion der Vernunftbegriffe mit der Rechtfertigung des absteigenden Gebrauchs vom Unbedingten auf das Feld möglicher Erfahrung im Rahmen des Systembegriffs der *Kritik der reinen Vernunft* identifiziert. Zu rechtfertigen ist demnach die Geltung des Gegenstands hinter der Spiegelfläche für das Feld möglicher Erfahrung bzw. die Geltung der Prinzipien im Schließen vom Gegenstand hinter der Spiegelfläche auf das Feld möglicher Erfahrung.

In Kapitel 6 *Aussichten auf das Feld möglicher Erfahrung – der transzendentale Grundsatz der Vernunft* kann anhand von Fallbeispielen in konkreter Form der Einfluss des Gegenstands hinter der Spiegelfläche für das Feld möglicher Erfahrung aufgewiesen werden. Dabei sind in der Chemie die Elemente bzw. Prinzipien als Gegenstand hinter der Spiegelfläche aufzufassen. In der physiologischen Anthropologie ist das Konzept der Stufenleiter der Geschöpfe als ein solcher Gegenstand hinter der Spiegelfläche zu denken. In der Astronomie- und Bewegungslehre sind die jeweiligen Theorien der Planetenbewegungen, d. i. der Kreis, der Zirkel, die Parabel etc., als Gegenstände hinter der Spiegelfläche aufzufassen. In der transzendentalen Theologie wiederum ist es Gott, der einen solchen Gegenstand hinter der Spiegelfläche bildet. In all diesen Fällen verhilft der Gegenstand hinter der Spiegelfläche dazu, die Forschung im Feld möglicher Erfahrungen zu beleben.

Die Arbeit legt damit in Form einer Kontextualisierung des Anhangs zur *Transzendentalen Dialektik*, insbesondere mit dem Ersten und Zweiten Buch der *Transzendentalen Dialektik*, die immanente Funktion und Struktur der Textpassage frei. Obwohl das Lehrstück vom regulativen Vernunftgebrauch in vielen Aspekten uneinheitlich und rudimentär bleibt, hat Kant 1781 damit einen in den methodischen Vorgaben der *Kritik der reinen Vernunft* eingebetteten regulativen Vernunftgebrauch skizziert. Der Grundsatz der Vernunft wird dabei in seiner konstitutiven Form zurückgewiesen und in einer regulativen Interpretation als transzendentaler Grundsatz der Vernunft neu begründet.

Bibliografie

und doch ist das Zitieren alter und neuer Bücher das Hauptvergnügen eines jungen Autors, und so ein paar grundgelehrte Zitate zitieren den ganzen Menschen.
Heinrich Heine (1827, S. 230)

Siglenverzeichnis

AA	Akademieausgabe
Anth	Anthropologie in pragmatischer Hinsicht
BDG	Der einzig mögliche Beweisgrund zu einer Demonstration des Daseins Gottes
Br	Briefe
CPG	Entwurf und Ankündigung eines Collegii der physischen Geographie nebst dem Anhange einer kurzen Betrachtung über die Frage: Ob die Westwinde in unsern Gegenden darum feucht seien, weil sie über ein großes Meer streichen
DG	Untersuchung über die Deutlichkeit der Grundsätze der natürlichen Theologie und der Moral
DP	Danziger Physik
EEKU	Erste Einleitung in die Kritik der Urteilskraft
FM	Welches sind die wirklichen Fortschritte, die die Metaphysik seit Leibnizens und Wolf's Zeiten in Deutschland gemacht hat?
FS	Die falsche Spitzfindigkeit der vier syllogistischen Figuren
GMS	Grundlegung der Metaphysik der Sitten
GwS	Gedanken von der wahren Schätzung der lebendigen Kräfte und Beurtheilung der Beweise, deren sich Herr von Leibniz und andere Mechaniker in dieser Streitsache bedient haben, nebst einigen vorhergehenden Betrachtungen, welche die Kraft der Körper überhaupt betreffen
IaG	Idee zu einer allgemeinen Geschichte in weltbürgerlicher Absicht
LBlomberg	Logik Blomberg
LDohna	Logik Dohna-Wundlacken
Log	Jäsche Logik
LPhil	Logik Philippi
LPölitz	Logik Pölitz
LWiener	Wiener Logik
KpV	Kritik der praktischen Vernunft
KU	Kritik der Urteilskraft
MAdN	Metaphysische Anfangsgründe der Naturwissenschaft
MPölitz	Kant Metaphysik L1
MS	Die Metaphysik der Sitten
MSI	De mundi sensibilis atque intelligibilis forma et principiis
NTH	Allgemeine Naturgeschichte und Theorie des Himmels oder Versuch von der Verfassung und dem mechanischen Ursprunge des ganzen Weltgebäudes, nach Newtonischen Grundsätzen abgehandelt

Prol	Prolegomena zu einer jeden künftigen Metaphysik, die als Wissenschaft wird auftreten können
Refl	Reflexion
RezHerder	Recensionen von J. G. Herders Ideen zur Philosophie der Geschichte der Menschheit
RGV	Die Religion innerhalb der Grenzen der bloßen Vernunft
SF	Der Streit der Facultäten
TG	Träume eines Geistersehers, erläutert durch Träume der Metaphysik
ÜE	Über eine Entdeckung, nach der alle neue Kritik der reinen Vernunft durch eine ältere entbehrlich gemacht werden soll
ÜGTP	Über den Gebrauch teleologischer Principien in der Philosophie
V-Anth	Vorlesungen über Anthropologie
V-MS/Vigil	Metaphysik der Sitten Vigilantius
V-Phil-Th/Pölitz	Philosophische Religionslehre nach Pölitz
VT	Von einem neuerdings erhobenen vornehmen Ton in der Philosophie
WDO	Was heißt: Sich im Denken orientiren?

Literaturverzeichnis

Verzeichnis der Schriften Kants

Die *Kritik der reinen Vernunft* wird nach der ersten (A: 1781) und der zweiten (B: 1787) Auflage zitiert. Auf Kants übrige Werke wird nach der Akademieausgabe (AA) verwiesen: Die römischen Ziffern beziehen sich auf den jeweiligen Band und die arabischen Ziffern auf die Seiten.

Kants gesammelte Schriften. Königliche Preußische Akademie der Wissenschaften (Hrsg.). 29 Bde. Berlin: 1900 ff.

- „Gedanken von der wahren Schätzung der lebendigen Kräfte und Beurtheilung der Beweise, deren sich Herr von Leibniz und andere Mechaniker in dieser Streitsache bedient haben, nebst einigen vorhergehenden Betrachtungen, welche die Kraft der Körper überhaupt betreffen". In: *AA I Vorkritische Schriften I 1747–1756*, S. 1–182. (GwS)
- „Allgemeine Naturgeschichte und Theorie des Himmels oder Versuch von der Verfassung und dem mechanischen Ursprunge des ganzen Weltgebäudes, nach Newtonischen Grundsätzen abgehandelt". In: *AA I Vorkritische Schriften I 1747–1756*, S. 215–368. (NTH)
- „Entwurf und Ankündigung eines Collegii der physischen Geographie nebst dem Anhange einer kurzen Betrachtung über die Frage: Ob die Westwinde in unsern Gegenden darum feucht seien, weil sie über ein großes Meer streichen". In: *AA II Vorkritische Schriften II 1757–1777*, S. 1–12. (CPG)
- „Die falsche Spitzfindigkeit der vier syllogistischen Figuren". In: *AA II Vorkritische Schriften II 1757–1777*, S. 45–62. (FS)
- „Der einzig mögliche Beweisgrund zu einer Demonstration des Daseins Gottes". In: *AA II Vorkritische Schriften II 1757–1777*, S. 63–165. (BDG)

- „Untersuchung über die Deutlichkeit der Grundsätze der natürlichen Theologie und der Moral". In: *AA II Vorkritische Schriften II 1757–1777*, S. 273–302. (DG)
- „Träume eines Geistersehers, erläutert durch Träume der Metaphysik". In: *AA II Vorkritische Schriften II 1757–1777*, S. 315–374. (TG)
- „De mundi sensibilis atque intelligibilis forma et principiis. Über die Form und die Prinzipien der sinnlichen und der Verstandeswelt". In: *AA II Vorkritische Schriften II 1757–1777*, S. 385–421. (MSI)
- „Kritik der reinen Vernunft". In: *AA III Kritik der reinen Vernunft*.
- „Kritik der reinen Vernunft". In: *AA IV Kritik der reinen Vernunft. Prolegomena*, S. 1–252.
- „Prolegomena zu einer jeden künftigen Metaphysik, die als Wissenschaft wird auftreten können". In: *AA IV Kritik der reinen Vernunft. Prolegomena*, S. 253–380. (Prol)
- „Grundlegung der Metaphysik der Sitten". In: *AA IV Kritik der reinen Vernunft. Prolegomena*, S. 385–464. (GMS)
- „Metaphysische Anfangsgründe der Naturwissenschaft". In: *AA IV Kritik der reinen Vernunft. Prolegomena*, S. 465–567. (MAdN)
- „Kritik der praktischen Vernunft". In: *AA V Kritik der praktischen Vernunft. Kritik der Urteilskraft*, S. 1–164. (KpV)
- „Kritik der Urteilskraft". In: *AA V Kritik der praktischen Vernunft. Kritik der Urteilskraft*, S. 165–487. (KU)
- „Die Metaphysik der Sitten". In: *AA VI Die Religion innerhalb der Grenzen der bloßen Vernunft. Die Metaphysik der Sitten*, S. 203–494. (MS)
- „Die Religion innerhalb der Grenzen der bloßen Vernunft". In: *AA VI Die Religion innerhalb der Grenzen der bloßen Vernunft. Die Metaphysik der Sitten*, S. 1–202. (RGV)
- „Der Streit der Facultäten". In: *AA VII Der Streit der Fakultäten*, S. 1–116. (SF)
- „Anthropologie in pragmatischer Hinsicht". In: *AA VII Der Streit der Fakultäten*, S. 117–335. (Anth)
- „Idee zu einer allgemeinen Geschichte in weltbürgerlicher Absicht". In: *AA VIII Abhandlungen nach 1781*, S. 15–32. (IaG)
- „Recensionen von J. G. Herders Ideen zur Philosophie der Geschichte der Menschheit". In: *AA VIII Abhandlungen nach 1781*, S. 43–66. (RezHerder)
- „Was heißt: Sich im Denken orientiren?". In: *AA VIII Abhandlungen nach 1781*, S. 131–148. (WDO)
- „Über den Gebrauch teleologischer Principien in der Philosophie". In: *AA VIII Abhandlungen nach 1781*, S. 157–184. (ÜGTP)
- „Über eine Entdeckung, nach der alle neue Kritik der reinen Vernunft durch eine ältere entbehrlich gemacht werden soll". In: *AA VIII Abhandlungen nach 1781*, S. 185–252. (ÜE)
- „Von einem neuerdings erhobenen vornehmen Ton in der Philosophie". In: *AA VIII Abhandlungen nach 1781*, S. 387–406. (VT)
- „Logik". In: *AA IX Logik. Physische Geographie. Pädagogik*, S. 1–151. (Log)
- „Briefe". In: *AA X-XVII Briefwechsel*. (Br)
- „Reflexionen". In: *AA XIV-XIX Handschriftlicher Nachlaß*. (Refl)
- „Welches sind die wirklichen Fortschritte, die die Metaphysik seit Leibnitzens und Wolf's Zeiten in Deutschland gemacht hat?". In: *AA XX Handschriftlicher Nachlaß*, S. 253–332. (FM)
- „Erste Einleitung in die Kritik der Urteilskraft". In: *AA XX Handschriftlicher Nachlaß*, S. 193–251. (EEKU)

- „Logik Dohna-Wundlacken". In: *AA XXIV Vorlesungen über Logik Band I*, S. 686 – 784. (LDohna)
- „Logik Blomberg". In: *AA XXIV Vorlesungen über Logik Band I*, S. 7 – 301. (LBlomberg)
- „Logik Philippi". In: *AA XXIV Vorlesungen über Logik Band I*, S. 303 – 496. (LPhil)
- „Logik Pölitz". In: *AA XXIV Vorlesungen über Logik Band I*, S. 497 – 602. (LPölitz)
- „Wiener Logik". In: *AA XXIV Vorlesungen über Logik Band I*, S. 785 – 940. (LWiener)
- „Vorlesungen über Anthropologie". In: *AA XXV Vorlesungen Wintersemester*. (V-Anth)
- „Metaphysik der Sitten Vigilantius". In: *AA XVII Vorlesungen über Moralphilosophie Band IV*, S. 479 – 732. (V-MS/Vigil)
- „Philosophische Religionslehre nach Pölitz". In: *AA XXVIII Vorlesungen über Metaphysik und Rationaltheologie Band V*, S. 989 – 1126. (V-Phil-Th/Pölitz)
- „Kant Metaphysik L1 (Pölitz)". In: *AA XXVIII Vorlesungen über Metaphysik und Rationaltheologie Band V*, S. 167 – 350. (MPölitz)
- „Danziger Physik". In: *AA XXIX Kleinere Vorlesungen und Ergänzungen Band VI*, S. 93 – 169. (DP)

Weitere Ausgaben der *Kritik der reinen Vernunft*, auf die verwiesen wird:

- (1781): *Critik der reinen Vernunft*. Johann Friedrich Hartknoch (Hrsg.). Riga.
- (1838): „Immanuel Kant's Kritik der reinen Vernunft". In: *Immanuel Kant's sämmtliche Werke*. Karl Rosenkranz (Hrsg.) Bd. 2. Leipzig.
- (1889): *Immanuel Kants Kritik der reinen Vernunft. Mit einer Einleitung und Anmerkungen*. Erich Adickes (Hrsg.). Berlin.
- (1998): *Kritik der reinen Vernunft*. Jens Timmermann (Hrsg.). Hamburg.

Verzeichnis weiterführender Literatur

Adickes, Erich (Hrsg.) (1889): *Immanuel Kants Kritik der reinen Vernunft. Mit einer Einleitung und Anmerkungen*. Berlin.
Adickes, Erich (1927): *Kant und die Als-Ob-Philosophie*. Stuttgart.
Adickes, Erich (1929): *Kants Lehre von der doppelten Affektion unseres Ich als Schlüssel zu seiner Erkenntnistheorie*. Tübingen.
Al-Azm, Sadiq Jalal (1972): *The Origins of Kant's Arguments in the Antinomies*. Oxford.
Albert, Hans (1991): *Traktat über die kritische Vernunft*. Tübingen.
Albrecht, Michael (1981): „Der Deist und der Theist (KrV B 659 – 661)". In: Gerhard Funke (Hrsg.): *Akten des V. Internationalen Kant-Kongresses*. Bd. 1. Bonn, S. 475 – 484.
Allison, Henry E. (1976): „Kant's Refutation of Realism". In: *Dialectica* 30, S. 223 – 252.
Allison, Henry E. (2004): *Kant's Transcendental Idealism. An Interpretation and Defense. Revised and enlarged Edition*. New Haven, London.
Allison, Henry E. (2008): *Custom and Reason in Hume: A Kantian Reading of the First Book of the Treatise*. Oxford.
Andersen, Svend (1983): *Ideal und Singularität. Über die Funktion des Gottesbegriffes in Kants theoretischer Philosophie*. Berlin, New York.
Angehrn, Emil (2004): „Kant und die gegenwärtige Geschichtsphilosophie". In: Dietmar Heidemann/Kristina Engelhard (Hrsg.): *Warum Kant heute?* Berlin, S. 328 – 351.

Annay, Julia/Barnes, Jonathan (1985): *The Modes of Scepticism*. Cambridge.
Aristoteles (1995): „Lehre vom Schluss oder erste Analytik (An. pri.)". In: *Philosophische Schriften*. Bd. 1. Übersetzt v. Eugen Rolfes. Hamburg, 24a-70b.
Aristoteles (1995): „Lehre vom Beweis oder zweite Analytik (An. post.)". In: *Philosophische Schriften*. Bd. 1. Übersetzt v. Eugen Rolfes. Hamburg, 71a-100b.
Bahr, Petra (2004): *Darstellung des Undarstellbaren. Religionstheoretische Studien zum Darstellungsbegriff bei A. G. Baumgarten und I. Kant*. Tübingen.
Bartuschat, Wolfgang (1972): *Zum systematischen Ort von Kants Kritik der Urteilskraft*. Frankfurt am Main.
Bauch, Bruno (1911): *Studien zur Philosophie der exakten Wissenschaften*. Heidelberg.
Bauer-Drevermann, Ingrid (1956): „Der Begriff der Zufälligkeit in der Kritik der Urteilskraft". In: *Kant-Studien* 56, S. 497–504.
Baum, Manfred (1986): *Deduktion und Beweis in Kants Transzendentalphilosophie. Untersuchung zur Kritik der reinen Vernunft*. Königstein.
Baum, Manfred (2001): „Systemform und Selbsterkenntnis der Vernunft bei Kant". In: Wilhelm G. Jacobs/Hans-Dieter Klein/Jürgen Stolzenberg (Hrsg.): *Architektonik und System in der Philosophie Kants*. Hamburg, S. 25–41.
Baumanns, Peter (1988): „Kants vierte Antinomie und das Ideal der reinen Vernunft". In: *Kant-Studien* 79, S. 183–200.
Baumanns, Peter (1997): *Kants Philosophie der Erkenntnis. Durchgehender Kommentar zu den Hauptkapiteln der „Kritik der reinen Vernunft"*. Würzburg.
Baumgartner, Hans Michael (1991a): *Kants „Kritik der reinen Vernunft". Anleitung zur Lektüre*. Freiburg, München.
Baumgartner, Hans Michael (1991b): „Wandlungen des Vernunftbegriffs". In: Hans Michael Baumgartner: *Endliche Vernunft. Zur Verständigung der Philosophie über sich selbst*. Bonn, Berlin, S. 151–180.
Bazil, Vazrik (1995): *Ideal und Schema. Zum „Anhang zur Transzendentalen Dialektik" der Kritik der reinen Vernunft*. Inaug.-Diss. München.
Becher, Johann Joachim (1703): *Physica Subterranea*. Leipzig.
Bennett, Jonathan (1974): *Kant's Dialectic*. Cambridge.
Berger, Jutta (1998): „Affinität und Reaktionszeit in der Chemie des 18. Jahrhunderts". In: *Mitteilungen der Gesellschaft Deutscher Chemiker* 14, S. 25–55.
Bergman, Torbern Olof (1782–1785): *Kleine physische und chemische Werke (Opuscula physica et chemica)*. 3. Bd. Frankfurt am Mayn.
Bibel in der Einheitsübersetzung der Heiligen Schrift (1980): Klosterneuburg.
Bickmann, Claudia (2002): „Zur systematischen Funktion der Kantischen Ideenlehre". In: Reinhard Hiltscher/André Georgi (Hrsg.): *Perspektiven der Transzendentalphilosophie*. Freiburg, München, S. 43–80.
Birken-Bertsch, Hanno (2006): *Subreption und Dialektik bei Kant. Der Begriff des Fehlers der Erschleichung in der Philosophie des 18. Jahrhunderts*. Stuttgart-Bad Cannstatt.
Bittner, Rüdiger (1970): *Über die Bedeutung der Dialektik Immanuel Kants*. Inaug.-Diss. Heidelberg.
Blackburn, Simon (1980): „Truth, Realism, and the Regulation of Theory". In: *Midwest Studies in Philosophy* 5, S. 353–371.
Blomme, Henny (2015): „Kant's Conception of Chemistry in Danziger Physik". In: Robert R. Clewis (Hrsg.): *Reading Kant's Lectures*. Berlin, Boston, S. 484–501.

Blumenbach, Johann Friedrich (1814): *Handbuch der Naturgeschichte.* Göttingen.
Blumenberg, Hans (1981): *Die Genesis der kopernikanischen Welt. Die Zweideutigkeit des Himmels. Eröffnung der Möglichkeit eines Kopernikus.* 3 Bde. Frankfurt am Main.
Böhme, Gernot (1974): „Über Kants Unterscheidung von extensiven und intensiven Größen". In: *Kant-Studien* 65, S. 239–258.
Boyle, Robert (1661): *The Sceptical Chymist.* London.
Bondeli, Martin (1996): „Zu Kants Behauptung der Unentbehrlichkeit der Vernunftideen". In: *Kant-Studien* 87, S. 166–183.
Bondeli, Martin (2010): „Idee als System, Idee des Verstandes, System der Ideen. Bemerkungen zu Kants Ideenlehre". In: Jiří Chotaš/Jindřich Karásek/Jürgen Stolzenberg (Hrsg.): *Metaphysik und Kritik. Interpretationen zur „Transzendentalen Dialektik" der Kritik der reinen Vernunft.* Würzburg, S. 37–58.
Bonnet, Charles (1745): *Traité d'Insectologie.* Paris.
Bonnet, Charles (1754): *Essai de psychologie.*
Bonnet, Charles (1779–1783): *Contemplation de la nature.*
Brandt, Reinhard (1991): *Die Urteilstafel. Kritik der reinen Vernunft (A 67–76; B 92–101).* Hamburg.
Brandt, Reinhard (1999): *Kritischer Kommentar zu Kants „Anthropologie in pragmatischer Hinsicht" (1798).* Hamburg.
Brandt, Reinhard (2003): *Universität zwischen Selbst- und Fremdbestimmung. Kants „Streit der Fakultäten". Mit einem Anhang zu Heideggers Rektoratsrede.* Berlin.
Brandt, Reinhard (2007): *Die Bestimmung des Menschen bei Kant.* Hamburg.
Brandt, Reinhard (2010): *Immanuel Kant – Was bleibt?* Hamburg.
Brandt, Reinhard (2015): „Kants Revolutionen". In: *Kant-Studien* 105, S. 3–36.
Brandt, Reinhard (2016): „Kants Systeme". In: *Kant-Studien* 107, S. 681–703.
Briesen, Jochen (2013): „Is Kant (Wright)? – On Kant's Regulative Ideas and Wright's Entitlements". In: *Kant Yearbook* 18, S. 1–32.
Brittan, Gordon G. (1986): „Kant's Two Grand Hypotheses". In: Robert E. Butts (Hrsg.): *Kant's Philosophy of Physical Science.* Dordrecht, S. 61–95.
Bröcker, Walter (1970): *Kant über Metaphysik und Erfahrung.* Frankfurt am Main.
Brucker, Johann Jakob (1742): *Historia critica philosophiae. A mundi incunabulis ad nostrum usque aetatem deducta.* Bern.
Brugger, Walter (1955): „Das Unbedingte in Kants Kritik der reinen Vernunft". In: Johann B. Lotz (Hrsg.): *Kant und die Scholastik heute.* Pullach, S. 109–153.
Bubner, Rüdiger (1992): „Platon – Vater aller Schwärmerei. Zu Kants Aufsatz ‚Von einem neuerdings erhobenen vornehmen Ton in der Philosophie'". In: *Antike Themen und ihre moderne Verwandlung.* Frankfurt, S. 80–92.
Büchel, Gregor (1987): *Geometrie und Philosophie. Zum Verhältnis beider Vernunftwissenschaften im Fortgang von der Kritik der reinen Vernunft zum Opus postumum.* Berlin, New York.
Buchdahl, Gerd (1969): *Metaphysics and the Philosophy of Science. The Classical Origins – Descartes to Kant.* Oxford.
Buchdahl, Gerd (1984a): „Zum Verhältnis von allgemeiner Metaphysik der Natur und besonderer metaphysischer Naturwissenschaft bei Kant". In: Burkhard Tuschling (Hrsg.): *Probleme der „Kritik der reinen Vernunft". Kant-Tagung Marburg 1981.* Berlin, S. 97–142.

Buchdahl, Gerd (1984b): „Transzendentale Beweisführungen in Kants Philosophie der Wissenschaft. Bemerkungen zu Hermann Krings' Beitrag". In: Eva Schaper/Wilhelm Vossenkuhl (Hrsg.): *Bedingungen der Möglichkeit. ‚Transcendental Arguments' und transzendentales Denken.* Stuttgart, S. 91–104.

Buchdahl, Gerd (1992): *The Kantian Dynamics of Reason.* Oxford.

Buffon, Georges-Louis Leclerc de (1835): „Histoire et théorie de la terre, preuves de la théorie de la terre. Article I: De la formation des planètes". In: Œuvres complètes. Bd. 1. Georges Cuvier (Hrsg.). Paris, S. 84–98.

Burkhardt, Bernd (1989): *Hegels Kritik an Kants theoretischer Philosophie dargestellt und beurteilt an den Themen der metaphysica specialis.* München.

Caimi, Mario (1995): „Über eine wenig beachtete Deduktion der regulativen Ideen". In: *Kant-Studien* 86, S. 308–320.

Camartin, Iso (1971): *Die Schematismuslehre in der Philosophie von Kant und Fichte.* Regensburg.

Carboncini, Sonia/Finster, Reinhard (1982): „Das Begriffspaar Kanon-Organon. Seine Bedeutung für die Entstehung der kritischen Philosophie Kants". In: *Archiv für Begriffsgeschichte* 26, S. 25–59.

Carl, Wolfgang (1992): *Die Transzendentale Deduktion der Kategorien in der ersten Auflage der Kritik der reinen Vernunft. Ein Kommentar.* Frankfurt am Main.

Carrier, Martin (1986): „Die begriffliche Entwicklung der Affinitätstheorie im 18. Jahrhundert". In: *Archive for History of Exact Sciences* 36, S. 327–389.

Carrier, Martin (1990): „Kants Theorie der Materie und ihre Wirkung auf die zeitgenössische Chemie". In: *Kant-Studien* 81, S. 171–210.

Carrier, Martin (2001): „Kant's Theory of Matter and His Views on Chemistry". In: Eric Watkins (Hrsg.): *Kant and the Sciences.* Oxford, S. 205–230.

Cassirer, Ernst (1922): *Das Erkenntnisproblem in der Philosophie und Wissenschaft der neueren Zeit.* Bd. 2. 3. Aufl. Berlin.

Cheneval, Francis (2002): *Philosophie in weltbürgerlicher Bedeutung. Über die Entstehung und die philosophischen Grundlagen des supranationalen und kosmopolitischen Denkens der Moderne.* Basel.

Cheung, Tobias (2005): *Charles Bonnets Systemtheorie und Philosophie organisierter Körper.* Frankfurt am Main.

Cohen, Hermann (1877): *Kants Begründung der Ethik.* Berlin.

Cohen, Hermann (1902): *System der Philosophie. Erster Theil: Logik der reinen Erkenntniss.* Berlin.

Cohen, Hermann (1918): *Kants Theorie der Erfahrung.* 3. Aufl. Berlin.

Cunico, Gerardo (2008): „Erklärungen für das Übersinnliche: physikotheologischer und moralischer Gottesbeweis (§§ 85–89)". In: Otfried Höffe (Hrsg.): *Immanuel Kant. Kritik der Urteilskraft.* Berlin, S. 309–330.

Deleuze, Gilles (2007): *Differenz und Wiederholung.* München.

Descartes, René (1986): *Meditationes de Prima Philosophia. Meditationen über die Erste Philosophie (Latein/Deutsch).* Gerhart Schmidt (Hrsg.). Stuttgart.

Despland, Michel (1973): *Kant on History and Religion.* Toronto.

Dimpker, Henning/Kraft, Bernd/Schönecker, Dieter (1996): „Torsionen der dritten Antinomie. Zum Widerstreit ihrer Beweise und Anmerkungen". In: Hariolf Oberer (Hrsg.): *Kant. Analysen – Probleme – Kritik.* Bd. 2. Würzburg, S. 175–239.

Dörflinger, Bernd (2000): *Das Leben theoretischer Vernunft. Teleologische und praktische Aspekte der Erfahrungstheorie Kants.* Berlin, New York.
Dörflinger, Bernd (2011): „Wozu sind die mathematischen kosmologischen Ideen gut?". In: Bernd Dörflinger/Günter Kruck (Hrsg.): *Über den Nutzen von Illusionen. Die regulativen Ideen in Kants theoretischer Philosophie.* Zürich, New York, S. 103–116.
Dougherty, Frank W. P. (1990): „Buffons Bedeutung für die Entwicklung des anthropologischen Denkens in Deutschland der zweiten Hälfte des 18. Jahrhunderts". In: Gunter Mann/Franz Dumon (Hrsg.): *Die Natur des Menschen. Problem der Physischen Anthropologie und Rassenkunde (1750–1850).* Stuttgart, New York, S. 221–280.
Duncan, Alistair (1996): *Laws and Order in Eighteenth-Century Chemistry.* Oxford.
Durner, Manfred (1996): „‚Immateriality of Matter'. Theorien der Materie bei Priestley, Kant und Schopenhauer". In: *Philosophisches Jahrbuch* 103, Nr. 2, S. 294–322.
Düsing, Klaus (1968): *Die Teleologie in Kants Weltbegriff.* Bonn.
Emundts, Dina (2015): „Idealismus, transzendentaler". In: Marcus Willaschek, Jürgen Stolzenberg, Georg Mohr [u. a.] (Hrsg.): *Kant-Lexikon.* Berlin, Boston, S. 1100–1109.
Engelhard, Kristina (2005): *Das Einfache und die Materie. Untersuchungen zu Kants Antinomie der Teilung.* Berlin.
Engstler, Achim (1996): „Die pyrrhonischen Skeptiker". In: Friedo Ricken (Hrsg.): *Philosophen der Antike II.* Stuttgart, S. 9–23.
Enskat, Rainer (2015): *Urteil und Erfahrung. Kants Theorie der Erfahrung. Erster Teil.* Göttingen.
Ernst, Wilhelm (1909): *Der Zweckbegriff bei Kant und sein Verhältnis zu den Kategorien.* Berlin.
Falkenburg, Brigitte (2000): *Kants Kosmologie. Die wissenschaftliche Revolution der Naturphilosophie im 18. Jahrhundert.* Frankfurt am Main.
Fischer, Norbert (1979): *Die Transzendenz in der Transzendentalphilosophie. Untersuchungen zu Kants „Kritik der reinen Vernunft".* Bonn.
Fischer, Norbert (1999): „Zur Kritik der Vernunfterkenntnis bei Kant und Levinas. Die Idee des transzendentalen Ideals und das Problem der Totalität". In: *Kant-Studien* 90, S. 168–190.
Fischer, Norbert (2010): „Kants Reflexion der Vernunfterkenntnis im ‚Anhang zur transzendentalen Dialektik'". In: Norbert Fischer (Hrsg.): *Kants Grundlegung einer kritischen Metaphysik. Einführung in die „Kritik der reinen Vernunft".* Hamburg, S. 323–342.
Flach, Werner (2015a): „Kants Geschichtsphilosophie". In: *Kant zu Geschichte, Kultur und Recht.* Wolfgang Bock (Hrsg.) Berlin, S. 181–192.
Flach, Werner (2015b): „Kants Geschichtsphilosophie im Widerstreit". In: *Kant zu Geschichte, Kultur und Recht.* Wolfgang Bock (Hrsg.). Berlin, S. 193–208.
Flach, Werner (1967): „Transzendentalphilosophie und Kritik. Zur Bestimmung des Verhältnisses der Titelbegriffe in der Kantischen Philosophie". In: Wilhelm Arnold/Hermann Zeitner (Hrsg.): *Tradition und Kritik. Festschrift für Rudolf Zocher zum 80. Geburtstag.* Stuttgart-Bad-Cannstatt, S. 69–83. Außerdem in: Wolfgang Bock (Hrsg.) (2015): *Kant zu Geschichte, Kultur und Recht.* Berlin, S. 1–14.
Fogelin, Robert J. (1994): *Pyrrhonian Reflections on Knowledge and Justification.* New York, Oxford.
Forster, Michael N. (2008): *Kant and Skepticism.* Princeton.
Förster, Eckart (2000): *Kant's Final Synthesis.* Cambridge.

Frank, Manfred (1996): "Einleitung". In: [Gottlob Ernst Schulze] *Aenesidemus oder über die Fundamente der von dem Herrn Professor Reinhold in Jena gelieferten Elementar Philosophie.* Hamburg, S. IX-LXXVIII.

Freydberg, Bernard (2001): "Revisiting the ‚Transcendental Deduction' in the Dialectic of the Critique of Pure Reason". In: Volker Gerhardt (Hrsg.): *Kant und die Berliner Aufklärung. Akten des IX. Internationalen Kant-Kongresses.* Bd. 2. Berlin, New York, S. 283–288.

Friedman, Michael (1985): "Kant's Theory of Geometry". In: *Philosophical Review* 94, S. 455–506.

Friedman, Michael (1992a): *Kant and the Exact Sciences.* Cambridge.

Friedman, Michael (1992b): "Causal Laws and the Foundations of Natural Science". In: Paul Guyer (Hrsg.): *The Cambridge Companion to Kant.* Cambridge, S. 161–199.

Frost, Walter (1906): *Der Begriff der Urteilskraft bei Kant.* Halle.

Galston, William A. (1975): *Kant and the Problem of History.* Chicago, London.

Gava, Gabriel (im Ersch.): "Sind die regulativen Ideen ein doktrinaler Glaube? Über die Rechtfertigung des regulativen Gebrauchs der Ideen im Anhang zur transzendentalen Dialektik". In: Violetta L. Waibel, Margot Ruffing (Hrsg.): *Natur und Freiheit. Akten des XII. Internationalen Kant-Kongresses.* Berlin, Boston.

Garve, Christian (1798): *Übersicht der vornehmsten Principien der Sittenlehre, von dem Zeitalter des Aristoteles an bis auf unsre Zeit.* Breslau.

Gawlick, Günter/Kreimendahl, Lothar (1987): *Hume in der deutschen Aufklärung. Umrisse einer Rezeptionsgeschichte.* Stuttgart.

Geier, Manfred (2003): *Kants Welt. Eine Biographie.* Reinbek bei Hamburg.

Geoffroy, Étienne François (1718): "Table des differents rapports observés en Chimie entre differentes substances". In: *Mémoires de l'Académie Royale des Sciences*, S. 202–212.

Gerhardt, Volker (1987): "Kants kopernikanische Wende. Friedrich Kaulbach zum Geburtstag". In: *Kant-Studien* 78, S. 133–152.

Gerhardt, Volker (1998): "Die Disziplin der reinen Vernunft 2. bis 4. Abschnitt (A 738/B 766– A 794/B 822)". In: Georg Mohr, Marcus Willaschek (Hrsg.): *Immanuel Kant. Kritik der reinen Vernunft.* Berlin, S. 571–596.

Gerhardt, Volker (2001): "Selbstüberschreitung und Selbstdisziplin. Zur Aktualität des Systembegriffs nach Kant". In: Friedrich Fulda/Jürgen Stolzenberg (Hrsg.): *Architektonik und System in der Philosophie Kants.* Hamburg, S. 245–261.

Gerhardt, Volker (2007): *Selbstbestimmung. Das Prinzip der Individualität.* Stuttgart.

Gideon, Abraham (1903): *Der Begriff Transscendental in Kants Kritik der reinen Vernunft.* Marburg.

Ginsborg, Hannah (1990): *The Role of Taste in Kant's Theory of Cognition.* New York.

Giordanetti, Piero (2008): "Objektive Zweckmäßigkeit, objektive und formale Zweckmäßigkeit, relative Zweckmäßigkeit (§§ 61–63)". In: Otfried Höffe (Hrsg.): *Immanuel Kant. Kritik der Urteilskraft.* Berlin, S. 211–222.

Glouberman, Mark (1993): "Rewriting Kant's Antinomies. A meta-interpretative Discussion". In: *Philosophical Forum* 25, S. 1–18.

Goethe, Johann Wolfgang (2000): *Faust. Der Tragödie erster Teil.* Stuttgart.

Goldman, Avery (2012): *Kant and the Subject of Critique. On the Regulative Role of the Psychological Idea.* Bloomington.

Goy, Ina (2017): *Kants Theorie der Biologie. Ein Kommentar. Eine Lesart. Eine historische Einordnung.* Berlin, Boston.

Gouaux, Charles (1972): „Kant's View on the Nature of Empirical Psychology". In: *Journal of the History of the Behavioral Sciences* 8, S. 237–242.
Grier, Michelle (2001): *Kant's Doctrine of Transcendental Illusion*. Cambridge.
Grüne, Stefanie (2010): „René Descartes". In: Dominik Perler/Johannes Haag (Hrsg.): *Ideen. Repräsentationalismus in der Frühen Neuzeit*. Bd. 2. Berlin, New York, S. 1–42.
Gutterer, Dietrich (1968): *Der Begriff des Zwecks (Mit besonderer Berücksichtigung Kants und Hegels)*. Köln-Lindenthal.
Guyer, Paul (1984): „Der transzendentale Status der Systematizität. Bemerkungen zu Hermann Krings' Beitrag". In: Eva Schaper/Wilhelm Vossenkuhl (Hrsg.): *Bedingungen der Möglichkeit. ‚Transcendental Arguments' und transzendentales Denken*. Stuttgart, S. 115–122.
Guyer, Paul (1997a): *Kant and the Claims of Taste*. Cambridge.
Guyer, Paul (1997b): „In praktischer Absicht: Kants Begriff der Postulate der reinen praktischen Vernunft". In: *Philosophisches Jahrbuch* 104, S. 1–18.
Guyer, Paul (1998): „The Postulates of Empirical Thinking in General and the Refutation of Idealism". In: Georg Mohr/Marcus Willaschek (Hrsg.): *Immanuel Kant. Kritik der reinen Vernunft*. Berlin, S. 297–324.
Haag, Johannes (2010): „Nachwort: Ideen – systematischer Ausblick". In: Dominik Perler/Johannes Haag (Hrsg.): *Ideen. Repräsentationalismus in der Frühen Neuzeit*. Bd. 2. Berlin, New York, S. 463–510.
Hatfield, Gary (1998): „Kant and Empirical Psychology in the 18th Century". In: *Psychological Science* 9, S. 423–428.
Hegel, Georg Wilhelm Friedrich (1986): „Wissenschaft der Logik II". In: *Werke*. Bd. 6. Eva Moldenhauer/Karl Markus Michel (Hrsg.). Frankfurt am Main.
Heidemann, Ingeborg (1966): „Die Funktion des Beispiels in der Kritischen Philosophie". In: Friedrich Kaulbach/Joachim Ritter (Hrsg.): *Kritik und Metaphysik. H. Heimsoeth zum 80. Geburtstag*. Berlin, S. 21–39.
Heidemann, Dietmar (1998): *Kant und das Problem des metaphysischen Idealismus*. Berlin, New York.
Heidemann, Dietmar (2017): „Kants Vermögensmetaphysik". In: Andree Hahmann/Bernd Ludwig (Hrsg.): *Über die Fortschritte der kritischen Metaphysik. Beiträge zu Systematik und Architektonik der kantischen Philosophie*. Hamburg, S. 59–78.
Heimsoeth, Heinz (1956): *Studien zur Philosophie Immanuel Kants. Metaphysische Ursprünge und ontologische Grundlagen*. Köln.
Heimsoeth, Heinz (1959/60): „Vernunftantinomie und transzendentale Dialektik in der geschichtlichen Situation des Kantischen Lebenswerkes". In: *Kant-Studien* 51, S. 65–90.
Heimsoeth, Heinz (1966): *Transzendentale Dialektik. Ein Kommentar zu Kants Kritik der reinen Vernunft. Erster Teil: Ideenlehre und Paralogismen*. Berlin.
Heimsoeth, Heinz (1967): „Platon in Kants Werdegang". In: Heinz Heimsoeth/Dieter Henrich (Hrsg.): *Studien zu Kants philosophischer Entwicklung*. Hildesheim, 124–143.
Heimsoeth, Heinz (1969): *Transzendentale Dialektik. Ein Kommentar zu Kants Kritik der reinen Vernunft. Dritter Teil: Das Ideal der reinen Vernunft; die spekulativen Beweisarten vom Dasein Gottes; dialektischer Schein und Leitidee der Forschung*. Berlin.
Heine, Heinrich (1827): *Reisebilder*. Hamburg.
Heine, Heinrich (1997): *Zur Geschichte der Religion und Philosophie in Deutschland*. Stuttgart.

Heinemann, J. (1863): *Platonis de ideis doctrinam quomodo Kantius et intellexeit et excoluerit.* Berlin.

Heman, Friedrich (1903): „Kants Platonismus und Theismus, dargestellt im Gegensatz zu seinem vermeintlichen Pantheismus". In: *Kant-Studien* 8, S. 47–70.

Henrich, Dieter (1976): *Identität und Objektivität. Eine Untersuchung über Kants transzendentale Deduktion.* Heidelberg.

Henrich, Dieter (1981): „Die Beweisstruktur der transzendentalen Deduktion der reinen Verstandesbegriffe – eine Diskussion mit Dieter Henrich". In: Burkhard Tuschling (Hrsg.): *Probleme der „Kritik der reinen Vernunft".* Marburg, S. 34–96.

Henrich, Dieter (1982): „Selbstaufklärung der Vernunft". In: *Fluchtlinien. Philosophische Essays.* Frankfurt am Main, S. 43–64.

Henrich, Dieter (1989): „Kant's Notion of a Deduction and the Methodological Background of the First Critique". In: Eckart Förster (Hrsg.): *Kant's Transcendental Deductions. The Three Critiques and the Opus postumum.* Stanford, S. 19–46.

Henrich, Dieter (2000): „Systemform und Abschlußgedanke. Methode und Metaphysik als Problem in Kants Denken". In: *Information Philosophie* 5, S. 7–21.

Hertkorn, Anne-Barb (2009): *Kritik und System. Vergleichende Untersuchung zu Programm und Durchführung von Kants Konzeption der Philosophie als Wissenschaft.* München.

Herz, Marcus (1773): „Rez. E. Platner, Anthropologie für Ärzte und Weltweise". In: *Allgemeine deutsche Bibliothek* 20–21, S. 25–51.

Hiltscher, Reinhard (1998): *Wahrheit und Reflexion. Eine transzendentalphilosophische Studie zum Wahrheitsbegriff bei Kant, dem frühen Fichte und Hegel.* Bonn.

Hiltscher, Reinhard (2008): *Gottesbeweise.* Darmstadt.

Hinske, Norbert (1965): „Kants Begriff der Antithetik und die Etappen seiner Ausarbeitung". In: *Kant-Studien* 56, S. 485–496.

Hinske, Norbert (1966): „Kants Idee der Anthropologie". In: Heinrich Rombach (Hrsg.): *Die Frage nach dem Menschen. Aufriß einer Philosophischen Anthropologie. Festschrift für Max Müller zum 60. Geburtstag.* Tübingen, S. 410–427.

Hinske, Norbert (1990): „Die Wissenschaften und ihre Zwecke. Kants Neuformulierung der Systemidee". In: Gerhard Funke (Hrsg.): *Akten des VII. Internationalen Kant-Kongresses.* Bd. 1. Bonn, S. 157–177.

Hinske, Norbert (1992): „Kants Anverwandlung des ursprünglichen Sinnes von Idee". In: Marta Fattori/Massimo Luigi Bianchi (Hrsg.): *Idea. Lessico intelletuale Europeo. VI. Colloquio Internazionale 1989.* Rom, S. 317–327.

Hinske, Norbert (1998): *Zwischen Aufklärung und Vernunftkritik. Studien zum Kantischen Logikcorpus.* Stuttgart-Bad Cannstatt.

Höffe, Otfried (2003): *Kants Kritik der reinen Vernunft. Die Grundlegung der modernen Philosophie.* München.

Holmes, Frederic (1989): *Eighteenth-Century Chemistry as an Investigative Enterprise.* Berkeley.

Hoppe, Hansgeorg (1969): *Kants Theorie der Physik. Eine Untersuchung über das Opus postumum von Kant.* Frankfurt am Main.

Horstmann, Rolf-Peter (1984): „Die metaphysische Deduktion in Kants ‚„Kritik der reinen Vernunft"'. In: Burckhard Tuschling (Hrsg.): *Probleme der „Kritik der reinen Vernunft". Kant-Tagung Marburg 1981.* Berlin, New York, S. 15–33.

Horstmann, Rolf-Peter (1997a): „Die Idee der systematischen Einheit. Der Anhang zur transzendentalen Dialektik in Kants Kritik der reinen Vernunft". In: *Bausteine kritischer Philosophie. Arbeiten zu Kant*. Bodenheim, S. 109–130.

Horstmann, Rolf-Peter (1997b): „Zweckmäßigkeit als transzendentales Prinzip – ein Problem und keine Lösung". In: *Bausteine kritischer Philosophie. Arbeiten zu Kant*. Bodenheim, S. 165–181.

Horstmann, Rolf-Peter (1998): „Der Anhang zur transzendentalen Dialektik (A 642/B 670-A 704/B 732)". In: Georg Mohr, Marcus Willaschek (Hrsg.): *Kritik der reinen Vernunft*. Berlin, S. 525–546.

Hutter, Axel (2003): *Das Interesse der Vernunft. Kants ursprüngliche Einsicht und ihre Entfaltung in den transzendentalphilosophischen Hauptwerken*. Hamburg.

Iber, Christian (2011): „Über das Verhältnis von Metaphysik und Vernunft in Kants Lehre von den Antinomien im Weltbegriff". In: Bernd Dörflinger/Günter Kruck (Hrsg.): *Über den Nutzen von Illusionen. Die regulativen Ideen in Kants theoretischer Philosophie*. Zürich, New York, S. 71–84.

Ishikawa, Fumiyasu (1990): *Kants Denken von einem Dritten: das Gerichtshof-Modell und das unendliche Urteil in der Antinomienlehre*. Frankfurt am Main, Bern, New York, Paris.

Kapp, Ernst (1965): *Der Ursprung der Logik bei den Griechen*. Göttingen.

Karásek, Jindřich (2010): „Der Selbstbezug der Vernunft. Zur Logik der Kantischen Ideendeduktion". In: Jiří Chotaš/Jindřich Karásek/Jürgen Stolzenberg (Hrsg.): *Metaphysik und Kritik. Interpretationen zur „Transzendentalen Dialektik" der Kritik der reinen Vernunft*. Würzburg, S. 59–74.

Karsten, Wenceslaus Johann Gustav (1783): *Anleitung zur gemeinnützlichen Kenntniß der Natur besonders für angehende Aerzte, Cameralisten und Oeconomen*. In: AA XXIX, S. 171–590.

Kawamura, Katsutoshi (1996): *Spontaneität und Willkür. Der Freiheitsbegriff in Kants Antinomienlehre und seine historischen Wurzeln*. Stuttgart-Bad Cannstatt.

Kemp Smith, Norman (1965): *A Commentary to Kant's Critique of Pure Reason*. New York.

Keill, Johann (1708): „Epistola ad Cl. virum Gulielmum Cockburn, Medicinae Doctorem. In qua Leges Attractionis aliaque Physices Principia traduntur". In: *Philosophical Transactions*. Bd. 26. London, S. 97–110.

Kim, Sao Bae (1994): *Die Entstehung der Kantischen Anthropologie und ihre Beziehung zur empirischen Psychologie bei der Wolffschen Schule*. Frankfurt am Main.

Kitcher, Patricia (1990): *Kant's Transcendental Psychology*. New York, Oxford.

Kitcher, Philip (1986): „Projecting the Order of Nature". In: Robert E. Butts (Hrsg.): *Kant's Philosophy of Physical Science*. Dordrecht, S. 201–235.

Kitcher, Philip (1994): „The Unity of Science and the Unity of Nature". In: Paola Parrini (Hrsg.): *Kant and Contemporary Epistemology*. Dordrecht, S. 253–272.

Klein, Ursula (1994a): *Verbindung und Affinität. Die Grundlegung der neuzeitlichen Chemie an der Wende vom 17. zum 18. Jahrhundert*. Berlin.

Klein, Ursula (1994b): „Boyle – Der Begründer der neuzeitlichen Chemie?". In: *Philosophia Naturalis* 31, S. 63–106.

Kleingeld, Pauline (1995): *Fortschritt und Vernunft: Zur Geschichtsphilosophie Kants*. Würzburg.

Klemme, Heiner F. (1994): „Subjektive und objektive Deduktion. Überlegungen zu Wolfgang Carls Interpretation von Kants ‚Deduktion der reinen Verstandesbegriffe' in der Fassung von 1781". In: Reinhard Brandt/Werner Stark (Hrsg.): *Autographen, Dokumente und Berichte. Zu Edition, Amtsgeschäften und Werk Immanuel Kants.* Hamburg, S. 121–138.

Klemme, Heiner F. (1996): *Kants Philosophie des Subjekts. Systematische und entwicklungsgeschichtliche Untersuchung zum Verständnis von Selbstbewußtsein und Selbsterkenntnis.* Hamburg.

Klemme, Heiner F. (1998): „Die Axiome der Anschauung und die Antizipationen der Wahrnehmung". In: Georg Mohr/Marcus Willaschek (Hrsg.): *Immanuel Kant, Kritik der reinen Vernunft.* Berlin, S. 247–266.

Klemme, Heiner F. (2012): „Spontaneität und Selbsterkenntnis. Kant über die ursprüngliche Einheit von Natur und Freiheit im Aktus des ‚Ich denke' (1785–1789)". In: Mario Brandhorst/Andree Hahmann/Bernd Ludwig (Hrsg.): *Sind wir Bürger zweier Welten? Freiheit und moralische Verantwortung im transzendentalen Idealismus.* Hamburg, S. 195–222.

Klimmek, Nikolai F. (2005): *Kants System der transzendentalen Ideen.* Berlin, New York.

Klingner, Stefan (2012): *Technische Vernunft. Kants Zweckbegriff und das Problem einer Philosophie der technischen Kultur.* Berlin, Boston.

Konhardt, Klaus (1979): *Die Einheit der Vernunft: Zum Verhältnis von theoretischer und praktischer Vernunft in der Philosophie Immanuel Kants.* Königstein.

König, Peter (2001): „Die Selbsterkenntnis der Vernunft und das wahre System der Philosophie bei Kant". In: Wilhelm G. Jacobs/Hans-Dieter Klein/Jürgen Stolzenberg (Hrsg.): *Architektonik und System in der Philosophie Kants.* Hamburg, S. 41–52.

König, Peter (2001): „Über den imaginären Status der reinen Anschauung und der Vernunftideen in Kants Kritik der reinen Vernunft". In: Volker Gerhardt (Hrsg.): *Kant und die Berliner Aufklärung. Akten des IX. Internationalen Kant-Kongresses.* Bd. 2. Berlin, New York, S. 774–782.

Königshausen, Johann-Heinrich (1977): *Kants Theorie des Denkens.* Amsterdam.

Koriako, Darius (1999): *Kants Philosophie der Mathematik. Grundlagen – Voraussetzungen – Probleme.* Hamburg.

Körner, Stephan (1965): „Zur Kantischen Begründung der Mathematik und der Naturwissenschaft". In: *Kant-Studien* 56, S. 463–473.

Koßler, Matthias (1999): „Der transzendentale Schein in den Paralogismen der reinen Vernunft nach der ersten Auflage der Kritik der reinen Vernunft". In: *Kant-Studien* 90, S. 1–22.

Krämling, Gerhard (1985): *Die systembildende Rolle von Ästhetik und Kulturphilosophie bei Kant.* Freiburg, München.

Krausser, Peter (1987): „Über den hypothetischen Vernunftgebrauch in der Kritik der reinen Vernunft". In: *Archiv für Geschichte der Philosophie* 69, S. 164–196.

Krausser, Peter (1988): „On the Antinomies and the Appendix to the Dialectic in Kant's Critique and Philosophy of Science". In: *Synthese* 77, S. 375–401.

Kreimendahl, Lothar (1990): *Kant – Der Durchbruch von 1769.* Köln.

Kreimendahl, Lothar (1998): „Die Antinomie der reinen Vernunft. 1. und 2. Abschnitt". In: Georg Mohr/Marcus Willaschek (Hrsg.): *Immanuel Kant. Kritik der reinen Vernunft.* S. 413–446.

Krings, Hermann (1996): „Funktion und Grenzen der transzendentalen Dialektik in Kants Kritik der reinen Vernunft". In: Gerhard Schönrich/Yasushi Kato (Hrsg.): *Kant in der Diskussion der Moderne.* Frankfurt am Main, S. 225–239. Auch erschienen in: Eva Schaper/Wilhelm

Vossenkuhl (Hrsg.) (1984): *Bedingungen der Möglichkeit. ‚Transcendental Arguments' und transzendentales Denken.* Stuttgart, S. 91–104.
Kroner, Richard (1921): *Von Kant bis Hegel.* Bd. 1. Tübingen.
Kruck, Günter (2012): „Freiheit – eine regulative Idee". In: Bernd Dörflinger/Günter Kruck (Hrsg.): *Worauf Vernunft hinaussieht. Kants regulative Ideen im Kontext von Teleologie und praktischer Philosophie.* Hildesheim, S. 111–125.
Kühn, Manfred (1983): „Kant's Concepton of ‚Hume's Problem'". In: *Journal of the History of Philosophy* 21, S. 175–193.
Kühn, Manfred (2001): *Kant. A Biography.* Cambridge.
Kulenkampff, Arndt (1970): *Antinomie und Dialektik. Zur Funktion des Widerspruchs in der Philosophie.* Stuttgart.
Kulenkampff, Jens (1994): *Kants Logik des ästhetischen Urteils.* Frankfurt am Main.
Kuypers, Karel (1972): *Kants Kunsttheorie und die Einheit der Kritik der Urteilskraft.* Amsterdam, London.
Lange, Friedrich Albert (1974): *Geschichte des Materialismus und Kritik seiner Bedeutung in der Gegenwart.* 2. Bd. Frankfurt am Main.
Langthaler, Rudolf (2012): „‚Worauf Vernunft hinaussieht'. Eine Leitperspektive in der Entfaltung der Idee des ‚Reichs der Zwecke' bei Kant". In: Bernd Dörflinger/Günter Kruck (Hrsg.): *Worauf Vernunft hinaussieht. Kants regulative Ideen im Kontext von Teleologie und praktischer Philosophie.* Hildesheim, S. 49–73.
La Rocca, Claudio (2011): „Formen des Als Ob bei Kant". In: Bernd Dörflinger/Günter Kruck (Hrsg.): *Über den Nutzen von Illusionen. Die regulativen Ideen in Kants theoretischer Philosophie.* Zürich, New York, S. 29–47.
La Rocca, Claudio (2012): „Von den regulativen Funktionen des Urteilskraftprinzips". In: Bernd Dörflinger/Günter Kruck (Hrsg.): *Worauf Vernunft hinaussieht. Kants regulative Ideen im Kontext von Teleologie und praktischer Philosophie.* Hildesheim, S. 13–31.
Leary, David E. (1982): „Immanuel Kant and the Development of Modern Psychology". In: William R. Woodward/Mitchell G. Ash (Hrsg.): *The Problematic Science. Psychology in Nineteenth-Century Thought.* New York, S. 17–42.
Lehmann, Gerhard (1971): *Hypothetischer Vernunftgebrauch und Gesetzmäßigkeit des Besonderen in Kants Philosophie.* Göttingen.
Leibniz, Gottfried Wilhelm (1906): „Lettre à Varignon sur le principe de continuité (2. Feb. 1702)". In: *Hauptschriften zur Grundlegung der Philosophie.* Bd. 2. Ernst Cassirer (Hrsg.). Leipzig.
Lenz, Martin (2010): „John Locke". In: Dominik Perler/Johannes Haag (Hrsg.): *Ideen. Repräsentationalismus in der Frühen Neuzeit.* Bd. 2. Berlin, New York, S. 253–286.
Liebrucks, Bruno (1979): *Sprache und Bewusstsein. Bd. 4/5. Zwei Revolutionen der Denkungsart.* Frankfurt am Main.
Liedtke, Max (1964): *Der Begriff der reflektierenden Urteilskraft in Kants Kritik der reinen Vernunft.* Univ.-Diss. Hamburg.
Linden, Harry van der (1988): *Kantian Ethics and Socialism.* Cambridge.
Locke, John (1975): *An Essay Concerning Human Understanding.* Peter H. Nidditsch (Hrsg.). Oxford.
Lohmann, Johannes (1965): *Der Ursprung der Logik bei den Griechen.* Göttingen.

Longuenesse, Béatrice (1995): "The Transcendental Ideal and the Unity of the Critical System". In: Hoke Robinson (Hrsg.): *Proceedings of the VIII. International Kant Congress*. Bd. 1.2. Memphis, S. 521–537.
Lovejoy, Arthur O. (1985): *Die große Kette der Wesen. Geschichte eines Gedankens*. Frankfurt am Main.
Löwisch, Dieter-Jürgen (1964): *Immanuel Kant und David Humes Dialogues Concerning Natural Religion. Ein Versuch zur Aufhellung der Bedeutung von Humes Spätschrift für die Philosophie Immanuel Kants, im besonderen für die „Kritik der reinen Vernunft"*. Bonn.
Lütterfelds, Wilhelm (1977): *Kants Dialektik der Erfahrung. Zur antinomischen Struktur der endlichen Erkenntnis*. Hain.
Majer, Ulrich (1993): „Hilberts Methode der idealen Elemente und Kants regulativer Gebrauch der Ideen". In: *Kant-Studien* 84, S. 51–77.
Malter, Rudolf (1981): „Der Ursprung der Metaphysik in der reinen Vernunft. Systematische Überlegungen zu Kants Ideenlehre". In: Joachim Kopper/Wolfgang Marx (Hrsg.): *200 Jahre Kritik der reinen Vernunft*. Hildesheim, S. 169–210.
Maly, Sebastian (2012): *Kant über die symbolische Erkenntnis Gottes*. Berlin, Boston.
Malzkorn, Wolfgang (1999): *Kants Kosmologie-Kritik. Eine formale Analyse der Antinomienlehre*. Berlin, New York.
Manchester, Paula (2001): „What Kant means by Architectonic". In: Volker Gerhardt (Hrsg.): *Kant und die Berliner Aufklärung. Akten des IX. Internationalen Kant-Kongresses*. Berlin, New York, S. 622–630.
Manchester, Paula (2008): „Kant's Conception of Architectonic in its Philosophical Context". In: *Kant-Studien* 99, S. 187–207.
Maor, Eli (1989): *Dem Unendlichen auf der Spur*. Basel.
Marcucci, Silvestro (1988): „Aspetti epistemologici e teoretici della deduzione transcendentale delle idee in Kant". In: *Studie Kantiani* 1, S. 43–69.
Marquard, Odo (1982): *Skeptische Methode im Blick auf Kant*. Freiburg.
Marx, Wolfgang (1981): „Die regulative Idee in den Gedanken". In: Johann Kopper/Wolfgang Marx (Hrsg.): *200 Jahre Kritik der reinen Vernunft*. Hildesheim, S. 211–236.
McFarland, John D. (1970): *Kant's Concept of Teleology*. Edinburgh.
Medicus, Fritz (1902): „Kants Philosophie der Geschichte". In: *Kant-Studien* 7, S. 1–22.
Meier, George Friedrich (1752): „Auszug aus der Vernunftlehre". In: Refl AA XVI.
Meyer, Herbert (2001): *Kants transzendentale Freiheitslehre*. Freiburg.
Mendelssohn, Moses (1979): *Morgenstunden oder Vorlesungen über das Daseyn Gottes*. Stuttgart.
Miles, Murray Lewis (1978): *Logik und Metaphysik bei Kant*. Frankfurt am Main.
Mischel, Theodore (1967): „Kant and the Possibility of a Science of Psychology". In: *The Monist* 51, S. 599–622.
Model, Anselm (1987): *Metaphysik und reflektierende Urteilskraft bei Kant. Untersuchungen zur Transformierung des leibnizschen Monadenbegriffs in der „Kritik der Urteilskraft"*. Frankfurt.
Moledo, Fernando (2015): „Über die Bedeutung der objektiven und der subjektiven Deduktion der Kategorien". In: *Kant-Studien* 106, S. 418–429.
Mollowitz, Gerhard (1935): „Kants Platoauffassung". In: *Kant-Studien* 40, S. 13–67.

Mösenbacher, Rudolf (2016): "Kants Ringen um ,einige objective Gültigkeit' der Prinzipien der reinen Vernunft". In: *Incipiens. Zeitschrift für Erstpublikationen aus der Philosophie und ihrer Geschichte* 5, S. 71–97.
Mösenbacher, Rudolf (2017): "Apperzeption und Urteil. Analysen zum § 19 der Transzendentalen Analytik". In: Udo Thiel/Giuseppe Motta (Hrsg.): *Immanuel Kant. Die Einheit des Bewusstseins*. Berlin, Boston, S. 66–74.
Mösenbacher, Rudolf (2017): *Die Chemie als uneigentliche Wissenschaft und systematische Kunst. Immanuel Kants Chemiekonzeption im Spannungsfeld von Prinzipienchemie und dynamischer Materietheorie*. MA-Arbeit. Graz.
Mösenbacher, Rudolf (im Ersch.): "Die Schematistik der Vernunft. Die logische Struktur der Ideendeduktion im Doppelanhang der Transzendentalen Dialektik der Kritik der reinen Vernunft". In: Violetta L. Waibel/Margit Ruffing (Hrsg.): *Natur und Freiheit. Akten des XXII. Internationalen Kant-Kongresses*. Berlin, New York.
Mösenbacher, Rudolf (2018): "Die Ideendeduktion der Kritik der reinen Vernunft aus Hegels schlusslogischer Perspektive". In: Andreas Arndt/Jure Zovko/Myriam Gerhard (Hrsg.): *Hegels Antwort auf Kant. Akten des 31. Internationalen Hegel-Kongresses*. Berlin.
Mösenbacher, Rudolf (im Ersch.): ",Das Absolute ist der Geist'". Hegels schlusslogische Vermittlung des Absoluten im Kontext der transzendentalen Theologie Kants". In: Andreas Arndt/Jure Zovko/Myriam Gerhard (Hrsg.): *Erkenne dich selbst – Anthropologische Perspektiven. Akten des 31. Internationalen Hegel-Kongress*. Berlin.
Motta, Giuseppe (2007): *Kants Philosophie der Notwendigkeit*. Frankfurt am Main.
Motta, Giuseppe (2012): *Die Postulate des empirischen Denkens überhaupt. Kritik der reinen Vernunft, A 218–235/B 265–287. Ein kritischer Kommentar*. Berlin, Boston.
Motta, Giuseppe (2015): "Die Stadt aus Glas. Voltaires parodistischer Entwurf eines ewigen Friedens auf Erden". In: Stefanie Stockhorst (Hrsg.): *Krieg und Frieden im 18. Jahrhundert*. Hannover, S. 469–482.
Mudroch, Vilem (1987): *Kants Theorie der physikalischen Gesetze*. Berlin, New York.
Mulsow, Martin (2005): "Zum Methodenprofil der Konstellationsforschung". In: Martin Mulsow/Marcelo Stamm (Hrsg.): *Konstellationsforschung*. Frankfurt am Main, S. 74–97.
Nayak, Abhaya C./Sotnak, Eric (1995): "Kant on the Impossibility of the ,Soft Sciences'". In: *Philosophy and Phenomenological Research* 55, S. 133–151.
Natterer Paul (2003): *Systematischer Kommentar zur Kritik der reinen Vernunft*. Berlin.
Neiman, Susan (1994): *The Unity of Reason. Rereading Kant*. Oxford.
Newton, Isaac (1730): *Opticks: Or a Treatise of the Reflections, Refractions, Inflections and Colours of Light*. London. [Nachdruck: New York: 1952]
Nuzzo, Angelica (1995): ",Idee' bei Kant und Hegel". In: Christel Fricke/Peter König/Thomas Petersen (Hrsg.): *Das Recht der Vernunft. Kant und Hegel über Denken, Erkennen und Handeln*. Stuttgart, S. 81–120.
O'Neill, Onora (1989): *Constructions of Reason. Explorations of Kant's Practical Philosophy*. Cambridge, New York.
O'Neill, Onora (1992): "Vindicating Reason". In: Paul Guyer (Hrsg.): *Cambridge Companion to Kant*. Cambridge, New York.
O'Neill, Onora (1996): "Aufgeklärte Vernunft. Über Kants Anti-Rationalismus". In: Karl-Otto Apel/Matthias Kettner (Hrsg.): *Die eine Vernunft und die vielen Rationalitäten*. Frankfurt am Main, S. 206–226.

O'Neill, Onora (2015): *Constructing Authorities. Reason, Politics and Interpretation in Kant's Philosophy*. Cambridge.
Orth, Ernst Wolfgang (2011): „Husserl und die Idee im Kantischen Sinne". In: Bernd Dörflinger/Günter Kruck (Hrsg.): *Über den Nutzen von Illusionen. Die regulativen Ideen in Kants theoretischer Philosophie*. Zürich, New York, S. 157–164.
Ossa, Miriam (2007): *Voraussetzungen voraussetzungsloser Erkenntnis? Das Problem philosophischer Letztbegründung von Wahrheit*. Paderborn.
Partington, James R. (1962): *A History of Chemistry*. 2. Bd. London.
Peirce, Charles Sanders (1931–1960): *Collected Papers of Charles Sanders Peirce*. Charles Hartshorne/Paul Weiss/Arthur W. Burks (Hrsg.). 8 Bde. Cambridge.
Perler, Dominik (2010): „Einleitung". In: Dominik Perler/Johannes Haag (Hrsg.): *Ideen. Repräsentationalismus in der Frühen Neuzeit*. Bd. 1. Berlin, New York, S. 1–52.
Perrin, Carleton E. (1990): „The Chemical Revolution". In: Robert C. Olby/Geoffrey N. Cantor/John R. R. Christie [u. a.] (Hrsg.): *Companion to the History of Modern Science*. London, New York, S. 264–276.
Peter, Joachim (1992): *Das transzendentale Prinzip der Urteilskraft. Eine Untersuchung zur Funktion und Struktur der reflektierenden Urteilskraft bei Kant*. Berlin, New York.
Pfannkuche, August (1901): „Der Zweckbegriff bei Kant". In: *Kant-Studien* 5, S. 51–71.
Piché, Claude (1984): *Das Ideal: Ein Problem der kantischen Ideenlehre*. Bonn.
Piché, Claude (2011): „Die Entstehung der Illusion in den Paralogismen". In: Bernd Dörflinger/Günter Kruck (Hrsg.): *Über den Nutzen von Illusionen. Die regulativen Ideen in Kants theoretischer Philosophie*. Zürich, New York, S. 47–58.
Pilot, Harald (1995): „Die Vernunftideen als Analoga von Schemata der Sinnlichkeit". In: Christel Fricke/Peter König/Thomas Petersen (Hrsg.): *Das Recht der Vernunft. Kant und Hegel über Denken, Erkennen und Handeln*. Stuttgart-Bad Cannstatt, S. 155–192.
Pissis, Jannis (2011): „Begründung im Unbedingten als unabweisbares Problem. Die Funktion von Kants transzendentaler Dialektik". In: Elena Ficara (Hrsg.): *Die Begründung der Philosophie im Deutschen Idealismus*. Würzburg, S. 209–220.
Pissis, Jannis (2012): *Kants Transzendentale Dialektik. Zu ihrer systematischen Bedeutung*. Berlin, Boston.
Platon (2011): „Apologie". In: *Sämtliche Werke*. Bd. 1. Ursula Wolf (Hrsg.). Hamburg.
Pollok, Konstantin (2001): *Kants „Metaphysische Anfangsgründe der Naturwissenschaft". Ein kritischer Kommentar*. Hamburg.
Posy, Carl (1983): „Dancing to the Antinomy. A Proposal for Transcendental Idealism". In: *American Philosophical Quarterly* 20, S. 81–94.
Prauss, Gerold (1981): „Kants Probleme der Einheit theoretischer und praktischer Vernunft". In: *Kant-Studien* 72, S. 286–303.
Puntel, Lorenz B. (1969): *Analogie und Geschichtlichkeit. Philosophiegeschichtlich-kritischer Versuch über das Grundproblem der Metaphysik*. Freiburg.
Radl, Emil (1913): *Geschichte der biologischen Theorien in der Neuzeit*. Leipzig, Berlin.
Rauscher, Frederick (2010): „The Appendix to the Dialectic and the Canon of Pure Reason. The Positive Role of Reason". In: Paul Guyer (Hrsg.): *The Cambridge Companion to Kant's Critique of Pure Reason*. Cambridge, S. 290–309.
Reibenschuh, Gernot (1997): *Menschliches Denken. Eine systematische Studie am Boden der Kantischen Philosophie*. Berlin, New York.
Reich, Klaus (1932): *Die Vollständigkeit der kantischen Urteilstafel*. Berlin.

Reich, Klaus (1935): *Kant und die Ethik der Griechen*. Tübingen.
Reisinger, Marion (1988): *Schlusslogik und Metaphysik bei Kant*. Köln.
Renaut, Alain (1998): „Transzendentale Dialektik, Einleitung und Buch I (A293/B349-A338/B396)". In: Georg Mohr/Marcus Willaschek (Hrsg.): *Kritik der reinen Vernunft*. Berlin, S. 353–370.
Rescher, Nicholas (1980): *Scepticism: A Critical Reappraisal*. Oxford.
Rescher, Nicholas (2000): *Kant and the Reach of Reason. Studies in Kant's Theory of Rational Systematization*. Cambridge, New York.
Ricken, Friedo (1994): *Antike Skeptiker*. München.
Röd, Wolfgang (1986): *Dialektische Philosophie der Neuzeit*. München.
Rohlf, Michael (2010): „The Ideas of Pure Reason". In: Paul Guyer (Hrsg.): *The Cambridge Companion to Kant's Critique of Pure Reason*. Cambridge, S. 190–209.
Russell, Bertrand (1948): *Human Knowledge. It's Scope and Limits*. New York.
Sakabe, Megumi (1989): „Freedom as a Regulative Principle. On Some Aspects of the Kant-Herder Controversy on the Philosophy of History". In: Yirmiahu Yovel (Hrsg.): *Kant's Practical Philosophy Reconsidered*. Dordrecht, S. 183–195.
Sala, Giovanni B. (1990): *Kant und die Frage nach Gott. Gottesbeweise und Gottesbeweiskritik in den Schriften Kants*. Berlin, New York.
Sallis, John (1983): *Die Krisis der Vernunft. Metaphysik und das Spiel der Einbildungskraft*. Hamburg.
Santozki, Ulrike (2006): *Die Bedeutung antiker Theorien für die Genese und Systematik von Kants Philosophie. Eine Analyse der drei Kritiken*. Berlin, New York.
Scaravelli, Luigi (1954): *Le Osservazioni sulla Critica del Giudizio*. Pisa.
Schäfer, Lothar (1971): „Zur regulativen Funktion der Kantischen Antinomien". In: *Synthese* 23, S. 96–120.
Schäfer, Rainer (2006): „Die Selbstanwendung der Skepsis im pyrrhonischen Skeptizismus von Sextus Empiricus". In: *Les Études Classiques* 74, S. 25–47.
Schäfer, Rainer (2012): „Kombinationen von Fundamentalismus, Kohärentismus und Skepsis bei Kant, Fichte und Hegel als Antworten auf Probleme gegenwärtiger Epistemologie". In: *Fichte-Studien* 39, S. 67–94.
Schick, Friederike (2011): „Von der Unmöglichkeit eines ontologischen Beweises vom Dasein Gottes. Bleibt das absolutnotwendige Wesen ein denkmögliches Ideal?". In: Bernd Dörflinger/Günter Kruck (Hrsg.): *Über den Nutzen von Illusionen. Die regulativen Ideen in Kants theoretischer Philosophie*. Zürich, New York, S. 85–102.
Schiemann, Gregor (1992): „Totalität oder Zweckmäßigkeit? Kants Ringen mit dem Mannigfaltigen der Erfahrung im Ausgang der Vernunftkritik". In: *Kant-Studien* 83, S. 294–303.
Schliemann, Oliver (2012): „Vorrede und §§ 4–5: Die Aufgabe einer Grundlegung der Metaphysik". In: Holger Lyre/Oliver Schliemann (Hrsg.): *Kants Prolegomena. Ein kooperativer Kommentar*. Frankfurt am Main, S. 11–30.
Schönecker, Dieter/Schulting, Dennis/Strobach, Niko (2011): „Kants kopernikanisch-newtonische Analogie". In: *Deutsche Zeitschrift für Philosophie* 59, S. 497–518.
Schwartz, Maria (2006): *Der Begriff der Maxime bei Kant. Eine Untersuchung zum Maximenbegriff in Kants praktischer Philosophie*. Berlin.

Sedly, David N. (1983): „The Motivation of Greek Skepticism". In: Miles Burnyeat (Hrsg.): *The Skeptical Tradition*. Berkeley, S. 9–29.
Seebohm, Thomas M. (2001): „Die reine Logik, die systematische Konstruktion des Prinzips der Vernunft und das System der Ideen". In: Friedrich Fulda/Jürgen Stolzenberg (Hrsg.): *Architektonik und System in der Philosophie Kants*. Hamburg, S. 204–231.
Seide, Ansger (2013): „Kant on Empirical Knowledge and Induction in the Two Introductions to the Critique of the Power of Judgment". In: *Kant Yearbook* 5, S. 84–89.
Seide, Ansger (im Ersch.): Empirische Naturgesetze und die Kurzsichtigkeit des Verstandes. In: Violetta L. Waibel/Margit Ruffing (Hrsg.): *Natur und Freiheit. Akten des XXII. Internationalen Kant-Kongresses*. Berlin, New York.
Serck-Hanssen, Camilla (2011): „Der Nutzen von Illusionen. Ist die Idee der Seele unentbehrlich?". In: Bernd Dörflinger/Günter Kruck (Hrsg.): *Über den Nutzen von Illusionen. Die regulativen Ideen in Kants theoretischer Philosophie*. Zürich, New York, S. 59–70.
Sextus Empiricus (1968): *Grundriß der pyrrhonischen Skepsis*. Malte Hossenfelder (Hrsg.). Frankfurt am Main.
Schmauke, Stephan (2002): *„Wohltätigste Verirrung". Kants kosmologische Antinomien*. Würzburg.
Schmitz, Hermann (1989): *Was wollte Kant?* Bonn.
Schmucker, Wolfgang (1990): *Das Weltproblem in Kants Kritik der reinen Vernunft*. Bonn.
Schneider, Ruben (2011): *Kant und die Existenz Gottes. Eine Analyse zu den ontologischen Implikationen in Kants Lehre vom transzendentalen Ideal*. Berlin.
Schneider Werner (1995): „Vernunft und Verstand – Krisen eines Begriffspaares". In: Lothar Kreimendahl (Hrsg.): *Aufklärung und Skepsis. Studien zur Philosophie und Geistesgeschichte des 17. und 18. Jahrhunderts. Günter Gawlick zum 65. Geburtstag*. Stuttgart-Bad Cannstatt, S. 199–220.
Schulting, Dennis (2011): „Kant's Idealism: The Current Debate". In: Dennis Schulting/Jacco Verburgt (Hrsg.): *Kant's Idealism. New Interpretations of a Controversial Doctrine*. Dordrecht, S. 1–25.
Schulze, Stefan (1994): *Kants Verteidigung der Metaphysik. Eine Untersuchung zur Problemgeschichte des Opus postumum*. Marburg.
Stadler, August (1874): *Kants Teleologie und ihre erkenntnistheoretische Bedeutung. Eine Untersuchung*. Berlin.
Städtler, Michael (2012): „Geschichte zwischen Natur und Begriff. Aporien und Perspektiven von Kants Versuchen, Geschichte zu denken". In: Bernd Dörflinger/Günter Kruck (Hrsg.): *Worauf Vernunft hinaussieht. Kants regulative Ideen im Kontext von Teleologie und praktischer Philosophie*. Hildesheim, S. 91–111.
Stahl, Georg Ernst (1718): *Zufällige Gedancken und nützliche Bedencken über den Streit von dem sogenannten Sulphure, und zwar sowohl dem gemeinen verbrennlichen oder flüchtigen als unverbrennlichen oder fixen*. Halle.
Stahl, Georg Ernst (1720): *Einleitung zur Grund-Mixtion Der Unterirrdischen mineralischen und metallischen Cörper. Alles. Mit gründlichen Rationibus, Demonstrationibus, und Experimentis nach Beccherischen Principiis ausgeführet*. Leipzig.
Stark, Werner (2013): „Naturgeschichte bei Kant". In: Stefano Bacin/Alfredo Ferrarin/Claudio La Rocca [u. a.] (Hrsg.): *Kant und die Philosophie in weltbürgerlicher Absicht. Akten des XI. Internationalen Kant-Kongresses*. Bd. 5. Berlin, Boston, S. 233–248.

Stengers, Isabelle (1998): „Die doppelsinnige Affinität: Der newtonsche Traum der Chemie im achtzehnten Jahrhundert". In: Michel Serres (Hrsg.): *Elemente einer Geschichte der Wissenschaften*. Frankfurt am Main, S. 527–568.
Strawson, Peter F. (1966): *The Bounds of Sense. An Essay on Kant's Critique of Pure Reason*. London.
Ströker, Elisabeth (1982): *Theorienwandel in der Wissenschaftsgeschichte. Chemie im 18. Jahrhundert*. Frankfurt am Main.
Sturm, Thomas (2001): „Kant on Empirical Psychology: How Not to Investigate the Human Mind". In: Eric Watkins (Hrsg.): *Kant and the Sciences*. New York, S. 163–184.
Sturm, Thomas (2006): „Is There a Problem with Mathematical Psychology in the Eighteenth Century? A Fresh Look at Kant's Old Argument". In: *Journal of the History of the Behavioral Sciences* 42, S. 453–377.
Sturm, Thomas (2009): *Kant und die Wissenschaft vom Menschen*. Paderborn.
Sturm, Thomas (2010): „Warum hat Kant physiologische Erklärungen in seiner Anthropologie zurückgewiesen?". In: Volker Gerhardt/Julian Nida-Rümelin (Hrsg.): *Evolution in Natur und Kultur*. Berlin, S. 77–101.
Teruel, Pedro Jesús (2010): „,Das Ich denke' als der ,alleinige Text der rationalen Psychologie'. Zur Destruktion der Seelenmetaphysik und zur Grundlegung der Postulatenlehre in der ,Kritik der reinen Vernunft'". In: Norbert Fischer (Hrsg.): *Kants Grundlegung einer kritischen Metaphysik. Einführung in die Kritik der reinen Vernunft*. Hamburg, S. 215–241.
Tetens, Holm (2006): *Kants „Kritik der reinen Vernunft". Ein systematischer Kommentar*. Stuttgart.
Thackray, Arnold (1968): „,Quantified Chemistry' – the Newtonian Dream". In: Donald S. L. Cardwell (Hrsg.): *John Dalton and the Progress of Science*. Manchester, S. 92–108.
Thackray, Arnold (1970): *Atoms and Powers. An Essay on Newtonian Matter-Theory and the Development of Chemistry*. Cambridge: 1970.
Theis, Robert (2004): „Zur Topik der Theologie im Projekt der Kantischen Vernunftkritik". In: Norbert Fischer (Hrsg.): *Kants Metaphysik und Religionsphilosophie*. Hamburg, S. 77–110.
Theis, Robert (2010): „Kants Ideenmetaphysik. Zur ,Einleitung' und dem ,Ersten Buch' der ,transzendentalen Dialektik'". In: Norbert Fischer (Hrsg.): *Kants Grundlegung einer kritischen Metaphysik. Einführung in die Kritik der reinen Vernunft*. Hamburg, S. 199–214.
Thiel, Karsten M. (2008): *Kant und die „Eigentliche Methode der Metaphysik"*. Hildesheim, Zürich, New York.
Thiel, Udo (1997): „Varieties of Inner Sense. Two Pre-Kantian Theories". In: *Archiv für Geschichte der Philosophie* 79, S. 58–79.
Thiel, Udo (2006): „The Critique of Rational Psychology". In: Graham H. Bird (Hrsg.): *A Companion to Kant*. Oxford, S. 207–221.
Thiel, Udo (2007): „Das ,Gefühl Ich': Ernst Platner zwischen Empirischer Psychologie und Transzendentalphilosophie". In: *Aufklärung* 19, S. 139–161.
Thiel, Udo (2007): „Zum Verhältnis von Gegenstandsbewußtsein und Selbstbewußtsein bei Wolff und seinen Kritikern". In: Jürgen Stolzenberg/Oliver-Pierre Rudolph (Hrsg.): *Christian Wolff und die Europäische Aufklärung*. Bd. 2. Hildesheim, S. 377–390.
Thiel, Udo (2014): „Physiologische Psychologie des Selbstbewusstseins zwischen Wolff und Kant". In: *Deutsche Zeitschrift für Philosophie* 62, S. 963–983.
Thöle, Bernhard (1991): *Kant und das Problem der Gesetzmäßigkeit der Natur*. Berlin.

Thöle, Bernhard (2000): „Die Einheit der Erfahrung. Zur Funktion der regulativen Prinzipien bei Kant". In: Rainer Enskat (Hrsg.): *Erfahrung und Urteilskraft.* Würzburg, S. 113–148.
Timmermann, Jens (2003): *Sittengesetz und Freiheit. Untersuchungen zu Immanuel Kants Theorie des freien Willens.* Berlin, New York.
Tonelli, Giorgio (1967): „Kant und die antiken Skeptiker". In: Heinz Heimsoeth/Dieter Henrich/Giorgio Tonelli (Hrsg.): *Studien zu Kants philosophischer Entwicklung.* Hildesheim, S. 93–123.
Tonelli, Giorgio (1978): „Critique and Related Terms Prior to Kant: A Historical Survey". In: *Kant-Studien* 69, S. 119–148.
Tuschling, Burkhard (2011): „Allgemeine Naturgesetze haben ihren Grund in unserem Verstand. Fakt, Illusion oder Reflexion?". In: Bernd Dörflinger/Günter Kruck (Hrsg.): *Über den Nutzen von Illusionen. Die regulativen Ideen in Kants theoretischer Philosophie.* Zürich, New York, S. 133–156.
Vaihinger, Hans (1892): *Commentar zu Kants Kritik der reinen Vernunft.* Stuttgart.
Vaihinger, Hans (1925): *Philosophie des Als-Ob. System der theoretischen, praktischen und religiösen Fiktionen der Menschheit auf Grund eines idealistischen Positivismus.* Berlin.
Van Cleve, James (1995): *Problems from Kant.* Oxford.
Vleeschauwer, Herman Jan de (1934–1937): *La déduction transcendantale dans l'oeuvre de Kant.* 3 Bde. Antwerpen, Paris.
Vossenkuhl, Wilhelm (2001): „Das System der Vernunftschlüsse". In: Hans F. Fulda/Jürgen Stolzenberg (Hrsg.): *Architektonik und System in der Philosophie Kants.* Hamburg, S. 232–244.
Waibel, Violetta L. (2001): „Natur als Aggregat und System. Kants implizite Auseinandersetzung mit Wolff und Lambert in der Ersten Einleitung in die Kritik der Urteilskraft". In: Volker Gerhardt (Hrsg.): *Kant und die Berliner Aufklärung. Akten des IX. Internationalen Kant-Kongresses.* Bd. 4. Berlin, New York, S. 667–675.
Walker, Ralph (1990): „Kant's Conception of Empirical Law". In: *Proceedings of Aristotelian Society* 64, S. 243–258.
Wartenberg, Thomas E. (1979): „Order through Reason. Kant's Transcendental Justification of Science". In: *Kant-Studien* 70, S. 409–424.
Wartenberg, Thomas E. (1992): „Reason and the Practice of Science". In: Paul Guyer (Hrsg.): *The Cambridge Companion to Kant.* Cambridge, New York, S. 228–248.
Watkins, Eric (2000): *Kant and the Sciences.* Oxford.
Watkins, Eric (2010): „The System of Principles". In: Paul Guyer (Hrsg.): *The Cambridge Companion to Kant's Critique of Pure Reason.* New York, S. 151–167.
Weber, Ludwig (1976): *Das Distinktionsverfahren im mittelalterlichen Denken und Kants skeptische Methode.* Meisenheim.
Weingarten, Michael (1981): „Kontinuität und Stufenleitern der Natur. Zum Verhältnis von Leibniz und Bonnet". In: Klaus Bonik (Hrsg.): *Materialistische Wissenschaftsgeschichte. Naturtheorie und Entwicklungsdenken.* Berlin, S. 87–107.
Weyand, Klaus (1963): *Kants Geschichtsphilosophie. Ihre Entwicklung und ihr Verhältnis zur Aufklärung.* Köln.
Welsch, Wolfgang (1994): „Verstand und Vernunft. Ein Positionswandel im 18. Jahrhundert und seine Bedeutung für die Gegenwart". In: Erwin Schadel/Uwe Voigt (Hrsg.): *Sein – Erkennen – Handeln. Interkulturelle, ontologische und ethische Perspektiven. Festschrift für Heinrich Beck zum 65. Geburtstag.* Frankfurt am Main, S. 769–787.

Welsch, Wolfgang (1995): *Vernunft. Die zeitgenössische Vernunftkritik und das Konzept der transzendentalen Vernunft.* Frankfurt am Main.
Wiegand, Olav (1995): „Neccessity: Its Constitutive and Regulative Aspects. Comments on Hansgeorg Hoppe's Article: ‚Why Kant has Problems with Empirical Laws'". In: Hoke Robinson (Hrsg.): *Proceedings of the VIII. International Kant Congress.* Bd. 1. Memphis, S. 1347–1354.
Wike, Victoria S. (1982): *Kant's Antinomies of Reason. Their Origin and their Resolution.* Washington.
Wilkerson, Terence Edward (2001): *Kant's „Critique of Pure Reason": A Commentary for Students.* Oxford.
Willaschek, Marcus (1991): *Praktische Vernunft. Handlungstheorie und Moralbegründung bei Kant.* Stuttgart, Weimar.
Willaschek, Marcus (1998): „Phaenomena/Noumena und die Amphibolie der Reflexionsbegriffe". In: Georg Mohr/Marcus Willaschek (Hrsg.): *Immanuel Kant. Kritik der reinen Vernunft.* Berlin, S. 325–351.
Willaschek, Marcus (2008): „Kant on the Necessity of Metaphysics". In: Valerio Rodhen/Ricardo R. Terra/Guido A. de Almeida [u. a.] (Hrsg.): *Recht und Frieden in der Philosophie Kants. Akten des X. Internationalen Kant-Kongresses.* Bd. 1. Berlin, New York, S. 285–307.
Wohlers, Christian (2000): *Kants Theorie der Einheit der Welt. Eine Studie zum Verhältnis von Anschauungsformen, Kausalität und Teleologie bei Kant.* Würzburg.
Wolff, Christian (1965–1986a): „Vernünftige Gendanken von Gott, der Welt und der Seele des Menschen, auch allen Dingen überhaupt". In: *Gesammelte Schriften.* Bd. I. 2. Jean École/Hans-Werner Arndt/Charles A. Corr [u. a.] (Hrsg.). Hildesheim, New York.
Wolff, Christian (1965–1986b): „Philosophia rationalis sive logica". In: *Gesammelte Schriften.* Bd. II. 1. Jean École/Hans-Werner Arndt/Charles A. Corr [u. a.] (Hrsg.). Hildesheim, New York.
Wolff, Christian (1983): „Horae subsecivae Marburgenses anni M DCCXXIX, quibus philosophia ad publicam prvatamque utilitatem aptatur". In: *Gesammelte Schriften.* Bd. XXXIV. 1. Jean École/Hans-Werner Arndt/Charles A. Corr [u. a.] (Hrsg.). Hildesheim, New York, S. 107–154.
Wolff, Michael (1981): *Der Begriff des Widerspruchs. Eine Studie zur Dialektik Kants und Hegels.* Königstein.
Wolff, Michael (1995): *Die Vollständigkeit der kantischen Urteilstafel. Mit einem Essay über Freges Begriffsschrift.* Frankfurt am Main:.
Wood, Allen W. (1975): „Kant's Dialectic". In: *Canadian Journal of Philosophy* 5, S. 595–614.
Wood, Allen W. (1999): *Kant's Ethical Thought.* Cambridge.
Wood, Allen W. (2004): *Kant.* Oxford.
Wundt, Max (1924): *Kant als Metaphysiker. Ein Beitrag zur Geschichte der deutschen Philosophie im 18. Jahrhundert.* Stuttgart.
Wundt, Max (1941/42): „Die Wiederentdeckung Platons im 18. Jahrhundert". In: *Blätter für deutsche Philosophie* 15, S. 149–158.
Wundt, Max (1992): *Die deutsche Schulphilosophie im Zeitalter der Aufklärung.* Hildesheim, Zürich, New York.
Yovel, Yirmiyahu (1989): *Kant and the Philosophy of History.* Princeton.

Ypi, Lea (2017): „The Transcendental Deduction of Ideas in Kant's Critique of Pure Reason". In: *Proceedings of the Aristotelian Society* 117, S. 163–185.
Zammito, John H. (2001): *Kant, Herder and the Birth of Anthropology*. Chicago.
Zammito, John H. (2007): „Kant's Persistent Ambivalence Toward Epigenesis, 1764–1790". In: Philippe Huneman (Hrsg.): *Understanding Purpose: Collected Essays on Kant and Philosophy of Biology*. Rochester, S. 51–74.
Zeidler, Kurt Walter (1981): „Transformation der Logik". In: *Wiener Jahrbuch für Philosophie* 14, S. 7–22.
Zeidler, Kurt Walter (1992): *Grundriß der transzendentalen Logik*. Cuxhaven.
Zeidler, Kurt Walter (1994): „Die Heautonomie der Vernunft". In: Thomas Sören Hoffmann/Franz Ungler (Hrsg.): *Aufhebung der Transzendentalphilosophie? Systematische Beiträge zur Würdigung, Fortentwicklung und Kritik des transzendentalen Ansatzes zwischen Kant und Hegel*. Würzburg, S. 25–39.
Zeidler, Kurt Walter (2004): „Unerledigte Probleme der Vernunftkritik". In: D. Basta (Hrsg.): *Aktuelnost i buducnost kantowe filosofije*. Beograd, S. 347–357.
Zeidler, Kurt Walter (2006): *Die Vollendung der Transzendentalphilosophie in Kants „Kritik der Urteilskraft"*. Berlin, S. 41–57.
Zeidler, Kurt Walter (2007): „Die Logik der Gottesbeweise und die Logik der (Post-)Moderne". In: Klaus Dethloff/Ludwig Nagl/Friedrich Wolfram (Hrsg.): *„Die Grenze des Menschen ist göttlich". Beiträge zur Religionsphilosophie*. Berlin, S. 225–238.
Zeidler, Kurt Walter (2011): „Bestimmung und Begründung. Zu Kants Deduktion der Ideen der reinen Vernunft". In: Christian Krijnen/Kurt Walter Zeidler (Hrsg.): *Gegenstandsbestimmung und Selbstgestaltung. Transzendentalphilosophie im Anschluss an Werner Flach*. Würzburg, S. 297–320.
Zocher, Rudolf (1958): „Zu Kants transzendentaler Deduktion der Ideen der reinen Vernunft". In: *Zeitschrift für philosophische Forschung* 12, S. 43–58.
Zocher, Rudolf (1959): *Kants Grundlehre. Ihr Sinn, ihre Problematik, ihre Aktualität*. Erlangen.
Zocher, Rudolf (1966): „Der Doppelsinn der Kantischen Ideenlehre". In: *Zeitschrift für philosophische Forschung* 20, S. 222–226.
Zöller, Günter (1984): *Theoretische Gegenstandsbeziehung bei Kant*. Berlin.
Zöller, Günter (2000): „German Realism. The Self-Limitation of Idealist Thinking in Fichte, Schelling and Schopenhauer". In: Karl Ameriks (Hrsg.): *The Cambridge Companion to German Idealism*. Cambridge, S. 200–218.
Zöller, Günter (2001): „,Die Seele des Systems'. Systembegriff und Begriffssystem in Kants Transzendentalphilosophie". In: Friedrich Fulda/Jürgen Stolzenberg (Hrsg.): *Architektonik und System in der Philosophie Kants*. Hamburg, S. 53–72.
Zöller, Günter (2003): „Die Möglichkeiten und Grenzen der Vernunft. Kant und der deutsche Idealismus". In: Wilhelm Vossenkuhl/Eugen Fischer (Hrsg.): *Die Fragen der Philosophie. Eine Einführung in Disziplinen und Epochen der Philosophie*. München, S. 295–312.
Zöller, Günter (2004): „Metaphysik nach der Metaphysik. Die limitative Konzeption der Ersten Philosophie bei Kant". In: Karin Gloy (Hrsg.): *Unser Zeitalter – ein postmetaphysisches?* Würzburg, S. 231–243.
Zöller, Günter (2010): „In der Begrenzung zeigt sich der Meister: Der metaphysische Minimalismus der Kritik der reinen Vernunft." In: Jiří Chotaš/Jindřich Karásek/Jürgen Stolzenberg (Hrsg.): *Metaphysik und Kritik. Interpretationen zur „Transzendentalen Dialektik" der Kritik der reinen Vernunft*. Würzburg, S. 19–33.

Zöller, Günter (2011): „Der negative und positive Nutzen der Ideen. Kant über die Grenzbestimmung der reinen Vernunft". In: Bernd Dörflinger/Günter Kruck (Hrsg.): *Über den Nutzen von Illusionen. Die regulativen Ideen in Kants theoretischer Philosophie.* Zürich, New York, S. 13–28.

Zöller, Günter (2012): „Reflexion und Regulation. Kant über Begriffe und Prinzipien der Vernunft in der Kritik der Urteilskraft". In: Bernd Dörflinger/Günter Kruck (Hrsg.): *Worauf die Philosophie hinaussieht. Kants regulative Ideen im Kontext von Teleologie und praktischer Philosophie.* Hildesheim, New York, S. 31–48.

Onlinequellen

Astronomy Education at the University of Nebraska-Lincoln: http://astro.unl.edu/classaction/animations/lunarcycles/moonphases.swf, besucht am 19.05.2017.

Briesen, Jochen (2012): „Kants regulative Ideen und ihr Verhältnis zu einer zeitgenössischen erkenntnistheoretischen Debatte". http://www.uni-konstanz.de/philosophie/files/vernunftideen-briesen2012_1.pdf, besucht am 19.05.2017.

Abbildverzeichnis

Kapitel 2
Abb. 1:   Newton 1730, Fig. 9.
Abb. 2:   Meer, Rudolf
Abb. 3:   Meer, Rudolf

Kapitel 3
Abb. 4:   Meer, Rudolf
Abb. 5:   Meer, Rudolf
Abb. 6:   Meer, Rudolf
Abb. 7:   Meer, Rudolf

Kapitel 4
Abb. 8:   Meer, Rudolf
Abb. 9:   Meer, Rudolf
Abb. 10: Meer, Rudolf

Kapitel 5
Abb. 11: Meer, Rudolf

Kapitel 6
Abb. 12: Meer, Rudolf
Abb. 13: Geoffroy 1718, S. 202.
Abb. 14: Bonnet 1745, XXVIII.
Abb. 15: Maor 1989, S. 93.
Abb. 16: Maor 1989, S. 93.

Abb. 17: Maor 1989, S. 95.
Abb. 18: Meer, Rudolf

Personenregister

Adickes, Erich   7f., 45, 145, 180, 282
Agrippa   31f., 39
Al-Azm, Sadiq Jalal   36
Albert, Hans   32
Albrecht, Michael   5, 263
Allison, Henry E.   3, 7, 27, 41, 44f., 49, 176, 181, 186, 195
Andersen, Svend   5
Änesidem   31
Angehrn, Emil   250
Annay, Julia   30
Aristoteles   74, 88, 233

Bahr, Petra   4
Barnes, Jonathan   30
Bartuschat, Wolfgang   5, 19, 128, 170f., 200
Bauch, Bruno   8
Bauer-Drevermann, Ingrid   5, 128
Baum, Manfred   53, 133, 147, 151, 171
Baumanns, Peter   4, 41, 45, 80, 189
Baumgartner, Hans Michael   3, 133
Bazil, Vazrik   4f., 53, 109, 180, 186, 200
Becher, Johann Joachim   230, 232
Bennett, Jonathan   4, 35f., 84, 101, 265
Berger, Jutta   225, 228
Bergman, Torbern Olof   224, 228
Bickmann, Claudia   7
Birken-Bertsch, Hanno   135, 216f.
Bittner, Rüdiger   5, 53
Blackburn, Simon   7, 194
Blomme, Henny   230
Blumenbach, Johann Friedrich   243f.
Blumenberg, Hans   257
Böhme, Gernot   139
Bondeli, Martin   7, 150, 180, 194f., 202
Bonnet, Charles   240f., 243f., 260, 274, 302
Boyle, Robert   232
Brandt, Reinhard   7, 13, 28, 33, 38, 46, 80, 147, 171, 236, 248f., 257–260
Briesen, Jochen   6
Brittan, Gordon G.   224
Bröcker, Walter   3
Brucker, Johann Jakob   74f.

Brugger, Walter   36
Bubner, Rüdiger   77
Buchdahl, Gerd   6, 8, 176, 181, 195, 202, 223
Büchel, Gregor   7, 27, 246
Buffon, Georges-Louis Leclerc de   249f.
Burkhardt, Bernd   7

Caimi, Mario   3, 7, 124, 180f., 195, 200
Camartin, Iso   7, 200
Carboncini, Sonia   54
Carl, Wolfgang   186
Carrier, Martin   6, 113, 225f., 229, 233–236
Cassirer, Ernst   45
Cheneval, Francis   260
Cheung, Tobias   241
Chrysippos   136
Cicero   136
Clark, Samuel   36
Cohen, Hermann   8, 45
Cunico, Gerardo   21

Deleuze, Gilles   6
Descartes, René   29, 134
Despland, Michel   250, 258
Dimpker, Henning   35
Dörflinger, Bernd   4f., 8, 128, 143, 159, 200, 203
Dougherty, Frank W. P.   249
Duncan, Alistair   226, 228
Durner, Manfred   6, 224
Düsing, Klaus   5, 128, 145, 169f.

Engelhard, Kristina   4, 41, 45, 53, 186–188, 195
Engstler, Achim   30
Ernst, Wilhelm   6, 128

Falkenburg, Brigitte   4, 36f.
Fichte, Johann Gottlieb   147
Finster, Reinhard   54
Fischer, Norbert   7, 264
Flach, Werner   53, 250

Personenregister

Fogelin, Robert J. 30
Förster, Eckart 160, 243 f.
Forster, Michael N. 29 f.
Frank, Manfred 147
Freydberg, Bernard 7
Friedman, Michael 6, 217, 225, 230 f., 233, 246
Frost, Walter 170

Galilei, Galileo 221, 257
Galston, William A. 250
Garve, Christian 147, 171
Gava, Gabriel 5
Gawlick, Günter 30
Geoffroy, Étienne François 226 f., 302
Gerhardt, Volker 7, 41, 257
Gideon, Abraham 7
Ginsborg, Hannah 5, 7
Giordanetti, Piero 170
Glouberman, Mark 44
Goethe, Johann Wolfgang 266
Goldman, Avery 4
Gouaux, Charles 237
Goy, Ina 145
Grier, Michelle 5, 7, 27, 41, 49, 53, 79, 102, 110, 176, 181, 195, 223
Grüne, Stefanie 76
Gutterer, Dietrich 128
Guyer, Paul 3, 7 f., 44 f., 139, 181, 216

Haag, Johannes 86
Haller, Albrecht von 241
Hartknoch, Johann Friedrich 187, 282
Hatfield, Gary 237
Hegel, Georg Wilhelm Friedrich 209
Heidemann, Dietmar 45, 56
Heidemann, Ingeborg 221
Heimsoeth, Heinz 4, 6 f., 20, 29, 36, 74, 77, 110, 180, 223
Heine, Heinrich 263, 279
Heinemann, J. 74
Heman, Friedrich 74
Henrich, Dieter 5, 13, 53, 146 f., 171, 175
Herder, Johann Gottfried 243, 280 f.
Herz, Marcus 237, 239
Hiltscher, Reinhard 6, 143
Hinske, Norbert 33, 36, 73, 150–153, 236

Höffe, Otfried 3
Holmes, Frederic 226
Hoppe, Hansgeorg 5
Horstmann, Rolf-Peter 6 f., 34, 82 f., 128, 171, 180 f., 187, 205, 272
Hume, David 29, 41
Hutter, Axel 5, 13, 167, 191

Iber, Christian 4
Ishikawa, Fumiyasu 28, 33, 39

Kapp, Ernst 86
Karásek, Jindřich 7
Karsten, Wenceslaus Johann Gustav 230, 235
Kawamura, Katsutoshi 49
Keill, Johann 224, 228
Kemp Smith, Norman 3, 36, 265
Kepler, Johannes 248, 252, 259
Kim, Sao Bae 237
Kitcher, Patricia 4
Kitcher, Philip 6 f.
Klein, Ursula 226–228, 232–234
Kleingeld, Pauline 7, 247 f., 258, 260
Klemme, Heiner F. 135, 139, 175, 186, 189–191
Klimmek, Nikolai F. 5, 34, 42, 53, 79, 82 f., 89, 102, 104 f., 108–110, 180, 186 f., 190, 195
Klingner, Stefan 6, 128, 143
Konhardt, Klaus 128, 143
König, Peter 7, 153, 171
Königshausen, Johann-Heinrich 191
Kopernikus, Nikolaus 246, 252 f., 256 f., 259
Koriako, Darius 246
Körner, Stephan 139
Koßler, Matthias 110
Krämling, Gerhard 5, 7, 180
Krausser, Peter 4, 6, 160
Kreimendahl, Lothar 30, 36, 41, 45
Krings, Hermann 7, 181, 200, 203
Kruck, Günter 6, 8
Kühn, Manfred 30, 41, 74
Kulenkampff, Arndt 56
Kulenkampff, Jens 143
Kuypers, Karel 5, 128

La Rocca, Claudio   5, 7, 160, 180
Lange, Friedrich Albert   36, 229
Langthaler, Rudolf   6
Lavoisier, Antoine Laurent de   224f., 231f.
Leary, David E.   237
Lehmann, Gerhard   5, 21
Leibniz, Gottfried Wilhelm   36, 75, 135, 150, 240f., 244, 260, 274, 279f.
Lenz, Martin   76
Liebrucks, Bruno   180
Liedtke, Max   5, 53, 89, 128, 170
Linden, Harry van der   250
Locke, John   76
Lohmann, Johannes   88
Longuenesse, Béatrice   5
Lovejoy, Arthur O.   240
Löwisch, Dieter-Jürgen   30
Lütterfelds, Wilhelm   4

Majer, Ulrich   6, 195
Malter, Rudolf   7, 83, 124, 180, 200
Maly, Sebastian   5
Malzkorn, Wolfgang   4, 33, 36f., 42, 44, 53, 79, 110
Manchester, Paula   151, 153
Maor, Eli   251, 253, 302f.
Marcucci, Silvestro   6, 10
Marquard, Odo   13
Marx, Wolfgang   5
McFarland, John D.   7
Medicus, Fritz   258
Meier, George Friedrich   150–154
Mendelssohn, Moses   263
Menodot   31
Meyer, Herbert   49
Miles, Murray Lewis   5, 53, 109, 195
Mischel, Theodore   237
Model, Anselm   5, 128
Moledo, Fernando   186, 190
Mollowitz, Gerhard   74
Mösenbacher, Rudolf   225, 232
Motta, Giuseppe   39, 139, 250
Mudroch, Vilem   6

Natterer, Paul   3, 266, 272
Nayak, Abhaya C.   237
Neiman, Susan   73

Newton, Isaac   25f., 51, 224–226, 229f., 232, 236, 246, 248, 253, 257, 259, 276, 302
Nuzzo, Angelica   6

O'Neill, Onora   6, 28, 73
Orth, Ernst Wolfgang   6
Ossa, Miriam   37

Paracelsus   232
Partington, James R.   227, 230
Peirce, Charles Sanders   209
Perler, Dominik   75
Perrin, Carleton E.   232
Peter, Joachim   5, 19, 128, 169, 171
Pfannkuche, August   6, 128, 143
Piché, Claude   4, 53, 79, 82f., 145, 180
Pilot, Harald   7
Pissis, Jannis   5, 34, 53, 55, 82f., 102, 110, 186f., 190
Platner, Ernst   38, 237
Platon   29, 41, 74–78, 125
Pollok, Konstantin   6, 113, 221, 225, 228, 246
Posy, Carl   44
Prauss, Gerold   45
Puntel, Lorenz B.   266

Radl, Emil   241
Rauscher, Frederick   7
Reibenschuh, Gernot   7
Reich, Klaus   80, 260
Reinhold, Carl Leonhard   147
Reisinger, Marion   5, 53, 86, 110
Renaut, Alain   5, 84, 101, 110
Rescher, Nicholas   7, 31
Ricken, Friedo   30
Robespierre, Maximilian   263
Röd, Wolfgang   7
Rohlf, Michael   79
Rosenkranz, Karl   282
Russell, Bertrand   256

Sakabe, Megumi   247
Sala, Giovanni B.   265
Sallis, John   4, 82, 187
Santozki, Ulrike   5, 29, 74f.

Scaravelli, Luigi 10
Schäfer, Lothar 4
Schäfer, Rainer 30, 40
Schick, Friederike 265
Schiemann, Gregor 5, 7, 170, 181
Schliemann, Oliver 132
Schmauke, Stephan 45, 79
Schmitz, Hermann 6, 200
Schmucker, Wolfgang 4, 35 f., 45, 53, 105, 109
Schneider, Ruben 5, 133
Schönecker, Dieter 35, 256 f.
Schulting, Dennis 45, 256 f.
Schulze, Stefan 6
Schwartz, Maria 218
Seebohm, Thomas M. 5
Seide, Ansger 5 f.
Serck-Hanssen, Camilla 4, 20
Sextus Empiricus 29–32
Sokrates 41
Sotnak, Eric 237
Stadler, August 5, 128, 169 f.
Städtler, Michael 7
Stahl, Georg Ernst 221, 224 f., 229–234, 236
Stark, Werner 6, 180, 224, 236
Stengers, Isabelle 226, 229, 236
Strawson, Peter F. 3, 35, 45, 84, 101, 265
Strobach, Niko 256 f.
Ströker, Elisabeth 231, 234
Sturm, Thomas 7, 236–238, 247, 249 f.
Sulzer, Johann Georg 37

Teruel, Pedro Jesús 76
Tetens, Holm 3
Thackray, Arnold 226, 228
Theis, Robert 4 f., 191
Thiel, Karsten M. 5, 102
Thiel, Udo 165, 237

Thöle, Bernhard 7, 34, 139, 180 f., 205
Timmermann, Jens 20, 49, 57, 282
Tonelli, Giorgio 25, 29, 53
Torricelli, Evangelista 221
Tuschling, Burkhard 6, 141

Vaihinger, Hans 7 f., 45, 145, 180
Van Cleve, James 44 f.
Vleeschauwer, Herman Jan de 3
Vossenkuhl, Wilhelm 5

Waibel, Violetta L. 150
Walker, Ralph 6
Wartenberg, Thomas E. 6, 176, 195
Watkins, Eric 6, 221
Weber, Ludwig 38
Weingarten, Michael 241
Welsch, Wolfgang 133
Weyand, Klaus 250, 258
Wiegand, Olav 6 f.
Wike, Victoria S. 35 f., 45
Wilkerson, Terence Edward 36
Willaschek, Marcus 6, 21, 34
Wohlers, Christian 5
Wolff, Christian 36, 135, 150–154, 237
Wolff, Michael 45, 53, 80
Wood, Allen W. 7, 35, 237, 247
Wundt, Max 3, 36, 75, 110, 200

Yovel, Yirmiyahu 250, 258
Ypi, Lea 6

Zammito, John H. 7, 236 f., 244
Zeidler, Kurt Walter 5, 32, 53, 88, 128, 132, 170, 176, 270
Zocher, Rudolf 3, 6 f., 79, 124, 170, 176, 180, 185–188, 195, 200
Zöller, Günter 5, 7, 19, 151, 171, 180, 195, 200

Sachregister

Absicht 50, 54, 59, 92, 132, 152, 156, 163, 184, 244, 248, 258 f., 266 f., 269, 271 f., 279, 281
Affinität 59 f., 94, 123 f., 224, 226–230, 236, 238, 260, 275
Als-ob 23, 57, 61 f., 111, 127, 157, 160–162, 164, 166–170, 172 f., 267, 271
Analogie 25, 27, 39, 47, 79, 81, 85, 93, 139, 159, 199 f., 211, 221, 243, 256 f., 261 f., 268, 272, 274, 276 f.
Anschauung 20, 39 f., 46, 54, 56, 70–73, 80, 82, 105, 117 f., 138 f., 145, 154, 182, 270
Anthropologie 6, 12, 23, 114, 130, 215, 218, 223 f., 236–240, 243, 245, 250, 260 f., 273–275, 278–282
Anthropomorphismus 62, 264, 267–270, 275
Antinomie 4, 12, 18–20, 28 f., 31–34, 36 f., 41, 44–47, 49 f., 53, 57, 64, 69, 90, 132, 166, 176, 199, 212, 215, 217, 220, 240, 246, 256, 258, 276
Antithetik 12, 33, 35 f., 41, 46
Aporie 33, 36 f.
Architektonik 52, 129, 149, 153, 171
Astronomie 12, 23, 215, 223 f., 245–250, 252, 260, 273–275, 278
Aufklärung 73

Bedingtes 47
Bedingungen 1, 10, 33–35, 42, 44, 46–48, 56, 62, 65, 89–91, 95, 104–106, 108, 110 f., 123, 125, 130, 135, 137, 161 f., 164–166, 168 f., 171, 184, 192, 199 f., 217 f., 238, 258, 267, 270
Begründung 21, 28, 31 f., 36, 38, 57, 100, 146, 191
Beweis 12, 29 f., 36 f., 39–41, 64, 75, 95 f., 98, 100, 111, 118, 121 f., 129, 132 f., 137, 142, 147, 171, 174, 182–185, 202 f., 209, 211 f., 220, 264, 270, 279 f.
– apagogischer Beweis 36–41, 64, 95 f., 98, 100, 118, 121
– Beweisart 39 f.
– Beweisgrund 46 f., 181, 186, 256, 279 f.
Blendwerk 1, 33, 39, 54 f., 131–133

Chemie 6, 23, 215, 224 f., 228–235, 237 f., 245, 250, 260 f., 273–275, 278
– Phlogistonchemie 229, 233 f., 260, 273
– Sauerstoffchemie 232

Deduktion 4, 8, 23 f., 62, 77 f., 83, 108, 124 f., 159, 175 f., 180–183, 185, 188 f., 192–194, 203 f., 209 f., 218
– A-Deduktion 189 f.
– B-Deduktion 80
– Deduktion der Ideen 3, 61, 183
– metaphysische Deduktion 11, 19, 63, 69, 78–85, 91 f., 94 f., 100–104, 106, 108–110, 122, 125, 176, 187, 190, 277
– objektive Deduktion 177, 185–193, 204, 211
– subjektive Ableitung 19, 83, 177, 183, 185–188, 190
– subjektive Deduktion 83, 187–191, 193 f., 204, 206, 211
– transzendentale Deduktion 7, 11, 19, 24, 28 f., 58 f., 61–63, 124, 146 f., 174–183, 185 f., 188, 190–194, 196, 199, 203 f., 208, 210 f., 277
Deismus 23, 61 f., 262, 267 f., 270, 272
Denken 1, 9–11, 27, 31, 42, 56, 61, 64, 80 f., 91, 104–106, 108, 123, 135, 137, 139, 149, 152, 155 f., 160, 162, 168 f., 176, 188 f., 191 f., 203, 208, 229, 238, 243, 253, 258, 261, 264, 267–269, 272, 274, 277 f., 280 f.
Ding 10, 27, 29 f., 35, 43, 45, 47, 61–64, 73, 75, 87, 105, 111–113, 123, 128, 137, 144, 149 f., 155, 158 f., 161–163, 199, 207 f., 215, 220, 222, 233, 240 f., 249, 251, 258, 261 f.
– Ding an sich 28, 42–46, 76, 130, 135, 257 f.
– Wesen der Dinge 142

Disziplinierung   53–55
Dogmatismus   25, 28, 30, 37f., 40, 43, 52, 64, 77
Dualität   56, 257f.

Einbildungskraft   27, 50, 54–56, 70, 94f., 135, 137, 145, 199
Einheit   1, 34, 53, 56, 59–62, 69, 76, 80–82, 89–91, 93, 97–100, 105f., 108, 110f., 114, 123f., 128, 135, 137, 140f., 143, 149, 152–156, 158, 163, 167–171, 191, 195, 203, 206–208, 216f., 231, 239, 246f., 251, 253, 255, 267
– distributive Einheit   140f., 191
– Einheit der mannigfaltigen Erkenntnis   149
– Einheit der Natur   225
– kollektive Einheit   141, 146, 172, 191
– systematische Einheit   10f., 22, 56, 59–62, 64, 95f., 99f., 113, 127, 141, 148, 150, 153–157, 161, 163, 173, 196–200, 203, 207f., 215, 219, 232, 251, 255, 267f., 272
– zweckmäßige Einheit   62f., 127, 137, 142, 155, 163, 191, 215, 270
Elemente   56, 73, 82, 131, 229f., 232–236, 241, 260, 273, 275, 278
Erde   3, 7, 19f., 24, 28f., 46f., 50f., 53, 75, 80f., 84, 89, 97, 109, 129, 156, 159, 161, 179, 189, 210, 217–219, 224, 229–232, 234f., 238, 243, 248–250, 256–258, 260, 269, 271
Erfahrung   1, 9–12, 25–27, 29, 34, 38, 43–45, 47–51, 54, 56, 59, 64f., 71, 75–78, 102, 110–112, 115f., 118f., 122, 125f., 129f., 138–141, 143, 145–147, 154–158, 161–169, 172f., 176, 178–180, 188, 194, 199f., 204, 207, 210, 215–218, 223, 236, 244, 247, 251–253, 262, 268f., 275, 277f.
Erkenntnis   1, 11, 22, 26, 30, 32, 38, 40, 49, 51, 53–56, 71f., 76, 79, 81, 86–89, 105, 113, 117f., 130, 145, 149–151, 153–155, 157f., 171, 173, 176, 187, 194, 202, 212, 217, 222f., 228f., 244, 252, 258, 265–267, 277
– empirische Erkenntnis   52, 127, 197
– Ganzes der Erkenntnis   244f., 260, 274

– Mannigfaltige der Erkenntnis   150, 153
– Möglichkeit der Erkenntnis   195
– rationale Erkenntnis   152
– Systematische der Erkenntnis   11, 63, 127, 191, 247, 252, 277
– transzendentale Erkenntnis   53
Erscheinung   1, 9f., 28, 34, 42–46, 48, 55, 76, 81, 91, 93f., 104–106, 108, 110f., 115–118, 123, 130, 141, 162, 164–168, 185, 218, 223, 230, 239, 249, 258f., 266, 272

focus imaginarius   2, 23, 25–28, 34, 39, 44, 49–52, 59, 64, 102, 125, 130, 140, 146, 156f., 160, 165, 167f., 173, 176, 210, 252f., 275–278
Fortschritt   245, 247–249, 252f., 259, 261, 274, 279, 281

Gattung   1, 59f., 71f., 94, 112–118, 120, 123f., 158f., 208, 231, 239, 243, 248, 253
Gegenstand   4, 6, 13, 25f., 31, 33, 39f., 42f., 45f., 48–50, 53, 55f., 59, 61f., 86, 100, 102, 112, 122, 126, 129–131, 137f., 141, 143, 145f., 154, 161f., 166, 179, 198f., 202–204, 211, 221f., 226, 238, 240, 247, 250, 261f., 267, 269, 275–277
– Gegenstand hinter der Spiegelfläche   26f., 34f., 39, 41f., 49–51, 64, 102, 125f., 143, 146, 156f., 161, 163, 173, 176, 210, 275, 277f.
– Gegenstand in der Idee   8, 22, 62, 161f., 198–201, 203f., 211f., 268, 272, 275
– Gegenstand möglicher Erfahrung   156
– Sinnlicher Gegenstand   34
genius malignus   134
Geografie   223, 236, 271, 279–281
Gerichtshof   1, 28, 57, 132f., 147
Geschichte   6, 228, 243, 247–250, 252, 256, 258–261, 274, 279–281
– Erdgeschichte   223
– Geschichte der reinen Vernunft   250, 261, 274
– Menschheitsgeschichte   249, 261, 274
– Naturgeschichte   222, 243, 279f.

– Philosophie der Geschichte   6, 243, 247f., 250, 256, 258–261, 274
– Weltgeschichte   238
Gesetz   6, 28, 33, 35, 39, 59f., 89, 94, 98, 115, 117–121, 123f., 128, 138, 141f., 144, 155, 163, 169f., 208, 215, 217, 220, 222, 224, 229, 240f., 245–248, 251–253, 262f., 266, 270, 272f.
Gesetzmäßigkeit   42, 49, 59, 144, 172f., 202
Gott   5, 11, 20–23, 35, 61–63, 69–71, 77f., 83–85, 91–93, 95, 100f., 103, 106, 109, 111f., 122–125, 137, 145, 148, 157, 161f., 164, 167, 169, 172f., 175f., 179, 185, 199, 206, 209, 212, 262, 266–269, 272, 275, 277–280
– höchstes Wesen   266, 268
– Urwesen   46, 62, 206, 261f., 264, 272, 275
Gravitation   225, 245, 253, 257, 259
Grundkraft   59, 88, 94f.
Grundsatz   10, 43, 49, 83, 94f., 114, 123, 131f., 156, 166, 216f., 219, 272
– empirischer Grundsatz   229
– Grundsatz der Affinität   244, 260, 274
– Grundsatz der Vernunft   1, 10–12, 17, 23–25, 28, 34, 42, 44, 49, 51, 58–60, 64, 85, 89–91, 93–95, 103, 166, 176, 199f., 204, 215–221, 261, 273, 277f.
– Grundsatz des Verstandes   10
– konstitutiver Grundsatz   229, 260
– oberster Grundsatz   216–218, 273
– subjektiver Grundsatz   219
– synthetischer Grundsatz   9, 79, 139, 216f., 276
– transzendentaler Grundsatz   10, 59, 216, 219, 273, 278
Gültigkeit   38, 89, 160, 174, 178f., 188–190, 192, 195, 199, 209, 211, 264
– objektive Gültigkeit   11, 70, 174, 188f., 191, 193, 198f., 211, 277
– unbestimmte Gültigkeit   10, 176, 178, 187, 190, 193, 211

Himmelskörper   245f., 251, 254, 257
Homogenität   11, 19–21, 23, 59, 69f., 78, 83f., 91–94, 102, 111f., 114, 116, 119f., 122–125, 145, 148, 157f., 169f., 172f., 175f., 179, 197, 199, 201, 207–209, 219, 224, 239f., 247, 251, 253, 255, 260f., 277
Horizont   55, 167f., 207f.
Hypothese   18, 55, 136, 189, 209, 249, 257, 259

Idealismus   29, 43–46, 49, 57, 64, 142, 176, 217
Idee   1f., 8, 10f., 14, 17–23, 34, 41f., 46, 50, 56f., 59–63, 69–72, 74–78, 81–86, 91–93, 95–97, 100–106, 108–112, 122–125, 127, 129, 132–134, 138, 141, 143, 145, 148–150, 152–157, 160–166, 168–176, 178f., 181–184, 186–188, 190–192, 194–201, 203, 206, 209f., 212, 219, 225, 229f., 234f., 239, 241, 243, 247–249, 258–261, 264f., 267, 269–273, 275, 277, 279–281
– bloße Idee   122, 130, 163, 178f., 194, 199, 204, 264
– Ideal   4, 18–20, 57, 129, 185, 264–266, 268, 270, 272f., 275
– Ideenlehre   60, 75, 171
– regulative Idee   6, 8, 23, 59, 61, 153, 156, 166f., 244, 250, 259, 261, 266, 274
Illusion   2, 8, 129f., 134, 146
– natürliche Illusion   265
– transzendentale Illusion   127, 265
– unvermeidliche Illusion   277
Interesse   4, 6–8, 12f., 43, 60f., 74, 114, 163, 166, 199f., 219f., 239f., 244, 248, 260, 266, 274

Kategorie   19, 61, 65, 72, 74, 80–82, 91, 93, 111, 128f., 139, 171, 174, 177–179, 182f., 185–187, 189f., 194, 198, 203, 209, 223, 268
Kegel   246f., 251–253, 255, 261, 274
Kontinuität   11, 19–21, 23, 30, 59, 69f., 78, 83f., 91–94, 102, 111f., 116, 119–125, 145, 148, 157f., 169f., 172f., 175f., 179, 197, 199, 201, 207–209, 224, 239f., 243, 247, 251–253, 255, 259–261, 275, 277
Körper   60, 149, 153, 156, 164f., 225, 228f., 231–233, 239, 241, 253, 272, 279f.

Kraft 2, 35, 93 f., 228, 230, 246, 253 f., 257, 270, 279 f.
Krankheit 27, 136
Kritizismus 28, 38, 64

Mannigfaltigkeit 90, 112–116, 120, 123 f., 128, 149, 154, 157, 159, 161, 163, 170, 207 f., 219, 236, 239
Materie 113, 225, 229 f., 232, 235, 241, 243, 264
Mathematik 39 f., 151 f., 222, 245–247
Maxime 60 f., 144, 156, 164 f., 167, 170, 202, 217–219
– logische Maxime 34, 59, 89, 94, 217
– Maxime der gesunden Vernunft 218
– Maxime der Vernunft 22, 166, 196 f., 218 f., 244, 260, 273 f.
– Maximen der spekulativen Vernunft 60, 218
– Maximen des gemeinen Menschenverstandes 218
– regulative Maxime 202, 212
Mensch 13, 27, 60, 86 f., 90, 95, 130 f., 152, 236–241, 243 f., 256, 258 f., 279
– Charakter der Menschen 237
– Neigungen der Menschen 236
Metaphysik 11, 30 f., 39, 50, 53, 73, 108, 128, 131, 143, 147, 150, 152, 174, 216, 218, 220, 225, 236, 256, 258, 273, 279–282
– metaphysica generalis 131
– metaphysica specialis 2, 104, 108 f., 111, 168, 217, 277
Methode 30, 32, 56, 150, 152, 154, 199, 207, 219
– dogmatische Methode 152–155
– kritische Methode 57
– mathematische Methode 151–153
– skeptische Methode 2, 12, 28, 31, 36, 38 f., 50, 57, 64
– universale Methode 151
Mond 46 f., 50–52, 256

Naturanlage 1, 132–134
Naturforschung 23, 48, 142, 220 f., 233, 270
– eigentliche Naturwissenschaft 223, 245
– Naturlehre 215, 221–224, 228, 237 f., 250, 261, 274
– Naturwissenschaft 4, 6, 8, 137, 221–224, 229 f., 237 f., 246 f., 250, 260 f., 273 f., 279, 281
– uneigentliche Naturwissenschaft 224
natürliche Dialektik 14, 17, 19, 21 f., 63, 127, 131, 134–136, 146, 172, 219
natürlicher Hang 1, 41, 59, 129 f., 146
Nutzen 8, 22, 134, 156, 199, 220, 265, 270, 272

Objekt 26, 45, 49 f., 89, 95 f., 105, 111, 114, 123, 132, 137, 140, 143, 146, 154, 191, 199, 240, 270
Offenbarung 262

Paralogismus 4, 19, 29 f., 42, 135, 137, 165
Philosophie 6, 12, 21, 29, 37, 39–41, 54, 74–77, 86, 125, 128, 147, 150–153, 170 f., 238, 241, 243, 247 f., 250, 256, 258–261, 274, 280 f.
– gesunde Philosophie 37
– kritische Philosophie 147 f., 150, 221
– Philosophiegeschichte 31
– praktische Philosophie 6, 8 f., 49, 128 f., 143, 166, 206, 216, 218
– theoretische Philosophie 8, 49, 127, 145, 147, 166, 216, 256, 263–265
– Transzendentalphilosophie 40, 52, 202 f., 221 f., 265–267
Physik 223 f., 230, 235, 245, 271 f., 279, 282
Physiologie 156, 223, 271 f.
Planeten 59, 245, 247–253, 256–259, 261, 274 f., 278
Pöbel 133
Prinzip 1, 10, 32, 59 f., 62, 70, 88, 92, 94, 112–114, 118–123, 127, 131, 137, 141, 148, 150, 152 f., 155 f., 158 f., 167 f., 170 f., 173, 195, 200, 216 f., 224, 234, 238–240, 243, 245, 248, 252 f., 255, 260, 262, 267, 274 f.
– heuristisches Prinzip 22
– höchstes Prinzip 141, 269
– konstitutives Prinzip 62
– logisches Prinzip 59 f., 92, 94–97, 99 f., 112–114, 117, 122–124, 197

- regulatives Prinzip 18f., 61f., 141, 168, 173, 258, 268–270, 272, 275
- transzendentales Prinzip 22, 56, 60f., 79, 92, 99f., 112, 114, 117, 123f., 126, 197, 208, 239

Psychologie 61, 123, 164, 166
- empirische Psychologie 236–238
- rationale Psychologie 2, 19, 42, 57, 84, 108, 136

rationale Kosmologie 2, 19, 57, 61, 84, 108, 123, 165f.
Raum 18, 32, 35, 38, 43, 47–49, 76, 80, 112f., 139, 189f., 229
Realismus 42–44, 46, 142
- empirischer Realismus 44, 64, 177
- transzendentaler Realismus 36, 43f., 49, 64, 176, 217
Rechtfertigung 11, 24, 60, 64, 77f., 124, 175f., 186, 188, 190–194, 197f., 202, 205, 207–212, 266, 276f.
- epistemologisch-methodische Rechtfertigung 100, 176f., 194, 196–198, 201f., 204, 210, 212
- metaphysisch-ontologische Rechtfertigung 177, 194, 198–200, 202–205, 209, 211f.
reductio ad absurdum 36f.
Regel 9, 28, 32, 39, 49f., 52f., 57, 69, 76, 79, 81, 86–90, 94, 96, 112, 139, 151, 154, 157–159, 166, 168f., 178, 180, 194, 196, 202, 208, 218, 221, 230, 252f., 255, 270, 276
reiner Empirismus 35
Religion 266, 280f.
Revolution 257

Schein 1–3, 26, 33, 41, 50, 54f., 128f., 134, 137, 146f., 149, 160, 172, 176, 178, 185f., 191, 194, 265f.
- Logik des Scheins 129
- transzendentaler Schein 1f., 41, 127, 129–131, 134f., 138, 142, 146, 156, 172, 265, 277
- trüglicher Schein 61

Schematismus 4, 7f., 19, 23f., 58, 135, 175, 180, 200, 210
- Analogon eines Schemas 61, 200
- Schema 22, 61, 83, 138, 149, 161, 163, 199–201, 211, 243, 270
Schicksal 1, 131, 136
Schluss 34, 42, 44, 52, 81, 85–91, 93, 95–99, 101–103, 105, 109, 114–122, 125, 136, 158, 160, 196, 205f.
- disjunktiver Schluss 184
- hypothetischer Schluss 89
- kategorischer Schluss 89f., 158
- mittelbarer Schluss 85f., 92, 95
- Mittelbegriff im Schluss 44
- Subsumtionsschluss 88, 90
- Vernunftschluss 34, 85–89, 95, 104, 123, 157f.
Seele 5, 11, 20, 22f., 27, 61, 69–71, 78, 83–85, 88, 91–93, 95, 100f., 103, 106, 109, 111f., 122–125, 145, 148, 157, 161f., 164–166, 169, 172f., 175f., 179, 185, 206, 209, 212, 237, 243, 262, 264, 277
Sinn 3, 5f., 14, 20, 23f., 31, 33, 36, 38, 41, 45, 50, 54–56, 62, 64, 69f., 74f., 77–79, 82f., 85, 101, 105, 109, 113, 116f., 119, 128, 130, 134–136, 141, 147f., 152, 154, 157, 164, 170f., 174, 180, 187–190, 195, 200, 202, 212, 219, 221f., 224, 235, 237f., 241, 246, 250, 258, 263, 271, 275
Sinnlichkeit 22, 43, 49, 55f., 61, 64f., 73, 75, 135f., 138, 147, 162, 171, 192, 200, 204, 211f., 217, 243, 265, 268, 270
Skepsis 30f., 39f.
Skeptizismus 25, 28–31, 37–41, 52, 64
- Außenweltskeptizismus 29f.
- Begründungsskeptizismus 30, 32
- dogmatischer Skeptizismus 38
- humscher Skeptizismus 29f.
- pyrrhonischer Skeptizismus 29, 32, 64
Sonne 47, 50–52, 202, 245, 249f., 252–254, 256–260
Spezifikation 11, 19–21, 23, 59f., 69f., 78, 83f., 88, 91–94, 102, 111f., 114, 116–120, 123–125, 139, 145, 148, 157f., 169f., 172f., 175f., 179, 197, 199, 201,

207–209, 219, 224, 239f., 247, 251, 253, 255, 260f., 277
Standpunkt   32, 36f., 39, 46f., 52, 208, 234f., 249, 256, 258f., 261
Struktur   7, 9, 12, 18, 24, 28, 34, 39, 52, 57f., 64, 78, 81, 84, 91, 93, 96, 98, 100–102, 106, 108, 116–118, 123, 137, 147, 154, 157, 160–164, 171, 187, 250, 259, 278
– apagogische Struktur   120
– formale Struktur   85
– innere Struktur   63, 102, 276
– logische Struktur   1, 5, 37, 45, 78, 81, 84f., 88–95, 100f., 105, 125f., 161, 169f., 187
– schlusslogische Struktur   5, 110, 122, 196, 206
– transzendentale Struktur   94, 101f.
Stufenleiter der Geschöpfe   60, 236–240, 243f., 260, 274f., 278
Subjekt   25, 87, 89–91, 105f., 108, 111, 123, 137, 277
Subreption   22, 59, 127, 134–138, 142f., 146, 172, 219
Substanz   76, 93, 110, 164–166, 168, 225, 227, 230, 232, 234–236, 268, 272
suppositio absoluta   266f.
suppositio relativa   266f., 275
Syllogismus   44, 87, 101, 204
– Episyllogismus   90
– hypothetico-deduktiv   89
– Prosyllogismus   85, 90f., 93, 112
Synthesis   10, 44, 55, 80, 82, 91, 103f., 108f., 137, 166, 184, 216f.
System   1f., 8, 11, 13, 17, 21, 25, 28, 52–54, 63, 78, 91, 104, 121, 127, 134f., 137, 142, 146–156, 163, 171–174, 202, 206, 215f., 221, 232, 237, 241, 244, 250, 258, 261, 273
– Subsystem   148f., 171–173
– System der Freiheit   148
– System der Kategorien   148
– System der reinen Vernunft   52, 148
– System der transzendentalen Ideen   148, 195, 206

Täuschung   1, 41, 50, 54, 129f., 132–134, 137, 142, 146
Teleologie   129, 136f., 144, 169
Theismus   262, 272
Theologie   61, 108, 123, 167, 223, 261–266, 275
– dogmatische Theologie   267
– Kosmotheologie   262
– Moraltheologie   262, 264f., 275
– natürliche Theologie   262–264, 268, 279, 281
– Ontotheologie   262
– Physikotheologie   262, 268, 270
– rationale Theologie   2, 19, 57, 84, 136, 262–264, 275
– Theologie der Vernunft   264
– transzendentale Theologie   12, 23, 62f., 215, 220f., 262–266, 268, 270, 272f., 275, 278
Totalität   35, 44, 55, 90, 104, 110, 141, 168, 184

Unbedingtes   11, 35, 50, 89, 91, 100–102, 104, 125, 141, 176, 277
Unendlichkeit   48, 122
Unwissenheit   1, 38, 41
Urteil   39f., 53, 57, 80–82, 86–91, 95, 101, 104f., 108, 133, 135f., 147, 174, 207f., 212, 216–218, 270, 273
Urteilskraft   4–6, 8, 21, 38, 70, 86f., 128, 134–137, 142–146, 149, 157, 159, 169–172, 174, 205, 218, 220f., 231, 243, 248, 265, 279, 281
– Mangel der Urteilskraft   22, 59, 127, 134, 137f., 142
– reflektierende Urteilskraft   5, 9, 21, 128, 142f., 145, 169f.

Vermittlung   86, 135, 209
Vernunft   1–4, 8–14, 17–25, 27–41, 43–46, 49f., 52–65, 69–71, 73–92, 94, 96–100, 103, 106, 109f., 113, 120f., 123, 125, 127–138, 141–144, 146–158, 160f., 163–169, 171–174, 176, 178–180, 182–190, 192, 194, 196–200, 202–206, 208, 210–212, 215–221, 224,

229–231, 233, 235, 240f., 243f., 246–250, 256–260, 262–267, 270–282
– Dogmatismus der Vernunft   31, 35–37, 39, 42f., 45f., 57, 64, 217
– faule Vernunft   62, 136f., 141f., 219
– Polizei der Vernunft   54
– Schranken der Vernunft   38
– verkehrte Vernunft   62, 136f., 141f., 146, 157, 172f., 218
– Vernunftkritik   38, 41, 65, 133, 180, 216
– Vernünftler   22, 38, 133, 239
Vernunftbegriff   1f., 4, 7, 9, 11, 19, 21–24, 27, 49f., 57f., 63f., 69–74, 76–79, 81–85, 91f., 94, 100–102, 104, 112, 124–126, 129, 131, 134, 138–146, 148f., 153–157, 168f., 172–177, 179–188, 190–194, 196–199, 201–212, 218, 229, 234, 250, 256, 260, 268, 273, 276f.
Vernunfteinheit   59, 92, 94–97, 99f., 153, 155f., 161, 165f., 171, 197, 199–201
Vernunftgebrauch   3, 6, 9, 11, 17f., 21f., 27, 57, 59, 61, 63, 93f., 138, 146, 157f., 160, 166, 169, 172, 182, 204, 208, 247, 261, 273, 276
– hypothetischer Vernunftgebrauch   23, 57, 59f., 127, 157f., 160, 170, 172f., 200, 208, 244, 251f., 261
– konstitutiver Vernunftgebrauch   138, 218
– regulativer Vernunftgebrauch   2, 5f., 8, 10–13, 18, 20, 25, 45, 49, 51, 57, 63–65, 83f., 124, 141, 170, 176, 191–193, 195, 211f., 215, 221, 233, 236, 246f., 259, 268, 270, 276, 278
Verstand   1f., 9–11, 22, 28, 34, 38, 44, 50, 52, 54–56, 59f., 65, 71–74, 76f., 79–82, 85–91, 94, 103, 109, 113, 115, 117f., 120, 123, 128, 133–136, 138–141, 143–145, 147f., 152, 154, 157, 163, 169, 171–173, 176, 182, 188f., 191, 199f., 202–204, 212, 216–219, 229, 232, 235, 243, 245–247, 256, 260, 262, 267, 269f., 274, 277
Verstandesbegriff   69, 72–74, 76f., 79–83, 85, 101, 125, 139, 141, 145, 154, 157, 162, 172, 182, 186–188, 193, 198, 200, 202, 204f.

Wahrheit   13, 31, 39f., 56, 87, 99f., 151–153, 159, 162, 202, 240, 250
Welt   5, 11, 20, 22f., 29, 34, 42, 45, 47–50, 62, 69–71, 73, 78, 83–85, 91–93, 95, 100f., 103, 106, 109, 111f., 122–125, 145, 148, 155, 157, 160–166, 169, 172f., 175f., 179, 185, 206, 209, 212, 215, 235, 241, 262, 264, 266, 268–270, 272, 277
Widerstreit   28, 31–33, 35–37, 43, 45–48, 57, 64, 166, 239
– analytische Opposition   28, 45–47
– Auflösung des Widerstreits   41f., 49, 55
– kontradiktorischer Widerstreit   45–47
Wissen   27f., 30, 32, 38, 43, 49, 53, 55, 130, 146, 149, 222, 248, 250, 263, 271f.
Wissenschaft   6, 13, 39f., 131, 137, 150, 153, 195, 202, 209, 222–224, 228f., 237–239, 245–247, 260f., 273f., 280f.

Zeit   18, 35, 43, 46–48, 73, 76, 80, 101, 132, 149, 151, 271, 273, 279, 281
Zweck   11, 22, 54, 56, 69, 127–129, 141–144, 147–149, 153, 155f., 161, 173f., 188, 199, 202, 205f., 267, 272, 276
– Endabsicht   14, 17, 19, 21, 63, 129, 134, 179, 219
– Endzweck   128
– letzter Zweck   128
– natura nihil facit frustra   131f.
– Naturzweck   128, 131
– nexus effectivus   144
– nexus finalis   144
– objektive Zweckmäßigkeit   145
– praktische Zweckmäßigkeit   128
– subjektive Zweckmäßigkeit   145
– Zweck der Willkür   128
– zweckmäßig   1f., 128, 131–134, 141, 146, 149, 153, 155f., 172, 248, 250, 269–272
– Zweckmäßigkeit   2, 6, 8, 11, 62f., 127–129, 131–134, 137f., 141–146, 171–173, 176, 265, 268, 270, 277
Zweifel   41, 266, 269, 272

www.ingramcontent.com/pod-product-compliance
Lightning Source LLC
Chambersburg PA
CBHW061933220426
43662CB00012B/1886